Psychotherapie von Persönlichkeitsstörungen

Beiträge zu einem schulenübergreifenden Vorgehen

Herausgegeben von Henning Saß und Sabine Herpertz

Mit Beiträgen von

U. Brandenburg
P. Fiedler
J. Frommer
Th. Fydrich
N. Hartkamp
S. Herpertz
I. Houben
H. P. Kapfhammer
M. Langenbach
Ch. Menges
V. Reißner
B. Renneberg
H. B. Rothenhäusler
H. Saß
B. Schmitz
W. Sitte
W. Tress
V. Tschuschke
D. Wälte

15 Abbildungen
27 Tabellen

1999
Georg Thieme Verlag
Stuttgart · New York

Die Deutsche Bibliothek – CIP-Einheitsaufnahme

Psychotherapie von Persönlichkeitsstörungen :
Beiträge zu einem schulenübergreifenden Vorgehen ;
27 Tabellen / hrsg. von Henning Saß und Sabine Herpertz.
Mit Beitr. von U. Brandenburg ... –
Stuttgart ; New York : Thieme, 1999
ISBN 3-13-111831-8

© 1999 Georg Thieme Verlag
Rüdigerstraße 14, 70469 Stuttgart
(http://www.thieme.de)
Printed in Germany

Datenaufbereitung und Layout:
Georg Thieme Verlag, Stuttgart
Druck: WB-Druck GmbH &Co. Buchproduktions KG, 87669 Rieden am Forggensee

Umschlaggestaltung: Martina Berge,
Erbach-Ernsbach
Grafiken: Andrea Schnitzler

ISBN 3-13-111831-8   2 3 4 5 6

Wichtiger Hinweis: Wie jede Wissenschaft ist die Medizin ständigen Entwicklungen unterworfen. Forschung und klinische Erfahrung erweitern unsere Erkenntnisse, insbesondere was Behandlung und medikamentöse Therapie anbelangt. Soweit in diesem Werk eine Dosierung oder eine Applikation erwähnt wird, darf der Leser zwar darauf vertrauen, daß Autoren Herausgeber und Verlag große Sorgfalt darauf verwandt haben, daß diese Angabe **dem Wissensstand bei Fertigstellung des Werkes** entspricht.
Für Angaben über Dosierungsanweisungen und Applikationsformen kann vom Verlag jedoch keine Gewähr übernommen werden. **Jeder Benutzer ist angehalten**, durch sorgfältige Prüfung der Beipackzettel der verwendeten Präparate und gegebenenfalls nach Konsultation eines Spezialisten festzustellen, ob die dort gegebene Empfehlung für Dosierungen oder die Beachtung von Kontraindikationen gegenüber der Angabe in diesem Buch abweicht. Eine solche Prüfung ist besonders wichtig bei selten verwendeten Präparaten oder solchen, die neu auf den Markt gebracht worden sind. **Jede Dosierung oder Applikation erfolgt auf eigene Gefahr des Benutzers.** Autoren und Verlag appellieren an jeden Benutzer, ihm etwa auffallende Ungenauigkeiten dem Verlag mitzuteilen.

Vorwort

Derzeit wächst das klinische und wissenschaftliche Interesse an der Behandlung von Persönlichkeitsstörungen. Bereits in den 80er Jahren waren mit dem Bedeutungszuwachs der modernen psychiatrischen Klassifikationssysteme diagnostische und klassifikatorische Fragestellungen auf dem Gebiet der Persönlichkeitsstörungen verstärkt ins Blickfeld gerückt. Das Verlaufsmerkmal des Überdauernden, das bis heute per definitionem eine Persönlichkeitsstörung beschreibt, erwies sich allerdings zunächst als Hemmschuh für therapeutische Überlegungen. Inzwischen wird zum einen die Stabilität des Verlaufes angesichts neuerer katamnestischer Untersuchungsergebnisse relativiert, zum anderen aber auch der Therapieerfolg nicht mehr ausschließlich am Gelingen einer grundlegenden Veränderung der Persönlichkeit gemessen.

Die Idee zu diesem Buch entstand im Anschluß an ein Seminar über psychotherapeutische Behandlungsansätze bei Persönlichkeitsstörungen, zu dem die Herausgeber anläßlich des DGPPN-Kongresses 1996 nach Düsseldorf eingeladen hatten. Es sollten unterschiedliche psychotherapeutische Konzepte und Behandlungstechniken dargestellt und ihre Betrachtungsweise klinischer Phänomene miteinander verglichen werden. Ein solches Vorgehen eröffnete die Möglichkeit, Gemeinsamkeiten in der Sichtweise trotz terminologischer Unterschiede aufzudecken, Differenzen und Eigentümlichkeiten auf der Ebene der Theorie und auch der klinischen Praxeologie zu erkennen und schließlich Ansatzpunkte für gemeinsame Interventionsformen oder auch schulenübergreifende Behandlungskonzepte zu diskutieren.

Eine wissenschaftlich begründete Psychotherapie kann nicht für sich beanspruchen, für jede, noch so unterschiedlich gelagerte Problematik ein überlegenes Vorgehen vorzuhalten. Werden zukünftige Psychotherapeuten in die Lage versetzt, Diagnostik und Behandlungstechniken verschiedener Grundverfahren selbst anzuwenden, so eröffnet sich für die betroffenen Patienten die Möglichkeit, gemäß ihrer Störung und ihrer individuellen Bedürfnisse behandelt zu werden. An die Stelle der universalen Zuständigkeit eines Psychotherapieansatzes tritt die Differentialindikation. Darüber hinaus ist eine Kombination von Methoden unterschiedlicher Schulen denkbar, weniger im Sinne eines praktisch-klinischen Eklektizismus als unter dem Leitgedanken der Komplementarität. So kann man davon ausgehen, daß die jeweiligen Psychotherapiemodelle verschiedene Behandlungsschwerpunkte beinhalten bzw. sich auf verschiedene Probleme eines Patienten beziehen. Die Auswahl der Interventionen richtet sich dann im einzelnen nach der klinischen Notwendigkeit, nach dem Stadium der Behandlung bzw. der Entwicklung im therapeutischen Prozeß, dem Ausbildungsstand und schließlich auch nach der persönlichen Präferenz des Therapeuten. Es wird zukünftig darum gehen, daß an die Stelle herkömmlicher *schulenspezifischer* Psychotherapieansätze zunehmend *störungsspezifische und schulenübergreifende* Therapiemethoden treten.

Bei allen integrativen Bemühungen bleiben theoretisch differierende Konzepte mit Unterschieden in der Betrachtungsweise menschlichen Verhaltens. Während der psychoanalytisch-psychodynamische Ansatz menschliche Verhaltens- und Erlebensweisen auf motivationale, überwiegend unbewußte Systeme zurückführt, sei es im Sinne von konflikthaften Strebungen oder aber der Reinszenierung früher Beziehungserfahrungen, faßt die kognitive Verhaltenstherapie menschliche Verhaltensweisen als Folge von Lernprozessen auf. Vor jeder Behandlung wird daher ein theoretisches Konzept auszuwählen sein, das den Verstehensrahmen bzw. ein Erklärungsmodell vorgibt und auf diese Weise dem behandelnden Therapeuten eine Orientierung bietet. Weit entfernt sind wir von einer allgemeinen Persönlichkeits- oder Persönlichkeitstherapietheorie, und es stellt sich die Frage, ob *ein* verbindliches Modell angesichts der hermeneutischen Dimension von Psychotherapie überhaupt anstrebenswert ist. Schließlich geht es stets auch um das subjektive Verstehen, wie ein Mensch so geworden ist.

Wie nun läßt sich das komplexe Thema „Psychotherapie der Persönlichkeitsstörungen" überhaupt erfassen? Unser Weg beginnt mit einer Übersicht über den derzeitigen Kenntnisstand zur psychiatrisch-psychopathologischen Diagnostik von Persönlichkeitsstörungen, die sich weiterhin an Typen und damit an kategorialen diagnostischen Einheiten orientiert, aber zunehmend auch kategorienübergreifende Ordnungskriterien berücksichtigt. Es folgen Kapitel 2 bis 7 mit unterschiedlichen Psychotherapieansätzen, im einzelnen der psychoanalytisch-psychodynamischen, der kognitiv-verhaltenstherapeutischen sowie der systemischen Therapie, wobei Kapitel 5 eine differentielle Psychotherapie vorschlägt. Kapitel 8 bis 13 stellen störungsspezifische Behandlungskonzepte am Beispiel klinisch besonders relevanter Persönlichkeitsstörungen, der Borderline-, der narzißtischen sowie der selbstunsicheren Persönlichkeitsstörung vor. Während Kapitel 11 und 12 die einzel- bzw. gruppentherapeutische Behandlung aus der Perspektive einer bestimmten Psychotherapieschule, nämlich der kognitiven Verhaltenstherapie, darstellen, unternehmen Kapitel 8 bis 10 den Versuch, schulenübergreifende Therapiekonzepte vorzustellen. Schließlich werden auch psychopharmakologische Behandlungsmethoden vorgestellt, deren Stellenwert im Gesamtbehandlungsplan diskutiert wird.

Besonderer Dank gebührt allen Autorinnen und Autoren, die ihr Expertenwissen zur Verfügung gestellt haben. Dank sei auch Herrn Dr. med. Thomas Scherb vom Georg Thieme Verlag, der diese Publikation mit viel Engagement und Anregungen unterstützt hat.

Inhaltsverzeichnis

Adressen

Dr. med. Ulrike Brandenburg
Klinik für Psychiatrie und Psychotherapie
des Universitätsklinikums der RWTH Aachen
Pauwelsstraße 30
52074 Aachen

Prof. Dr. med. Peter Fiedler
Psychologisches Institut
Universität Heidelberg
Hauptstr. 47 - 51
69117 Heidelberg

Prof. Dr. med. Jörg Frommer
Psychiatrische Universitäts-Klinik
Abteilung Psychosomatische Medizin
Leipziger Str. 44
39120 Magdeburg

Dr. rer. nat. Thomas Fydrich
Psychologisches Institut
Universität Heidelberg
Hauptstr. 47 - 51
69117 Heidelberg

Dr.med. Norbert Hartkamp
Klinisches Institut und
Klinik für Psychosomatische Medizin und
Psychotherapie
Bergische Landstr. 2
40605 Düsseldorf

Priv. Doz. Dr. med. Sabine Herpertz
Klinik für Psychiatrie und Psychotherapie
des Universitätsklinikums der RWTH Aachen
Pauwelsstraße 30
52074 Aachen

Dipl.-Psych. Isabel Houben
Klinik für Psychiatrie und Psychotherapie
des Universitätsklinikums der RWTH Aachen
Pauwelsstraße 30
52074 Aachen

Priv. Doz. Dr. med. Hans-Peter Kapfhammer
Psychiatrische Universitäts-Klinik
Nußbaumstr. 7
80336 München

Dr. Michael Langenbach
Institut für Psychosomatik
Medizinische Psychologie
Joseph-Stelzmann-Str. 9
50924 Köln

Dr. med. Christine Menges
Klinik für Psychiatrie und Psychotherapie
des Universitätsklinikums der RWTH Aachen
Pauwelsstraße 30
52074 Aachen

Volker Reißner
Herzogstr. 15
42551 Velbert

Dr. Babette Renneberg
Psychiatrische Klinik
Universität Heidelberg
Voßstr. 4
69115 Heidelberg

Dr. med. H. B. Rothenhäusler
Psychiatrische Universitäts-Klinik
Nußbaumstr. 7
80336 München

Professor Dr. med. Henning Saß
Klinik für Psychiatrie und Psychotherapie
des Universitätsklinikums der RWTH Aachen
Pauwelsstraße 30
52074 Aachen

Dr. rer. soc. Dipl.-Psych. Bernt Schmitz
Psychosomatische Fachklinik
Kurbrunnenstr. 12
67098 Bad Dürkheim

Wolfgang Sitte
Choriner Str. 34
10435 Berlin

Prof. Dr. med. Dr. phil. Wolfgang Tress
Klinisches Institut und
Klinik für Psychosomatische Medizin und
Psychotherapie
Bergische Landstr. 2
40605 Düsseldorf

Prof. Dr. phil. Volker Tschuschke
Institut für Psychosomatik
Medizinische Psychologie
Joseph-Stelzmann-Str. 9
50924 Köln

Dr. phil. Dieter Wälte
Klinik für Psychiatrie und Psychotherapie
des Universitätsklinikums der RWTH Aachen
Pauwelsstraße 30
52074 Aachen

1 Zur Diagnostik von Persönlichkeitsstörungen

H. Saß, I. Houben, S. Herpertz

1.1 Einleitung

Bis in die achtziger Jahre unseres Jahrhunderts hinein stellten die Persönlichkeitsstörungen trotz ihrer Bedeutung in Klinik und Praxis ein wissenschaftlich wie therapeutisch unterentwickeltes Gebiet dar. Diese Vernachlässigung hat nicht zuletzt historische Wurzeln, die sich aus der durchgehenden Tendenz einer ungünstigen Amalgamierung psychopathologischer Merkmale und sozialer Abweichung begründen. Zu Beginn des 19. Jahrhunderts begründete der Franzose Pinel (1809) die wissenschaftliche Beschäftigung mit den abnormen Persönlichkeiten. Die „Manie sans délir" als nosologische Entität war charakterisiert durch eine Störung der Affekte bei unbeeinträchtigter Verstandesleistung, verursacht durch Erziehungsmängel auf der einen und individuelle Prädisposition auf der anderen Seite. Esquirol (1839) bezog in seine Lehre von den Monomanien dissoziale Verhaltensweisen und einige spezifische, teilweise noch heute in den Klassifikationssystemen enthaltene Delikttypen – etwa Pyromanie oder Kleptomanie – mit ein. Damit trat die ursprünglich wertfreie Beschreibung von Mängeln der affektiven gegenüber der intellektuellen Seite der Persönlichkeit zurück hinter eine Betonung von Tendenzen zu sozial störendem und delinquentem Verhalten, eine Entwicklung, die sich in den angloamerikanischen „moral-insanity"-Modellen fortsetzte und schließlich in die moderne Konzeption der antisozialen Persönlichkeitsstörung mündete. Auch die deutsche Psychopathietradition, die mit Kochs „psychopathischen Minder-

wertigkeiten" (1891–1893) noch in der Nähe der Degenerationslehre beginnt und von Kraepelin (1904) und K. Schneider (1923/1950) fortgeführt wurde, blieb nicht frei von pejorativen Betrachtungsweisen abnormer Persönlichkeiten. Allerdings stellte schon K. Schneider die Notwendigkeit soziologisch neutraler, psychopathologisch orientierter Beschreibungen von Psychopathien – so der alte Terminus für Persönlichkeitsstörungen – heraus und nahm in seine Konzeption auch einige sozial nicht störende Formen auf.

1.2 Symptomatik und Diagnostik

Im psychologischen und psychiatrischen Verständnis bedeutet Persönlichkeit die Summe aller psychischen Eigenschaften und Verhaltensbereitschaften, die dem einzelnen seine eigentümliche, unverwechselbare Individualität verleihen. Das Konstrukt Persönlichkeit bezieht im einzelnen Merkmale des Wahrnehmens, Denkens, Fühlens sowie der interpersonellen Beziehungsgestaltung mit ein. Die Komplexität des Persönlichkeitsbegriffs legt nahe, daß es einen großen Normalbereich variierender Persönlichkeitseigenschaften gibt, von dem die psychiatrisch relevant werdenden Persönlichkeitsstörungen abgegrenzt werden müssen. Kurt Schneider (1923/1950) definierte in seiner Psychopathielehre als abnorme Persönlichkeiten solche Menschen, die in ihren Persönlichkeitseigenschaften von einer gedachten Norm abweichen. Psychopathische Persönlichkeiten hingegen seien solche, die an ihren abnormen Persönlichkeitseigenschaften leiden oder unter deren Abnormität die Gesellschaft leidet. Auch in den gebräuchlichen Klassifikationssystemen DSM-IV und ICD-10 wird versucht, wertneutrale allgemeine Definitionen von Persönlichkeitsstörungen vorzugeben, wobei – wie von Schneider definiert – gleichfalls ein zweistufiges Vorgehen bei der Diagnosestellung impliziert ist. Danach liegt eine Persönlichkeitsstörung dann vor, wenn Persönlichkeitszüge starr und wenig angepaßt sind *und* zu persönlichem Leiden und/oder gestörter sozialer Funktionsfähigkeit führen. Die allgemeinen diagnostischen Kriterien einer Persönlichkeitsstörung nach DSM-IV finden sich in Tab. 1.**1**.

Tabelle 1.**1**:Allgemeine diagnostische Kriterien einer Persönlichkeitsstörung nach DSM-IV
I.	Ein überdauerndes Muster von innerem Erleben und Verhalten, das merklich von den Erwartungen der soziokulturellen Umgebung abweicht. Dieses Muster manifestiert sich in mindestens zwei der folgenden Bereiche: A. Kognition (also die Art, sich selbst, andere Menschen und Ereignisse wahrzunehmen und zu interpretieren). B. Affektivität (also die Variationsbreite, die Intensität, die Labilität und Angemessenheit emotionaler Reaktionen). C. Gestaltung zwischenmenschlicher Beziehungen. D. Impulskontrolle.
II.	Das überdauernde Muster ist unflexibel und tiefgreifend in einem weiten Bereich persönlicher und sozialer Situationen.
III.	Das überdauernde Muster führt in klinisch bedeutsamer Weise zu Leiden oder Beeinträchtigungen in sozialen, beruflichen oder anderen wichtigen Funktionsbereichen.
IV.	Das Muster ist stabil und lang dauernd, und sein Beginn ist zumindest bis in die Adoleszenz oder ins frühe Erwachsenenalter zurückzuverfolgen.
V.	Das überdauernde Muster läßt sich nicht besser als Manifestation oder Folge einer anderen psychischen Störung erklären.
VI.	Das überdauernde Muster geht nicht auf die direkte körperliche Wirkung einer Substanz (z.B. Droge, Medikament) oder eines medizinischen Krankheitsfaktors (z.B. Hirnverletzung) zurück.

Die operationalisierten Klassifikationssysteme zielen auf eine Erhöhung der Reliabilität (Zuverlässigkeit) von psychiatrischen Diagnosen ab. Die Güte der Persönlichkeitsdiagnostik soll durch die Verwendung strukturierter Interviewverfahren, wie z.B. SCID (Spitzer u. Williams 1985) und IPDE (Loranger et al. 1994), weiter gesteigert werden. Sie kommen diesem Anspruch entgegen, erfordern aber in der Praxis einen erheblichen Zeitaufwand und verfremden die Untersuchungssituation. Die Aachener Merkmalsliste zur Erfassung von Persönlichkeitsstörungen (AMPS) wurde zu Forschungszwecken als deutschsprachiges Merkmalsinventar entwickelt, um auf der Basis einer umfassenden biographischen Anamnese, fremdanamnestischer Angaben sowie gegenwärtiger Verhaltensbeobachtungen eine möglichst vollständige und genaue Erfassung der relevanten Kriterien aus ICD und DSM zu erreichen (Saß u. Mende 1990, Saß et al. 1992, Herpertz et al. 1994, Saß et al. 1995, Saß et al. 1996).

1.3 Kategoriale und dimensionale Klassifikationsversuche

Kategoriale Klassifikationsansätze gehen auf ein ursprünglich somatisches Krankheitsmodell zurück, das davon ausgeht, daß umschriebene, voneinander abgrenzbare Krankheitsentitäten diagnostiziert und therapiert werden können. In der derzeitigen Diagnostikforschung wird mit dem Konstrukt der Prototypen gearbeitet (Rosch u. Mervis 1975). Der Prototyp stellt zwar kein ganzheitliches Konzept, aber auch keine unsystematische Sammlung von Merkmalen dar, vielmehr sind die relevanten Bestandteile einer Kategorie in einer strukturierten Form entsprechend ihrer Wertigkeit geordnet (Livesley et al. 1991). So lassen sich die einzelnen Merkmale hinsichtlich ihrer Bedeutung bei der Konstituierung eines Prototypus gewichten und für jeden einzelnen Fall das Ausmaß seiner Prototypizität durch Beurteilung seiner Nähe zum exemplarischen Kern einer Kategorie bestimmen (Frances 1982). Die Prototypenbildung geschah bei der Entwicklung der derzeitig gültigen Klassifikationssysteme durch Konsensusbildung darüber, welche Persönlichkeitsstörungsbilder mit welchen Merkmalen in die Klassifikation aufzunehmen sind. Diese z.T. durch groß angelegte Befragungen von in Praxis und Forschung tätigen Psychiatern gewonnenen Ergebnisse wurden anschließend mit immensem Forschungsaufwand auf Reliabilität und Validität überprüft, bis schließlich die Merkmale aufgenommen wurden, die insgesamt den jeweiligen Prototypen am treffendsten beschreiben (APA 1994). Dennoch bestehen hinsichtlich der Sensibilität bzw. diagnostischen Effizienz sowie der Spezifität der einzelnen Beschreibungsmerkmale noch offene Forschungsfragen. Bislang kommt es bei der Persönlichkeitsdiagnostik häufig zu Mehrfachdiagnosen, was auch im Hinblick auf eine differentielle Therapieplanung als nachteilig angesehen wird. Ferner ist das empirische Niveau der einzelnen Merkmale noch sehr unterschiedlich. Einerseits werden überdauernde Eigenschaften wie „dramatisierend" oder „exzentrisch" beschrieben, andererseits beobachtbare Verhaltensweisen wie „Ausbrüche von gewalttätigem Verhalten".

Die kategorialen Persönlichkeitsstörungsmodelle, wie sie in den Klassifikationssystemen konzeptualisiert sind, weisen also sowohl Überlappungen untereinander als auch fließende Übergänge zur Normalität hin auf. Es wurde daher in der neueren Forschung versucht, die in

der differentiellen Psychologie schon seit langem etablierten dimensionalen Persönlichkeitsmodelle in die Persönlichkeitsstörungsforschung einzubeziehen, um diese Übergänge abzubilden. Dimensionale Persönlichkeitsmodelle basieren auf der Annahme, daß einige grundlegende Persönlichkeitseigenschaften existieren, die die menschliche Persönlichkeit hinreichend beschreiben. Die Unterschiede zwischen verschiedenen Menschen lassen sich durch die spezifischen Ausprägungsgrade auf mehreren, meist bipolaren, faktorenanalytisch gewonnenen Dimensionen, sog. Eigenschaftsfaktoren abbilden, deren individuelle Ausformungen ein individuelles Persönlichkeitsprofil bilden. Da der kategoriale Ansatz aber aufgrund seiner klinischen Brauchbarkeit nur ungern ganz verlassen wird, streben neuere Entwicklungen eine Synthese kategorialer und dimensionaler Elemente an. Es zeigte sich, daß die Faktorenstruktur von Verhaltensweisen und -auffälligkeiten in der

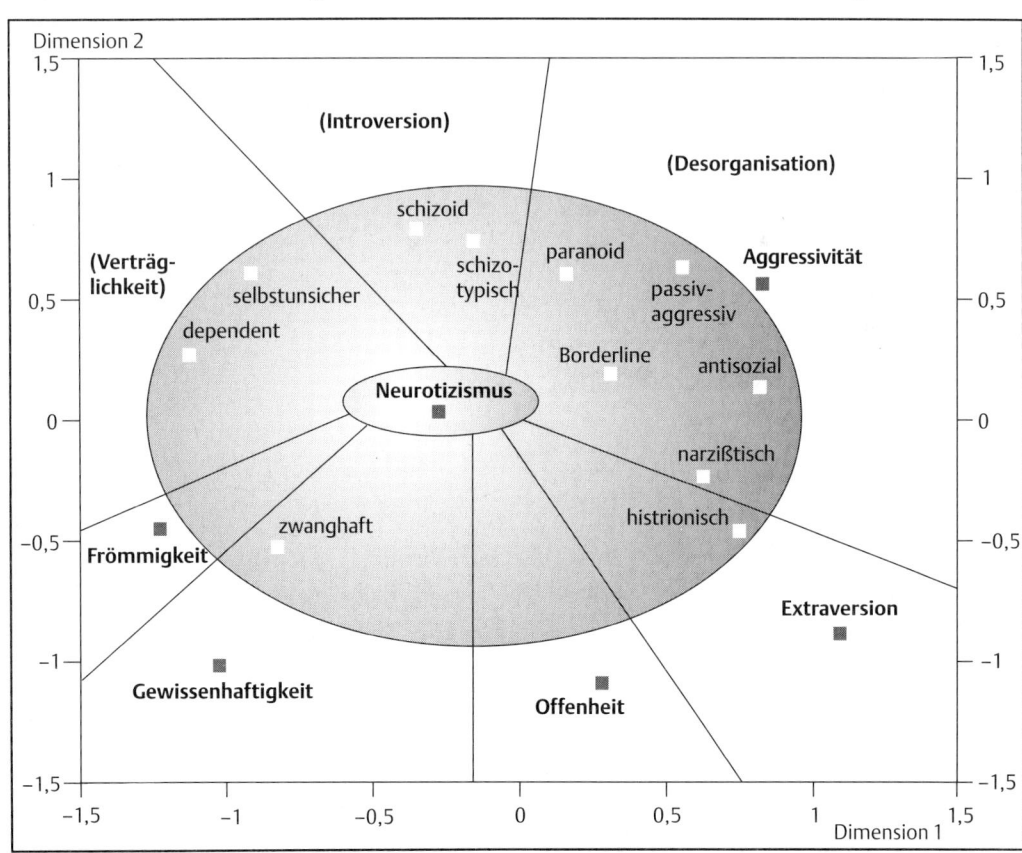

Abb. 1.1: Ähnlichkeitsbeziehungen von DSM-III-R Persönlichkeitsstörungswerten und SFT-Werten bei 168 Patienten

Allgemeinbevölkerung prinzipiell mit derjenigen in klinischen Gruppen persönlichkeitsgestörter Patienten übereinstimmt. Die Unterschiede liegen v.a. im Ausprägungsgrad und in der spezifischen Konstellation der einzelnen Dimensionen (Cloninger 1987, Livesley et al. 1991). In eigenen Untersuchungen zur Differentialtypologie der Persönlichkeitsstörungen (Saß et al. 1995, Herpertz et al. 1997) konnte mit multidimensionalen Skalierungsmethoden gezeigt werden, daß plausible Beziehungen zwischen den Persönlichkeitsstörungskonzepten einerseits und persönlichkeitspsychologischen Dimensionen andererseits nachweisbar sind. Die geometrische Repräsentation der Ähnlichkeitskorrelationen zwischen den Summenwerten in den mit der Aachener Merkmalsliste für Persönlichkeitsstörungen erhobenen Persönlichkeitskategorien und den Werten aus dem dimensional konstruierten Persönlichkeitsfragebogen SFT (von Zerssen 1994) zeigte, daß die Persönlichkeitsdimension Neurotizismus mit allen Persönlichkeitsstörungen hoch korreliert ist und im Mittelpunkt der Konfiguration liegt (s. Abb. 1.1). Die auf dieser Dimension erhobenen Persönlichkeitszüge, die z.B. Neigungen zu Stimmungsschwankungen, zu Reizbarkeit, zu negativem Denken und Wahrnehmen, zu Selbstwertunsicherheit umfassen, stellen also offenbar ein gemeinsames Merkmal von klinischen Populationen mit Persönlichkeitsstörungen dar.

1.4 Die Persönlichkeitsstörungen in den modernen Klassifikationssystemen

In der klinischen Praxis finden derzeit zwei Klassifikationssysteme Anwendung: das Diagnostische und Statistische Manual Psychischer Störungen der Amerikanischen Psychiatrischen Vereinigung in der 4. Auflage (DSM-IV) und die Internationale Klassifikation der Krankheiten der Weltgesundheitsorganisation in der 10. Auflage (ICD-10) (WHO 1991, APA 1994).

Im multiaxialen Diagnosesystem des DSM-IV befinden sich die Persönlichkeitsstörungen zusammen mit der geistigen Behinderung auf Achse II, während alle übrigen psychiatrischen Diagnosen auf Achse I kodiert werden. ICD-10 ordnet die Persönlichkeitsstörungen dem Kapitel F6 „Persönlichkeits- und Verhaltensstörungen" zu. Obwohl weitgehende Ähnlichkeiten und Überschneidungen in der Konzeptualisierung der

Persönlichkeitsstörungen zwischen den beiden Diagnosesystemen bestehen, finden sich im einzelnen doch einige wichtige Unterschiede (s. Tab. 1.2).

Der deutlichste Unterschied zwischen ICD-10 und DSM-IV betrifft die schizotypische Persönlichkeitsstörung, die in ICD-10 aufgrund der angenommenen ätiologischen Gemeinsamkeiten als schizotype Störung dem Kapitel F2 „Schizophrenie, schizotype und wahnhafte Störungen" zugeordnet wird und somit gemäß der multiaxialen Klassifikation des DSM keine Achse-II-, sondern eine Achse-I-Störung wäre. Die in Kapitel F21 aufgeführten diagnostischen Leitlinien der schizotypen Störung entsprechen jedoch weitgehend den Kriterien der schizotypischen Persönlichkeitsstörung des DSM-IV.

Tabelle 1.2: Die Persönlichkeitsstörungen in DSM-IV und ICD-10

DSM-IV	ICD-10
paranoid	paranoid
schizoid	schizoid
schizotypisch	(als schizotype Störung in Kapitel F2)
antisozial	dissozial
Borderline	emotional instabil: – Borderline Typ – impulsiver Typ
histrionisch	histrionisch
narzißtisch	––
vermeidend-selbstunsicher	ängstlich (vermeidend)
dependent	abhängig
zwanghaft	anankastisch
(passiv-depressiv)*	––
(depressiv)*	––

* vorgeschlagene Forschungskriterien

Die narzißtische Persönlichkeitsstörung wird in der ICD-10 nicht gesondert aufgeführt. Einige der DSM-IV-Kriterien für die narzißtische Persönlichkeitsstörung finden sich in ICD-10 als zusätzliche Merkmale zu den diagnostischen Leitlinien der histrionischen Persönlichkeitsstörung wieder: Egozentrik, Selbstbezogenheit, anhaltendes Verlangen nach Anerkennung, erhöhte Kränkbarkeit und andauerndes manipulatives Verhalten zur Befriedigung eigener Bedürfnisse. Eine Tendenz zu stark überhöhtem Selbstwertgefühl und erhöhte Empfindlichkeit bei Rückschlägen und Zurücksetzungen, ebenfalls charakteristische Merkmale narzißtischer Persönlichkeitskonzepte, sind in ICD-10 der paranoiden Persönlichkeitsstörung zugeordnet. Menschen, die nach DSM-IV die Diagnose einer narzißtischen Persönlichkeitsstörung erhalten, ließen sich nach ICD-10 als „sonstige spezifische Persönlichkeitsstörung" (F60.8) klassifizieren.

Ein weiterer wichtiger Unterschied zwischen den Persönlichkeitsstörungskonzepten in DSM-IV und ICD-10 findet sich bei der Borderline-Persönlichkeitsstörung. ICD-10 ordnet der emotional instabilen Persönlichkeitsstörung zwei Untertypen zu, den impulsiven Typus und den Borderline Typus, die beide durch mangelhafte Impulskontrolle und affektive Instabilität charakterisiert sind. Der impulsive Typus, der durch unerwartete, v.a. aggressive Affektausbrüche, mangelhafte Fähigkeit, vorausschauend zu planen und die Konsequenzen des eigenen Verhaltens zu berücksichtigen, sowie motivationale Schwierigkeiten beim Ausbleiben unmittelbarer Belohnung charakterisiert ist, findet so in DSM-IV keine Entsprechung, während der Borderline Typus der emotional instabilen Persönlichkeitsstörung in ICD-10 der Borderline-Persönlichkeitsstörung des DSM-IV (s.u.) gleicht. Einige Merkmale des impulsiven Typus finden sich in DSM-IV jedoch bei der antisozialen Persönlichkeitsstörung wieder. Am ehesten handelt es sich um geschlechtsspezifische Äußerungsformen einer gemeinsamen zugrundeliegenden Persönlichkeitspathologie.

1.5 Klinische Erscheinungsbilder nach der Klassifikation des DSM-IV

DSM-IV ordnet die spezifischen Persönlichkeitsstörungen drei übergeordneten Clustern zu: Cluster A beschreibt Persönlichkeitsstörungen, die sich durch sonderbares, exzentrisches Verhalten auszeichnen. Dies sind die paranoide, die schizoide und die schizotypische Persönlichkeitsstörung. Die durch emotionales, dramatisches oder launisches Verhalten gekennzeichneten Persönlichkeitsstörungen des Clusters B sind die antisoziale, die Borderline, die histrionische und die narzißtische Persönlichkeitsstörung. Cluster C schließlich umfaßt die vermeidend-selbstunsichere, die dependente und die zwanghafte Persönlichkeitsstörung, die sich als ängstlich oder furchtsam beschreiben lassen. In DSM-IV wird darauf hingewiesen, daß diese Einteilung nicht übereinstimmend validiert ist und bislang lediglich aufgrund deskriptiver Ähnlichkeiten vorgenommen wurde (APA 1994).

Paranoide Persönlichkeitsstörung

Hauptmerkmal der paranoiden Persönlichkeitsstörung ist ein ausgeprägtes Mißtrauen verbunden mit der durchgängigen und ungerechtfertigten Tendenz, die Motive anderer als böswillig und feindselig auszulegen. Der übermäßige Argwohn von Menschen mit paranoider Persönlichkeitsstörung bezieht sich auf die Loyalität oder Glaubwürdigkeit ihrer Freunde und Partner, aber auch auf harmlose Bemerkungen oder unbedeutendes Verhalten anderer Personen, mit denen sie in Kontakt geraten. Auf empfundene Verletzungen reagieren Menschen mit paranoider Persönlichkeitsstörung rasch mit Gegenangriffen und/oder mit lang anhaltender Feindseligkeit. Typische Denkschemata sind: „Ich kann niemandem vertrauen", „Andere versuchen, mich zu manipulieren oder auszunutzen", „Andere Menschen wollen mich erniedrigen oder verärgern" (Beck u. Freeman et al. 1995).

Differentialdiagnostisch läßt sich die paranoide Persönlichkeitsstörung von der wahnhaften Störung mit Verfolgungswahn anhand der klar umgrenzten und anhaltenden Wahnvorstellungen, deren Bezug zur Realität nicht mehr gegeben ist, abgrenzen. Bei Menschen mit paranoider Persönlichkeitsstörung entsteht hingegen häufig ein durchaus realer Teufelskreis selbsterfüllender Prophezeiungen, denn das anhaltende Mißtrauen führt leicht dazu, daß tatsächlich Informationen vor ihnen zurückgehalten oder daß sie tatsächlich abgelehnt werden, was den Argwohn der Betroffenen scheinbar bestätigt.

Tabelle 1.**3**:Diagnostische Kriterien der paranoiden Persönlichkeitsstörung nach DSM-IV

I.	Tiefgreifendes Mißtrauen und Argwohn gegenüber anderen, so daß deren Motive als böswillig ausgelegt werden. Der Beginn liegt im frühen Erwachsenenalter und zeigt sich in verschiedenen Situationen. Mindestens vier der folgenden Kriterien müssen erfüllt sein: A. Verdächtigt anderen ohne hinreichenden Grund, ihn/sie auszunutzen, zu schädigen oder zu täuschen. B. Ist stark eingenommen von ungerechtfertigten Zweifeln an der Loyalität und Vertrauenswürdigkeit von Freunden oder Partnern. C. Vertraut sich nur zögernd anderen Menschen an, aus ungerechtfertigter Angst, die Informationen könnten in böswilliger Weise gegen ihn/sie verwandt werden. D. Liest in harmlose Bemerkungen oder Vorkommnisse eine versteckte, abwertende oder bedrohliche Bedeutung hinein. E. ist lange nachtragend, d.h. verzeiht Kränkungen, Verletzungen oder Herabsetzungen nicht. F. Nimmt Angriffe auf die eigene Person oder das Ansehen wahr, die anderen nicht so vorkommen, und reagiert schnell zornig oder startet einen Gegenangriff. G. Verdächtigt wiederholt ohne jede Berechtigung den Ehe- oder Sexualpartner der Untreue.
II.	Tritt nicht ausschließlich im Verlauf einer Schizophrenie, einer affektiven Störung mit psychotischen Merkmalen oder einer anderen psychotischen Störung auf und geht nicht auf die direkte körperliche Wirkung einer Substanz oder eines medizinischen Krankheitsfaktors zurück.

Beachte: Wenn die Kriterien vor dem Auftreten einer Schizophrenie erfüllt waren, ist „prämorbid" hinzuzufügen. Beispiel: „Paranoide Persönlichkeitsstörung (prämorbid)".

Bei der differentialdiagnostischen Abgrenzung ist allerdings zu beachten, daß bei der paranoiden Persönlichkeitsstörung – v.a. in Zeiten vermehrter Belastung – kurze, Minuten bis Stunden dauernde, vorübergehende psychotische Episoden auftreten können.

Schizoide Persönlichkeitsstörung

Hauptmerkmale der schizoiden Persönlichkeitsstörung sind Gleichgültigkeit und Zurückhaltung im zwischenmenschlichen Kontakt, Einzelgän-

gertum sowie eingeschränkte emotionale Erlebnis- und Ausdrucksfähigkeit. Menschen mit schizoider Persönlichkeitsstörung sind scheu, verschlossen und erscheinen gleichgültig gegenüber Bekundungen von Lob oder Kritik. Typische Denkschemata sind: „Es geht mir besser, wenn ich alleine bin", „Beziehungen bringen Verwirrung mit sich", „Was andere über mich denken, ist mir gleichgültig".

Die schwierigste differentialdiagnostische Unterscheidung ist die zu leichten Formen der autistischen oder Asperger-Störung, die ebenfalls mit erheblichen Schwierigkeiten im Sozialkontakt einhergehen.

Tabelle 1.**4**:Diagnostische Kriterien der schizoiden Persönlichkeitsstörung nach DSM-IV

I.	Ein tiefgreifendes Muster, das durch Distanziertheit in sozialen Beziehungen und eine eingeschränkte Bandbreite des Gefühlsausdrucks im zwischenmenschlichen Bereich gekennzeichnet ist. Die Störung beginnt im frühen Erwachsenenalter und tritt in den verschiedensten Situationen auf. Mindestens vier der folgenden Kriterien müssen erfüllt sein: A. Hat weder den Wunsch nach engen Beziehungen noch Freude daran, einschließlich der Tatsache, Teil einer Familie zu sein. B. Wählt fast immer einzelgängerische Unternehmungen. C. Hat, wenn überhaupt, wenig Interesse an sexuellen Erfahrungen mit einem anderen Menschen. D. Wenn überhaupt, dann bereiten nur wenige Tätigkeiten Freude. E. Erscheint gleichgültig gegenüber Lob und Kritik von seiten anderer. F. Nimmt Angriffe auf die eigene Person oder das Ansehen wahr, die anderen nicht so vorkommen, und reagiert schnell zornig oder startet einen Gegenangriff. G. Zeigt emotionale Kälte, Distanziertheit oder eingeschränkte Affektivität.
II.	Tritt nicht ausschließlich im Verlauf einer Schizophrenie, einer affektiven Störung mit psychotischen Merkmalen, einer anderen psychotischen Störung oder einer tiefgreifenden Entwicklungsstörung auf und geht nicht auf die direkte körperliche Wirkung einer Substanz oder eines medizinischen Krankheitsfaktors zurück.

Beachte: Wenn die Kriterien vor dem Auftreten einer Schizophrenie erfüllt waren, ist „prämorbid" hinzuzufügen. Beispiel: „Schizoide Persönlichkeitsstörung (prämorbid)".

Letztere sind jedoch zusätzlich durch stereotype oder rituelle Verhaltensweisen, durch motorische Manierismen sowie durch Einengung der Interessen gekennzeichnet. Auch bei der schizoiden Persönlichkeitsstörung können unter Belastung kurze, vorübergehende psychotische Episoden auftreten.

Schizotypische Persönlichkeitsstörung

Die Konzeptionalisierung einer schizotypischen Persönlichkeitsvariante ist nicht unproblematisch, weil Familienuntersuchungen die genetische Nähe dieser durch Eigentümlichkeit des Denkens, der Wahrnehmung, der Sprache sowie des Verhaltens gekennzeichneten Persönlichkeitsstörung zur sog. Kernschizophrenie gezeigt haben. DSM-IV weist darauf hin, daß die schizotypische Persönlichkeitsstörung bei Verwandten ersten Grades von schizophren Erkrankten gehäuft auftritt, daß jedoch nur wenige Menschen mit einer schizotypischen Persönlichkeitsstörung später an einer Schizophrenie oder einer anderen psychotischen Störung erkranken.

Die schizotypische Persönlichkeitsstörung ist charakterisiert durch erhebliche Defizite im zwischenmenschlichen Kontakt. Die Personen sind einzelgängerisch und fühlen sich in Gesellschaft unwohl, es bestehen Defizite im Gebrauch der grundlegenden Kommunikationsmechanismen wie Augenkontakt, Körpersprache u.ä. Meist besteht eine ausgeprägte Furcht vor und Vermeidung von sozialen Situationen. Es können Verzerrungen des Denkens und der Wahrnehmung auftreten, an denen jedoch, anders als beim Wahn, nicht starr festgehalten wird. Solche Verzerrungen umfassen z.B. falsche Interpretationen von zufälligen Ereignissen, von Bemerkungen anderer und von Situationen.

Menschen mit dieser Störung neigen dazu, magische, esoterische oder abergläubische Überzeugungen zu entwickeln. Ein weiteres Merkmal ist eigentümliches Verhalten, das sich sowohl in der Art zu sprechen, sich zu kleiden oder zu bewegen äußert. Typische Denkschemata sind: „Wenn fremde Menschen mich ansprechen, ist dies furchtbar unangenehm", „Wenn andere Menschen miteinander sprechen, kennen die sich wahrscheinlich schon lange und wollen mich nicht dabei haben", „Ich gehöre nicht dazu".

Wenn Menschen mit einer schizotypischen Persönlichkeitsstörung sich überhaupt in Behandlung begeben, dann meist wegen der sozia-

---

Tabelle 1.5: Diagnostische Kriterien der schizotypischen Persönlichkeitsstörung nach DSM-IV

I.	Ein tiefgreifendes Muster sozialer und zwischenmenschlicher Defizite, das durch akutes Unbehagen in und mangelnde Fähigkeit zu engen Beziehungen gekennzeichnet ist. Weiterhin treten Verzerrungen der Wahrnehmung oder des Denkens und eigentümliches Verhalten auf. Die Störung beginnt im frühen Erwachsenenalter und zeigt sich in verschiedenen Situationen. Mindestens fünf der folgenden Kriterien müssen erfüllt sein: A. Beziehungsideen (jedoch kein Beziehungswahn). B. Seltsame Überzeugungen oder magische Denkinhalte, die das Verhalten beeinflussen und nicht mit den Normen der jeweiligen subkulturellen Gruppe übereinstimmen (z.B. Aberglaube, Glaube an Hellseherei, Telepathie oder an den „sechsten Sinn"; bei Kindern und Heranwachsenden bizarre Phantasien und Beschäftigungen). C. Ungewöhnliche Wahrnehmungserfahrungen einschließlich körperbezogener Illusionen. D. Seltsame Denk- und Sprechweise (z.B. vage, umständlich, metaphorisch, übergenau, stereotyp). E. Argwohn oder paranoide Vorstellungen. F. inadäquater oder eingeschränkter Affekt. G. Verhalten oder äußere Erscheinung sind seltsam, exzentrisch oder merkwürdig. H. Mangel an engen Freunden oder Vertrauten außer Verwandten ersten Grades. I. Ausgeprägte soziale Angst, die nicht mit zunehmender Vertrautheit abnimmt und die eher mit paranoiden Befürchtungen als mit negativer Selbstbeurteilung zusammenhängt.
II.	Tritt nicht ausschließlich im Verlauf einer Schizophrenie, einer affektiven Störung mit psychotischen Merkmalen, einer anderen psychotischen Störung oder einer tiefgreifenden Entwicklungsstörung auf.

Beachte: Wenn die Kriterien vor dem Beginn einer Schizophrenie erfüllt waren, ist „prämorbid" hinzuzufügen, Beispiel: „Schizotypische Persönlichkeitsstörung (prämorbid)".

---

len Angst oder wegen depressiver Verstimmungen. Bei der differentialdiagnostischen Abgrenzung ist zu beachten, daß Menschen mit sozialer Angst in Situationen, in denen sie in Sozialkontakt treten müssen, sich mit der Zeit zunehmend entspannen, während Menschen mit schizotypischer Persönlichkeitsstörung sich zunehmend unwohler fühlen. Von der Schizophrenie, einer wahnhaften Störung oder eine affektiven Störung mit psychotischen Merkmalen ist die schizotypische Persönlichkeitsstörung durch das Fehlen von anhaltenden Perioden mit Halluzinationen oder Wahnphänomenen abzugrenzen. Allerdings können, wie auch bei der paranoiden und der schizoiden Persönlichkeitsstörung, kurze, vorübergehende psychotische Episoden, v.a. unter Belastung, auftreten. In der Querschnittsbetrachtung ist wohl die Abgrenzung zum residualen Typus der Schizophrenie am schwierigsten. Das Unterscheidungsmerkmal ist, daß bei letzterem mindestens eine schizophrene Episode vorgelegen haben muß.

Antisoziale Persönlichkeitsstörung

Tabelle 1.6: Diagnostische Kriterien der antisozialen Persönlichkeitsstörung	
I.	Es besteht ein tiefgreifendes Muster von Mißachtung und Verletzung der Rechte anderer, das seit dem Alter von 15 Jahren auftritt. Mindestens drei der folgenden Kriterien müssen erfüllt sein: A. Versagen, sich in bezug auf gesetzmäßiges Verhalten gesellschaftlichen Normen anzupassen, was sich in wiederholtem Begehen von Handlungen äußert, die einen Grund für eine Festnahme darstellen. B. Falschheit, die sich in wiederholtem Lügen, dem Gebrauch von Decknamen oder dem Betrügen anderer zum persönlichen Vorteil oder Vergnügen äußert. C. Impulsivität oder Versagen, vorausschauend zu planen. D. Reizbarkeit und Aggressivität, die sich in wiederholten Schlägereien oder Überfällen äußert, E. Rücksichtslose Mißachtung der eigenen Sicherheit bzw. der Sicherheit anderer. F. Fehlende Reue, die sich in Gleichgültigkeit oder Rationalisierung äußert, wenn die Person andere Menschen gekränkt, mißhandelt oder bestohlen hat.
II.	Die Person ist mindestens 18 Jahre alt.
III.	Eine Störung des Sozialverhaltens war bereits vor Vollendung des 15. Lebensjahres erkennbar.
IV.	Das antisoziale Verhalten tritt nicht ausschließlich im Verlauf einer Schizophrenie oder einer manischen Episode auf.

Hauptmerkmal der antisozialen Persönlichkeitsstörung, die auch als Soziopathie bezeichnet wird, ist die dauerhafte und tiefgreifende Neigung, die Rechte anderer zu verletzen und zu mißachten. Charakterliche Besonderheiten sind geringe Introspektion und Selbstkritik, Mangel an Empathie, Gefühlskälte, Egozentrizität, überhöhter Anspruch, paradoxe Anpassungserwartung und Unter- bzw. Fehlbesetzung sozialer Normen. Ferner finden sich Merkmale wie Impulsivität, Unzuverlässigkeit, Bindungsschwäche sowie ein Mangel an Schuldgefühlen. Typische Denkschemata sind: „Andere Menschen sind schwach und verdienen es, daß man sie ausbeutet", „Wenn ich etwas haben möchte, sollte ich alles Erforderliche tun, um es zu bekommen", „Wir leben in einem Dschungel, in dem der Stärkste überlebt".

Bei der antisozialen Persönlichkeitsstörung entstehen oft zusätzliche gesundheitliche und soziale Probleme durch den gleichzeitigen Mißbrauch von Alkohol und Drogen. Auch depressive Störungen treten häufig auf, die in Zusammenhang mit innerer Anspannung und einer Unfähigkeit, Langeweile zu ertragen, stehen. Die Suizidrate liegt bei etwa 10%, auch ein frühzeitiger Tod durch riskantes Verhalten, Ermordung oder Totschlag ist häufiger als in der Allgemeinbevölkerung. Die Diagnose einer antisozialen Persönlichkeitsstörung darf nicht vor Vollendung des 18. Lebensjahres gestellt werden, und nur, wenn vor dem Alter von 15 Jahren bereits Symptome einer Störung des Sozialverhaltens vorlagen. Die Störung wird bei Männern deutlich häufiger als bei Frauen diagnostiziert (3:1).

Borderline-Persönlichkeitsstörung

Die Borderline-Persönlichkeitsstörung zeichnet sich durch eine mangelhafte Impulskontrolle und eine tiefgreifende affektive Instabilität aus, die erhebliche Schwankungen des Selbstbildes und in der Intensität zwischenmenschlicher Beziehungen einschließt. An typischen Verhaltensmerkmalen sind neben unangemessener Wut und aggressiven Durchbrüchen unter emotionaler Belastung auch autoaggressive Impulse und Handlungen bis hin zu drastischem Selbstverletzungs- und parasuizidalem Verhalten zu nennen. Es bestehen chronische Gefühle von Leere sowie des sich Zurückgewiesen- und Verlassenfühlens. Typische Denkschemata sind: „Die Welt ist gefährlich und böse", „Ich bin hilflos und machtlos", „Ich bin von Natur aus unakzeptabel".

Anders als frühere Konzeptualisierungen der Borderline-Störung schließt die Borderline-Persönlichkeitsstörung in DSM-IV keine Spektrumbeziehung zu den affektiven und schizophrenen Psychosen ein, obwohl affektive Störungen häufig koexistieren und paranoide Vorstellungen und dissoziative Episoden unter Belastung auftreten können.

Tabelle 1.7: Diagnostische Kriterien der Borderline-Persönlichkeitsstörung

I. Ein tiefgreifendes Muster von Instabilität in zwischenmenschlichen Beziehungen, im Selbstbild und in den Affekten sowie von deutlicher Impulsivität. Die Störung beginnt im frühen Erwachsenenalter und tritt in den verschiedensten Situationen auf. Mindestens fünf der folgenden Kriterien müssen erfüllt sein:
A. Verzweifeltes Bemühen, tatsächliches oder vermutetes Verlassenwerden zu vermeiden. Beachte: Hier werden keine suizidalen oder selbstverletzenden Tendenzen berücksichtigt, die in Kriterium E enthalten sind.
B. Ein Muster instabiler, aber intensiver zwischenmenschlicher Beziehungen, das durch einen Wechsel zwischen den Extremen der Idealisierung und Entwertung gekennzeichnet ist.
C. Identitätsstörung: ausgeprägte und andauernde Instabilität des Selbstbildes oder der Selbstwahrnehmung.
D. Impulsivität in mindestens zwei potentiell selbstschädigenden Bereichen (Geldausgaben, Sexualität, Substanzmißbrauch, rücksichtsloses Fahren, „Freßanfälle"); Beachte: Hier werden keine suizidalen oder selbstverletzenden Handlungen berücksichtigt, die in Kriterium E enthalten sind.
E. Wiederholte suizidale Handlungen, Selbstmordandeutungen oder -drohungen oder Selbstverletzungsverhalten.
F. Affektive Instabilität infolge einer ausgeprägten Reaktivität der Stimmung (z.B. hochgradige episodische Dysphorie, Reizbarkeit oder Angst, wobei diese Verstimmungen gewöhnlich einige Stunden und nur selten mehr als einige Tage andauern).
G. Chronische Gefühle von Leere.
H. Unangemessene, heftige Wut oder Schwierigkeiten, die Wut zu kontrollieren (z.B. häufige Wutausbrüche, andauernde Wut, wiederholte körperliche Auseinandersetzungen).
I. Vorübergehende, durch Belastungen ausgelöste paranoide Vorstellungen oder schwere dissoziative Symptome.

Statt dessen wird auf die Häufigkeit von körperlicher Mißhandlung, sexuellem Mißbrauch oder anderer, dauerhaft zu emotionaler Ambivalenz führender Erfahrungen in der Kindheit dieser Patienten hingewiesen.

Es ist zu beachten, daß abhängig von ihren konzeptuellen Quellen Bezeichnungen wie Borderline-Syndrom oder Borderline-Störung recht Unterschiedliches meinen können und diagnostisch zu einer unscharfen, vieldeutigen Sammelkategorie geworden sind.

Bei der Differentialdiagnose ist v.a. die oben erwähnte Häufigkeit begleitender affektiver Störungen, insbesondere der Major Depression, zu beachten.

Wenn die Kriterien für beide Störungen erfüllt sind, können beide diagnostiziert werden. Die Störung wird bei Frauen deutlich häufiger (75%) als bei Männern diagnostiziert, was darauf zurückzuführen sein kann, daß sie eine für weibliche Personen typischere Form der inadäquaten Verhaltens- und Erlebensentwicklung ist.

Histrionische Persönlichkeitsstörung

Die histrionische Persönlichkeitsstörung erhielt in den modernen Klassifikationssystemen ihre neue Bezeichnung, um den wertenden Beiklang des Hysterie-Begriffes, aber auch seine Assoziationen zum Neurosekonzept und Konversionsmodell zu vermeiden. Hauptmerkmale dieser Persönlichkeitsstörung sind eine hohe Abhängigkeit von äußerer Aufmerksamkeit, Bestätigung und Anerkennung, Suggestibilität und eine Neigung zu affektiver Labilität und Oberflächlichkeit. Histrionische Persönlichkeiten haben ein Gespür für Atmosphäre aber auch einen Hang zu Dramatisierung, Unechtheit und Koketterie. Sie zeigen einen Mangel an gleichmäßig durchgehaltenen Zielen und Wertorientierungen mit der Folge von Unbeständigkeit insbesondere im zwischenmenschlichen und partnerschaftlichen Bereich. Die Verhaltensweisen von Menschen mit histrionischer Persönlichkeitsstörung (von lat. *histrio* = Schauspieler) zielen darauf ab, anders zu erscheinen, als sie sind.

Typische Denkschemata sind: „Wenn andere mich nicht mögen oder bewundern, bin ich ein Nichts", „Gefühle und Intuition sind bei weitem wichtiger als rationales Denken und Planen", „Ich bekomme das, was ich möchte, wenn ich die anderen blende oder amüsiere".

Tabelle 1.**8**:Diagnostische Kriterien der histrioni- schen Persönlichkeitsstörung	Tabelle 1.**9**:Diagnostische Kriterien der narzißti- schen Persönlichkeitsstörung
I. Tiefgreifendes Muster übermäßiger Emotionalität oder übermäßigen Strebens nach Aufmerksamkeit. Die Störung beginnt im frühen Erwachsenenalter und tritt in den verschiedensten Situationen auf. Mindestens fünf der folgenden Kriterien müssen erfüllt sein: A. Fühlt sich unwohl in Situationen, in denen er/sie nicht im Mittelpunkt der Aufmerksamkeit steht. B. Die Interaktion mit anderen ist oft durch ein unangemessen sexuell verführerisches oder provokantes Verhalten charakterisiert. C. Zeigt rasch wechselnden und oberflächlichen Gefühlsausdruck. D. Setzt durchweg die körperliche Erscheinung ein, um die Aufmerksamkeit auf sich zu lenken, hat einen übertrieben impressionistischen, wenig detaillierten Sprachstil. E. Zeigt Selbstdramatisierung, Theatralik und übertriebenen Gefühlsausdruck. F. Ist suggestibel, d.h. leicht beeinflußbar durch andere Personen oder Umstände. G. Faßt Beziehungen enger auf, als sie tatsächlich sind.	I. Ein tiefgreifendes Muster von Großartigkeit (in Phantasie oder Verhalten), Bedürfnis nach Bewunderung und Mangel an Empathie. Die Störung beginnt im frühen Erwachsenenalter und tritt in den verschiedensten Situationen auf. Mindestens fünf der folgenden Kriterien müssen erfüllt sein: A. Hat ein grandioses Gefühl der eigenen Wichtigkeit (übertreibt z.B. die eigenen Leistungen und Talente; erwartet, ohne entsprechende Leistungen als überlegen anerkannt zu werden). B. Ist stark eingenommen von Phantasien grenzenlosen Erfolgs, Macht, Glanz, Schönheit oder idealer Liebe. C. Glaubt von sich, „besonders" und einzigartig zu sein und nur von anderen „besonderen" oder angesehenen Personen (oder Institutionen) verstanden zu werden oder nur mit diesen verkehren zu können. D. Verlangt nach übermäßiger Bewunderung. E. Legt ein Anspruchsdenken an den Tag, d.h. übertriebene Erwartungen an eine besonders bevorzugte Behandlung oder automatisches Eingehen auf die eigenen Erwartungen. F. Ist in zwischenmenschlichen Beziehungen ausbeuterisch, d.h. zieht Nutzen aus anderen, um die eigenen Ziele zu erreichen. G. Zeigt einen Mangel an Empathie: ist nicht willens, die Gefühle und Bedürfnisse anderer zu erkennen oder sich mit ihnen zu identifizieren. H. Ist häufig neidisch auf andere oder glaubt, andere seien neidisch auf ihn/sie. I. Zeigt arrogante, überhebliche Verhaltensweisen oder Haltungen.

Narzißtische Persönlichkeitsstörung

Die narzißtische Persönlichkeitsstörung wurde aus unverständlichen Gründen nicht in die ICD-10 aufgenommen. In DSM-IV beschreibt sie Menschen, die vor dem Hintergrund eines brüchigen Selbstwertgefühls auf der einen Seite zu Gefühlen von Großartigkeit, Überlegenheit und Verachtung anderer neigen, auf der anderen Seite aber in hohem Maße kränkbar und verletzlich sind. Menschen mit narzißtischer Persönlichkeitsstörung neigen dazu, andere unbewußt auszubeuten, wobei sie glauben, daß ihnen aufgrund ihrer besonderen Qualitäten und Fähigkeiten auch eine besondere Behandlung zusteht. Es besteht eine hohe Anspruchshaltung, ein Mangel an Empathie und ein starkes Bedürfnis nach Anerkennung und Bewunderung. Die ausgeprägte Kränkbarkeit kann zu depressiven Krisen mit Selbstschädigungen und Suizidalität führen. Typische Denkmuster sind: „Niemand hat das Recht, mich zu kritisieren", „Da ich anderen überlegen bin, habe ich das Recht auf besondere Behandlung und Privilegien", „Andere Menschen sollten glücklich sein, daß sie meine Bedürfnisse befriedigen dürfen".

Bei der Differentialdiagnose ist zunächst zu unterscheiden, ob es sich bei den Gefühlen von Großartigkeit um Persönlichkeitseigenschaften handelt oder ob sie auf eine manische oder hypomane Episode oder auf Substanzkonsum zurückzuführen sind. Wenn Personen mit einer narzißtischen Persönlichkeitsstörung kritisiert oder durch Entzug oder Vorenthaltung der ihnen ihrer Meinung nach zustehenden Zuwendung oder Belohnung gekränkt werden, können depressive Verstimmungen auftreten, die das Ausmaß einer Episode einer Major Depression erreichen. Wenn die Kriterien für eine Episode einer Major Depression vollständig erfüllt sind, können beide Diagnosen gestellt werden.

Vermeidend-selbstunsichere Persönlichkeitsstörung

Die vermeidend-selbstunsichere Persönlichkeitsstörung zeichnet sich durch eine große Angst vor Zurückweisung und Ablehnung aus sowie durch ein ständiges Bemühen, unangenehme Gefühle und Situationen, in denen solche auftreten, zu vermeiden. Trotz des großen Wunsches nach Zuwendung verhindern Menschen mit vermeidend-selbstunsicherer Persönlichkeitsstörung so die Anknüpfung sozialer Beziehungen, sind unsicher, schüchtern, angespannt, ängstlich. Ihre Minderwertigkeitsgefühle im sozialen Kontakt führen zu einer gravierenden Einschränkung der sozialen Kompetenz. Typische Denkmuster sind: „Ich sollte Situationen, in denen ich Aufmerksamkeit errege, aus dem Weg gehen oder möglichst unauffällig sein", „Die unangenehmen Gefühle werden zunehmen und außer Kontrolle geraten", „Es wäre unerträglich, wenn man meine Unsicherheit bloßlegen würde".

Tabelle 1.**10**: Diagnostische Kriterien der vermeidend-selbstunsicheren Persönlichkeitsstörung

I.	Ein tiefgreifendes Muster von sozialer Gehemmtheit, Insuffizienzgefühlen und Überempfindlichkeit gegenüber negativer Beurteilung. Die Störung beginnt im frühen Erwachsenenalter und tritt in den verschiedensten Situationen auf. Mindestens vier der folgenden Kriterien müssen erfüllt sein:
	A. Vermeidet aus Angst vor Kritik, Mißbilligung oder Zurückweisung berufliche Aktivitäten, die engere zwischenmenschliche Kontakte mit sich bringen.
	B. Läßt sich nur widerwillig mit Menschen ein, sofern er/sie sich nicht sicher ist, daß er/sie gemocht wird.
	C. Zeigt Zurückhaltung in intimeren Beziehungen, aus Angst, beschämt oder lächerlich gemacht zu werden.
	D. Ist stark davon eingenommen, in sozialen Situationen kritisiert oder abgelehnt zu werden.
	E. Ist aufgrund von Gefühlen der eigenen Unzulänglichkeit in neuen zwischenmenschlichen Situationen gehemmt.
	F. Hält sich für gesellschaftlich unbeholfen, persönlich unattraktiv oder anderen gegenüber unterlegen.
	G. Nimmt außergewöhnlich ungern persönliche Risiken auf sich oder irgendwelche neuen Unternehmungen in Angriff, weil dies sich als beschämend erweisen könnte.

Differentialdiagnostisch fällt die Ähnlichkeit dieser Persönlichkeitsstörung zur sozialen Phobie auf. Die Unterscheidung bezieht sich letztlich auf die allgemeinen Kriterien einer Persönlichkeitsstörung, d.h. im Gegensatz zur Sozialphobie müssen die vermeidend-selbstunsicheren Persönlichkeitszüge bereits seit dem frühen Erwachsenenalter bestehen, müssen tiefgreifend sein und sich in unterschiedlichen Situationen manifestieren. Tatsächlich sind die vermeidend-selbstunsicheren Denk- und Verhaltensmuster sogar meist schon in der Kindheit beobachtbar.

Die Differentialdiagnose zwischen der sozialen Phobie und der vermeidend-selbstunsicheren Persönlichkeitsstörung, wie sie in DSM-IV konzipiert ist, ist wohl das eindeutigste Beispiel dafür, daß die Unterscheidung zwischen Achse-I- und Achse-II-Störung unbedeutend sein kann, zumal auch das therapeutische Vorgehen sich kaum unterscheidet.

Dependente Persönlichkeitsstörung

Hauptmerkmal der dependenten Persönlichkeitsstörung ist ein Gefühl der Unfähigkeit, das eigene Leben selbständig zu führen. Vor dem Hintergrund der Selbsteinschätzung als hilflos und schwach wird in allen Lebenssituationen Unterstützung durch andere, insbesondere den Partner, gebraucht. Menschen mit einer dependenten Persönlichkeitsstörung sind nur wenig bereit, Selbstverantwortlichkeit zu übernehmen.

In Zweierbeziehungen besteht eine ständige Angst vor Verlust und Alleingelassenwerden verbunden mit dem Bemühen um Anpassung und Nachgiebigkeit. Typische Denkmuster sind: „Ich bin hilflos, wenn ich mir selbst überlassen werde", „Ich kann keine eigenen Entscheidungen treffen", „Ich darf nichts tun, was meinen Unterstützer und Helfer kränken könnte".

Bei der Diagnose der dependenten Persönlichkeitsstörung kann es leicht zu geschlechtsspezifischen Beurteilungsfehlern kommen. Die Kriterien beschreiben eine submissive Form der Abhängigkeit, die vermutlich bei Frauen häufiger vorkommt, ignorieren aber eine dominierende Form der Abhängigkeit, die bei Männern häufiger ist, die jedoch (v.a. von männlichen Therapeuten) selten als pathologisch diagnostiziert wird. Dominierend dependentes Verhalten ist dadurch gekennzeichnet, daß andere benötigt werden, um Aufgaben zu erledigen und Entscheidungen zu treffen, daß dies aber in Form

Tabelle 1.**11**: Diagnostische Kriterien der dependenten Persönlichkeitsstörung

I.	Ein tiefgreifendes und überstarkes Bedürfnis versorgt zu werden, das zu unterwürfigem und anklammerndem Verhalten und Trennungsängsten führt. Die Störung beginnt im frühen Erwachsenenalter und tritt in den verschiedensten Situationen auf. Mindestens fünf der folgenden Kriterien müssen erfüllt sein:
	A. Hat Schwierigkeiten, alltägliche Entscheidungen zu treffen, ohne ausgiebig den Rat und die Bestätigung anderer einzuholen.
	B. Benötigt andere, damit diese die Verantwortung für seine/ihre wichtigsten Lebensbereiche übernehmen.
	C. Hat Schwierigkeiten, anderen Menschen gegenüber eine andere Meinung zu vertreten, aus Angst, Unterstützung und Zustimmung zu verlieren. Beachte: Hier bleiben realistische Ängste vor Bestrafung unberücksichtigt.
	D. Hat Schwierigkeiten, Unternehmungen selbst zu beginnen oder Dinge unabhängig durchzuführen (eher aufgrund von mangelndem Vertrauen in die eigene Urteilskraft oder die eigenen Fähigkeiten als aus mangelnder Motivation oder Tatkraft).
	E. Tut alles Erdenkliche, um die Versorgung und Zuwendung anderer zu erhalten bis hin zur freiwilligen Übernahme unangenehmer Tätigkeiten.
	F. Fühlt sich alleine unwohl oder hilflos aus übertriebener Angst, nicht für sich selbst sorgen zu können.
	G. Sucht dringend eine andere Beziehung als Quelle der Fürsorge und Unterstützung, wenn eine enge Beziehung endet.
	H. Ist in unrealistischer Weise von Ängsten eingenommen, verlassen zu werden und für sich selbst sorgen zu müssen.

von Anweisungen oder Befehlen durchgesetzt wird. Eine andere diagnostische Schwierigkeit besteht darin, daß einige gesellschaftliche und kulturelle Gruppen dependentes und submissives Verhalten, insbesondere bei Frauen, fördern.

Wenn das dependente Verhalten auf kulturelle Wertvorstellungen zurückgeht, würde man es nicht als pathologisch beurteilen, und die Diagnose einer dependenten Persönlichkeitsstörung wäre nicht gerechtfertigt.

Zwanghafte Persönlichkeitsstörung

Hauptmerkmale der zwanghaften Persönlichkeitsstörung sind Gewissenhaftigkeit, Perfektionismus, Inflexibilität, Solidität und Normentreue, die so überwertig sind, daß sowohl die berufliche Produktivität als auch die zwischenmenschlichen Beziehungen darunter leiden. Strenge, Ernsthaftigkeit und Rigidität kennzeichnen nämlich nicht nur den Umgang mit sich selbst, sondern auch mit anderen Menschen. Die eigenen starren, moralisch anspruchsvollen und prinzipientreuen Verhaltensmuster werden eigensinnig vertreten und den Bezugspersonen aufgenötigt. Gefühle, sowohl eigene als auch die anderer Menschen, Humor und Freude erscheinen suspekt und bedrohlich. Der Mensch, das Leben und die Welt werden negativ gesehen, der Sinn des Daseins ist Mühe, Anstrengung und Pflichterfüllung. Typische Denkmuster sind: „Wenn ich mich nicht hundertprozentig an meine Prinzipien halte, ver-

Tabelle 1.**12**: Diagnostische Kriterien der zwanghaften Persönlichkeitsstörung

I.	Ein tiefgreifendes Muster von starker Beschäftigung mit Ordnung, Perfektion und psychischer sowie zwischenmenschlicher Kontrolle auf Kosten von Flexibilität, Aufgeschlossenheit und Effizienz. Die Störung beginnt im frühen Erwachsenenalter und zeigt sich in verschiedenen Situationen. Mindestens 4 der folgenden Kriterien müssen zutreffen:
	A. Beschäftigt sich übermäßig mit Details, Regeln, Listen, Ordnung, Organisation oder Plänen, so daß der wesentliche Gesichtspunkt der Aktivität dabei verlorengeht.
	B. Zeigt einen Perfektionismus, der die Aufgabenerfüllung behindert (z.B. kann ein Vorhaben nicht beenden, da die eigenen überstrengen Normen nicht erfüllt werden).
	C. Verschreibt sich übermäßig der Arbeit und Produktivität unter Ausschluß von Freizeitaktivitäten und Freundschaften (nicht auf offensichtliche finanzielle Notwendigkeit zurückzuführen).
	D. Ist übermäßig gewissenhaft, skrupulös und rigide in Fragen von Moral, Ethik und Werten (nicht auf kulturelle und religiöse Orientierung zurückzuführen).
	E. Ist nicht in der Lage, verschlissene oder wertlose Dinge wegzuwerfen, selbst wenn sie nicht einmal Gefühlswert besitzen.
	F. Delegiert nur widerwillig Aufgaben an andere oder arbeitet nur ungern mit anderen zusammen, wenn diese nicht genau die eigene Arbeitsweise übernehmen.
	G. Ist geizig sich selbst und anderen gegenüber; Geld muß im Hinblick auf befürchtete künftige Katastrophen gehortet werden.
	H. Zeigt Rigidität und Halsstarrigkeit.

sinke ich im Chaos", „Die Welt ist schmutzig und konfus, nur bei mir ist es sauber und ordentlich", „Ich muß meine Gefühle vollkommen unter Kontrolle haben".

Differentialdiagnostisch ist die Unterscheidung zur Zwangsstörung zu beachten, die meist leicht aufgrund des Vorhandenseins echter Zwangsgedanken oder Zwangshandlungen getroffen werden kann. Ein Spektrumbezug zwischen der zwanghaften Persönlichkeitsstörung und der Zwangsstörung konnte bislang nicht eindeutig nachgewiesen werden. Beiden Störungen gemeinsam sind die Neigung zu Ritualen, die mangelnde Flexibilität des Verhaltens, das Defizit in der Fähigkeit, Wichtiges von Unwichtigem zu unterscheiden sowie die Einschränkung des emotionalen Ausdrucks. Die zwanghaften Denk- und Verhaltensmuster bei der Persönlichkeitsstörung scheinen aber vom Betroffenen selbst als weniger absurd, weniger ich-dyston und wesentlich weniger leidvoll erlebt zu werden. Sie manifestieren sich jedoch in einem breiteren Spektrum von Situationen und sind somit generalisierter als bei der Zwangsstörung. Es gibt Hinweise darauf, daß unter schweren Belastungen einzelne Symptome der zwanghaften Persönlichkeit „aus den Fugen geraten" und in eine Zwangsstörung münden. Auf der anderen Seite finden sich bei Patienten mit einer Zwangsstörung nicht unbedingt zwanghafte Persönlichkeitszüge, sondern ebenso häufig Selbstunsicherheit und Angst vor Kritik und Strafe.

Persönlichkeitsgebundene, latente zwanghafte Tendenzen können schließlich auch in Prodromalphasen schizophrener Syndrome im Sinne des Abwehrversuchs psychotischer Verhaltensdesintegration auftreten. Die zwanghafte Persönlichkeitsstörung zeigt zudem einige Überschneidungen mit Tellenbachs „Typus melancholicus", der Beschreibung prämorbider Persönlichkeitszüge, wie sie sich bei ca. 50% endogen depressiver Patienten finden. Dieser Persönlichkeitstypus ist charakterisiert durch Gewissenhaftigkeit, Pflichtbewußtsein, Streben nach Vollkommenheit; seine zwischenmenschlichen Beziehungen zeichnen sich durch Harmoniestreben und Sich-Einordnen aus und zeigen somit auch dependente Züge. Das generalisierte negative Welt- und Menschenbild und die damit verbundene Armut an Lebensfreude trägt dazu bei, daß sich v.a. in Belastungssituationen depressive Störungen entwickeln können.

Andere spezifische Persönlichkeitsstörungen

DSM-IV listet in Anhang B zwei weitere Persönlichkeitsstörungsformen auf, die aufgrund mangelnder empirischer Befunde nicht in die Klassifikation mit aufgenommen wurden und die weiterer Forschung und Klärung bedürfen. Dies sind die passiv-aggressive und die depressive Persönlichkeitsstörung. Das Modell einer passiv-aggressiven Persönlichkeitsstörung, deren Hauptmerkmal ein durchgängiges Muster passiven Widerstands gegenüber Forderungen nach angemessenen Leistungen im sozialen und beruflichen Bereich ist, bleibt fraglich. Möglicherweise handelt es sich eher um einen Verhaltensstil als um die breitere Konzeption einer Persönlichkeitsvariante. Die in enger Anlehnung an K. Schneider operationalisierte depressive Persönlichkeitsstörung wurde ebenfalls in den Anhang von DSM-IV aufgenommen. Sie beschreibt eine überwiegend pessimistische, freudlose, unglückliche Persönlichkeitsvariante mit einem negativen, selbstbeschuldigenden und sich selbst herabsetzenden Selbstbild und einem negativistischen, kritischen und verurteilenden Verhalten gegenüber anderen. Es ist fraglich, ob die depressive Persönlichkeitsvariante mit der dysthymen Störung im Kapitel affektive Störungen nicht bereits hinreichend beschrieben ist. Die Unterscheidung bezieht sich auf die Betonung kognitiver, interpersoneller und intrapsychischer Persönlichkeitsmerkmale gegenüber einem Beschwerdekomplex, der auch verschiedene somatische Symptome enthält.

1.6 Verlauf

Per definitionem sind Persönlichkeitsstörungen stabil und über den Lebenszyklus hin überdauernd. Obwohl bisherige katamnestische Studien noch keinen für diese Fragestellung ausreichenden Beobachtungszeitraum überblicken, geht doch die klinische Erfahrung dahin, daß sich zugespitzte Persönlichkeitsmerkmale mit zunehmendem Alter und nachlassender Vitalität abschwächen können. Dies gilt besonders für Persönlichkeitszüge, die die soziale Funktionsfähigkeit nachhaltig beeinträchtigen, u.a. Unstetigkeit, dissoziales Verhalten, autodestruktive Handlungen, Impulsivität. Andere Merkmale können aber auch im Alter eine Zuspitzung erfahren, denkt man z.B. an den Eigensinn und die Rigidität manches älteren Menschen. Bei aller grundsätzlichen Stabilität ist also insgesamt ein größeres Maß an Flexibilität und Anpassungsfähigkeit anzunehmen, als es das theoretische Konzept vorgibt. Der Ausprägungsgrad der Verhaltensauffälligkeiten wird auch von den situativen Bedingtheiten und Ansprüchen des jeweiligen Lebensabschnitts abhängen, und umgekehrt werden unangepaßte Persönlichkeitsmerkmale zu krisenhaften Zuspitzungen Anlaß geben können. So wird eine vermeidend-selbstunsichere Persönlichkeit im jungen Erwachsenenalter, wo Entscheidungen und Orientierungen gefordert sind, besonders stark unter ihrer mangelnden sozialen Kompetenz leiden, eine dependente insbesondere dann, wenn das Leben ihr eine partnerschaftliche Trennungssituation zumutet.

Das Suizidrisiko in der Gesamtpopulation der Persönlichkeitsstörungen wird mit einer dreifachen Erhöhung gegenüber der Allgemeinbevölkerung angegeben. Die höchsten Suizidraten finden sich bei der Borderline-, der antisozialen und der narzißtischen Persönlichkeitsstörung. Entsprechende Häufigkeitsangaben werden für Patienten mit Borderline-Persönlichkeitsstörung mit 8% angegeben. In diesen Gruppen findet sich auch der höchste Grad an psychosozialer Beeinträchtigung mit devianten Handlungen, Minderung der Arbeitsfähigkeit und Fehlen verläßlicher interpersoneller Beziehungen. Dennoch wird in katamnestischen Untersuchungen über relevante Zeiträume zwischen zehn und dreißig Jahren auch in diesen Subgruppen schwer gestörter, emotional instabiler Persönlichkeiten eine ausreichende soziale Integration bei zwei Drittel der Patienten angegeben. Die erhebliche soziale Dysfunktion und die wiederholten autodestruktiven Handlungen gerade im jüngeren Lebensalter erklären aber die Häufung stationärer Behandlungen in dieser Patientengruppe.

Die Prognose wird also von der speziellen Form der Persönlichkeitsstörung, mehr aber noch vom Schweregrad abhängen. Prognostische Faktoren sind auch der psychostrukturelle Reifegrad sowie das Niveau der psychischen und sozialen Funktionen. In einer Nachuntersuchung von Tölle (1986) an 539 stationär behandelten Patienten in der Bundesrepublik mit einer Persönlichkeitsstörung zeigten jeweils ca. ein Drittel eine günstige, eine kompromißhafte bzw. eine ungünstige Lebensbewältigung. Zu einer guten Prognose tendieren die histrionischen, zwanghaften, dependenten und vermeidend-selbstunsicheren Persönlichkeitsstörungen; über

Behandlungserfolge trotz häufig schwieriger und langer Therapieverläufe wird auch bei Borderline- und narzißtischen Persönlichkeitsstörungen berichtet. Weniger günstig sind die Beeinflussungsmöglichkeiten bei den schizoiden, paranoiden und insbesondere antisozialen Formen. Erschwerend wirkt sich auch eine sog. Komorbidität mit psychischen Begleiterkrankungen, insbesondere Suchterkrankungen und teilweise auch affektiven Störungen aus. So steigt die Mortalitätsrate auf das Dreifache bei Patienten mit Persönlichkeitsstörung und Substanzmißbrauch gegenüber solchen mit einer alleinigen Persönlichkeitsstörung. Prognostisch günstige Persönlichkeitsmerkmale sind Motivation, Vertrauen in andere Menschen, Flexibilität sowie Einsicht in eigenes Beteiligtsein an zwischenmenschlichen Schwierigkeiten. Letztere wird sich eher bei Menschen finden, die zur Internalisierung im Gegensatz zur Externalisierung neigen, sich also Konflikte bevorzugt zu eigen machen, statt sie nach außen zu tragen. Insgesamt geben die bisher bekannten Daten keinen Anlaß für einen therapeutischen Nihilismus, wie er in der Vergangenheit nicht selten an den Tag gelegt wurde.

1.7 Literatur

American Psychiatric Association (APA) (1994): Diagnostic and statistical manual of mental disorders (4th ed.). American Psychiatric Press Washington D.C. Deutsche Bearbeitung: Saß, H., Wittchen, H.U., Zaudig, M. (1996): Diagnostisches und Statistisches Manual Psychischer Störungen – DSM-IV. Hogrefe Göttingen.

Beck, A.T., Freeman, A. (1995): Kognitive Therapie bei Persönlichkeitsstörungen. PsychologieVerlags-Union Weinheim.

Cloninger, C.R. (1987): A systematic method for clinical description and classification of personality variants. Archives of General Psychiatry 44, 573–588.

Esquirol, E. (1839): Des maladies mentales considérées sous les rapports médical, hygiénique et médico-legale. Baillière Paris.

Frances, A. (1982): Categorial and dimensional systems of personality diagnosis. Comprehensive Psychiatry 23, 516–527.

Herpertz, S., Steinmeyer, E.M., Saß, H. (1994): „Patterns of comorbidity" among DSM-III-R and ICD-10 personality disorders as observed with a new inventory for the assessment of personality disorders. European Archives of Psychiatry and Clinical Neurosciences 244,161–169.

Herpertz, S., Steinmeyer, E.M., Pukrop, R., Woschnik, M., Saß, H. (1997): Persönlichkeit und Persönlichkeitsstörungen: Eine facettentheoretische Analyse der Ähnlichkeitsbeziehungen. Zeitschrift für Klinische Psychologie 26, 109–117.

Koch, J.L.A. (1891–1893): Die psychopathischen Minderwertigkeiten. Maier Ravensburg.

Kraepelin, E.. (1904): Psychiatrie. Ein Lehrbuch für Studierende und Ärzte. Bd. 2, 7. Aufl. Barth Leipzig.

Livesley, W., Jackson, D.N., Schroeder, M.J. (1991): Dimensions of personality pathology. Canadian Journal of Psychiatry 36, 557–562.

Loranger, A.W., Sartorius, N., Andreoli, A. et al. (1994): The International personality disorders examination. Archives of General Psychiatry 51, 215–224.

Pinel, P. (1809): Traité médico-philosophique sur l'aliénation mentale. 2. ed.. Brosson Paris.

Rosch, E., Mervis, C.B. (1975): Family resemblances: Studies in the international structure of categories. Cognitive Psychology 7, 573–605.

Saß, H., Mende, M. (1990): Zur Erfassung von Persönlichkeitsstörungen mit einer integrierten Merkmalsliste gemäß DSM-III-R und ICD-10 bei stationär behandelten psychiatrischen Patienten. In: U. Baumann et al. (Hrsg.): Veränderungsmessung in Psychiatrie und klinischer Psychologie. Profil München.

Saß, H., Herpertz, S., Houben, I. (1992): Modern concepts of personality disorders from the viewpoint of clinical psychopathology. Neurology, Psychiatry and Brain Research 1, 116–121.

Saß, H., Steinmeyer E.M., Ebel, H., Herpertz, S. (1995): Untersuchungen zur Kategorisierung und Dimensionierung von Persönlichkeitsstörungen. Zeitschrift für Klinische Psychologie 24, 239–251.

Saß, H., Houben, I., Herpertz, S., Steinmeyer, E.M. (1996): Kategorialer versus dimensionaler Ansatz in der Diagnostik von Persönlichkeitsstörungen. In: B. Schmitz, T. Fydrich, K. Limbacher (Hrsg.): Persönlichkeitsstörungen: Diagnostik und Psychotherapie. 42–55. PsychologieVerlagsUnion Weinheim.

Schneider, K. (1950): Die psychopathischen Persönlichkeiten. 9. Aufl. Deuticke Wien (1. Aufl. 1923).

Spitzer, R.L., Williams, J.B. (1985): Structured clinical interview for DSM-III, patient version. Biometrics Research Department, New York State Psychiatric Institute New York.

Tölle, R. (1986): Persönlichkeitsstörungen. In: K.P. Kisker et al. (Hrsg.): Psychiatrie der Gegenwart, Bd. 1. Springer Berlin, Heidelberg, New York, Tokyo.

Weltgesundheitsorganisation (WHO) (1991): Internationale Klassifikation psychischer Störungen: ICD-10. Kapitel V (F). Huber Bern, Göttingen, Toronto.

Zerssen, D. von (1994): Persönlichkeitszüge als Vulnerabilitätsindikatoren. Probleme ihrer Erfassung. Fortschritte Neurologie und Psychiatrie 62, 1–13.

2 Erstinterview und Indikationsstellung zur dynamischen Psychotherapie bei Persönlichkeitsstörungen

J. Frommer, V. Reißner, W. Sitte

2.1 Konzepte des psychodynamischen Erstinterviews

In den vergangenen Jahren sind zahlreiche umfassende Überblicksdarstellungen zur Geschichte des Erstgesprächs in analytischer Psychotherapie und Psychosomatik erschienen (z.B. Thomä und Kächele 1985, Mertens 1990, Wilke 1992, Janssen u. Schneider 1994). Vor diesem Hintergrund kann sich unser einleitender Überblick an ausgewählten Gesichtspunkten orientieren.

Argelander hat in mehreren Arbeiten darauf hingewiesen, daß Freud bereits in seinen 1895 gemeinsam mit J. Breuer veröffentlichten Studien über Hysterie das erste Sprechstundeninterview veröffentlichte. Sein außerhalb der Praxis – während eines Ausflugs in die Hohen Tauern am Rande einer Wanderung – mit der Wirtstochter Katharina geführtes kurzes Gespräch zeigte nämlich bereits ein wesentliches Element psychoanalytischer Gespräche, nämlich die „Bearbeitung des unbewußten Angebots, das der Patient durch ein auffälliges Moment der Situation markiert" (Argelander 1976, S. 665). Hierzu erwies es sich als erforderlich, nicht nur der objektiven Information, die der Patient übermittelt, Beachtung zu schenken, sondern auch den subjektiven Bedeutungen, die der Patient bestimmten Tatsachen verleiht sowie den szenischen Momenten, durch die unbewußte Motive sich im „Hier und Jetzt" der Arzt-Patient-Interaktion manifestieren (Argelander 1970, 1978). Ein unbewußter Widerstand, so hatte Freud bereits

erkannt, verhindert, daß sich die verdrängten Ursachen der Symptomatik im direkten Zugriff erfassen lassen: Es bleibt nichts übrig, als sich zunächst „an die Peripherie des pathogenen psychischen Gebildes zu halten" (Freud 1895, S. 296). An Freuds Fallbericht macht Argelander einen Grundzug der psychoanalytischen Erkenntnis des Unbewußten deutlich: Die verborgenen Motive, das Unbewußte des Patienten, erfaßt der Analytiker nicht in erster Linie durch metapsychologisch-spekulatives Extrapolieren, sondern durch genaues Zuhören: „Man könnte überspitzt formuliert den Standpunkt vertreten, die Psychoanalyse habe keine andere Aufgabe und keinen anderen Sinn, als in einem langen und mühsamen Prozeß dem Bewußtsein zugänglich zu machen, was wir an menschlichen Mitteilungen überhören" (Argelander 1976, S. 677). „Der Reichtum des Materials" (Argelander 1976, S. 685) – aus der Perspektive der modernen Psychotherapieforschung die tonband- oder videoaufgezeichnete Stunde – erlaubt mehr als eine Interpretation. Im Gespräch äußert der Patient mehr, als in seinen bewußten Konzepten über sich und die Welt Berücksichtigung und Repräsentation findet. Diesen Informationsüberschuß im Sinne diagnostischer und differentialdiagnostischer Gesichtspunkte auszuwerten, lag allerdings weniger in Freuds Absicht: Die Kontinuität zwischen Neurose und Normalität und der fluktuierende Übergang von einer Neurosenform in die andere brachten ihn zu der Überlegung, daß die Psychoanalyse hinsichtlich diagnostischer Einschätzungen doch mehr oder weniger „die Katze im Sack" (Freud 1933, S. 167) kauft. Erst eine Probeanalyse (Freud 1913, S. 455) von einigen Wochen kläre in vielen Fällen die diagnostische Frage. Gleichwohl empfahl Freud, die Behandlung mit der Aufforderung zu beginnen, „die ganze Lebens- und Krankengeschichte zu erzählen" (Freud 1905) und sein Augenmerk dabei besonders auf die regelmäßig auftretenden „Lücken" und „Rätsel" in der Darstellung zu richten.

Detaillierte Konzepte einer als Erstinterview von der eigentlichen Behandlung abgetrennten diagnostischen Phase entwickelten sich später mit dem Entstehen psychoanalytischer Polikliniken (Thomä u. Kächele 1985). Dabei nahm im deutschsprachigen Raum die neopsychoanalytische Schule Harald Schultz-Henckes die Position eines weitgehend strukturierten und auf objektive Datenerhebung zielenden Vorgehens ein. Als innerer Leitfaden der gezielten oder systematischen Anamnese sollten dabei vier Fragen dienen:

- Grund des Kommens, Symptomatik, Beginn der wesentlichen Verschlechterung der Symptomatik;
- auslösende Schicksalssituation;
- prämorbide Persönlichkeit;
- Genese (Schultz-Hencke 1951).

In der Nachfolge entwickelte Annemarie Dührssen ihr Konzept der biographischen Anamnese unter tiefenpsychologischem Aspekt, welches davon ausgeht, daß sich die neurotische Charakterbildung nicht nur als Trieb-Abwehr-Konstellation äußert. Vielmehr lasse sie sich phänomenologisch und psychodynamisch in primäre Schädigungen z.B. in Form einer intentionalen Hemmung, sekundäre Folgen der primären Schäden (z.B. Schwierigkeiten, fremde Reaktionsweisen einzuschätzen), kompensatorische Hilfsmittel (z.B. der Neurose angepaßte Berufsumstände) und innere Formeln (z.B. „ich bin ein verkanntes Genie") differenzieren (Dührssen 1990). Rudolf, der neben dem situativ-formalen und dem inhaltlichen Aspekt des diagnostischen Prozesses auch den kommunikativen Aspekt als wesentliches Charakteristikum betrachtet, entwickelte die systematische Anamnese Schultz-Henckes zu einem vierzehn Gesichtspunkte umfassenden psychischen und sozialkommunikativen Befund (PSKB), der folgende Bereiche umfaßt: Symptome, Ich-Erleben, Selbstverständnis, soziale Lebensbewältigung, Kommunikationsstil, Gefühle, Kontaktaufnahme, Partnerbindung, familiäre Bindung, Reaktion auf Scheitern von Partnerbeziehungen, sexuelle Beziehungen, Beurteilung durch den Untersucher, Intelligenz, Psychosen und organische Störun-

gen. Dieses Befundsystem wird als standardisierte Checkliste vom Therapeuten nach dem Gespräch ausgefüllt (Rudolf 1981).

Auch im angelsächsischen Sprachraum sind seit Ende der 30er Jahre zahlreiche Bemühungen um die Entwicklung diagnostischer Leitfäden für das psychotherapeutische Erstgespräch zu verzeichnen. Von großem Einfluß war hierbei die dynamische Psychiatrie Harry Stack Sullivans. Sie beschreibt im Anschluß an den die intersubjektive Beziehung in den Mittelpunkt rückenden sozialbehavioristischen Pragmatismus der Chicagoer Schule (Mead 1934, Frommer u. Frommer 1988) den Psychiater als teilnehmenden Beobachter (Sullivan 1954). Arbeiten von Whitehorn (1941) Powdermaker (1948) und Fromm-Reichmann (1950) folgend unterscheiden Gill, Newman und Redlich (1954) in dieser Tradition drei Hauptkomponenten des dynamischen Interviews:

- Herstellung einer zwischenmenschlichen Beziehung (rapport);
- Einschätzung der psychosozialen Situation des Patienten (appraisal);
- Motivierung des Patienten zur Behandlung (motivation).

Die innerpsychoanalytische Diskussion wird seit den 60er Jahren v.a. durch die Arbeiten von Michael Balint, Enid Balint, David H. Malan und anderen an der Londoner Tavistock-Clinic geprägt. Balints von der psychoanalytischen Objektbeziehungstheorie (Frommer u. Tress 1993) geprägtes Grundanliegen einer Integration psychoanalytischer Techniken in die Allgemeinmedizin bediente sich zum einen der „flash"-Technik, dem spontanen sekundenschnellen Erfassen und Thematisieren der Kernproblematik des Patienten, zum anderen führte er systematisch den Gedanken einer durch unbewußte Übertragungs- und Gegenübertragungsprozesse gesteuerten Arzt-Patient-Beziehung ein (Balint u. Balint 1962, Balint u. Norell 1975). Für die Anamnesedokumentation entwickelte Balint das sog. Tavistock-Schema, das die Grundlage der von Mitscherlich entwickelten systematischen Krankengeschichte darstellt. Dieses Schema enthält in der – hier gekürzt zitierten – Wiedergabe von Thomä und Kächele (1985) folgende Punkte:

Wie entwickelt sich die Arzt-Patient-Beziehung?
- Wie behandelt der Patient den Arzt?

- Wie behandelt der Arzt den Patienten?
- War der Arzt an den Problemen des Patienten interessiert?
- Hat er das Gefühl, etwas für ihn tun zu können?
- Spürte er am Patienten Qualitäten, die er schätzte?

Wichtige Augenblicke im Interview:
- Überraschende Mitteilungen des Patienten, Gefühlsäußerungen, Fehlleistungen, Aussparungen in der Lebensgeschichte.
- Welche Deutungen wurden gegeben, welche Reaktionen kamen von seiten des Patienten?

Ergebnisse und Beurteilung:
- Wie äußert sich die Störung im Leben des Patienten?
- Psychodynamische Bedeutung der Störung.
- Therapiewahl.
- Nächste Ziele.

Der hier ganz im Vordergrund stehende zwischenmenschliche Beziehungsaspekt beeinflußte auch die Arbeiten der Gruppe um Hermann Argelander am Frankfurter Sigmund-Freud-Institut. An der Ambulanzabteilung dieses Institutes wurden – wie heute vielerorts – nicht nur nach vorheriger Terminvergabe längere Erstinterviews mit den Patienten geführt, sondern auch kurze Sprechstundeninterviews, die dem spontanen Wunsch des Patienten nach einem psychotherapeutischen Gespräch entsprechend ohne Voranmeldung möglich sind. Dabei konzentriert sich die analytische Wahrnehmung auf das unbewußte Angebot des Patienten, seine szenisch-situative Aussage, die zum Zentrum psychotherapeutischer Arbeit wird, während biographische Aspekte zunächst im Hintergrund bleiben (Argelander 1970, Eckstaedt 1992).

2.2 Diagnostik und differentielle Indikationsstellung bei Persönlichkeitsstörungen im psychodynamischen Erstinterview

Neuere Entwicklungen psychotherapeutischer Interviewkonzepte zeigen, daß neben den hier im Mittelpunkt stehenden Aspekten der initialen Beziehungsaufnahme und -gestaltung auch Fragen der Persönlichkeitsstruktur Relevanz besitzen, wenn man das Ziel der Diagnostik im Hinblick auf die Indikationsstellung (Tress u. Frommer 1995) für eine bestimmte Form psychotherapeutischer Intervention verfolgt. Die Indikationsstellung hat sich nämlich in den vergangenen Jahrzehnten zunehmend zu einer differentiellen Indikationsstellung hinsichtlich verschiedener Vorgehensweisen (z.B. klassische Analyse, tiefenpsychologisch fundierte Psychotherapie, interaktionelle Psychotherapie, jeweils einzeln oder in Gruppen, stationär oder ambulant) entwickelt. Während im klassischen Setting bei Überwiegen einer Konfliktpathologie Deutungen mit dem Ziel der Rekonstruktion innerseelischer Zusammenhänge zur Anwendung kommen, stehen in der Arbeit mit präödipal gestörten Patienten mit Ich-Defiziten interaktionell-dialogische Zusammenhänge im Mittelpunkt. Statt Deutungen eines an der Metapher des Spiegels orientierten abstinenten Analytikers sind Antworten eines real präsenten Gegenübers notwendig. Der Therapeut bietet im letzteren Fall Hilfs-Ich-Funktionen an, assistiert dem Patienten bei der Bewältigung der in der konkreten Interaktion zum Vorschein kommenden Defizite bezüglich Affektdifferenzierung, Realitätsprüfung, Anspruchshaltungen usw. (Heigl 1987, Heigl-Evers et al. 1987, 1993).

Aus diesen Überlegungen zur differentiellen Indikation erhellt sich die Bedeutung einer adäquaten Einschätzung des Ich-Funktionsniveaus (Blanck u. Blanck 1978, 1980) im Erstgespräch. Bellak und Mitarbeiter entwickelten vor diesem Hintergrund ein strukturelles klinisches Interview sowie Ratingskalen zur differenzierten Einschätzung folgender Ich-Funktionen: Realitätsprüfung (Unterscheidung zwischen inneren und äußeren Stimuli); Urteilen; Realitätssinn (Wirklichkeitserleben, Selbstkohärenz und -konstanz, Trennung von Selbst- und Objektrepräsentanzen); Regulation von Trieb und Affekt; Objektbeziehungen (Grad des Bezogenseins auf andere, Objektkonstanz); Denken; adaptive Regression im Dienste des Ich (Fähigkeit zur kontrollierten Aufmerksamkeitsverschiebung, zum Tagträumen); Abwehr (Fähigkeit zur erfolgreichen Abwehr von dysphorischen Affekten und traumatisierenden Vorstellungen); Stimulusschranke; Autonomie; synthetische Funktionen; Bewältigungskompetenzen (Bellak u. Meyers 1975). Ausgehend von den Konzepten der interpersonellen Psychiatrie Sullivans (1954) und

Überlegungen aus der psychoanalytischen Objektbeziehungstheorie greifen Kernberg (1981) und Mitarbeiter Anfang der 70er Jahre Bellaks Ansatz auf. Kernbergs strukturelles Interview beginnt mit der Exploration der Symptome und wendet sich dann v.a. den Schwierigkeiten des Patienten in seinen zwischenmenschlichen Beziehungen und seinen intrapsychischen Bedürfnissen zu. In einem kreisförmigen Gesprächsstil, in dem der zyklischen Anwendung von Klarifikation und Konfrontation mit Unstimmigkeiten und Diskrepanzen zentrale Bedeutung zukommt, wird das strukturelle Funktionsniveau hinsichtlich folgender Charakteristika eruiert:

- Identitätsintegration versus Identitätsdiffusion,
- reife Abwehrmechanismen (Reaktionsbildung, Isolierung, Ungeschehenmachen, Rationalisierung, Intellektualisierung) versus unreife Abwehrmechanismen (primitive Idealisierung, projektive Identifizierung, Leugnung, Omnipotenz, Entwertung)
- und das Ausmaß der Realitätsprüfung.

Entsprechend dem Funktionsniveau in diesen drei Bereichen werden neurotische, Borderline- und psychotische Persönlichkeitsorganisation unterschieden.

2.3 Probleme der nosologischen und typologischen Konzeptualisierung schwerer Persönlichkeitsstörungen

Grenzverfassungen zwischen Neurose und Psychose stellen in ganz unterschiedlicher Hinsicht eine psychotherapeutische Herausforderung dar. Mit der Ergänzung überwiegend forensisch geprägter klassischer Psychopathielehren durch moderne, dem klinisch-psychotherapeutischen Kontext entstammende Konzepte rückte in diesem Zusammenhang der Begriff Borderline-Persönlichkeitsstörung in den Brennpunkt klinischen und wissenschaftlichen Interesses. Der Vorteil, damit eine griffige Bezeichnung für manche der nicht seltenen Erkrankungsformen im breiten Übergangsbereich zwischen Neurose und Psychose zur Verfügung zu haben, wurde allerdings erkauft um den Nachteil definitorischer Unklarheiten dieses Begriffes, die zum

Ausdruck kommen in der Feststellung von Saß und Koehler, „daß es gegenwärtig weder allgemein verbindliche Termini für Borderline-Störungen noch eine generell akzeptierte Konzeptualisierung oder eine zugrundeliegende Theorie gibt, auch sind die Auffassungen über die Kontinuität der Störungen, mögliche Subtypen, ihre diagnostischen Kriterien und damit ihre Lokalisation in den klassifikatorischen Systemen sehr unterschiedlich" (1983, S. 221). Daß diese inzwischen über 10 Jahre alte Aussage nach wie vor Aktualität besitzt, unterstreicht der lapidare Kommentar der amerikanischen Persönlichkeitsstörungs-Forscherin Lorna Smith Benjamin, die kürzlich über die als „dramatisch, emotional und launisch" charakterisierten Cluster-B-Persönlichkeitsstörungen schrieb: „Individuals eligible for these labels inspire chaos both in their lives and in the professional literature" (1993, S. 113).

Trotz dieser Unklarheiten hat sich das Borderline-Konzept inzwischen zum unverzichtbaren Bestandteil moderner operationaler psychiatrischer Diagnostik und Nosologie entwickelt. Darüber hinaus wurde auch die traditionell schroffe Abgrenzung von differentieller und klinischer Psychologie gegenüber psychoanalytischen Begrifflichkeiten im Falle des Borderline-Konzeptes weitgehend aufgegeben. Damit ist ein offener interdisziplinärer Diskurs möglich geworden, in dem eine synthetische Zusammenschau und integrative Konzeptbildung ebenso notwendig werden wie qualitativ-heuristische Forschungsansätze, die der Validierung der verschiedenen theoriegebundenen Herangehensweisen dienen. Trotz der unterschiedlichen Provenienz und Herkunft der verschiedenen Ansätze werden erstaunliche Konvergenzen deutlich, die es erlauben, die Borderline-Pathologie theoretisch als Störung der Identitätsentwicklung zu begreifen (Frommer u. Reißner 1997).

Innerhalb des psychoanalytischen Diskurses wurde erstmals in den dreißiger Jahren (Stern 1938) eine sowohl von Neurosen als auch Psychosen stabil abgrenzbare Syndromgruppe als Borderline-Neurose bezeichnet. Entscheidend ist in diesem Kontext die Annahme einer defizienten Ich-Entwicklung (Knight 1953). In eine ähnliche Richtung zielt der von Helene Deutsch (1965) in diesem Kontext verwandte Begriff der „Als-ob-Persönlichkeit" und die von Schmideberg (1970) und Chessick (1977) beschriebene

Neigung von Borderline-Patienten zu pseudopsychopathischen Verhaltensweisen bzw. episodisch auftretendem und multiplem Suchtverhalten sowie ihre charakteristische Tendenz zum prä- und paraverbalen Ausagieren archaischer Affekte. Zusammenfassend kommt Rohde-Dachser (1983) zu dem Schluß, daß aus der bei diesen Patienten gestörten Identitätsentwicklung sowohl die Symptomatik – diffuse Ängste, multiple Phobien, Zwangssymptome, bizarre Konversionssymptome, dissoziative Phänomene, depressive Verstimmungen, polymorph-perverse Sexualität, Impulskontrollverluste – als auch die zur Anwendung kommenden primitiven Abwehrmechanismen – Spaltung, primitive Idealisierung, Entwertung, projektive Identifizierung, Verleugnung, Omnipotenz – erklärt werden können.

Im Unterschied zum Begriff der Borderline-Neurose ist von psychiatrischer Seite im Anschluß an Bleulers (1911) latente Schizophrenien sowie Hoch u. Polatins (1949) Konzept der pseudoneurotischen Schizophrenie der Begriff Borderline-Schizophrenie (Kety et al. 1968) geprägt worden. Hierunter werden Fälle mit leichten Denkstörungen, Affektstörungen, instabilen zwischenmenschlichen Beziehungen, multiplen neurotischen Symptomen und mikropsychotischen Episoden verstanden. Diese Symptomatik wird als quasi „verdünnte" schizophrene Symptomatik interpretiert, wobei enge biologisch-genetische Beziehungen zu manifest schizophren Erkrankten postuliert werden. Ende der siebziger Jahre war dann ein Umschwung im Borderline-Konzept von einer subschizophrenen zu einer subaffektiven Störung zu verzeichnen (Stone 1979), dem unter dem Einfluß von Spitzer et al. (1979) die dichotomisierende Unterscheidung in eine emotional instabile Borderline-Persönlichkeitsstörung auf der einen und eine Borderline-Schizophrenie bzw. schizotypische Persönlichkeitsstörung auf der anderen Seite folgte (Saß u. Koehler 1983).

Unter den psychometrischen Ansätzen ist das von Gunderson und Mitarbeitern entwikkelte Diagnostische Interview für Borderline-Patienten insofern von weitreichender Bedeutung, als es wegbereitend für die Definition der Borderline-Persönlichkeitsstörung im DSM-III (American Psychiatric Association 1980) war. Gunderson u. Kolb (1978, Kolb u. Gunderson 1980) unterscheiden sieben für die Borderline-Diagnose wichtige Bereiche:

- niedriger sozialer Erfolg,
- Impulsivität,
- manipulative Suizidhandlungen,
- gesteigerte Affektivität,
- dezente psychotische Erlebnisse,
- gesteigerte Kontaktbedürftigkeit,
- gestörte enge zwischenmenschliche Beziehungen.

Die so durch diese Merkmale gekennzeichnete Störung fand als emotional instabile Persönlichkeitsstörung, Borderline-Typus (F60.31) auch Eingang in die ICD-10 (World Health Organization 1993). Die mit der Entwicklung des DSM-III-R und DSM-IV verbundene gegenwärtige Entwicklung geht dahin, die Persönlichkeitsstörungen insgesamt in drei Gruppen aufzuteilen, wobei antisoziale, histrionische, narzißtische und Borderline-Persönlichkeitsstörungen unter der Charakterisierung „dramatisch, emotional, launisch" als Hauptgruppe B zusammengefaßt werden (Fiedler 1994).

2.4 Symptomatologie, Biographie und Persönlichkeit von Patienten mit schweren Persönlichkeitsstörungen im Düsseldorfer Erstinterviewprojekt

In einer eigenen Studie gingen wir davon aus, daß die im Prozeß der klinischen Interviewdiagnostik erhobenen Daten zu verstehen sind als durch situativ-interaktive präkonzeptuelle Faktoren beeinflußte Typisierungen (Schwartz u. Wiggins 1987a) und Abgleichungen mit idealtypischen Modellen (Schwartz u. Wiggins 1987b), die der Diagnostiker praktisch erworben hat und über deren Determinanten und innere Logik er sich keinesfalls durchgängig Rechenschaft ablegt. Diese Modelle des Klinikers nehmen ihren Ausgang von den subjektiven Krankheitsvorstellungen, die der Patient im psychotherapeutischen Interview entwickelt und die zugleich als Ansatzpunkt für therapeutische Interventionen dienen mit dem Ziel, beim Patienten eine realitätsangemessenere Selbst- und Weltsicht zu induzieren.

In unserer Studie wurden die Verbatim-Protokolle von zwölf Erstgesprächen untersucht, die nicht eigens für Forschungszwecke erhoben wurden, sondern der Alltagsroutine einer psychosomatischen Poliklinik entstammten. Einbezogen in die Untersuchung wurden Patienten mit schweren Persönlichkeitsstörungen (ICD-10: siebenmal F60.3, jeweils einmal F21, F60.0, F60.1, F60.4, F60.8). Insgesamt waren 164 Seiten (einzeilig) Transkriptmaterial auszuwerten.

Faßt man die Ergebnisse zusammen, so fällt zunächst die Vielfalt der Beschwerdebilder auf. Ängste und aggressive Entgleisungen stehen im Vordergrund, begleitet von körperlichen Symptomen, Eßstörungen, innerer Unruhe, Schlafstörungen und depressiven Verstimmungen sowie Erlebnissen des Realitätsverlustes und Wahrnehmungsstörungen. Häufig finden sich psychiatrische Diagnosen und Interventionen in der Vorgeschichte. Konflikte in zwischenmenschlichen Beziehungen werden als Hauptursache der Erkrankung gesehen, organische Ursachenvorstellungen finden sich hingegen kaum. Die Biographie ist in der Mehrzahl der Fälle gekennzeichnet durch eine problematische Beziehung zur Mutter, die als nicht ausreichend zur Verfügung stehend und zurückweisend erlebt wird, während die Vaterbilder uneinheitlicher wirken. Auf einen Mangel an positiver Elternbeziehung könnte auch die Tatsache hinweisen, daß in vier Fällen die Eltern überhaupt nicht erwähnt werden. Bei der Schilderung von Ausbildung und Beruf fällt der Kontrast auf zwischen hoch idealisierten Zielen und einer hierzu im Widerspruch stehenden Alltagsrealität. Bezüglich der Charakterisierung der eigenen Persönlichkeit ist zunächst das Versagen der eigenen Person bei der Bewältigung von Lebensaufgaben zu erwähnen. Als Grund hierfür erscheinen Selbstunsicherheit und mangelndes Selbstvertrauen. Andererseits berichten die Patienten aber auch über hoch gespannte Ziele, Ehrgeiz, Streben nach Selbstverwirklichung und Tendenzen zur Selbstüberforderung. Die Beziehungen zu anderen Menschen erscheinen überwiegend problematisch, beschrieben werden Tendenzen, sich an anderen zu orientieren, sich ihnen unterzuordnen und dominiert zu werden. Im Umgang mit Schwierigkeiten und Problemen steht die mangelnde Fähigkeit, Impulse unter Kontrolle halten zu können, im Vordergrund. Der Provokation von Verlusten der Impulskontrolle versuchen die Patienten aus dem Weg zu gehen, indem sie ausweichen, sich isolieren und zurückziehen.

Die methodische und inhaltliche Diskussion unserer Ergebnisse im Spiegel der subjektiven Krankheitsvorstellung syndromal differenter Patientengruppen ist an anderer Stelle vorgelegt worden (Frommer 1996, Frommer et al. 1996, 1997). Im folgenden sollen daher gemäß der Thematik dieses Beitrags Implikationen für die Behandlung von Patienten mit schweren Persönlichkeitsstörungen im Mittelpunkt stehen.

2.5 Implikationen für die psychotherapeutische Behandlung von schweren Persönlichkeitsstörungen

Bereits früh wurde erkannt, daß die klassische Psychoanalyse bei Borderline-Patienten nicht indiziert erscheint. Mit der Entwicklung spezieller dynamischer Psychotherapieverfahren für diese Gruppe ich-strukturell gestörter Patienten (Fürstenau 1977) fand das Problem der Differentialindikation Eingang in psychoanalytische Diagnostik und Beurteilung. Dabei stand zunächst die Unterscheidung zwischen klassischer Freudscher Einsichtstherapie einerseits und Therapie der korrigierenden emotionalen Erfahrung andererseits im Vordergrund (Cremerius 1979). Die letztgenannte Therapieform war von seiten der britischen Objektbeziehungspsychologen (Winnicott, Balint etc.) als Konsequenz der Einsicht entwickelt worden, daß bei Borderline-Patienten die störungsrelevanten Traumata im interpersonellen Beziehungsfeld früh – d.h. vor dem Spracherwerb – stattgefunden haben und deshalb dem präverbalen, Sicherheit vermittelnden „holding" in der Behandlung besondere Bedeutung zukommt.

Oft sind die Symptome und die mangelnde soziale Kompetenz dieser Patienten so ausgeprägt, daß eine stationäre Aufnahme – entweder zur Krisenintervention oder zur längeren stationär-psychotherapeutischen Behandlung – unumgänglich ist. Eine begleitende neuro- oder thymoleptische Therapie ist häufig unverzichtbar. Die Einbeziehung präverbaler Therapieformen wie beispielsweise Musiktherapie kann Lernprozesse im Bereich von Affektdifferenzierung und interpersoneller Abstimmung unterstützen. Übende und sozialtherapeutische Maßnahmen steigern die soziale Kompetenz der Patienten (Heigl-Evers et al. 1986).

Als entscheidend für das Gelingen der Therapie erweist sich die verläßliche und authentische Präsenz des behandelnden Therapeuten, der Grenzen und Rahmen der Behandlung strukturiert (Waldinger 1987, Tress u. Frommer 1995). Dabei sollte er „sich an dem jeweiligen Entwicklungsstand orientieren, den der Patient in der jeweiligen Stunde zeigt, und Probleme sog. früher primitiver Phasen (wie Aggressionen, psychotische oder paranoide Übertragungen) vor sog. reifen Konflikten bearbeiten" (Kernberg 1995, S. 73).

Im Gegensatz zum klassischen psychoanalytischen Vorgehen tritt der Therapeut als konkretes Gegenüber auf und kommt so dem Bedürfnis des Patienten nach einer real präsenten Person, die Hilfs-Ich-Funktionen übernimmt, entgegen. Wie bereits ausgeführt sollten entsprechend dem Vorschlag von Heigl-Evers, Heigl und Ott (1993) quasi anonyme Deutungen unbewußter Erlebniszusammenhänge hier vermieden werden. Statt dessen sind Antworten erforderlich, in denen der Therapeut das konkrete interpersonelle Geschehen im „Hier und Jetzt" anspricht und „selektiv-authentisch" eigene, auf die Therapiesituation bezogene Affekte, thematisiert. So wird es auch dem Patienten möglich, bisher abgespaltene und verleugnete unlustvolle Affekte zu thematisieren und Stück für Stück zu integrieren.

Abschließend ein Wort zur Prognose: V.a. die groß angelegte Studie von Michael Stone (1980) hat gezeigt, daß der therapeutische Pessimismus, der bezüglich Persönlichkeitsstörungen traditionellerweise existiert, nicht berechtigt ist. In dieser retrospektiven Untersuchung an über 500 Patienten, die zwischen 1963 und 1976 am New York State Psychiatric Hospital behandelt wurden, konnte eine deutliche Besserung bei zwei Drittel der Patienten nachgewiesen werden. Oft kommt es im vierten Lebensjahrzehnt zur Beruhigung und Besserung der Symptomatik. Als prognostisch negativ ist in erster Linie ein begleitender Substanzmittelabusus zu bewerten. Das Suizidrisiko hängt von der Komorbidität mit Sucht und Depression ab und ist um so größer, je jünger die Patienten sind. In dem von Stone untersuchten Kollektiv starben 9% der Patienten an Selbstmord. Schwere frühkindliche Traumata, v.a. sexueller Mißbrauch und Mißhandlung sowie Elternverlust, machen ebenfalls eine negative Prognose wahrscheinlich.

2.6 Zusammenfassung

Zusammengefaßt zeigt unser kursorischer historischer Überblick, daß die Konzepte zum psychoanalytischen, psychiatrisch-psychotherapeutischen und psychosomatischen Erstinterview bzw. Anamnesegespräch allesamt 3 Hauptziele verfolgen:

*   Die Ermöglichung einer diagnostischen Beurteilung,
*   die möglichst differentielle psychotherapeutische Indikationsstellung
*   und den Aufbau einer vertrauensvollen Arzt-Patient-Beziehung (Wilke 1992, S. 38).

Für die Erreichung dieser Ziele ist es erforderlich,

*   die Symptomatik in ihrem subjektiven Bedeutungsgehalt für den Patienten zu erfassen,
*   sie in den biographischen und soziokulturellen
*   sowie persönlichkeitsstrukturellen Kontext des Kranken einzuordnen,
*   unter Berücksichtigung der Individualität des Patienten (Bräutigam 1985).

Eine besondere Herausforderung stellen im Rahmen dieser Diagnostik schwere Persönlichkeitsstörungen dar. Ihre Persönlichkeitsstruktur ist gekennzeichnet durch hoch gespannte Ziele bei gleichzeitigen Tendenzen zur Selbstüberforderung und zum Versagen bei der Bewältigung von einfachen Lebensaufgaben. Weiter bestehen eine mangelnde Fähigkeit, Impulse unter Kontrolle halten zu können, sowie Tendenzen, sich entweder in enge Abhängigkeit von anderen Personen zu begeben oder aber auszuweichen, sich zu isolieren und sich zurückzuziehen.

2.7 Literatur

American Psychiatric Association (1980): Diagnostic and statistical manual of mental disorders (3rd ed.). American Psychiatric Press Washington D.C.

Argelander, H. (1970): Das Erstinterview in der Psychotherapie. Wissenschaftliche Buchgesellschaft Darmstadt.

Argelander, H. (1976): Im Sprechstunden-Interview bei Freud. Psyche 30, 665–702.

Argelander, H. (1978): Das psychoanalytische Erstinterview und seine Methode. Psyche 32, 1089–1095.

Balint, E., Norell, J.S. (Hrsg.) (1975): Fünf Minuten pro Patient. Eine Studie über die Interaktion in der ärztlichen Allgemeinpraxis. Suhrkamp Frankfurt.

Balint, M., Balint, E. (1962): Psychotherapeutische Techniken in der Medizin. Huber Bern, Klett Stuttgart.

Bellak, L., Meyers, B. (1975): Ego function assessment and analyzability. International Review of Psycho-Analysis 2, 413–426.

Benjamin, L.S. (1993): Interpersonal diagnosis and treatment of personality disorders. Guilford New York.

Blanck, G., Blanck, R. (1978): Angewandte Ich-Psychologie. Klett-Cotta Stuttgart.

Blanck, G., Blanck, R. (1980): Ich-Psychologie, Bd. 2. Klett-Cotta Stuttgart.

Bleuler, E. (1911): Dementia praecox oder Gruppe der Schizophrenien. Deuticke Leipzig Wien.

Bräutigam, W. (1985): Reaktionen – Neurosen – Abnorme Persönlichkeiten. 5. Aufl. Thieme Stuttgart.

Chessick, R.D. (1977): Intensive psychotherapy of the borderline patient. Aronson New York.

Cremerius, J. (1979): Gibt es zwei psychoanalytische Techniken? Psyche 33, 577–599.

Deutsch, H. (1965): Neuroses and character types. International University Press New York.

Dührssen, A. (1990): Die biographische Anamnese unter tiefenpsychologischem Aspekt. Vandenhoeck & Ruprecht Göttingen.

Eckstaedt, A. (1992): Die Kunst des Anfangs. Psychoanalytische Erstgespräche. Suhrkamp Frankfurt.

Fiedler, P. (1994): Persönlichkeitsstörungen. PsychologieVerlagsUnion Weinheim.

Freud, S. (1895): Studien über Hysterie. G.W. Bd. 1, 75–312.

Freud, S. (1905): Bruchstücke einer Hysterie-Analyse. G.W. Bd. 5, 163–286d.

Freud, S. (1913): Zur Einleitung der Behandlung. G.W. Bd. 8, 454–452e.

Freud, S. (1933): Neue Folge der Vorlesungen zur Einführung in die Psychoanalyse. G.W. Bd. 15.

Frommer, J. (1996): Qualitative Diagnostikforschung. Inhaltsanalytische Untersuchungen zum psychotherapeutischen Erstgespräch. Springer Berlin Heidelberg New York.

Frommer, J., Hucks-Gil Lopez, E., Jüttemann-Lembke, A., Möllering, A., Reißner, V., Stratkötter, A., Tress, W. (1997): Qualitative Diagnostikforschung bei Neurosen und Persönlichkeitsstörungen. Das Düsseldorfer Erstinterviewprojekt. Psychotherapeut 42, 163–169.

Frommer, J., Reißner, V. (1997): Neuere Ansätze zum Verständnis der Borderline-Persönlichkeitsstörung. Fortschritte Neurologie Psychiatrie 65, 34–40.

Frommer, J., Reißner, V., Tress, W., Langenbach, M. (1996): Subjective theories of illness in patients with personality disorders: Qualitative comparison of twelve diagnostic interviews. Psychotherapy Research 6, 56–69.

Frommer, J., Tress, W. (1993): Einige erkenntnistheoretische Implikationen der Psychologie der Objektbeziehungen. In: W. Tress, S. Nagel (Hrsg.): Psychoanalyse und Philosophie: eine Begegnung. 183–199. Asanger Heidelberg.

Frommer, J., Tress, W. (1994): Wie kommt qualitative Psychotherpieforschung zu ihren Ergebnissen? Anmerkungen zum Bericht von I. Kühnlein über das Katamneseprojekt der Münchener Projektgruppe für Sozialforschung. Psychotherapie Psychosomatik, Medizinische Psychologie 44, 172–173.

Frommer, S., Frommer, J. (1988): Handlung und Subjektivität in Psychosomatik und Soziologie. Medizin Mensch Gesellschaft 13, 131–140.

Fromm-Reichmann, F. (1950): Principles of intensive psychotherapy. University of Chicago Press Chicago.

Fürstenau, P. (1977): Die beiden Dimensionen des psychoanalytischen Umgangs mit strukturell ichgestörten Patienten. Psyche 31, 197–207.

Gill, M.M., Newman, R., Redlich, F.C. (1954): The initial interview in psychiatric practice, International University Press New York.

Gunderson, J.G., Kolb, J.E. (1978): Discriminating features of borderline patients. American Journal of Psychiatry 135, 792–796.

Heigl, F. (1987): Indikation und Prognose in Psychoanalyse und Psychotherapie. 2. Aufl. Vandenhoeck & Ruprecht Göttingen.

Heigl-Evers, A., Heigl, F., Ibenthal, M. (1987): Zur Strukturdiagnose in der Psychotherapie. Psychtherapie, Psychosomatik, Medizinische Psychologie 37, 225–232.

Heigl-Evers, A., Heigl, F., Ott, J. (1993): Lehrbuch der Psychotherapie. Fischer Stuttgart.

Heigl-Evers, A., Henneberg-Mönch, U., Odag, C., Standke, G. (Hrsg.) (1986): Die Vierzigstundenwoche für Patienten – Konzept und Praxis teilstationärer Psychotherapie. Vandenhoeck & Ruprecht Göttingen.

Hoch, P., Polatin, P. (1949): Pseudoneurotic forms of schizophrenia. Psychiatry Quarterly 23, 248–276.

Janssen, P.L., Schneider, W. (Hrsg.) (1994) Diagnostik in der Psychotherapie und Psychosomatik. Fischer Stuttgart.

Kernberg, O.F. (1981): The structural interviewing. Psychiatric Clinics of North America 4, 169–195.

Kernberg, O.F. (1995): Die psychotherapeutische Behandlung von Borderline-Patienten. Psychotherapie Psychosomatik, Medizinische Psychologie 45, 73–82.

Kety, S.S., Rosenthal, D., Wender, P.H., Schulsinger, F. (1968): Types and prevalences of mental illness in the biological and adoptive families of adopted schizophrenics. In: D. Rosenthal, S.S. Kety (eds.): The transmission of schizophrenia. 345–362. Pergamon New York.

Knight, R.P. (1953): Borderline states. Bulletin Menninger Clinic 17, 1–12.

Kolb, J.E., Gunderson, J.G. (1980): Diagnosing borderline patients with a semistructured interview. Archives of General Psychiatry 37, 37–41.

Mead, G.H. (1934): Mind, self, and society. University of Chicago Press. Dt. Geist, Identität und Gesellschaft. Suhrkamp Frankfurt 1968.

Mertens, W. (1990, 1990, 1991): Einführung in die psychoanalytische Therapie. 3 Bde. Kohlhammer Stuttgart.

Powdermaker, F. (1948): The technique of the initial interview and methods of teaching them. American Journal of Psychiatry 104, 642–646.

Rohde-Dachser, Ch. (1983): Das Borderline-Syndrom. 3. Aufl. Huber Bern.

Rudolf, G. (1981): Untersuchung und Befund bei Neurosen und psychosomatischen Erkrankungen. Materialien zum „psychischen und sozialkommunikativen Befund". Beltz Weinheim.

Saß, H., Koehler, K. (1983): Borderline-Syndrome: Grenzgebiet oder Niemandsland? Nervenarzt 54, 221–230.

Saß, H., Koehler, K. (1985): Persönlichkeitsstörungen und Basissymptome. Ein Beitrag zum Borderline-Problem. In: G. Huber (Hrsg.): Basisstadien endogener Psychosen und das Borderline-Problem. 195–205. Schattauer Stuttgart.

Schmideberg, M. (1970): The borderline patient. In: S. Arieti (ed.) American Handbook of Psychiatry 1, 398–416. Basic Books New York.

Schultz-Hencke, H. (1951): Lehrbuch der analytischen Psychotherapie. Thieme Stuttgart.

Schwartz, M.A., Wiggins, O.P. (1987a): Typifications: The first step for clinical diagnosis in psychiatry. Journal of Nervous and Mental Disease 175, 65–77.

Schwartz, M.A., Wiggins, O.P. (1987b): Diagnosis and Idealtypes: Contribution to Psychiatric classification. Comprehensive Psychiatry 28, 277–291.

Spitzer, R.L., Endicott, J., Gibbon, M. (1979): Crossing the border into borderline personality and borderline schizophrenia. Archives of General Psychiatry 36, 17–24.

Stern, A. (1938): Psychoanalytic investigation of and therapy in the borderline-group of neurosis. Psychoanalytic Quarterly 7, 467–489.

Stone, M.H. (1979): Assessing vulnerability to schizophrenia or manic-depression in borderline states. Schizophrenia Bulletin 5, 105.

Stone, M.H. (1980): The borderline syndromes. Mc Graw-Hill New York.

Sullivan, H.S. (1954): The psychiatric interview. Norton New York.

Thomä, H., Kächele, H. (1985): Das Erstinterview und die Dritten im Bunde. In: Dies: Lehrbuch der psychoanalytischen Therapie. 172–221. Springer Berlin.

Tress, W., Frommer, J. (1995): Beziehungspathologie und therapeutische Dyade. Ein Beitrag zur psychopathologischen Prädiktion von Ergebnissen dynamischer Psychotherapie. In: M. Rösler (Hrsg.): Psychopathologie. Konzepte – Klinik und Praxis – Beurteilungsfragen. 204–220. PsychologieVerlagsUnion Weinheim.

Waldinger, R.J. (1987): Intensive psychodynamic therapy with borderline patients: An overview. American Journal of Psychiatry 144, 267–274.

Whitehorn, J.C. (1941): Guide to interviewing and clinical personality structure. Archives of Neurology Psychiatry 52, 197–216.

Wilke, S. (1992): Die erste Begegnung. Eine konversations- und inhaltsanalytische Untersuchung der Interaktion im psychoanalytischen Erstgespräch. Asanger Heidelberg.

World Health Organisation (1993): The ICD-10 Classification of Mental and Behavioural Disorders. Diagnostic criteria for research. WHO Geneva.

3 Kognitive Verhaltenstherapie bei Patienten mit Persönlichkeitsstörungen: Behandlungsansätze und Psychoedukation

B. Schmitz

3.1 Einleitung

Das Thema der Persönlichkeitsstörungen wurde in den früheren Jahren hauptsächlich aus psychiatrischer und psychoanalytischer Sicht behandelt. Seit den 80er Jahren beschäftigen sich auch Verhaltenstherapeuten zunehmend mit den Persönlichkeitsstörungen und ihrer Diagnostik und psychotherapeutischen Behandlung (vgl. Fiedler 1995, Schmitz 1996).

Millon legte bereits 1981 mit seiner biosozialen Lerntheorie einen ersten verhaltenstheoretisch orientierten Erklärungsansatz für Persönlichkeitsstörungen vor und entwickelte ein differenziertes Modell des Wechselspiels von biologischen Faktoren, neuropsychologischen Entwicklungsmöglichkeiten und lernpsychologischen Prozessen.

Erste kognitiv oder verhaltenstherapeutisch orientierte Konzepte zur Erklärung und Behandlung von Persönlichkeitsstörungen wurden dann ab Mitte der 80er Jahre publiziert (Turkat u. Maisto 1985, Liebowitz et al. 1986, Linehan 1987, 1989, Fleming 1988, Pretzer 1988, Young u. Swift 1988). Mittlerweile liegen sowohl zur kognitiv (z.B. Beck et al. 1990, Safran u. Segal 1990, Young 1990) als auch zur verhaltenstherapeutisch orientierten Behandlung (z.B. Turkat 1990, Linehan 1993a,b) ausgearbeitete Behandlungskonzepte und Manuale vor.

Das Thema der Persönlichkeitsstörungen wurde seit dem Ende der 80er Jahre auch im deutschsprachigen Raum von Verhaltenstherapeuten aufgegriffen (z.B. Schmitz u. Limbacher 1989, Fiedler 1993, 1994, 1995, Bohus u. Berger 1996, Schmitz 1996, Schmitz et al. 1996).

Angesichts der Komplexität der Probleme und der schwierigen Therapieverläufe bei Patienten mit Persönlichkeitsstörungen verbinden viele Konzepte (z.B. Safran u. Segal 1990, Young 1990, Young u. Lindeman 1992, Liotti 1992, Lockwood 1992, Safran u. McMain 1992, Linehan 1993a,b) andere Theorie- und Therapiemodelle – wie Gestalttherapie, Gesprächspsychotherapie, interpersonelle Therapie, Bindungstheorie, psychoanalytische Therapie oder Prinzipien der Zen-Philosophie – mit dem kognitiven oder verhaltenstherapeutischen Ansatz und verstehen sich mehr oder weniger als integrative Therapiemodelle.

Die meisten Beiträge zur kognitiven und verhaltenstherapeutischen Behandlung von Persönlichkeitsstörungen basieren auf klinischen Beobachtungen und Einzelfall-Untersuchungen. Da sich die Forschung noch in den Anfängen befindet und angesichts der Komplexität der Probleme, betonen die meisten Autoren die Bedeutsamkeit eines individuellen Fallkonzepts und seiner empirischen Überprüfung in der Therapie. Die Ergebnisse von Turkat u. Maisto (1985) zeigen zumindest für einzelne Persönlichkeitsstörungen, wie ein effektiver Behandlungsplan auf der Basis eines individuellen Konzeptes für die Probleme eines Patienten aufgestellt und überprüft wird. In den letzten Jahren wurden auch erste kontrollierte Studien zur Überprüfung der Wirksamkeit der psychotherapeutischen Behandlung der Persönlichkeitsstörungen selbst durchgeführt, deren Ergebnisse insgesamt ermutigend sind (vgl. Shea 1996). Am häufigsten wurde die selbstunsichere Persönlichkeitsstörung und die Borderline-Persönlichkeitsstörung untersucht. Die Ergebnisse sind ermutigend, hervorzuheben sind die Studien von Linehan und Mitarbeitern (Linehan et al. 1991,

Linehan et al. 1994), die die Wirksamkeit der dialektischen Verhaltenstherapie bei Borderline-Persönlichkeitsstörungen nachdrücklich belegen.

Im folgenden werden zunächst einige ausgewählte kognitiv-verhaltenstherapeutisch orientierte Behandlungsansätze für Persönlichkeitsstörungen dargestellt. Daran anschließend wird am Beispiel einer Vortragsreihe („Persönlichkeits- und Kommunikationsstile") ein psychoedukativer Behandlungsansatz für Patienten mit dysfunktionalen Persönlichkeitsstilen und Persönlichkeitsstörungen beschrieben, der vom Autor im Rahmen der stationären verhaltenstherapeutischen Psychosomatik entwickelt wurde.

3.2 Der kognitive Behandlungsansatz von Beck und Mitarbeitern

Die Arbeitsgruppe um Beck und Freeman (Freeman et al. 1990, Beck et al. 1990, Fleming 1996, Pretzer 1996) bezieht sich auf den kognitiven Erklärungs- und Behandlungsansatz, wie er erstmalig von Beck und Mitarbeitern (Beck et al. 1981) für die Kurzzeitbehandlung der Depression und im weiteren auch für andere Achse-I-Störungen entwickelt wurde, überträgt ihn auf die Behandlung der Persönlichkeitsstörungen und hebt das Schema-Konstrukt als grundlegende Einheit der Persönlichkeit hervor. Im kognitiven Konzept werden einige Begriffe, wie „automatische Gedanken", situationsspezifisch verstanden, während andere, wie „Schemata" oder „Überzeugungen", situationsübergreifend gelten. Die persistierenden, unflexiblen Verhaltensmuster bei Persönlichkeitsstörungen werden als sichtbare Zeichen dysfunktionaler Schemata aufgefaßt und als interpersonelle Strategien bezeichnet.

Persönlichkeitsstörungen sind nach diesem Modell durch besonders extreme, starre und unumgängliche Schemata gekennzeichnet (z.B. „ich bin nicht liebenswert"), die im Sinne der kognitiven Grundannahme eine kontinuierliche Verzerrung in der alltäglichen Informationsverarbeitung bewirken (z.B. Überbewertung jeglicher Anzeichen von Ablehnung). Sie führen zu entsprechenden interpersonellen Strategien zum Schutz der eigenen Vulnerabilität (z.B. Vermeidung von Situationen der Bewertung), bestätigen sich in komplexen Interaktionsprozessen immer wieder und verhindern, daß neue Erfahrungen gemacht werden.

Die Art und Weise, wie die Betroffenen auf diese Situationen reagieren, können als ich-syntone Bewältigungsversuche verstanden werden, gegenüber diesen Situationen zu bestehen, als Verhalten zum Schutz der eigenen Vulnerabilität. So kann z.B. die überwertige Selbstdarstellung und geringe Empathie eines Menschen mit narzißtischer Persönlichkeitsstörung als selbstschützendes Verhalten betrachtet werden, um der Angst vor Kritik und Ablehnung entgegenzuwirken, oder die extrem mißtrauischen oder überempfindlichen Reaktionen eines Menschen mit paranoider Persönlichkeitsstörung schon bei harmlosen Bemerkungen als Versuch, einer befürchteten Abwertung oder Täuschung zu begegnen. Das Ausmaß dieser Störungen hängt auch davon ab, ob die Betroffenen mit ihrem Verhalten auf Verständnis stoßen und sozialen Rückhalt finden. Da die Selbsthilfeversuche der Betroffenen für die Umgebung oft nicht nachvollziehbar sind, sondern meistens als Verletzung interpersoneller Umgangsformen verstanden werden, provozieren sie geradezu die Kritik und Ablehnung bei anderen, vor der sich die Betroffenen zu schützen versuchen (vgl. Fiedler 1995).

So erfährt der Mensch mit narzißtischer Persönlichkeitsstörung, daß andere seine überwertige Selbstdarstellung nicht teilen und von ihm eine realistische Sichtweise einfordern. Und genau diese Bedrohung führt wiederum fast zwangsläufig in einen erneuten Rechtfertigungszwang und zu einer Aufrechterhaltung des Verhaltens. Oder der Mensch mit paranoider Persönlichkeitsstörung erzeugt durch sein Mißtrauen erst recht das Mißtrauen und die Feindseligkeit der anderen, was ihn in seinem Weltbild bestätigt. Pretzer und Beck heben diese Zusammenhänge in einer neueren Definition von Persönlichkeitsstörungen hervor: „Die kognitive Sichtweise der Persönlichkeitsstörungen bezieht diesen Begriff auf Individuen mit durchgängigen, sich selbst aufrechterhaltenden kognitiv-interpersonalen Kreisläufen, die so dysfunktional sind, daß sie in eine psychotherapeutische Behandlung führen" (zit. n. Pretzer 1996).

Zur Entwicklung von Persönlichkeitsstörungen können nach Beck und Mitarbeitern (1990) im Sinne eines bio-psycho-sozialen Ansatzes verschiedene Faktoren und ihre Wechselwirkungen beitragen. Genetische Prädispositionen werden als „Neigungen" betrachtet, die durch Erfahrung akzentuiert oder abgebaut werden können. So sind z.B. Menschen mit dependenter

Persönlichkeitsstörung auf enge Bindungen fixiert, die im Laufe der Entwicklung von den Bezugspersonen aus unterschiedlichsten Gründen verstärkt werden können, oder es werden dysfunktionale Muster von Bezugspersonen über Identifikationsprozesse und durch Modellernen übernommen und weiterentwickelt. Die Aufarbeitung frühkindlicher Erfahrungen zeigt in vielen Fällen, daß sich Persönlichkeitsstörungen aus der kompensatorischen Bewältigung traumatischer Kindheitserlebnisse entwickeln: Eine paranoide Persönlichkeitsstörung kann sich als Reaktion auf frühe Erfahrungen von Verrat und Täuschung herausbilden oder eine zwanghafte Persönlichkeitsstörung als Reaktion auf chaotische Zustände in der Kindheit.

Für jede Persönlichkeitsstörung wurde ein spezifisches „kognitiv-behavioral-emotionales Profil" erarbeitet, das am Beispiel der paranoiden Persönlichkeitsstörung konkretisiert werden soll:

* *Selbstbild:* Menschen mit paranoider Persönlichkeitsstörung sehen sich selbst als rechtschaffen und glauben, von anderen schlecht behandelt zu werden.
* *Bild über die Mitmenschen:* Sie betrachten andere Menschen im wesentlichen als unaufrichtig, als Betrüger und Verräter, die verdeckt manipulieren und sich gegen sie verschwören.
* *Hauptannahmen:* „Ich bin anderen Menschen gegenüber verletzlich", „Man kann anderen Menschen nicht trauen", „Ihre Motive sind suspekt", „Sie täuschen mich, sie wollen mich hintergehen oder geringschätzen".
* *Hauptstrategien:* Sie sind vorsichtig, mißtrauisch, äußerst wachsam und jederzeit auf der Suche nach Hinweisen, die „verdeckte Motive" oder „Feinde" entlarven.
* *Hauptaffekt:* Ärger über die angeblich schlechte Behandlung und Angst vor wahrgenommener Bedrohung.

Kognitives Behandlungskonzept

Aus den prototypischen Schemata des Patienten bzw. seiner jeweiligen Persönlichkeitsstörung ergeben sich ausdrücklich störungsspezifische Therapieempfehlungen für den Therapeuten, die sich sowohl auf die Gestaltung der therapeutischen Beziehung und Zusammenarbeit als auch auf die weiteren Problembereiche und Vorgehensweisen beziehen. Im Rahmen einer kogniti-ven Schwerpunktsetzung läßt sich der Behandlungsansatz von Beck und Mitarbeitern als ein aktiver und hypothesengeleiteter, empirischer Therapieansatz charakterisieren, der auf einem individualisierten Konzept der Probleme eines jeden Patienten basiert und der interpersonelle, kognitive, verhaltens- und erlebnisorientierte Interventionen ebenso umfaßt wie die Einbeziehung der sozialen Umwelt in die Therapie.

Therapeutische Zielsetzungen

Das Hauptgewicht des kognitiven Behandlungsansatzes liegt auf der Entwicklung neuer und der Modifikation alter Schemata. Schemata können rekonstruiert, modifiziert und neuinterpretiert werden.

Das Ziel einer „schematischen Rekonstruktion" (z.B. ein Patient mit einer paranoiden Persönlichkeitsstörung wird zu einem vertrauensseligen Menschen) scheint kaum erfolgversprechend, erinnert eher an die behavioristische Machbarkeitsideologie vergangener Jahre und überfordert in der Regel Patient und Therapeut. Als Folge stellen sich im therapeutischen Verlauf schnell Frustration und Ärger über den Patienten ein, die scheinbar ungenügende Mitarbeit des Patienten wird als gegen den Therapeuten gerichtetes therapiewidriges Verhalten interpretiert und dem Patienten wird eine interaktionelle Flexibilität zugetraut, über die er nicht verfügt. Für den Patienten bedeuten derartige Zielsetzungen eine grundlegende Infragestellung der eigenen Person und des eigenen Selbstwerts. Er verleugnet die tatsächlich oft schwierigen Umstände, unter denen er aufgewachsen ist bzw. unter denen er lebt. Wenn festgestellt wird, daß ein Patient andere Menschen als böswillig wahrnimmt, so ist auch nicht unbedingt davon auszugehen, daß die Ansichten des Patienten verzerrt sind. So könnte der Patient mit feindseligen Menschen zu tun haben oder die Feindseligkeit anderer provoziert haben.

Anstatt nun davon auszugehen, daß alle Menschen schlecht sind, könnte der Patient im Sinne einer „Schema-Modifikation" unterscheiden lernen, wem er mehr oder weniger trauen kann. In Übereinstimmung mit den entsprechenden kognitiven Interventionen ist es dann auch wichtig, daß der Patient seine dysfunktionalen Interaktionen verändert, damit er keine weiteren feindlichen Reaktionen anderer provoziert, oder auch relevante Bezugspersonen in die Therapie einzubeziehen. Angemessener und versöhnlicher sind also Zielsetzungen, die in Richtung einer „schematischen Modifikation" (ein Patient mit paranoider Persönlichkeitsstörung lernt, einigen Menschen in einigen Situationen zu vertrauen) oder auch einer „Neuinterpretation der Schemata" gehen. Letzteres bedeutet, daß dem Patienten geholfen wird, das eigene Verhalten im Kontext seiner Biographie als sinnhaftes, selbstschützendes Verhalten zu verstehen, und alle Möglichkeiten auszunutzen, die Umwelt so zu gestalten, daß er mit seiner persönlichen Eigenart befriedigender leben kann, und seine persönlichen Eigenarten unter Umständen auch als Kompetenzen zum Ausdruck kommen können (vgl. Fiedler 1995). So könnte sich ein Patient mit zwanghafter Persönlichkeitsstörung einen Arbeitsplatz suchen, der in seinen Anforderungen seinem Arbeitsstil entspricht.

Die dysfunktionalen Annahmen, die mit klinischen Syndromen wie Angst- oder Affektstörungen einhergehen, sind weniger stabil und leichter veränderbar. Somit ist die Behandlung der komplexeren, tief verwurzelten Probleme bei Patienten mit Persönlichkeitsstörungen wesentlich langwieriger und stellt spezifische Anforderungen an die interaktionelle und methodische Kompetenz des Therapeuten. Beck und Mitarbeiter sprechen hier auch von der Charakterphase der Behandlung und geben eine Behandlungsdauer zwischen 12 und 20 Monaten im Unterschied zu 12–20 Wochen bei der kognitiven Therapie von Achse-I-Störungen an.

Die Fülle und Intensität der Problembereiche bei Patienten mit Persönlichkeitsstörungen sollte nicht zu unrealistischen Erwartungen bezüglich der Ziele, des therapeutischen Aufwandes oder der raschen Veränderbarkeit führen. In jeder Phase des Behandlungsverlaufs ist zu prüfen, welche konkreten Ziele aktuell relevant und erreichbar sind und welche Prioritäten auch durch die soziale Realität gesetzt werden.

Therapeutische Interventionen

Zur Entwicklung neuer und zur Modifikation alter Schemata werden klassische kognitive Techniken wie z.B. das Aufdecken dysfunktionaler Annahmen unter Anleitung, empirisches Vorgehen zur Überprüfung der Validität der Annahmen, Reattribuierung oder die Verwendung von Schema-Tagebüchern vorgeschlagen.

Um die Validität der in der Kindheit entstandenen Schemata anhand der Realität prüfen zu können, müssen diese Annahmen jedoch bewußt werden. Einen besonderen Stellenwert nehmen dabei erlebnisorientierte Vorgehensweisen ein („experiential techniques"), die die Schemata verfügbarer machen (als sog. „heiße Schemata"). So erleichtert das kathartische Erleben im psychodramatischen Rollenspiel den Zugang zu den beherrschenden Schemata (im Sinne des „state-depending-learning"). Das wiederholte Betrachten zentraler Kindheitsepisoden kann Einblick geben in die Ursprünge der eigenen dysfunktionalen Annahmen (z.B. zu erkennen, daß die Neigung zur Selbstkritik keinen triftigen Grund hat, sondern übernommen wurde von der Mutter, die ständig Kritik geübt hat) und ermöglicht damit eine kognitive Umstrukturierung und Erweiterung der Perspektive (z.B. Abschwächung der eigenen Selbstkritik). Durch Rollentausch kann Verständnis entstehen für das Verhalten wichtiger Bezugspersonen, ihre Aussagen und Urteile können relativiert werden (z.B. daß die Mutter unzufrieden war und ihren Ärger an ihrem Kind ausgelassen hat) und damit auch die Einstellungen sich selbst gegenüber.

Verhaltenstherapeutische Methoden wie z.B. Aktivitätenplanung, Modellvorgaben, soziales Kompetenz- und Selbstsicherheitstraining, Rollenspiele oder Hausaufgaben können zur Modifikation der selbstzerstörerischen Verhaltensweisen und zur Förderung sozialer Kompetenz und lebenspraktischer Fertigkeiten eingesetzt werden.

Eine besondere Beachtung finden im kognitiven Ansatz die Probleme und Strategien der Zusammenarbeit und Beziehungsgestaltung mit der Intention, die Therapiebeziehung an den interaktionellen Möglichkeiten des Patienten zu orientieren und sie als Wirkfaktor für Veränderungsprozesse zu nutzen. Angesichts der Komplexität der Probleme und der schwierigen Beziehungsgestaltung wird die Erfordernis betont, klare und gemeinsame Behandlungsziele zu entwickeln, mit Interventionen zu beginnen, die kein umfassendes Sich-Öffnen erfordern, und von Behandlungsbeginn an das Gefühl der Selbstwirksamkeit des Patienten zu fördern.

Am Beispiel der paranoiden Persönlichkeitsstörung sollen Aspekte der Beziehungsgestaltung und Zusammenarbeit kurz dargestellt werden.

Angesichts des paranoiden Weltbildes der Patienten überrascht es nicht, daß die Patienten die Inanspruchnahme psychotherapeutischer Hilfe eher vermeiden, sie hinauszögern und erst dann in einer Psychotherapie erscheinen, wenn andere starken Druck ausüben oder wenn die Lebensverhältnisse unerträglich geworden sind.

Es ist offensichtlich, daß gerade die Anfangsphase einer Therapie eine besonders bedrohliche Situation für den Patienten darstellt, da von ihm Verhaltensweisen erwartet werden (Vertrauen schenken, sich offenbaren und intime Gefühle und Gedanken mitteilen, ein Arbeitsbündnis eingehen und Hilfe annehmen), die ihm gefährlich erscheinen. Der Patient sollte deshalb, mehr noch als gewöhnlich, die Kontrolle über den Inhalt der therapeutischen Gespräche, über die Hausaufgaben und über die weitere Therapieplanung haben. Da die Patienten ihre paranoiden Einstellungen und Wahrnehmungen selten als zu bearbeitendes Problem sehen und sich oft bedroht fühlen, wenn sie frühzeitig konfrontiert und zur selbstkritischen Einsicht gedrängt werden, ist es wichtig, Verständnis zu zeigen und auf die Therapieziele des Patienten hinzuarbeiten (z.B. besser entspannen können, mehr Selbstsicherheit gewinnen, Partner- oder Arbeitsplatzprobleme klären). In Anbetracht der besonderen Wachsamkeit des Patienten gegenüber strategischem und manipulierendem Verhalten sollte sich der Therapeut Mühe geben, klar und eindeutig zu kommunizieren, und die Therapie transparent zu gestalten.

Förderlich für die Vertrauensbildung ist, das Mißtrauen des Patienten offen anzusprechen und zu respektieren, verbunden mit dem Angebot, sich Zeit zu lassen für den Prozeß der Entwicklung gegenseitigen Vertrauens, Mißverständnisse offen anzusprechen und zu klären und sich darauf einzulassen, die Worte des Therapeuten an seinen Taten zu messen. Voraussetzung für dieses Vorgehen ist, daß der Therapeut das Mißtrauen des Patienten nicht als persönlichen Angriff wertet.

Das Mißtrauen des Patienten kann sich eher verstärken, wenn der Therapeut den Patienten versucht zu überreden, ihm zu vertrauen, oder wenn der Therapeut sich übermäßig verständnisvoll um den Patienten bemüht. Beide Verhaltensweisen können vom Patienten als Täuschungsmanöver wahrgenommen werden, letztere in dem Sinne, daß die besondere Freundlichkeit des Gegenübers gerade der Beweis für seine böse Absicht ist. Eine übermäßig verständnisvolle Haltung des Therapeuten kann auch bald ins Gegenteil einer gekränkten, verärgerten oder mißtrauischen Haltung umschlagen, wenn der Patient die besonderen Anstrengungen

des Therapeuten nicht durch eine entsprechende Verhaltensänderung „honoriert". Auch diese Interaktions-Sequenz kann aus der Sicht des Patienten wieder als Beleg für die manipulative Absicht des Therapeuten gelten.

Die Probleme in der Therapeut-Patient-Beziehung sollten als Interventionsgelegenheiten genutzt und nicht als Störung betrachtet werden, die so schnell wie möglich beigelegt werden muß. Patienten mit Persönlichkeitsstörungen nehmen Therapeuten auf Grund ihrer generalisierten Annahmen oft unzutreffend wahr („Übertragungs-Kognition"). Hier bieten sich Möglichkeiten für neue Erfahrungen durch eine einfühlsame Aufklärung von Fehlwahrnehmungen und Mißverständnissen.

Auftretende Probleme in der Zusammenarbeit müssen sorgfältig analysiert werden und können nicht nur Ausdruck der persönlichkeitsbedingten Kooperationsstörung des Patienten sein (z.B. Rigidität, Angst vor Veränderungen), sondern auch ihre Ursache im Verhalten des Therapeuten oder des Teams haben (z.B. geringe Erfahrung, unrealistische Therapieziele), durch das Setting bedingt sein (z.B. mangelnde Kommunikation, Organisation oder Supervision) oder in der Umwelt des Patienten liegen (z.B. wenn die Umwelt die dysfunktionalen Annahmen des Patienten verstärkt oder die Inanspruchnahme therapeutischer Hilfe ablehnt).

Voraussetzung für eine erfolgreiche Behandlung ist nicht nur ein individuelles, für den Patienten transparentes Fallkonzept, sondern auch eine besondere Flexibilität und Kreativität des Therapeuten im Umgang mit dem Patienten und seinen Problemen (z.B. lebendige und anregende Sprache, Humor, Verwendung von Anekdoten und Metaphern) sowie die Bereitschaft, Verständnis für die besondere Eigenart des Patienten zu gewinnen.

3.3 Der schematheoretische Behandlungsansatz von Young

Young (1990) publizierte im gleichen Jahr wie Beck und Mitarbeiter einen schematheoretischen kognitiven Therapieansatz zur Behandlung von Persönlichkeitsstörungen. Im Unterschied zu Beck und Mitarbeitern entwickelt Young keine spezifischen Modelle bzw. kognitiv-behavioral-emotionalen Profile für die jeweiligen Persönlichkeitsstörungen und setzt sich auch nicht mit ihnen einzeln diagnostisch, theoretisch und klinisch auseinander. Young wählt einen anderen Zugang, indem er eine begrenzte Anzahl „früher nicht-adaptiver Schemata" im Kontext primärer Entwicklungsbereiche identifiziert als Heuristik für die individuelle Schemaanalyse und Therapie bei Patienten mit Persönlichkeitsstörungen.

Young verweist mit Bezug auf Millon (1981) auf die besonderen psychopathologischen Charakteristika von Patienten mit Persönlichkeitsstörungen („Rigidität", „kognitive und affektive Vermeidung" und „interpersonelle Schwierigkeiten") und geht davon aus, daß Persönlichkeitsstörungen durch extrem stabile und dauerhafte Denkmuster gekennzeichnet sind, die im kognitiven Therapieansatz für depressive Störungen oder Angststörungen bisher zwar betont, aber nicht ausreichend und systematisch genug berücksichtigt werden. Diese „frühen nichtadaptiven Schemata" entstehen während der Kindheit und sind nach Young v.a. das Ergebnis wiederkehrender, ungünstiger, alltäglicher Erfahrungen (z.B. ist ein Kind, das ständig kritisiert wird, weil es die Erwartungen der Eltern nicht erfüllt, empfänglich für die Entwicklung eines Schemas der Inkompetenz und des Mißerfolgs) und weniger das Ergebnis isolierter traumatischer Erfahrungen. Young vermutet ebenso wie Beck und Mitarbeiter (1990) eine biologische Vulnerabilität, die die Entwicklung dieser Schemata begünstigen kann. Die prägenden Faktoren sieht aber auch er im sozialen Einfluß der Eltern, der Geschwister und der Peer-Gruppe. Young hebt fünf primäre Entwicklungsbereiche hervor (Autonomie, Zugehörigkeit, Selbstwert, die Fähigkeit, angemessene Erwartungen an die eigene Person und an andere zu stellen, sowie die Fähigkeit, realistische Grenzen für das eigene Verhalten zu akzeptieren und umzusetzen) und identifiziert insgesamt fünfzehn frühe nichtadaptive Schemata, die er diesen fünf Bereichen zuordnet als Ergebnis einer ungünstigen Entwicklung. Als Beispiel sollen die Schemata bei beeinträchtigter Autonomie dargestellt werden:

- „Dependence": Die Überzeugung, alleine nicht zurecht zu kommen und jemanden zu brauchen, auf den man sich verlassen kann.
- „Subjugation/lack of individuation": Der freiwillige oder unfreiwillige Verzicht auf die eigenen Wünsche, um die Wünsche der anderen zu befriedigen.

- „Vulnerability to harm and illness": Die Furcht, daß einen zu jeder Zeit ein Unheil treffen kann.
- „Fear of losing self-control": Die Furcht, unfreiwillig die Kontrolle über das eigene Verhalten, die Gefühle, das Denken oder den Körper zu verlieren.

Young beschreibt in seinem Patientenmanual an Beispielen sehr anschaulich, wie die Umwelt in jedem dieser Bereiche einen günstigen Einfluß auf die gesunde Entwicklung des Kindes nehmen kann (z.B. Autonomie: Ermunterung zum Ausdruck eigener Bedürfnisse ohne ungerechtfertigte Einschränkungen oder Bestrafungen) oder wie durch ungünstige Verhaltensweisen eine Vulnerabilität des Kindes für die Entwicklung früher nicht-adaptiver Schemata begünstigt wird.

Die Funktionsweisen der Schemata und die damit verbundenen kognitiven, affektiven und behavioralen Prozesse werden von Young unter den Gesichtspunkten „schema-maintenance", „schema avoidance" und „schema compensation" zusammengefaßt.

- „Schema-maintenance": Die Schemata werden aufrechterhalten und verewigen sich selbst durch die kognitive Verzerrung von Information und durch schemagesteuerte selbstschädigende Verhaltensweisen. Auf der kognitiven Ebene geschieht dies durch die Verzerrung von Information (Überbewertung von schemabestätigender Information und Verleugnung von schemawidersprechender Information, kognitive Fehler wie Übergeneralisation, dichotomes Denken etc.). Auf der Verhaltensebene werden die Schemata aufrechterhalten durch schemagesteuerte selbstschädigende Verhaltensweisen. Diese können in der Kindheit im familiären Setting angepaßt und funktional sein, sich aber im späteren Leben als selbstschädigend erweisen und die Schemata des Betroffenen verstärken (z.B. sucht sich eine Person mit einem Schema der Unterordnung und fehlender Individuation immer wieder dominante Partner und verstärkt damit das eigene Selbstbild oder sie zieht sich mit einem Schema der sozialen Unerwünschtheit („niemand hier mag mich") zurück.
- „Schema avoidance": Da die Aktivierung der Schemata mit starken negativen Gefühlen verbunden ist (Ärger, Angst, Schuld), versu-

chen die Betroffen die Aktivierung eines Schemas oder zumindest die Wahrnehmung der Gefühle zu vermeiden. Es werden drei Typen der „Schema-Vermeidung" beschrieben:

> Kognitive Vermeidung: Ein automatischer oder willentlicher Versuch, Gedanken oder Vorstellungen zu blockieren, die ein Schema auslösen, z.B. folgende Antworten auf die Frage nach auslösenden Ereignissen: „Ich möchte nicht daran denken", „Ich habe es vergessen", wobei insbesondere schmerzhafte Ereignisse vergessen werden (z.B. sexueller Mißbrauch).

> Affektive Vermeidung: Automatische und willentliche Versuche, Gefühle zu blockieren, die durch ein Schema ausgelöst werden, z.B. Patienten mit Borderline-Persönlichkeitsstörungen, die sich selbst verletzen, um sich taub zu machen gegenüber den unerträglichen Schmerzen, die durch frühe Schemata ausgelöst werden. Andere nehmen kaum negative Gefühle wahr, auch in Situationen, in denen die meisten Menschen extremen Ärger oder Angst erleben. Wieder andere können ihre Gedanken berichten, ohne Zugang zu ihren Gefühlen zu haben.

> Verhaltensmäßige Vermeidung: Vermeidung von Situationen und Ereignissen, die ein schmerzhaftes Schema auslösen., z.B. vermeidet eine Person mit einem Inkompetenz-Schema, eine neue schwierige Aufgabe zu übernehmen und vermeidet damit die starken Ängste, die durch das Schema aktiviert werden.

Alle drei Typen der Schema-Vermeidung ermöglichen dem Betroffenen zwar, unangenehme und schmerzhafte Wahrnehmungen und Gefühle zu vermeiden, die mit den frühen nicht-adaptiven Schemata verbunden sind, sie verhindern aber Lebenserfahrungen, die die Gültigkeit dieser Schemata in Frage stellen.

• „Schema compensation": Prozesse der „schema compensation" werden als langfristig meist untaugliche Selbsthilfeversuche des Betroffenen betrachtet, da sie sich oft als überschießend erweisen und zu nachteiligen Folgen führen können.

Das individuelle Fallkonzept wird von Young in acht Schritten entwickelt, mit dem Hauptziel, die relevanten Schemata zu identifizieren. Während Beck und Mitarbeiter die therapeutische Arbeit an den grundlegenden Überzeugungen und Schemata eher in einer fortgeschrittenen Therapiephase vorschlagen, arbeitet Young von Therapiebeginn an zielgerichtet und konfrontativer auf die Entdeckung und Modifikation der Kern-Schemata des Patienten hin. Die Beschwerden und Probleme des Patienten werden erfaßt, es werden Fragebögen zur Lebensgeschichte (Lazarus 1980) und zur Erfassung der frühen nicht-adaptiven Schemata (Young 1990, deutsch: Schmitz u. Barkfeld 1995a) vorgelegt, und der Patient wird anhand eines Patientenmanuals ausführlich über den schematheoretischen Ansatz informiert (Young 1990, deutsch: Schmitz u. Barkfeld 1995b). Einen besonderen Stellenwert zur Identifikation und Überprüfung der Kernschemata nehmen auch bei Young erlebnisorientierte Techniken ein (Vorstellungsübungen, Besprechung gegenwärtiger und vergangener Ereignisse mit starker emotionaler Beteiligung, Klärung der therapeutischen Beziehung, Traumarbeit etc.) sowie konfrontative Techniken zur Überprüfung von individuellen Strategien der Schema-Vermeidung und Schema-Kompensation.

Der therapeutische Ansatz von Young ist – vergleichbar dem Ansatz von Beck et al. – methodenintegrativ und umfaßt erlebnisorientierte, interpersonelle, kognitive und verhaltensorientierte Vorgehensweisen. Im Vergleich zur standardmäßigen kognitiven Therapie ist der Ansatz von Young wie auch der von Beck und Mitarbeitern (1990) stärker orientiert an der therapeutischen Beziehung als Wirkfaktor für Veränderungen und der affektiven Beteiligung des Patienten. Während der schemafokussierten Sitzungen wird u.a. durch die Bearbeitung früher Beziehungserfahrungen und die Anwendung erlebnisorientierter Techniken sowohl der Aktivierung und Überprüfung der Kernschemata wie auch deren Modifikation eine größere Bedeutung beigemessen.

Erlebnisorientierte Techniken, u.a. aus der Gestalttherapie entlehnt, sollen die Schemata verfügbarer und flexibler machen für Veränderungen. Interpersonelle Strategien (z.B. Klärung und Überprüfung der interpersonellen Schemata, Ermöglichung neuer Beziehungserfahrungen durch „Reparenting": Gestaltung der Beziehung, um bislang unbefriedigte Bedürfnisse zu stillen) sind gefordert, wenn die Schemata in der therapeutischen Beziehung oder Gruppentherapie aktiviert werden. Kognitive Techniken (z.B. Aufarbeitung von Ereignissen und Informationen, die für bzw. gegen die Schemata sprechen, Klärung nicht-adaptiver Einstellungen und Haltungen in der Familie, Sammlung schema-widersprechender Informationen über den Patienten) sind notwendig zur systematischen Modifikation der Schemata. Mit Hilfe behavioraler Techniken werden die selbstschädigenden Verhaltensmuster modifiziert und notwendige Veränderungen in der Lebenssituation eingeleitet.

3.4 Der dreistufige empirische Behandlungsansatz von Turkat

Turkat (1990) schlägt angesichts des geringen Kenntnisstandes zur Wirksamkeit von Verhaltenstherapie bei Persönlichkeitsstörungen einen quasi-experimentellen und hypothesenüberprüfenden dreistufigen Behandlungsansatz im Sinne eines Einzelfalldesigns vor. Der Behandlungsansatz orientiert sich an folgenden drei Stufen:

- „Initial interview": In der ersten Stufe wird anhand einer differenzierten Verhaltens- und Bedingungsanalyse, ergänzt durch eine psychiatrische Diagnostik nach DSM-III-R und durch umfassende ätiopathogenetische Informationen, ein individuelles Fallkonzept erstellt. Das individuelle Fallkonzept enthält Annahmen
  - ➤ über den Zusammenhang zwischen den verschiedenen Problemen des Patienten und
  - ➤ über deren Ätiopathogenese im Sinne begünstigender, auslösender und aufrechterhaltender Faktoren sowie
  - ➤ Voraussagen über das zukünftige Verhalten des Patienten.
- „Clinical experimentation": Daraufhin erfolgt in der zweiten Stufe die Überprüfung der Konzeptvalidität im Rahmen eines quasi-experimentellen Vorgehens, d.h. mit verschiedenen Methoden (z.B. Verhaltensexperimenten oder Testverfahren) werden die spezifischen Voraussagen über das Verhalten des Patienten überprüft. Turkat gibt dazu zahlreiche Beispiele und Anregungen wie z.B. Verhaltensexperimente zur Überprüfung geringer Empathie bei narzißtischer Persönlichkeitsstörung.
- „Modification methodology": Sprechen die Ergebnisse für die Validität des Fallkonzepts und sind sich Therapeut und Patient über die

Sichtweise der Probleme einig, erfolgt in der letzten Stufe die Aufstellung eines Interventionsplans und die systematische Evaluation der Maßnahmen. Im Unterschied zu standardisierten verhaltenstherapeutischen Vorgehensweisen wird ein individueller Interventionsplan erarbeitet, der sich direkt vom individuellen Fallkonzept ableitet.

Der Interventionsplan sollte nicht nur die spezifischen verhaltenstherapeutischen Vorgehensweisen beschreiben, sondern auch die therapeutische Strategie in der Gestaltung der Abfolge der Maßnahmen und die Art der Beziehungsgestaltung zum Patienten.

Selbst wenn zwei Patienten die gleiche Diagnose haben, z.B. eine paranoide Persönlichkeitsstörung, und als Problembereiche eine Überempfindlichkeit gegenüber Kritik sowie geringe soziale Fertigkeiten herausgearbeitet werden, kann sich aus dem individuellen Fallverständnis eine unterschiedliche Reihenfolge im Vorgehen ergeben. Bei dem einen Patienten mag es angebracht sein, im ersten Schritt die Angst vor Kritik zu verringern und dann ein soziales Fertigkeitentraining durchzuführen, da er zu ängstlich ist, um von den kritischen Rückmeldungen zu lernen, die im Fertigkeitentraining verwandt werden. Bei dem anderen Patienten wird unter Umständen zuerst ein Fertigkeitentraining durchgeführt, weil das soziale Verhalten als primär angesehen wird und die Angst vor Kritik als sekundär, da der Patient immer wieder Sozialverhalten zeigt, das die Kritik anderer auslöst.

Turkat illustriert seinen dreistufigen Behandlungsansatz für jede Persönlichkeitsstörung nach DSM-III-R anhand von klinischen Beobachtungen, methodischen Anregungen und Interventionsempfehlungen. Im Unterschied zu den anderen kognitiven und verhaltenstherapeutischen Ansätzen, über die berichtet wird, beschränkt sich Turkat mit seinen Interventionsempfehlungen im Rahmen eines mehrdimensionalen Therapieansatzes auf klassische verhaltenstherapeutische Methoden wie z.B. Training sozialer Fertigkeiten (bei den meisten Persönlichkeitsstörungen angezeigt), Angstbewältigung, Problemlösen oder kognitive Umstrukturierung (vgl. auch Liebowitz et al. 1986).

So hebt Turkat z.B. für die Behandlung der paranoiden Persönlichkeitsstörung folgende Problembereiche und Methoden hervor: Verringerung der Überempfindlichkeit gegenüber

Kritik durch Methoden der Angstbewältigung und Förderung sozialer Fertigkeiten im Hinblick auf soziale Wahrnehmung, korrekte Informationsverarbeitung, soziale Attraktivität, Umgang mit Feedback. Inwieweit die von Turkat entwikkelten Konzepte und Interventionen auch auf andere Patienten mit derselben Diagnose übertragbar sind, müssen größere und kontrollierte Studien zeigen.

3.5 Der Ansatz der dialektischen Verhaltenstherapie bei Borderline-Persönlichkeitsstörungen von Linehan

Linehan hat seit Mitte der 80er Jahre in verschiedenen Artikeln (z.B. 1987, 1989, 1996) und Buchpublikationen (1993a,b) ihr Konzept der „dialektischen Verhaltenstherapie" bei Patienten mit Borderline-Persönlichkeitsstörungen dargestellt.

Biosoziale Theorie

Linehan vertritt mit ihrem Ansatz der dialektischen Verhaltenstherapie ein affektives Vulnerabilitätskonzept und vermutet eine konstitutionell angelegte Dysfunktion der Affektregulation („Vulnerabilität") bei Individuen mit einer Borderline-Persönlichkeitsstörung, die mitverantwortlich sein soll für die heftigen Überreaktionen und das impulsive Handeln der Betroffenen. Emotionale Vulnerabilität bezieht sich auf ein durchgängiges Muster hoher Sensitivität gegenüber emotionalen Reizen, heftigen emotionalen Reaktionen schon auf schwache Reize und eine nur langsame Rückkehr zum Ausgangsniveau und führt zu Gefühlen von Panik, Verzweiflung und dem Überwältigtwerden von Emotionen bis hin zu suizidalem Verhalten.

Linehan vergleicht die heftigen emotionalen Überreaktionen von Borderline-Patienten mit der Empfindlichkeit von Patienten mit ausgedehnten Verbrennungen, die die leichteste Berührung oder Bewegung als schmerzhaft empfinden. Borderline-Patienten haben sozusagen keine „emotionale Haut" und erleben v.a. schmerzhafte Emotionen mit besonderer Intensität und Unkontrollierbarkeit.

Dieser initialen affektiven Vulnerabilität stehen ungünstige Lernerfahrungen gegenüber, die dazu führen, daß die Betroffenen keine Fertig-

keiten zur Emotionsregulierung lernen („Invalidierungs- bzw. Entwertungssyndrom"). Unter dem Invalidierungssyndrom versteht Linehan die Neigung wichtiger Bezugspersonen, insbesondere negative emotionale Erfahrungen zu mißachten, Schwierigkeiten in der Lebensbewältigung herunterzuspielen und viel Wert auf positives Denken zu legen. Persönliche Erfahrungen und insbesondere emotional schmerzhafte Erfahrungen werden als nicht angemessene Reaktionen auf Ereignisse gesehen, sie werden bestraft, bagatellisiert, nicht beachtet oder der Überempfindlichkeit des Betroffenen, seinem Mangel an Motivation, Disziplin oder Anstrengung zugeschrieben. Beispiele für eine Invalidierung sind z.B. sich Lächerlichmachen über die Gefühle eines Kindes bis hin zu physischem oder sexuellem Mißbrauch als prototypischem Umfeld. Vulnerable Individuen erwerben in einer invalidierenden Umgebung keine Fähigkeiten der Emotionsregulierung, sie entwickeln kein Gespür dafür, wann sie ihren eigenen Gefühlen sowohl für die Aktivierung und Überprüfung der Kernschemata wie auch für deren Modifikation als einer gültigen Interpretation des Geschehens trauen können, sie übernehmen zunehmend die Reaktionen der Umgebung auf die eigenen Gefühle und reagieren mit Scham, Selbstkritik und Selbstbestrafung. Drogen- oder Medikamentenmißbrauch und suizidale oder andere impulsive oder selbstschädigende Verhaltensweisen haben affektregulierende Funktion und werden als Flucht aus dem als überwältigend und unkontrollierbar erlebten Affekt verständlich oder als Warnung an die Umwelt, vorsichtig zu sein, und lösen Helferverhalten aus, das sonst nicht zugänglich ist.

Dialektik

Linehan verwendet den Begriff „Dialektik" in zweifacher Bedeutung: als Ausdruck einer dialektischen Weltsicht, nach der Ganzheit, Wechselbeziehungen und Veränderungen prinzipielle Charakteristika der Wirklichkeit sind, und zur Charakterisierung ihres Behandlungsansatzes und der Strategien, die vom Therapeuten zur Beeinflussung von Veränderungen eingesetzt werden.

Linehan begreift die in der psychoanalytischen Konzeption als Spaltung beschriebene Neigung der Borderline-Patienten zu dichotomem Denken als Bestreben, an Gegensätzlichkeiten, d.h. entweder These oder Antithese, festzuhalten, und als Unfähigkeit, sich auf eine Synthese hin zu bewegen. Ein Beispiel für die Unfähigkeit von Borderline-Patienten zur dialektischen Integration wäre etwa ihr Nichtbegreifen des Paradoxons, daß man gleichzeitig einzigartig oder verschieden und Teil eines Ganzen sein kann. Vielfach versuchen die Patienten, ein Gefühl der Einheit und Integration durch die Unterdrückung bzw. Nichtentwicklung der eigenen Identität zu erreichen und sich im Sinne der „as if Personality" (falsches Selbst) an die Erwartungen ihrer Bezugspersonen anzupassen. Das Festhalten an Gegensätzlichem und die Unfähigkeit, sich auf eine Synthese hin zu bewegen, spiegelt sich nach Linehan in drei bipolaren Verhaltensdimensionen bzw. dialektischen Dilemmas des Borderline-Patienten. So schwankt das Verhalten von Borderline-Patienten zwischen „emotionaler Vulnerabilität" und „Selbst-Invalidierung", zwischen „aktiver Passivität" und „scheinbarer Kompetenz" sowie zwischen „permanenter Krise" und „gehemmter Trauer".

Emotionale Vulnerabilität versus Selbst-Invalidierung

Je nachdem, ob die Betroffenen ihre eigene Vulnerabilität validieren oder invalidieren, schwankt ihr Verhalten zwischen emotionaler Vulnerabilität und Selbst-Invalidierung und führt zu zwei gegensätzlichen Erfahrungen ihrer Situation. Wird die eigene Vulnerabilität validiert, so ist die Verzweiflung und Hoffnungslosigkeit oft begleitet von einem starken Zorn auf andere, die kein Verständnis haben, und einem Bemühen zu beweisen, daß man ihre Erwartungen nicht erfüllen kann (auch mit suizidalen und anderen extremen Verhaltensweisen). Mit der Selbst-Invalidierung übernimmt das Individuum die Charakteristika des „invalidierenden Umfeldes", in dieser Stimmung tritt häufig übermäßige Selbstkritik und Selbstbestrafung auf oder es werden oft unrealistische Zielsetzungen verfolgt, die unweigerlich scheitern müssen.

Aktive Passivität versus scheinbare Kompetenz

Aktive Passivität bezieht sich auf die bei Borderline-Patienten vorhandene Neigung, sich als unfähig zu erleben, eigene Probleme zu lösen, und zugleich von anderen eine Lösung zu er-

warten oder zu fordern. Da die Patienten die Erfahrung machen, trotz erheblicher Anstrengungen zu versagen, entwickeln sie ein typisches Muster der erlernten Hilflosigkeit mit intensiven emotionalen Reaktionen auf den drohenden oder erlittenen Verlust wichtiger Bezugspersonen, verbunden mit übermäßigen Erwartungen und starker Abhängigkeit von anderen. Scheinbare Kompetenz kennzeichnet den Gegenpol dazu und bedeutet, daß Borderline-Patienten leicht einen täuschend kompetenten Eindruck vermitteln. Die Täuschung beruht u.a. darauf, daß die tatsächlich vorhandenen Kompetenzen der Betroffenen nicht über alle relevanten Situationen und nicht über die verschiedenen Stimmungslagen hinweg generalisiert werden können, sondern im Gegenteil extremen Schwankungen unterworfen sind. Scheinbare Kompetenz kann das invalidierende Umfeld verewigen, indem sie andere einschließlich des Therapeuten davon überzeugt, daß der Betroffene über mehr Kompetenz verfügt, als er tatsächlich hat.

Permanente Krise versus gehemmte Trauer

Permanente Krise kennzeichnet die anscheinend niemals endenden persönlichen Krisen der Patienten und ihre Unfähigkeit, auf ein Grundniveau „neutralen" emotionalen Funktionierens zurückzukehren. Die Krisen, die häufig mit traumatischen Ereignissen zusammenhängen, werden intensiviert durch die individuelle Vulnerabilität und mangelnde zwischenmenschliche Fertigkeiten der Betroffenen und durch fehlende soziale Unterstützung. Gehemmte Trauer bezeichnet die Neigung, die Erfahrung und Erinnerung starker negativer Emotionen zu hemmen, was verhindert, daß die wiederholten Traumen und Verluste (Inzest, physischer und sexueller Mißbrauch, Tod eines Elternteils oder Geschwisters, Vernachlässigung etc.) tatsächlich durchlebt und integriert werden. Das Individuum wird von ständigen Verlusten überfordert („bereavement overload") und vermeidet alle negativen Gefühle einer notwendigen Trauerarbeit („wenn ich zu weinen anfange, werde ich nicht wieder aufhören können zu weinen").

Das Behandlungskonzept

Die dialektische Verhaltenstherapie (DBT) verbindet einen verhaltenstherapeutischen Ansatz, der klassische Methoden wie Problemlöse- und

Fertigkeitentraining, Exposition oder Kontingenzmanagement umfaßt, mit Prinzipien der Zen-Philosophie und der Betonung dialektischer Prozesse und Strategien. Die Behandlung wird durchgeführt in einer gleichzeitigen Anwendung von Einzel- und Gruppentherapie. Die standardisierte Gruppentherapie dient ausschließlich der Vermittlung spezieller Fertigkeiten (emotional-kognitive Balance, Emotionsregulierung, Streßtoleranz, soziale Kompetenz). In der Einzeltherapie werden die individuellen Probleme bearbeitet, die sich aus der Symptomatik der Borderline-Persönlichkeitsstörung ergeben, und individuelle Fertigkeiten gefördert. Die einzelnen Problem- und Zielbereiche sind hierarchisch geordnet nach ihrer Priorität für den Behandlungsverlauf:

- Verringerung von suizidalen und parasuizidalen Verhaltensweisen;
- Verringerung therapiegefährdender Verhaltensweisen wie z.B. Terminversäumnisse, Verweigerung von Hausaufgaben oder der Mitarbeit im Verhaltenstraining, feindseliges oder aggressives Verhalten;
- Verringerung von Verhalten, das die Lebensqualität schwer beeinträchtigt wie z.B. Drogen- und Alkoholmißbrauch, Eßstörungen, finanzielle Probleme, antisoziales Verhalten oder Promiskuität;
- Förderung von Streßtoleranz, emotionaler Regulation, interpersoneller Effektivität und emotional-kognitiver Balance/Achtsamkeit als adäquate Bewältigungsstrategien und als Voraussetzung für die nächsten Therapieschritte;
- Verringerung posttraumatischer Belastungsreaktionen, deren Bearbeitung in vier Schritten erfolgt: Akzeptanz des Traumas, Verminderung von Stigmatisierung und Sebstbeschuldigung, Bearbeitung der Verleugnung und Umgang mit der Mißbrauchsdichotomie;
- Förderung der Selbstachtung;
- andere Ziele des Patienten.

Linehan unterscheidet zwischen sog. Basisstrategien (den dialektischen und Validierungsstrategien), die in jeder Phase der Therapie zur Anwendung kommen und den spezifischen Strategien (Kontingenzmanagement, Fertigkeitentraining, Emotions-Exposition und kognitive Umstrukturierung), die den jeweiligen Problembereichen zugeordnet sind.

Der Behandlungsansatz von Linehan fördert mit Nachdruck das Ertragen von Widersprüchen und Veränderung sowie die Vermittlung dialektischer Denkmuster (von einer „entweder-oder" zu einer „sowohl-als-auch-Position") anstelle der für Borderline-Patienten typischen dichotomen Denkweisen. Für den Therapeuten fordert die dialektische Denkweise, daß seine Haltung gegenüber dem Patienten geprägt ist von dem Gleichgewicht oder der Synthese zwischen „Akzeptanz und Veränderung", „Standfestigkeit und mitfühlender Flexibilität" und „wohlwollendem Fordern und Versorgen".

Als besondere Aufgabe sieht Linehan das Ausbalancieren der Veränderungstechniken der Verhaltenstherapie mit der Haltung einer radikalen oder bedingungslosen Akzeptanz der Patienten. In Anlehnung an Zen-Prinzipien („Du bist vollkommen, so wie du bist") und klientenzentrierte Behandlungsansätze fordert Linehan die Bereitschaft des Therapeuten zu bedingungsloser Akzeptanz, das Verhalten des Patienten sinnhaft zu verstehen und sich auf den Patienten und die Therapie einzulassen ohne Wertung, Vorwurf oder Manipulation. Als Hauptvermittler der Akzeptanz benennt sie verschiedene Validierungsstrategien wie aktives Beobachten (aufmerksames und unvoreingenommenes Zuhören und Wahrnehmen), Reflexion (genaues Spiegeln, Identifizieren oder Beschreiben der Gedanken, Gefühle und Verhaltensweisen des Patienten), Gedanken lesen (Gedanken und Gefühle formulieren, die der Patient nicht verbalisiert) oder Validierung in bezug auf die Vergangenheit und die Gegenwart (Identifizierung wesentlicher Lernerfahrungen oder aktueller Ereignisse, die die Reaktionsmuster des Patienten unvermeidlich werden ließen oder unterstützen und verstärken).

3.6 Ein psychoedukativer Behandlungsansatz für Patienten mit dysfunktionalen Persönlichkeitsstilen und Persönlichkeitsstörungen

Zahlreiche Studien an Patienten mit depressiven Störungen, Angst- und Zwangsstörungen, Eßstörungen oder Substanzmißbrauch bzw. Abhängigkeit berichten, daß Patienten mit zusätzlichen Persönlichkeitsstörungen häufiger die Behandlung abbrechen oder ein ungünstigeres Behandlungsergebnis erzielen als Patienten ohne zusätzliche Persönlichkeitsstörungen (Fydrich et al. 1996a). Als Gründe für den ungünstigeren Behandlungserfolg von Patienten mit zusätzlichen Persönlichkeitsstörungen werden die komplexen Beschwerden und Probleme der Patienten diskutiert, v.a. aber die häufig zu beobachtenden Interaktions-, Motivations- und Complianceprobleme im Behandlungsverlauf. Patienten mit Persönlichkeitsstörungen gelten v.a. deshalb als schwer zu behandeln, weil sie das eigene Verhalten als „zu sich gehörig" (ich-synton) erleben und nicht als „ichfremde" (ich-dystone) Symptomatik, die sie gerne wieder los wären, weil sie die Schwierigkeiten im Umgang mit Menschen und Problemen oft unabhängig vom eigenen Verhalten sehen (sich als Opfer anderer oder des Systems sehen), wenig Einsicht in die Unangemessenheit ihrer Überzeugungen und Verhaltensweisen haben und eine Therapie erst wegen der Folgeprobleme (z.B. Depressionen) aufsuchen oder auf Drängen der Umwelt (Schmitz 1996).

Im folgenden wird ein psychoedukativer Behandlungsansatz für Patienten mit dysfunktionalen Persönlichkeitsstilen und Persönlichkeitsstörungen vorgestellt, der im Rahmen der stationären verhaltenstherapeutischen Psychosomatik entwickelt wurde und der diese Problemstellungen durch eine stärkere Ressourcenorientierung und frühzeitige Informierung des Patienten in besonderer Weise berücksichtigt. Bei einer Erweiterung der Zielgruppe wird davon ausgegangen, daß nicht nur bei Patienten mit expliziten Persönlichkeitsstörungen, sondern auch bei Patienten mit ausgeprägten und unflexiblen Persönlichkeitsstilen dysfunktionale und realitätsverzerrende Formen des Wahrnehmens, der Beziehungsgestaltung und des Denkens vorliegen, die mit der Entwicklung und Aufrechterhaltung symptomatischer Störungen und anderer Problembereiche funktional zusammenhängen, die die Zusammenarbeit in der Therapie beeinflussen und die in die therapeutischen Überlegungen und Zielsetzungen einbezogen werden sollten.

Das stationäre Behandlungskonzept

Die Diagnose einer Persönlichkeitsstörung wird in der Regel als zusätzliche Diagnose zu weiteren psychischen oder psychosomatischen Störungen bzw. Diagnosen gestellt. Patienten mit Persönlichkeitsstörungen berichten in der Regel darüber hinaus über vielfältige und komplexe Problemstellungen, die nur im Rahmen eines individualisierten Fallkonzepts angemessen erfaßt werden können.

Während sich die Studien zur Komorbidität von Persönlichkeitsstörungen und symptomatischen Störungen rein deskriptiv mit der Feststellung der Häufigkeiten von Komorbidität auf diagnostischer Ebene beschäftigen, geht es im Rahmen eines kognitiv-verhaltenstherapeutischen Vorgehens insbesondere darum, funktionale Zusammenhänge zwischen Störungs- und Problemkomplexen im Rahmen der verhaltensanalytischen Bedingungsanalyse abzuklären und das therapeutische Vorgehen im Rahmen strategischer Überlegungen daran zu orientieren.

Es ist eine häufige Erfahrung in Supervisionen, daß Therapeuten oft erst dann das Vorliegen einer Persönlichkeitsstörung bei ihren Patienten vermuten, wenn es zu erheblichen Problemen in der therapeutischen Beziehung und Zusammenarbeit kommt. Zu diesem Zeitpunkt ist auf Grund der starken negativen Gefühle aller Beteiligten und der vorausgegangenen konflikthaften und kränkenden Beziehungserfahrungen das Vertrauensverhältnis zwischen Patient und Therapeut oft so beeinträchtigt, daß eine weitere konstruktive Zusammenarbeit nicht mehr möglich scheint. Therapeuten fühlen sich in dieser Phase oft ausgenutzt, enttäuscht oder verärgert und möchten am liebsten nichts mehr mit ihrem Patienten zu tun haben. Unter Umständen legt sich der Ärger, wenn der Therapeut in der Supervision „einen Schritt zurückgeht", das Verhalten des Patienten weniger persönlich nimmt, die interpersonelle Strategie des Patienten verstehen lernt und mit einem ausgewogenen Verhältnis von Einfühlung und Abgrenzung darauf zu reagieren vermag. Ein Perspektivenwechsel, die Verarbeitung anderer Aspekte der Informationen oder neue Informationen aus der Biographie des Patienten erlauben dann im günstigen Falle eine ganz neue Art des Verstehens und Herangehens.

Im Rahmen der psychopathologischen Diagnostik und Differentialdiagnostik sollte deshalb eine frühzeitige und systematische Diagnostik dysfunktionaler Persönlichkeitsstile und Persönlichkeitsstörungen erfolgen, so daß im Rahmen der Erarbeitung einer gemeinsamen Problemsicht von Patient und Therapeut der Einfluß dysfunktionaler Persönlichkeitsstile und Persönlichkeitsstörungen auf symptomatische Störungen und andere Problembereiche (z.B. Beziehungsgestaltung) möglichst frühzeitig in der Therapie zur Sprache kommen kann. Dies ermöglicht allen Beteiligten nicht nur ein angemesseneres Verständnis der Probleme des Patienten und ihrer Zusammenhänge, sondern auch einen konstruktiveren Umgang mit den aufkommenden Schwierigkeiten in der Zusammenarbeit und Beziehungsgestaltung und fördert einen günstigen Verlauf der stationären Behandlungsmaßnahme.

Der Interventionsplan sollte nicht nur die spezifischen kognitiv-verhaltenstherapeutischen Vorgehensweisen beschreiben, sondern auch die therapeutische Strategie in der Gestaltung der Abfolge der Maßnamen und die Art der Beziehungsgestaltung und Zusammenarbeit. Es müssen Überlegungen angestellt werden, wie die Beziehungsgestaltung und Zusammenarbeit in der Therapie erleichtert werden kann, mit welchen Störungen in der Therapie begonnen wird, ob das störungsspezifische Vorgehen modifiziert werden sollte oder ob anstelle eines Therapieprogramms für eine der Hauptsymptomatiken eine individuell abgestimmte Kombination verschiedener Therapiemodule sinnvoll ist. Da sich Hinweise auf vorliegende Persönlichkeitsstörungen auch erst im Verlauf der Behandlung ergeben können, müssen die diagnostisch-therapeutischen Überlegungen und Vorgehensweisen oftmals ergänzt oder modifiziert werden, der diagnostisch-therapeutische Prozeß wird als ein adaptiver Prozeß konzeptualisiert. Eine langfristig erfolgreiche Therapiestrategie erfordert darüber hinaus gerade für Patienten mit Persönlichkeitsstörungen eine Therapieplanung, die aktive Problembewältigung, biographisch-motivationale Klärung und reflektierte Beziehungserfahrung umfaßt (vgl. Grawe et al. 1994).

Die stationären Behandlungsmaßnahmen werden im Rahmen einer multimodalen und adaptiven therapeutischen Gesamtstrategie entwickelt, die sich an der individuellen Fallkonzeption orientiert und die, über ein engeres Psychotherapieverständnis hinausgehend, alle Fachdisziplinen gleichwertig einschließt, die für bestimmte Problemlösungen erforderlich sind: Einzeltherapeutische Maßnahmen, ein differenziertes Angebot an Gruppentherapien, Partner- und Familientherapie, sport-, ergo- und soziotherapeutische Maßnahmen sowie medizinische Interventionen haben zwar, je nach Problemstellung und Phase im Behandlungsverlauf, einen wechselnden, aber grundsätzlich gleich-

gewichtigen Anteil. Wir haben an anderer Stelle anhand von Falldarstellungen und Erläuterungen zu den Therapiebausteinen unser Behandlungskonzept für Patienten mit Persönlichkeitsstörungen ausführlich beschrieben (Limbacher u. Schmitz 1996), das hier um die folgenden Überlegungen und Therapieangebote ergänzt wird.

Das dimensionale Konzept der Persönlichkeitsstile als Grundlage des psychoedukativen Behandlungsansatzes

Trotz der Fortschritte in der Diagnostik und Behandlung von Persönlichkeitsstörungen sind viele Probleme weiterhin ungelöst (vgl. Fiedler 1995, Fydrich et al. 1996b, Schmitz et al. 1996, Wittchen 1996). Hierzu gehören nicht nur die ungenügende Validität der Diagnosen, die hohen inneren Komorbiditäten zwischen einzelnen Persönlichkeitsstörungen, die unklare Abgrenzung zu klinischen Syndromen oder die Konfundierung von Persönlichkeitsstörungen und klinischen Syndromen, sondern auch die weiterhin stigmatisierende Begrifflichkeit und einseitig psychopathologisierende und defizitorientierte Sichtweise des Persönlichkeitsstörungskonzepts. Als besonders kritischer Gesichtspunkt muß das unbeirrte Festhalten am überholten Begriff der Persönlichkeitsstörung gesehen werden, der eine psychopathologisch eingeengte Sicht des Menschen und seines Erlebens und Verhaltens nahelegt und der von den Betroffenen kaum weniger diskriminierend erlebt wird als seine sprachlichen Vorgänger „abnorme Persönlichkeit" oder „Psychopathie" und ebenso mit persönlicher Minderwertigkeit, Unreife oder Charakterschwäche gleichgesetzt wird. Tölle (1990) fragt in diesem Zusammenhang zu Recht: „Wer möchte schon seine Persönlichkeit alleine unter den Aspekt einer Störung gestellt sehen?" (S. 9) und Jaspers (1976) formuliert so beeindruckend, daß er mehrfach zitiert wird: „Menschlich aber bedeutet die Klassifikation und Festlegung des Wesens eines Menschen eine Erledigung, die bei näherer Besinnung beleidigend ist und die Kommunikation abbricht" (zit. nach Tölle 1990, S. 9). Die Sprache des Konzepts und die durch das Konzept nahegelegte einseitige Psychopathologisierung und Defizitorientierung wirkt sich bei vielen Patienten ungünstig auf die Motivation und Mitarbeit aus und stößt auch bei vielen Therapeuten auf Ablehnung. Die psychiatrischen Kategorien mögen der Kommunikation zwischen Fachkollegen dienen, „als Einladung zur neugierigen Selbsterfahrung, als Ausgangspunkt für persönliche Entwicklung und für vertieftes zwischenmenschliches Verstehen taugen sie nicht" (Schulz von Thun 1989, S. 60). Hinter der „Ich-Syntonie" der Persönlichkeitsstörungen verbirgt sich möglicherweise auch der Widerstand von Patienten gegenüber einer therapeutischen Sprache und der Sichtweise, die Persönlichkeit eines Menschen allein unter dem Aspekt einer Störung zu betrachten.

Angesichts dieser Probleme haben wir in den vergangenen Jahren in der psychosomatischen Fachklinik einen Behandlungsansatz für Patienten mit dysfunktionalen Persönlichkeitsstilen und Persönlichkeitsstörungen entwickelt, der – auf einem dimensionalen Modell der Persönlichkeitsstile basierend – wesentliche Aspekte der vorliegenden kognitiv-verhaltenstherapeutischen Behandlungsansätze integriert und dabei die Problemstellungen bei Patienten mit Persönlichkeitsstörungen durch eine stärkere Ressourcenorientierung und Informierung des Patienten in besonderer Weise berücksichtigt.

Ausgehend von den normalen, anpassungsfähigen Persönlichkeitsstilen mit großer Variationsbreite, werden dysfunktionale Persönlichkeitsstile und Persönlichkeitsstörungen als deren Extreme aufgefaßt, als „Übertreibungen" der jeweiligen Persönlichkeitsstile (des Guten zuviel), die in unterschiedlichen Anteilen in jedem Menschen als unverzichtbare Qualitäten vorhanden sind (vgl. Oldham u. Morris 1992, Kuhl u. Kazen 1997). Das dimensionale Konzept der Persönlichkeitsstile ermöglicht gleichermaßen einen ressourcenorientierten wie auch einen problemorientierten therapeutischen Zugang, indem jeder Persönlichkeitsstil in seinen Stärken und in seinen Risiken/Schwächen erarbeitet wird und der Patient die Erfahrung macht, daß sein oftmals seltsam und befremdlich wirkendes Verhalten als subjektiv sinnhafte Anpassungs- und Überlebensstrategie in spezifischen Sozialisationskontexten verstanden wird. Die Ressourcenorientierung bildet sich auch in einer lebendigen und wertschätzenden Sprache ab, die eher Neugier und Mitarbeit des Patienten und seine Bereitschaft zur Selbstoffenbarung und Reflexion eigener Einstellungen und Verhaltensweisen fördert, als dies bei einer einseitigen Defizitorientierung geschieht.

Das dimensionale Konzept der Persönlichkeitsstile stellt einen Kompromiß dar zwischen psychiatrischer Sichtweise und Erfahrung (ty-

pologische Einteilung der Stile) und der dimensionalen Sichtweise der differentiellen Psychologie, die im Bereich der Diagnostik von Persönlichkeitseigenschaften meist einem dimensionalen Modell folgt. Persönlichkeitsdimensionen werden in diesen Modellen in der Regel auf der Basis empirisch auffindbarer Zusammenhangsmuster definiert (z.B. Catell 1965, Eysenck 1967, McCrae u. Costa 1987, Fahrenberg et al. 1989). Die Nachteile dieser korrelationsstatistischen Ansätze für die klinische Praxis sind u.a., daß die gewonnenen Zusammenhangsdimensionen sehr abstrakte Konstrukte darstellen, wenig Bezug zur klinischen und Alltagssprache haben und unter Umständen Verhaltensmerkmale zusammenfassen, die aus klinischer Sicht als unterscheidbare Phänomene behandelt werden (vgl. Kuhl u. Kazen 1997).

Nachdem zuerst von Oldham u. Morris (1992) der Entwurf eines Fragebogens zur Erfassung von Persönlichkeitsstilen in Anlehnung an die im DSM-III-R beschriebenen Persönlichkeitsstörungen vorgelegt wurde, publizierten in jüngster Zeit Kuhl und Kazen (1997) mit vergleichbarer Absicht erste Daten zu einem empirisch konstruierten Fragebogen (PSSI, Persönlichkeitsstil- und Störungs-Inventar), der sich am DSM-IV orientiert. Mit dem PSSI liegt damit jetzt ein wissenschaftlich konstruiertes Selbstbeurteilungsinstrument vor, das die relative Ausprägung von dreizehn Persönlichkeitsstilen quantifiziert und das für jeden Probanden die Erstellung und Auswertung eines Persönlichkeitsstil-Profils ermöglicht. Auch wenn manche Menschen einen Stil in auffälliger „Reinkultur" verkörpern, sind es eher bestimmte Kombinationen oder Mischungen von Stilen, die für einen bestimmten Menschen in bestimmten Situationen typisch sind und die seine Einzigartigkeit belegen.

Psychoedukative Behandlungsangebote

Der psychoedukative Behandlungsansatz soll am Beispiel zweier Behandlungsangebote illustriert werden. Das Behandlungsangebot wurde zunächst als Vortragsreihe konzipiert und erprobt und wird derzeit in modifizierter Form als Gruppentherapieprogramm durchgeführt und wissenschaftlich evaluiert. Die Maßnahmen wurden als zusätzliche Therapiebausteine in einem stationären verhaltenstherapeutischen Behandlungssetting für Patienten angeboten, die neben ihren symptomatischen Störungen dysfunktionale Persönlichkeitsstile und -störungen aufweisen, die in einem aufrechterhaltenden Zusammenhang zur Symptomatik und zu den weiteren Problembereichen stehen.

Vortragsreihe „Persönlichkeits- und Kommunikatilonsstile"

Während die Forschung gegenwärtig eher standardisierte Therapieprogramme favorisiert, stehen wir im Rahmen der stationären verhaltenstherapeutischen Psychosomatik vor der Aufgabe, bewährtes, gegebenenfalls standardisiertes Änderungswissen im Sinne von Therapiebausteinen und Basiskompetenzen in ein individualisiertes Therapiemodell zu integrieren. Die Vortragsreihe „Persönlichkeits- und Kommunikationsstile" orientiert sich an dieser Prämisse mit der Zielsetzung, möglichst frühzeitig im Therapieprozeß den Patienten für eine Auseinandersetzung mit dem eigenen Persönlichkeits- und Kommunikationsstil, seiner Entwicklung und seinen Auswirkungen anzuregen.

Im Sinne eines psychoedukativen Ansatzes steht deshalb die Aufklärung, Information und Motivierung des Patienten im Vordergrund der Maßnahme. Ausgehend vom dimensionalen Konzept der Persönlichkeitsstile (die sich im Extrem als dysfunktionale Persönlichkeitsstile und Persönlichkeitsstörungen darstellen) werden ausgewählte Persönlichkeitsstile in ihren Merkmalen, ihren Stärken und Risiken bzw. Schwächen und in ihren Entwicklungs- und aufrechterhaltenden Bedingungen beschrieben und erarbeitet, es werden funktionale Zusammenhänge zwischen ausgeprägten Persönlichkeitsakzentuierungen und symptomatischen Störungen an Beispielen aufgezeigt. Darüber hinaus werden vielfältige Anregungen gegeben für die individuelle Weiterentwicklung und für die vertiefende Nachbearbeitung in den anderen therapeutischen Veranstaltungen, insbesondere in der Einzeltherapie.

Angesichts der stigmatisierenden Sprache und einseitigen Defizitorientierung des Persönlichkeitsstörungskonzepts überrascht es nicht, daß Therapeuten sich scheuen, ihre Patienten über die Diagnose einer Persönlichkeitsstörung und ihre Bedeutung aufzuklären. Oldham und Morris (1992) haben hier wegweisend mit lebendiger und wertschätzender Sprache eine Publikation für Laien vorgelegt, die, basierend auf dem dimensionalen Konzept der Persönlichkeitsstile, über das Thema informiert (vgl. auch Fiedler 1997a). Hinzugefügt werden sollte, daß dies nicht nur ein gelungenes Buch für Laien ist (trotz manch wagemutiger Verallgemeinerungen), sondern auch für Therapeuten vielfältige Anregungen gibt, Kenntnisse und Wissensbestände der psychiatrischen und klinisch-psychologischen Forschung in eine Sprache zu übersetzen, mit der sich Patienten verstanden und nicht stigmatisiert fühlen und die motiviert und anregt. Die mangelnde Information und Aufklärung der Patienten über ihre Diagnosen steht nicht nur im Widerspruch zu einem Grundrecht des Patienten auf Aufklärung, sondern schadet auch der Wirksamkeit therapeutischer Maßnahmen. Mit einer angemessenen Aufklärung des Patienten wächst die Zufriedenheit mit der Therapie und das Vertrauen in die Behandlung. Akzeptierbare Information begünstigt die aktive und eigenverantwortliche Mitarbeit des Patienten und wirkt für sich bereits hochgradig therapeutisch (vgl. Fiedler 1997b).

Themenbereiche der Vortragsreihe

Die Vortragsreihe basiert auf einer dimensionalen Typologie grundlegender menschlicher Persönlichkeits- und Kommunikationsstile, die in Anlehnung an die im DSM-III beschriebenen Persönlichkeitsstörungen von Oldham und Morris (1992) entwickelt wurde. Im einzelnen handelt es sich um folgende dreizehn Stile (in Klammern die jeweilige Persönlichkeitsstörung (PS) als Extremausprägung des Stils): gewissenhaft (zwanghafte PS), selbstbewußt (narzißtische PS), dramatisch (histrionische PS), wachsam (paranoide PS), sprunghaft (Borderline-PS), anhänglich (dependente PS), ungesellig (schizoide PS), lässig (passiv-aggressive PS), sensibel (selbstunsichere PS), exzentrisch (schizotypische PS), abenteuerlich (antisoziale PS), aufopfernd (selbstschädigende PS) und aggressiv (sadistische PS).

Die Inhalte der Vortragsreihe wurden insbesondere in Anlehnung an die Arbeiten von Schulz von Thun (1989), Turkat (1990), Young (1990), Oldham u. Morris (1992), Beck et al. (1990), Linehan (1993a,b) und Benjamin (1993, 1996) entwickelt. Um die wesentlichen Aspekte der Vortragsreihe zu verdeutlichen, werden die Themenbereiche kurz erläutert, die für jeden ausgewählten Persönlichkeits- und Kommunikationsstil behandelt werden.

Einführung

Anhand anschaulicher Falldarstellungen und durch vorbereitete szenische Darstellungen (Rollenspiele) werden die einzelnen Persönlichkeitsstile vorgestellt.

Merkmale, Stärken und Risiken/Schwächen des Persönlichkeits- und Kommunikationsstils in verschiedenen Lebensbereichen

Für jeden Persönlichkeitsstil werden die wesentlichen Merkmale dargestellt. Im Blickpunkt steht der jeweilige Persönlichkeitsstil und die typische Art zu reagieren und sich mit anderen Menschen in Beziehung zu setzen. Dabei offenbaren sich die Stärken des Persönlichkeitsstils (z.B. pflichtbewußte Sorge, Hingabe und Leistung beim gewissenhaften Stil), aber auch seine Risiken oder Schwächen (z.B. geringe Flexibilität, andere Arbeitsstile zu respektieren; geringe Fähigkeiten zum Abschalten oder Entspannen beim gewissenhaften Stil), zu deren Überwindung es von Person zu Person ganz unterschiedlicher Anregungen bedarf. Für jeden Persönlichkeitsstil werden anhand illustrierender Beispiele das charakteristische Muster des Denkens, Fühlens und Verhaltens und seine Stärken und Schwächen in sechs Schlüsselbereichen des Lebens erläutert: Selbstbild, Beziehungen, Arbeit, Gefühle, Selbstbeherrschung, Vorstellungen von der realen Welt (Oldham u. Morris 1992).

Wenn der Persönlichkeitsstil zum Problem wird

Ausgehend von den normalen, anpassungsfähigen Persönlichkeitsstilen mit großer Variationsbreite werden dysfunktionale Stile (dysfunktionale Persönlichkeitsstile und Persönlichkeitsstörungen) als deren extreme Ausprägung aufgefaßt, als „Übertreibungen" der jeweiligen Persönlichkeitsstile (des Guten zuviel), die in unterschiedlichen Anteilen in jedem Menschen vorhanden sind (Kontinuum vom Persönlichkeitsstil zur Persönlichkeitsstörung).

Diese dysfunktionalen Stile sind besonders durch geringe Flexibilität und Anpassungsfähigkeit sowie mangelnde Streßbewältigungsfähigkeiten gekennzeichnet (Millon 1981). Der Begriff der „Persönlichkeitsstörung" wird als Fachbegriff erläutert, der zum professionellen Gebrauch bestimmt ist, im sprachlichen Umgang werden Bezeichnungen wie „ausgeprägte" oder „un-

flexible" Persönlichkeitsstile vorgezogen. Es wird angenommen, daß dysfunktionale Stile in milderer Art universelle Umgangsformen sind: Es wird also nicht von einer dichotomen Abgrenzung von „normal" und „gestört" ausgegangen, sondern es werden fließende Übergänge angenommen. Die Quantität des Persönlichkeitsstils in einem Kontinuum schafft Probleme im Leben, nicht seine Qualität (vgl. Oldham u. Morris 1992).

Kognitiv-behavioral-emotionale Profile unflexibler Persönlichkeitsstile

Zur Veranschaulichung werden für jeden Persönlichkeitsstil in seiner Extremvariante prototypische „kognitiv-behavioral-emotionale Profile" dargestellt (Selbstbild, Bild über Mitmenschen, Hauptannahmen, Hauptstrategien, Hauptgefühle) und es wird in die grundlegenden Annahmen des schematheoretischen Ansatzes eingeführt (vgl. Young 1990, Beck et al. 1990).

Aus schematheoretischer oder kognitiv-verhaltenstherapeutischer Sicht werden dysfunktionale Persönlichkeitsstile und Persönlichkeitsstörungen vorrangig als komplexe Beziehungsstörungen verstanden, es wird davon ausgegangen, daß die dysfunktionalen Schemata des Patienten eine zentrale Rolle bei Persönlichkeitsstörungen spielen. Schemata sind äußerst stabile und durchgängige kognitiv-affektive Muster, die sich in der Kindheit entwickeln und über ein Leben lang erweitert werden. Die aktiven Schemata regeln die Informationsaufnahme, die Integration von Erfahrungen in unsere persönliche Welt und bestimmen unsere Gefühle, unser Alltagsverhalten und die Art und Weise, wie wir das Verhalten anderer wahrnehmen und wie wir generell mit Menschen und Aufgaben umgehen (vgl. Young 1990, Beck et al. 1990).

Entwicklung von unflexiblen Persönlichkeitsstilen

Für jeden Persönlichkeitsstil werden prototypische Entwicklungskontexte und Beziehungserfahrungen beschrieben, die die Entwicklung dysfunktionaler Schemata und Stile begünstigen (vgl. Young 1990, Benjamin 1993).

Das frühkindliche Beziehungsumfeld prägt wesentlich die Kategorien, mit denen das Individuum seine Welt von individuellen Bedeutungen konstruiert. Der kognitiv-verhaltenstherapeutische Erklärungsansatz hebt die chronisch ungünstigen und häufig traumatischen Soziali-sationsbedingungen bei Individuen mit Persön-lichkeitsstörungen hervor und betont die Rolle früher Beziehungserfahrungen für die Entwick-lung der Kernschemata und Problembereiche. Ein Beispiel: Um ein positives Selbstwertgefühl zu entwickeln, brauchen Kinder die Liebe und den Respekt der Eltern und Geschwister sowie die Anerkennung Gleichaltriger. Wenn Kinder nicht genug Respekt, Liebe und Anerkennung erhalten und statt dessen übermäßig kritisiert oder bestraft werden, sind sie vulnerabel für die Schemata der Wertlosigkeit wie Unzuläng-lichkeit, soziale Unerwünschtheit, Inkompe-tenz/Versagen, Schuld/Strafe, Scham/Verlegen-heit und die Gewißheit, nicht liebenswert zu sein. Das Verhalten der Betroffenen wird als eine aus der individuellen Lerngeschichte nachvoll-ziehbare und subjektiv sinnhafte, im weiteren Lebenslauf aber untaugliche Anpassungs- und Überlebensstrategie aufgefaßt zum Schutz der eigenen zwischenmenschlichen Verletzbarkeit. So besteht z.B. die Hauptstrategie von Menschen mit selbstunsicherer Persönlichkeitsstörung darin, Situationen, in denen sie bewertet werden könnten, zu vermeiden (vgl. Beck et al. 1990).

Aufrechterhaltung unflexibler Persönlich-keitsstile

Welchen Einfluß haben die dysfunktionalen Stile eines Menschen in seiner persönlichen und beruflichen Beziehungsgestaltung, welche Reak-tionen bewirken sie und welche Rückwirkungen hat dies für den Betroffenen? Die individualpsy-chologische Betrachtung der Entwicklung dys-funktionaler Stile wird ergänzt durch eine sy-stemische Analyse prototypischer Beziehungs-erfahrungen. Am Modell der „Teufelskreise" (vgl. Schulz von Thun 1989) werden für jeden Stil prototypische Beziehungserfahrungen darge-stellt, die wesentlich zur Aufrechterhaltung dysfunktionaler Stile beitragen (siehe Abb. 3.1).

Welchen Einfluß haben unflexible Persön-lichkeitsstile auf die Entwicklung psychi-scher und psychosomatischer Störungen?

Für jeden Persönlichkeitsstil wird an Beispielen aufgezeigt, wie sich symptomatische Störungen vor dem Hintergrund dysfunktionaler Stile ent-wickeln können (vgl. Beck et al. 1990, Millon, 1996).

Aus klinischer Sicht sehen wir die Entwick-lung symptomatischer Störungen bei Patienten mit dysfunktionalen Stilen oft vor dem Hinter-grund zunehmender interpersoneller Anforde-rungen, Belastungen und Konflikte der Betroffe-nen in der jeweiligen Lebenssituation und einem Mangel an grundlegenden psychosozialen Kom-petenzen und Problemlösefähigkeiten. Im Krankheitsverlauf gewinnt die symptomatische Störung dann meist eine Eigendynamik (z.B. Teufelskreis bei Angststörungen) und eine spe-zifische intrapsychische und interpersonelle Funktionalität im Sinne eines unangemessenen Bewältigungsversuchs des Patienten (z.B. Schutz des fragilen Selbstbildes, Spannungsreduktion, Zuwendung). So können sich z.B. bei Patienten mit narzißtischer Persönlichkeit depressive Störungen entwickeln als Folge der Enttäu-schung grandioser Erwartungen. Somatoforme Störungen ermöglichen über einen sozial aner-kannten Weg den klassischen sekundären Krankheitsgewinn durch Aufmerksamkeit und Zuwendung und sind eine annehmbare Erklä-rung dafür, daß in der Realität nicht erreicht wurde, was auf Grund grandioser Erwartungen möglich gewesen wäre. Eine Überempfindlich-keit gegenüber der Einschätzung durch andere kann sich als soziale Phobie manifestieren, und uneingestandene Spannungen auf Grund dieser Überempfindlichkeit können mit Alkohol oder Medikamenten abgebaut werden.

Anregungen für neue Erfahrungen und Kompetenzen

Als Starthilfe für den Patienten und für die Ein-zeltherapie werden für jeden Persönlichkeitsstil Anregungen gegeben, um neue Perspektiven, Erfahrungen und Kompetenzen zu fördern.

Richtungen der Persönlichkeitsentwicklung

Anhand des Modells der Werte- und Entwick-lungsquadrate (vgl. Schulz von Thun 1989) wer-den für jeden Persönlichkeitsstil Entwicklungs-richtungen aufgezeigt. Mit dem Werte- und Entwicklungsquadrat ist die Annahme verbun-den, daß in den Persönlichkeitsstilen bestimmte, für das Zusammenleben der Menschen unver-zichtbare Qualitäten verwirklicht sind, die zur Belastung werden, wenn sie nicht durch die entsprechenden Gegenqualitäten ausbalanciert sind. (So führt z.B. Akzeptanz ohne Konfrontati-on zu konfliktscheuer Harmonisierung, während

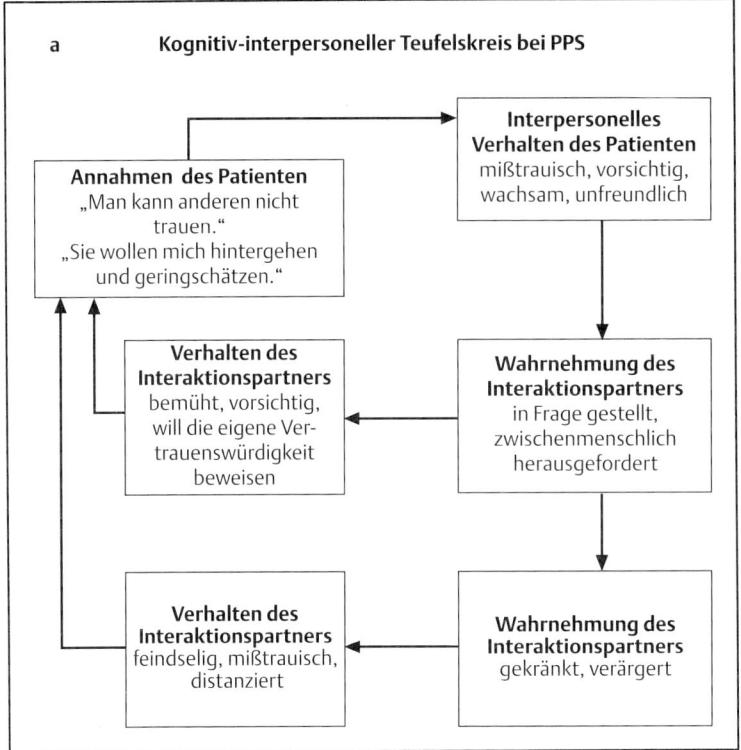

Abb. 3.**1a**

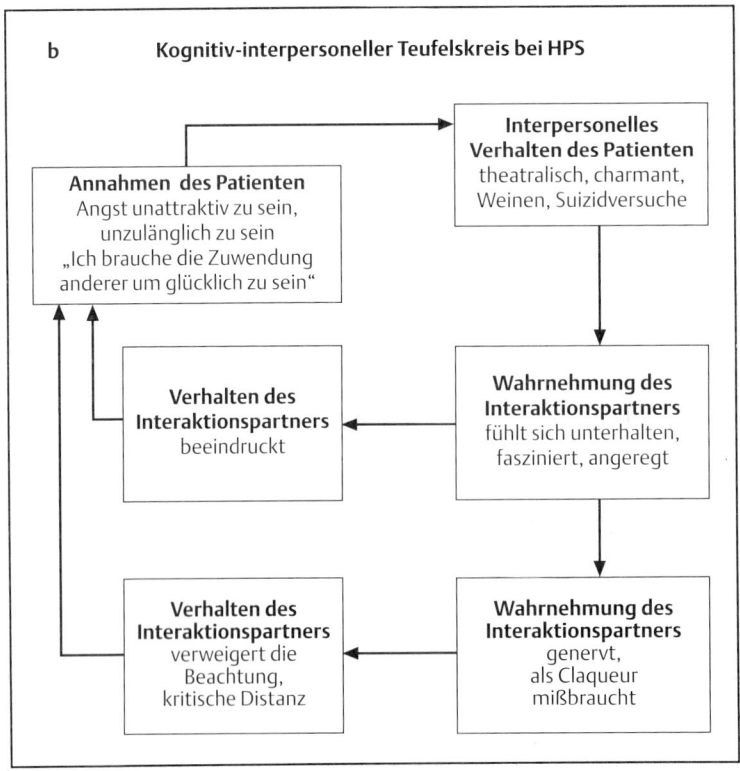

Abb. 3.**1b**

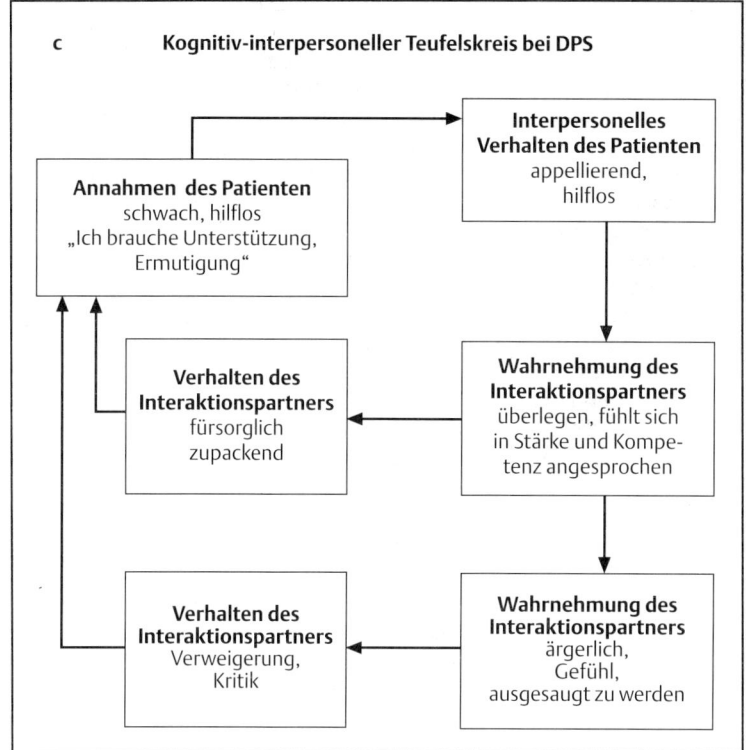

c   Kognitiv-interpersoneller Teufelskreis bei DPS

Abb. 3.**1c**

Abb. 3.**1a-c**: Kognitiv-interpersonelle Teufelskreise bei paranoiden (PPS) (a), histrionischen (HPS) (b) und dependenten (DPS) (c) Persönlichkeitsstilen bzw. Persönlichkeitsstörungen (Schmitz 1996; modifiziert nach Schulz v. Thun 1989)

Konfrontation ohne akzeptierende Haltung zu Entwertung führt.)

Machen sie das Beste aus ihrem Stil

Für jeden Persönlichkeitsstil werden vielfältige, konkrete Übungen beschrieben, die neue Erfahrungen und Kompetenzen im Denken, Erleben und Verhalten ermöglichen.

Psychoedukativ orientierte Gruppentherapie „Persönlichkeits- und Kommunikationsstile"

Die Patienten haben mit einem unerwartet großen Interesse auf die Vortragsreihe reagiert, die Inhalte wurden als verständlich und von den meisten Patienten als bedeutsam für die eigene Therapie bewertet. Nachdem wir uns vom Interesse unserer Patienten überzeugen konnten haben wir auf Grundlage der Sichtweisen und Inhalte der Vortragsreihe ein Konzept für ein psychoedukativ orientiertes Gruppentherapie-

programm (Gruppentherapie „Persönlichkeits- und Kommunikationsstile") entwickelt, das derzeit als Manual hergestellt wird und in der stationären verhaltenstherapeutischen Psychosomatik und Suchttherapie erprobt und wissenschaftlich evaluiert wird (Schmitz et al. 1998).

Das Gruppentherapieprogramm wurde speziell für Patienten mit dysfunktionalen Persönlichkeitsstilen und Persönlichkeitsstörungen aus dem ängstlichen und emotional instabilen Cluster nach DSM-IV entwickelt, d.h. für Patienten mit selbstunsicherer, dependenter, zwanghafter histrionischer, narzißtischer und Borderline-Persönlichkeitsstörung (bzw. entsprechendem Persönlichkeitsstil). Diese sechs Persönlichkeitsstörungen sind nach den vorliegenden Ergebnissen (vgl. Fydrich et al. 1996a, Basisdokumentation Münchewies 1995) die in der stationären verhaltenstherapeutischen Psychosomatik und Suchttherapie am häufigsten diagnostizierten Persönlichkeitsstörungen.

Das Gruppentherapieprogramm wurde so konzipiert, daß für jeden der sechs Persönlichkeitsstile zwei eineinhalbstündige Sitzungen zur Verfügung stehen. Zu jedem Persönlichkeitsstil gibt es einen psychoedukativen Teil, in dem die relevanten Informationen gemeinsam mit den Patienten erarbeitet werden (siehe Themenbereiche der Vortragsreihe), und einen kompetenzorientierten Übungsteil, in dem durch Übungen zu zentralen Problembereichen des jeweiligen Persönlichkeitsstils individuelle Kompetenzen gefördert werden sollen. Die thematischen Schwerpunkte des Übungsteils sind: Gelassenheit und Genußfähigkeit (gewissenhafter Stil bzw. zwanghafte Persönlichkeitsstörung), Wahrnehmungsschulung und Gefühlsmoderation (dramatischer Stil bzw. histrionische Persönlichkeitsstörung), selbstverantwortliches Verhalten und Ausdruck von Gefühlen und Bedürfnissen (anhänglicher Stil bzw. dependente Persönlichkeitsstörung), Einfühlungsvermögen und Umgang mit Kritik (selbstbewußter Stil bzw. narzißtische Persönlichkeitsstörung), selbstsicheres Verhalten und Durchsetzung eigener Rechte (sensibler Stil bzw. selbstunsichere Persönlichkeitsstörung) sowie Achtsamkeit und Umgang mit Nähe und Distanz (sprunghafter Stil bzw. Borderline-Persönlichkeitsstörung).

Im Unterschied zu Behandlungs- und Gruppenkonzepten für Patienten mit spezifischen Persönlichkeitsstörungen basiert unser Konzept auf einer heterogenen Gruppenzusammensetzung und es werden verschiedene Persönlichkeitsstile bzw. -störungen bearbeitet. Für dieses Vorgehen sprechen nicht nur die hohen inneren Komorbiditäten bei Persönlichkeitsstörungen. Als Vorteil sehen wir auch an, daß die Patienten nicht nur etwas über die Persönlichkeitsstile erfahren, die sie direkt betreffen, sondern daß sie auch mit anderen Stilen konfrontiert werden, in die es gilt sich hineinzuversetzen und Verständnis zu entwickeln für unterschiedliche interpersonelle Bedürfnisse, Einstellungen und Verhaltensweisen. Patienten mit Persönlichkeitsstörungen erleben die Welt oft nur aus der eigenen egozentrischen Perspektive (Liotti 1992), sie haben dann nur geringe Fähigkeiten der Perspektivenübernahme, d.h. sie können sich nur wenig in das Erleben anderer hineinversetzen oder den Standpunkt oder Blickwinkel eines anderen einnehmen. So verstehen wir die Gruppe unter diesem Aspekt als ein Übungsfeld zur Förderung von Fähigkeiten zur Perspektivenübernahme. Die Verschiedenheit der Gruppenteilnehmer kann sich im kompetenzorien-

tierten Übungsteil dann besonders günstig auswirken, wenn die positiven Seiten oder Stärken der einzelnen Stile in einem ausgewogenen Verhältnis (z.B. von Einfühlung und Abgrenzung) situationsgerecht in den konkreten Übungen und Rollenspielen zum Ausdruck kommen. Dies fördert auch ein positives Gruppenklima und die gegenseitige Wertschätzung und Toleranz.

Die Zielsetzungen des Gruppenprogramms sind sowohl verstehens- als auch veränderungsorientiert, d.h. es geht nicht nur darum, sich selbst und andere Menschen besser zu verstehen und damit die Selbstakzeptanz, Menschenkenntnis und Toleranz zu fördern, sondern auch darum, psychosoziale Fertigkeiten zu üben. Im einzelnen stehen folgende Zielsetzungen im Vordergrund:

- Die Förderung der Selbstwahrnehmung und Reflexion eigener interpersoneller Bedürfnisse, Einstellungen und Verhaltensweisen im Rahmen einer Auseinandersetzung mit dem eigenen Persönlichkeits- und Kommunikationsstil, seiner Entwicklung und seinen Auswirkungen.
- Die Förderung von Fähigkeiten der Perspektivenübernahme und die Abschwächung egozentrischer Sichtweisen.
- Die Förderung psychosozialer Kompetenzen im Sinne einer „Verfügbarkeit und Anwendung von kognitiven, emotionalen und motorischen Verhaltensweisen, die in sozialen Situationen zu einem langfristig günstigem Verhältnis von positiven und negativen Konsequenzen führen" (Hinsch u. Pfingsten 1983, S. 6).

Im Gruppenprogramm arbeiten wir mit kognitiven, erlebnis- und verhaltensorientierten Methoden (z.B. sokratischer Dialog, Disput irrationaler Einstellungen, Phantasieübungen, szenische Darstellungen und Rollenspiele, Hausaufgaben etc.) ergänzt durch vielfältige Wahrnehmungs- und Kommunikationsübungen und durch Methoden der Unterrichtsdidaktik (Lesematerial, Informationsvermittlung im Gruppengespräch, Kleingruppenarbeit, Falldarstellungen etc.)

3.7 Zusammenfassung

Im ersten Teil wurden ausgewählte kognitiv-verhaltenstherapeutische Behandlungsansätze für Persönlichkeitsstörungen dargestellt. Die vorliegenden Ansätze beschäftigen sich mit einzelnen ausgewählten Persönlichkeitsstörungen oder sind umfassendere Ansätze zur Behandlung von Persönlichkeitsstörungen, wobei einzelne Autoren sich mehr oder weniger ausführlich diagnostisch, theoretisch und klinisch mit den häufigsten Persönlichkeitsstörungen auseinandersetzen.

Vergleicht man die vorliegenden Beiträge miteinander, so gibt es viele Gemeinsamkeiten in der Auffassung von Persönlichkeitsstörungen und ihrer Entwicklung und Behandlung (Schmitz 1996):

- Persönlichkeitsstörungen sind komplexe, mehrdimensionale Beziehungsstörungen mit persistierenden, unflexiblen und sozial wenig angepaßten Verhaltensauffälligkeiten. Das Verhalten der Betroffenen wird als ein aus der individuellen Lerngeschichte nachvollziehbarer und sinnhafter, im weiteren Lebenslauf aber untauglicher Coping- oder Selbsthilfeversuch aufgefaßt zum Schutz vor der eigenen zwischenmenschlichen Verletzbarkeit.
- Die Erklärungsmodelle orientieren sich mit unterschiedlicher Akzentuierung und Differenziertheit in ihren ätiopathogenetischen Vorstellungen an einem bio-psycho-sozialen Störungsmodell und verstehen Persönlichkeitsstörungen als Ergebnis biologischer, psychologischer und sozialer Faktoren und ihrer Wechselwirkungen.
- Die Erklärungsmodelle heben die chronisch ungünstigen und häufig traumatischen Aufwuchsbedingungen bei Individuen mit Persönlichkeitsstörungen hervor und betonen die Rolle früher Beziehungserfahrungen für die Entwicklung der Kernschemata und Problembereiche bei Persönlichkeitsstörungen und die Bedeutung von kognitiv-interpersonellen Kreisläufen für deren Aufrechterhaltung.
- Die Behandlungskonzepte verfolgen einen hypothesengeleiteten, empirischen Therapieansatz, der auf einer individuellen Problem- und Ätiologieanalyse basiert und mit unterschiedlicher Schwerpunktsetzung klassische kognitive und verhaltenstherapeutische Interventionen, aber auch interpersonelle und erlebnisorientierte Interventionen umfaßt sowie die Einbeziehung der sozialen Umwelt in die Therapie.
- Probleme und Strategien der Beziehungsgestaltung und Zusammenarbeit werden in den meisten Beiträgen besonders berücksichtigt mit der Intention, eine vertrauensvolle und tragfähige Therapiebeziehung aufzubauen, die Beziehungsgestaltung an den interaktionellen Möglichkeiten des Patienten zu orientieren und sie explizit als Fokus und Wirkfaktor für Veränderungsprozesse zu nutzen.
- Insbesondere die kognitiven Ansätze betonen die Bedeutung erlebnisorientierter Vorgehensweisen zur Identifikation und Überprüfung der Schemata. Ebenso wird die Bedeutung der biographischen Rekonstruktion zentraler Kindheitsepisoden hervorgehoben. Sie ist mit emotionaler Beteiligung ein wichtiger Zugang zu den Überzeugungen des Patienten und seinen Gefühlen und ermöglicht als sinnstiftende und entlastende Erfahrung, die eigenen dysfunktionalen Überzeugungen und Verhaltensweisen verstehen zu lernen als notwendige Anpassung und Überlebensstrategie in spezifischen Sozialisationskontexten.

Im zweiten Teil wurde am Beispiel zweier Behandlungsangebote ein psychoedukativer Behandlungsansatz für Patienten mit dysfunktionalen Persönlichkeitsstilen und Persönlichkeitsstörungen beschrieben, der im Rahmen der stationären verhaltenstherapeutischen Psychosomatik entwickelt wurde und der wesentliche Aspekte der vorliegenden Behandlungsansätze integriert und dabei die Problemstellungen bei Patienten mit Persönlichkeitsstörungen durch eine stärkere Ressourcenorientierung und Information des Patienten in besonderer Weise berücksichtigt.

3.8 Literaturverzeichnis

Beck, A.T., Rush, A.J., Shaw, B.F., Emery, G. (1981): Kognitive Therapie der Depression. Urban u. Schwarzenberg München.
Beck, A.T., Freeman, A. et al. (1990): Cognitive therapy of personality disorders. Guilford Press New York. Deutsch: Beck, A.T., Freeman, A. et al. (1993): Kognitive Therapie der Persönlichkeitsstörungen. PsychologieVerlagsUnion Weinheim.

Benjamin, L.S. (1993): Interpersonal diagnosis and treatment of personality disorders. Guilford Press New York.

Benjamin, L.S. (1996): Ein interpersoneller Behandlungsansatz für Persönlichkeitsstörungen. In: B. Schmitz, T. Fydrich, K, Limbacher (Hrsg.): Persönlichkeitsstörungen: Diagnostik und Psychotherapie. 136–148.

Bohus, M., Berger, M. (1996): Die dialektisch-behaviorale Psychotherapie nach Linehan. Nervenarzt 67, 911–923.

Cattell, R.B. (1965): The scientific analysis of personality. Penguin Baltimore.

Eysenck, H.J. (1967): The biological basis of personality. Thomas London.

Fahrenberg, J., Hampel, R., Selg, H. (1989): Das Freiburger Persönlichkeitsinventar. Hogrefe Göttingen.

Fiedler, P. (1993): Persönlichkeitsstörungen. In: H. Reinecker (Hrsg.): Lehrbuch der Klinischen Psychologie 2. Aufl. 219–266. Hogrefe Göttingen.

Fiedler, P. (1994): Persönlichkeitsstörungen: Schlüssel zum Verständnis therapeutischer Krisen. In: M. Zielke u. J. Sturm. (Hrsg.): Handbuch Stationäre Verhaltenstherapie. 785–795. PsychologieVerlagsUnion Weinheim.

Fiedler, P. (1995): Persönlichkeitsstörungen. 2. Aufl. PsychologieVerlagsUnion Weinheim.

Fiedler, P. (1997a): Wer verhält sich, wenn die Person gestört ist? Zum Konzept der Persönlichkeitsstörungen. Praxis der Klinischen Verhaltensmedizin und Rehabilitation 10, 21–25.

Fiedler, P. (1997b): Die Zukunft der Verhaltenstherapie lag immer schon ziemlich genau in der Mitte, zwischen Phänomen- und Störungsorientierung. Verhaltenstherapie und Verhaltensmedizin 18, 229–251.

Fleming, B. (1988): Cognitive therapy with histrionic personality disorder: Resolving a conflict of styles. International Cognitive Therapy Newsletter 4, 8.

Fleming, B. (1996): Kognitiv-verhaltenstherapeutische Behandlung der histrionischen Persönlichkeitsstörung. In: B. Schmitz, T. Fydrich, K. Limbacher (Hrsg.): Persönlichkeitsstörungen: Diagnostik und Psychotherapie. 219–243. PsychologieVerlagsUnion Weinheim.

Freeman, A., Pretzer, J., Fleming, B., Simon K.M. (1990): Clinical applications of cognitive therapy. Plenum Press New York.

Fydrich, T., Schmitz, B., Dietrich, G., Heinicke, S., König, J. (1996a): Prävalenz und Komorbidität von Persönlichkeitsstörungen. In: B. Schmitz, T. Fydrich, K. Limbacher (Hrsg.): Persönlichkeitsstörungen: Diagnostik und Psychotherapie. 56–90. Psychologie Verlags Union Weinheim.

Fydrich, T., Schmitz, B., Hennch, C., Bodem, M. (1996b): Zuverlässigkeit und Gültigkeit diagnostischer Verfahren zur Erfassung von Persönlichkeitsstörungen. In: B. Schmitz, T. Fydrich, K. Limbacher (Hrsg.): Persönlichkeitsstörungen: Diagnostik und Psychotherapie. 91–116. PsychologieVerlagsUnion Weinheim.

Grawe, K., Donati, R., Bernauer, F. (1994): Psychotherapie im Wandel. Von der Konfession zur Profession. Hogrefe Göttingen.

Hoffmann, N. (1990): Wenn Zwänge das Leben einengen. PAL Mannheim.

Juli, D. (Hrsg.) (1992): (Narzißtische) Persönlichkeitsstörungen. Praxis der Klinischen Verhaltensmedizin und Rehabilitation, Themenheft 18.

Kuhl, J., Kazen, M. (1997): Persönlichkeits-Stil und Störungs-Inventar. Hogrefe Göttingen.

Lazarus, A. (1980): Multimodal life history questionnaire. Multimodo Publication Kingston New York.

Liebowitz, M.R., Stone, M.H., Turkat, I.D. (1986): Treatment of personality disorders. In: A.J. Francis, R.E. Hales (eds.), American Psychiatric Association Annual Review 5, 356–393. American Psychiatric Press Washington.

Limbacher K., Schmitz, B. (1996): Stationäre Verhaltenstherapie bei Persönlichkeitsstörungen. In: B. Schmitz, T. Fydrich, K. Limbacher (Hrsg.): Persönlichkeitsstörungen: Diagnostik und Psychotherapie. 278–317. PsychologieVerlagsUnion Weinheim.

Linehan, M.M. (1987): Dialectic behavior therapy for borderline personality disorder: Theory and method. Bulletin of the Menninger Clinic 51, 261–276.

Linehan, M.M. (1989): Dialektische Verhaltenstherapie bei Borderline-Persönlichkeitsstörungen. In: B. Schmitz, K. Limbacher (Hrsg.): Praxis der Klinischen Verhaltensmedizin und Rehabilitation, Themenheft 8, 2, 220–227.

Linehan, M.M., Armstrong, H.E., Suarez, A., Allmon, D.J., Heard, H.L. (1991): Cognitive-behavioral treatment of chronically suicidal borderline patients. Archives of General Psychiatry 48, 1060.

Linehan, M.M. (1993a): Cognitiv-behavioral treatment of borderline personality disorder. Guilford Press New York. Deutsch: Linehan, M.M. (1996): Dialektisch-behaviorale Therapie der Borderline-Persönlichkeitsstörung. CIP-Medien München.

Linehan, M.M. (1993b): Skill training manual for treating borderline personality disorder. Guilford Press New York. Deutsch: Linehan, M.M. (1996): Trainingsmanual zur dialektisch-behavioralen Therapie der Borderline-Persönlichkeitsstörung. CIP-Medien München.

Linehan, M.M., Tutek, D., Heard, H., Armstrong, H. (1994): Interpersonal outcome of cognitive behavioral treatment for chronically suicidal borderline patients. American Journal of Psychiatry 151, 1771–1776.

Linehan, M.M. (1996): Grundlagen der dialektischen Verhaltenstherapie bei Borderline-Persönlichkeitsstörungen. In: B. Schmitz, T. Fydrich, K. Limbacher (Hrsg.): Persönlichkeitsstörungen: Diagnostik und Psychotherapie. 179–199. PsychologieVerlagsUnion Weinheim.

Liotti, G. (1992): Egocentrism and the cognitive psychotherapy of personality disorders. Journal of Cognitive Psychotherapy 6, 43–58.

Livesley, W.J., Schroeder, M.L., Jackson, D.N., Kang, K.L. (1994): Categorical distinctions in the study of personality disorder. Implications for classification. Journal of Abnormal Psychology 103, 6–17.

Lockwood, G. (1992): Psychoanalysis and the cognitive therapy of personality disorders. Journal of Cognitive Psychotherapy 6, 25–42.

McCrae, R.R., Costa, P.T. (1987): Validation of the five-factor model of personality across instruments and observers. Journal of Personality and Social Psychology 52, 81–90.

Millon, T. (1981): Disorders of Personality: DSM-III, Axis II. John Wiley New York.

Millon, T. (1996): Disorders of personality, DSM-IV and beyond. Wiley New York.

Oldham, J.B., Morris, L.B. (1992): Ihr Persönlichkeitsportrait. Kabel Hamburg.

Pretzer, J.L. (1988): Paranoid personality disorder: A cognitive view. International Cognitive Therapy Newsletter 4, 10–12.

Pretzer, J.L. (1996): Kognitive Therapie der Persönlichkeitsstörungen. In: B. Schmitz, T. Fydrich, K. Limbacher (Hrsg.): Persönlichkeitsstörungen: Diagnostik und Psychotherapie. 149–178. PsychologieVerlagsUnion Weinheim.

Safran, J.D., Segal, Z.V. (1990): Interpersonal process in cognitive therapy. Basic Books New York.

Safran, J.D., McMain, S. (1992): A cognitive-interpersonal approach to the treatment of personality disorders. Journal of Cognitive Psychotherapy 6, 59–68.

Schmitz, B., Limbacher, K. (Hrsg.) (1989): Borderline-Störungen. Praxis der klinischen Verhaltensmedizin und Rehabilitation, Themenheft 8.

Schmitz, B. (1995): Materialien zur kognitiven Verhaltenstherapie bei Persönlichkeitsstörungen. Unveröffentl. Manuskript Bad Dürkheim.

Schmitz B., Barkfeld, J. (1995a): Deutsche Übersetzung des Schema-Fragebogens von J. E. Young. Unveröffentl. Manuskript Bad Dürkheim.

Schmitz, B., Barkfeld, J. (1995b): Deutsche Übersetzung des Patientenmanuals zur Behandlung von Persönlichkeitsstörungen von J. E. Young. Unveröffentl. Manuskript Bad Dürkheim.

Schmitz, B. (1996): Verhaltenstherapie bei Persönlichkeitsstörungen. In: W. Senf, M. Broda (Hrsg.): Praxis der Psychotherapie. 318–333. Thieme Stuttgart.

Schmitz, B., Fydrich, T., Limbacher, K. (Hrsg.) (1996): Persönlichkeitsstörungen: Diagnostik und Psychotherapie. PsychologieVerlagsUnion Weinheim.

Schmitz, B., Fydrich, T., Schifferer, E., Obermeier, S., Teufel, E. (1996): Der Einfluß von Persönlichkeitsstörungen auf den Behandlungserfolg bei psychischen und psychosomatischen Störungen. In: B. Schmitz, T. Fydrich, K. Limbacher (Hrsg.): Persönlichkeitsstörungen: Diagnostik und Psychotherapie. 318–343. Psychologie Verlags Union Weinheim.

Schmitz, B., Schuler, P., Handke, A., Jung, A. (1998): Gruppenprogramm „Persönlichkeits- und Kommunikationsstile". Psychoedukativ- und kompetenzorientierte Gruppentherapie für Patienten mit dysfunktionalen Persönlichkeitsstilen und Persönlichkeitsstörungen. Unveröffentl. Manuskript Bad Dürkheim, Münchwies.

Schulz v. Thun, F. (1989): Miteinander reden. 2. Stile, Werte und Persönlichkeitsentwicklung. Rowohlt Hamburg.

Shea, T. (1996): Die Wirksamkeit von Psychotherapie bei Persönlichkeitsstörungen. In: B. Schmitz, T. Fydrich, K. Limbacher (Hrsg.): Persönlichkeitsstörungen: Diagnostik und Psychotherapie. 359–375. Psychologie VerlagsUnionWeinheim.

Tölle, R. (1990): Persönlichkeitsstörungen: Problematik und diagnostische Bedeutung. In: P.L. Janssen (Hrsg.): Psychoanalytische Therapie der Borderlinestörungen. 7–16. Springer Berlin.

Turkat, I.D. (1990): The personality disorders: A psychological approach to clinical management. Pergamon Press New York. Deutsch: Turkat, I.D. (1996): Die Persönlichkeitsstörungen. Huber Bern.

Turkat, I.D., Maisto, S.A. (1985): Personality disorders: Application of the experimental method to the formulation and modification of personality disorders. In: D.H. Barlow (ed.): Clinical handbook of psychological disorders: A step by step treatment manual. Guilford Press New York.

Wittchen, H.-U. (1996): Klassifikation und Diagnostik von Persönlichkeitsstörungen. In: B. Schmitz, T. Fydrich, K. Limbacher (Hrsg.): Persönlichkeitsstörungen: Diagnostik und Psychotherapie. 27–41. PsychologieVerlagsUnion Weinheim.

Young, J.E., Swift, W. (1988): Schema-focussed cognitive therapy for personality disorders: Part I. International Cognitive Therapy Newsletter 4, 13–14.

Young, J.E. (1990): Cognitive therapy for personality disorders: A schema-focussed approach. Professional Ressource Exchange Sarasota.

Young, J.E., Lindemann, M.D. (1992): An integrative schema-focussed model for personality disorders. Journal of Cognitive Psychotherapy 6, 11–24.

4 Das Modell des „Zyklisch-Maladaptiven Musters" und der „Strukturalen Analyse Sozialen Verhaltens": Ein interpersoneller Ansatz zu Entstehung, Diagnostik und Therapie von Persönlichkeitsstörungen

M. Langenbach, N. Hartkamp, W. Tress

4.1 Einleitung

Seit Mitte dieses Jahrhunderts mehren sich integrative Bemühungen, verschiedene Ansätze zum Verständnis von Persönlichkeit, namentlich phänomenologische, dimensionale und psychoanalytische, aufeinander zu beziehen und diese Ansätze für Diagnostik und Therapie der Persönlichkeitsstörungen zu nutzen (Tress et al. 1997). Dabei hat sich das interpersonelle Modell von Persönlichkeit als besonders tragfähig erwiesen, um eine verschiedene Ansätze verbindende und integrierende „gemeinsame Sprache" (Langenbach 1993) zu finden. Außerdem ist die interpersonelle Perspektive auch deshalb attraktiv, weil sie Zuverlässigkeit und Validität der Diagnostik von Persönlichkeitsstörungen in bestimmten Forschungsdesigns verbessert hat (Morey 1985).

Das interpersonelle Modell der Persönlichkeitsstörungen fußt auf dem Aufgeben der in der abendländischen Tradition gewohnten und gebräuchlichen ausschließlichen Lokalisation von psychischen Prozessen nach „innen", an deren Stelle Psychisches v.a. im Sozialen, in den zwischenmenschlichen Beziehungen aufgesucht und verortet wird (Harré 1984). Reformuliert man entsprechend die Definitionen der Persönlichkeitsstörungen in DSM-IV (APA 1994) und ICD-10 (WHO 1992), so können sie auf allen Ebenen der Deskription (Verhaltensweisen, Denkprozesse, Affekte, Motivationen und soziale Folgen) in Verbindung mit gestörten zwischenmenschlichen Beziehungen, entweder als Ursa-

che oder als Folge, konzeptualisiert werden (Tress, Langenbach u. Henry 1997).

Auf H.S. Sullivan (1953) aufbauend entstanden zahlreiche Versuche, normale und gestörte Persönlichkeit interpersonell zu definieren. So entwickelte z.B. Leary (1957) ein zirkumplexes Modell von Persönlichkeit und unterschied normal von gestört anhand der Verhaltensintensität und anhand des Grades an Verhaltensabweichung von normaler Mäßigung und Flexibilität. In verschiedenen Arbeitsgruppen wurde dieses zirkumplexe Modell sozialen Verhaltens unabhängig voneinander weiterentwickelt und verfeinert (Davies-Osterkamp 1993), so z.B. von Kiesler (1983) und Benjamin (1974), deren SASB-Modell unten ausführlicher dargestellt werden soll. Diese persönlichkeitspsychologischen Modellvorstellungen finden eine relevante Schnittmenge mit neueren Bemühungen um eine Operationalisierung der Patient-Therapeut-Interaktion in der Psychotherapieprozeßforschung (Schauenburg u. Cierpka 1994). Patient und Therapeut erscheinen in diesen Operationalisierungskonzepten als Co-Subjekte, die beide die therapeutische Realität je für sich oder gemeinsam interpretieren. Auf mittlerem Abstraktionsniveau erfassen derzeit verschiedene Operationalisierungsmodelle (so Benjamin 1974, Strupp u. Binder 1984, Teller u. Dahl 1986, Weiss u. Sampson 1986, Bucci 1988, Hoffmann u. Gill 1988, Perry et al. 1989, Luborsky u. Crits-Christoph 1990, Horowitz 1991) konkrete zwischenmenschliche Beziehungsgeschichte, die sowohl in der therapeutischen Beziehung als auch in den Außenbeziehungen zutage treten können. Die hervorstechenden und möglicherweise pathogenetischen bzw. pathoplastischen interpersonellen und intrapsychischen Interaktionsmuster von in ihrer Persönlichkeit gestörten Patienten treten nämlich auch in der therapeutischen Dyade auf und können mit Hilfe der kommunikativen Operationalisierungsentwürfe intersubjektiv nachprüfbar beschrieben werden. Auf der Grundlage der Analyse solcher interpersonellen Muster und ihrer maladaptiven Funktion können dann unter Einbeziehung der Lebensgeschichte Überlegungen zur Genese der Störung angestellt und Empfehlungen zur Therapieindikation, zur therapeutischen Technik sowie detaillierte Richtlinien zu ihrer Realisierung abgeleitet werden (Tress et al. 1996).

Gerade die Persönlichkeitsstörungen sind gekennzeichnet von einem Vorherrschen interpersoneller Abwehrmechanismen, die oft von anderen als manipulativ empfunden werden. Konflikthaftes Erleben kann vom in seiner Persönlichkeit gestörten Patienten meist nicht auf der intrapsychischen Bühne ausgetragen und schließlich in sein Gesamterleben integriert werden, sondern wird im Modus der Externalisierung im zwischenmenschlichen Bereich unmittelbar ausagiert und zu „lösen" versucht.

Im folgenden soll das von uns unter den interpersonellen Modellen der Persönlichkeitsstörungen favorisierte Modell einer Kombination der Konzepte des „Zyklisch-Maladaptiven Beziehungsmusters" (CMP) und der „Strukturalen Analyse Sozialen Verhaltens" (SASB) in ihren theoretischen Vorannahmen und ihrer technischen Umsetzung in Diagnostik und Therapie vorgestellt und anhand von kurzen Fallvignetten exemplifiziert werden.

4.2 Das CMP/SASB-Modell

Das CMP/SASB-Modell wurde als Kombination zweier für sich erfolgreicher Operationalisierungskonzepte zwischenmenschlicher Interaktion, dem Konzept des „Zyklisch-Maladaptiven Musters" (CMP, Strupp u. Binder 1984) und der „Strukturalen Analyse Sozialen Verhaltens" (SASB, Benjamin 1974), entwickelt. Ein Vorzug dieses Kombinationsmodells ist seine einfache klinische Handhabbarkeit und die Zuverlässigkeit, mit der Entstehungsbedingungen, diagnostische Kriterien und Therapierichtlinien in ein zusammenfassendes Konzept gebracht werden können. Ein besonderer Vorteil der CMP/SASB-Methode ist unseres Erachtens überdies, daß technische Konzepte in der Sprache der klinischen Praxis beschrieben und spezifische Modelle zur fokalen Organisation des Materials illustrativ angeboten werden. Dies ermöglicht auch ihre schulenübergreifende Anwendung auf the-

rapeutische Settings, die sich in ihren theoretischen Vorannahmen und ihrer technischen Vorgehensweise deutlich voneinander unterscheiden. Dies hat auch für Weiterbildung und Forschung relevante Folgen (Kapfhammer 1995).

Das „Zyklisch-Maladaptive Muster" (CMP)

Aus der Sicht interpersoneller Prozeßmodelle ist Persönlichkeit als ein Konglomerat relativ stabiler Muster wiederkehrender zwischenmenschlicher Erfahrungen und Aktionen zu beschreiben, die charakteristisch für ein bestimmtes Individuum sind. Als dynamische Quellen psychopathologischer Entwicklungen des Charakters sind die aus der psychoanalytischen Krankheitslehre bekannten Mechanismen anzusprechen, die zur Abwehr von Angst und depressiven Verstimmungen eingesetzt werden und zur Formierung unterschiedlicher psychopathologischer Symptome und Syndrome mit charakteristischen zyklisch-maladaptiven Transaktionsmustern führen.

Das Modell des „Zyklisch-Maladaptiven Musters" (Cyclic Maladaptive Pattern, CMP) wurde von Strupp und Binder entwickelt und zur Grundlage eines Manuals mit detaillierten Beschreibungen und Ausbildungsrichtlinien für psychodynamische Kurzpsychotherapien (Time Limited Dynamic Psychotherapy, TLDP) gemacht (Strupp und Binder 1984, Tress und Hildenbrand 1993, Levenson 1995). W.P. Henry und W. Tress ergänzten das ursprüngliche Konzept des CMP durch die zusätzliche Integration der biographischen Primärerfahrungen des Individuums – ganz im Sinne der klassischen psychoanalytischen Lehre (Tress et al. 1996). Das CMP einer Person spiegelt die durchgängige Struktur ihrer zentralen interpersonellen und internalisierten Beziehungsgeschichte wider. In dieser Struktur fokussiert sich die schematisierte Lebensgeschichte mit ihren zwischenmenschlichen und innerseelischen Erfahrungen. Pathologische Haltungen, Erwartungen, Impulse und Verhaltensweisen entstehen als normalpsychologische Reaktionsbildungen auf traumatische Erfahrungen, ganz besonders im Bereich des Bindungs- und Autonomiestrebens (Benjamin 1993).

Die klinische Formulierung des CMP stützt sich auf die unmittelbaren Erzählungen des Patienten im biographischen Interview, insbesondere Erzählungen von Beziehungsepisoden. Bei der diagnostischen Exploration wird der Patient ermuntert, möglichst viele direkte Interaktionen mit wichtigen Bezugspersonen aus Vergangenheit und Gegenwart zu schildern. Er wird, ähnlich wie bei der Methode des Zentralen-Beziehungskonflikt-Themas (ZBKT) nach Luborsky und Crits-Christoph (1990), aufgefordert, „Geschichten" zu erzählen. Von gleichem diagnostischen Gewicht sind aber auch die Inszenierungen auf der therapeutischen Bühne, das konkrete Beziehungsgeschehen zwischen Patient und Therapeut, in dem sich durch die Penetranz des Wiederholungszwanges in Beziehungen ein Übertragungs-Gegenübertragungs-Geflecht entwickelt, an dem sich wie unter einem Brennspiegel charakteristische pathogene Beziehungsmuster des Patienten ablesen lassen (vgl. Stuhr 1997). In der zunächst unbewußten, aber dennoch sichtbaren Szene der Patienten-Therapeuten-Begegnung inszenieren sich innerseelische Konflikte des Patienten, oft aber auch des Therapeuten in der aktuellen zwischenmenschlichen Beziehung. Diese Inszenierung wird zum eigentlichen und wichtigen Material der Therapie. Mit Sandler (1976) kann der Prozeß zwischen Therapeut und Patient als Externalisierung gewünschter oder befürchteter intrapsychischer Rollenbeziehungen aufgefaßt werden.

Nach dem CMP-Modell werden die Probleme des Patienten in die Begrifflichkeit von sich wiederholenden und selbst unterhaltenden interpersonellen Transaktionen und subjektiven Erfahrungen gebracht und in einem Zirkelschluß (positive Feedback-Schleife) organisiert. Die Wiederholung von problematischen Beziehungsmustern im Leben des Patienten und in der Patient-Therapeut-Beziehung wird fokussiert.

Die klinische Formulierung des CMP soll in einer möglichst einfachen, direkten und erlebens- und handlungsorientierten Sprache gefaßt sein. Meist kann das CMP bereits nach den ersten zwei oder drei Therapiesitzungen schlüssig und stabil erstellt werden. Levenson (1995) schlägt vor, vom einmal formulierten CMP für den Verlauf einer Kurzzeitpsychotherapie nicht mehr abzuweichen, um sich nicht in einer übermäßigen mitagierenden Gegenübertragung zu verstricken.

Vier Kategorien von Informationen werden im CMP-Modell als Mindestanforderung an ein gestaltetes zwischenmenschliches und innerseelisches Beziehungsmuster in Form einer Erzählung spezifiziert. Die Minimalstruktur einer CMP-Erzählung umfaßt:

- Generalisierte Erwartungsstereotype bezüglich des Verhaltens anderer zur eigenen Person: Diese intrapsychische Kategorie beschreibt
  - ‣ blockierte positive Erwartungen und Wünsche, die als Motor der Beziehungspsychopathologie verstanden werden können, weil die in ihnen manifeste Bindungssehnsucht auch den beziehungsgestörten Menschen immer wieder zum anderen hintreibt (und sei es auch nur in der Phantasie), und
  - ‣ interpersonell wirksame vorgefaßte negative Erwartungen, Befürchtungen und Phantasien in bezug auf die Reaktionen anderer, die das eigene Verhalten steuern.
- Das Verhalten des Patienten gegenüber anderen: Was macht der Patient interpersonell mit/für/an/ohne/im Gegensatz zu einer anderen Person? Manche Psychoanalytiker sprechen hier auch vom interaktionellen Anteil der Übertragung (König 1982). Das für die diagnostische und therapeutische Arbeit nach dem CMP-Modell relevante Verhalten kann offensichtlich oder versteckt und dem Bewußtsein in unterschiedlichem Maße zugänglich sein. Auch signifikante Unterlassungen müssen vom Therapeuten beachtet werden.
- Das Verhalten anderer dem Patienten gegenüber: Dies tritt interpersonell als Reaktion auf das gerade betrachtete Verhalten des Patienten auf, meist in einer komplementären Beziehung zu diesem Verhalten (s.u.). Wie beim Patientenverhalten interessieren den nach dem CMP-Modell arbeitenden Therapeuten sowohl offene als auch versteckte Verhaltensweisen. Es ist wichtig, die zyklisch-maladaptiven Muster als interdependente Aktionen zu verstehen. In der psychoanalytischen Theoriebildung meinen z.B. Termini wie „projektive Identifizierung" oder „role-taking" (Sandler 1976) einen ähnlichen Sachverhalt. Damit sind zwischenmenschliche Verhaltensgeflechte gemeint, in deren Verlauf ein Patient sein Gegenüber in eine Position manövriert, in der dieses Gegenüber sich gezwungen fühlen kann, gerade das vom Patienten gefürchtete Verhalten an den Tag zu legen.
- Das Introjekt beschreibt den intrapsychischen Umgang des Patienten mit sich selbst: Ähnlich wie im SASB-Modell (s.u.) wird das Introjekt als die eigentlich pathologische

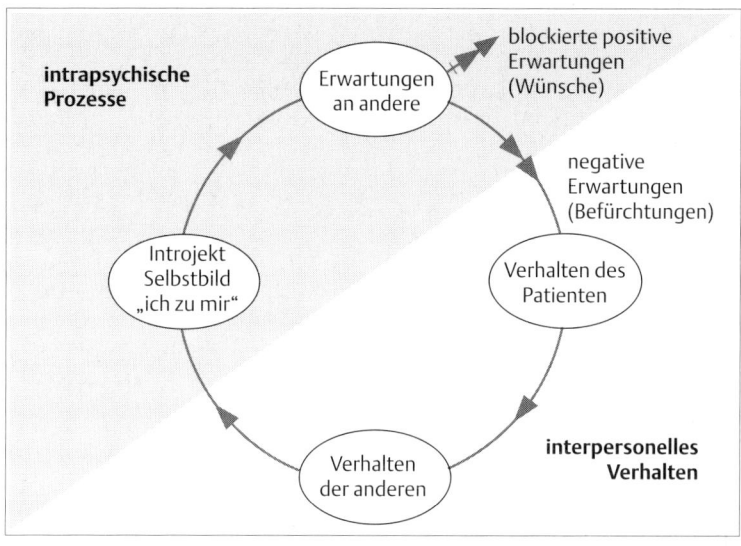

Abb. 4.1: Das „Zyklisch-Maladaptive Muster" (CMP) von Strupp u. Binder (1984), modifiziert nach Tress (1993)

Struktur im Subjekt und deshalb als das zentrale Objekt der Behandlung gesehen. Mit Hilfe des CMP können wir die Genese, den aktuellen Fortbestand und die therapeutische Beeinflussung des Introjekts lebenspraktisch und klinisch sinnfällig konstruieren und empirisch überprüfen. Gemeint sind z.B. selbstkontrollierende oder -zerstörerische Umgangsweisen. Die vorherrschenden Introjektmodi verweisen auf biographisch relevante Beziehungserfahrungen, die über den Mechanismus der Introjektion zu stabilen Umgangsformen mit sich selbst und zu einem charakteristischen Selbstbild umgeformt werden (s.u.).

Diese vier Strukturelemente des CMP reflektieren nach Art einer Geschichte das prototypische, zyklisch-maladaptive Beziehungsmuster des Patienten. Graphisch fügen sie sich zu dem in Abb. 4.1 dargestellten maladaptiven Zirkel zusammen.

In der Weiterentwicklung des CMP-Modells durch Henry und Tress (Tress et al. 1996) wird der Ausgangspunkt der psychogenen Erkrankung, die Beziehungserfahrung mit den frühen Bezugspersonen einbezogen. Damit ist im Falle der Persönlichkeitsstörungen nicht so sehr ein spezifisches „Trauma" gemeint als vielmehr der kumulativ wirkende und in der Kumulation traumatisierende habituelle Beziehungsstil der

Ursprungsfamilie. Das innere Modell der frühen Bezugspersonen beeinflußt die Strukturen des maladaptiven Zirkels auf dreifache Weise (vgl. Abb. 4.2):

• Per **Identifikation** wirkt die Früherfahrung direkt auf das Verhalten des Patienten ein. Der Patient verhält sich so wie seine früheren Bezugspersonen. Beispielhaft ist der bekannte Abwehrmechanismus der „Identifikation mit dem Aggressor". Diese direkte Beeinflussung via Identifikation wirkt im SASB-Modell (s.u.) im Fokus 1 auf das transitive Verhalten des Patienten.

• Über den Modus der **Internalisierung** wirkt das innere Modell der frühen Bezugspersonen auf die Erwartungen, die der Patient in bezug auf andere Menschen hegt. Es ist, als sei die entsprechende Bezugsperson unmittelbar präsent. Im Rahmen maladaptiver Muster persönlichkeitsgestörter Patienten sind besonders relevant die negativen Erwartungen und Befürchtungen, die auf entsprechenden Beziehungserfahrungen aus der Lebensgeschichte basieren. Der Patient erlebt z.B. seine Mitmenschen wie früher seine schimpfende und ihn demütigende Mutter. Dieses Erleben steuert nun sein Verhalten. Im SASB-Modell entsprechen diese Befürchtungen dem intransitiven Fokus 2.

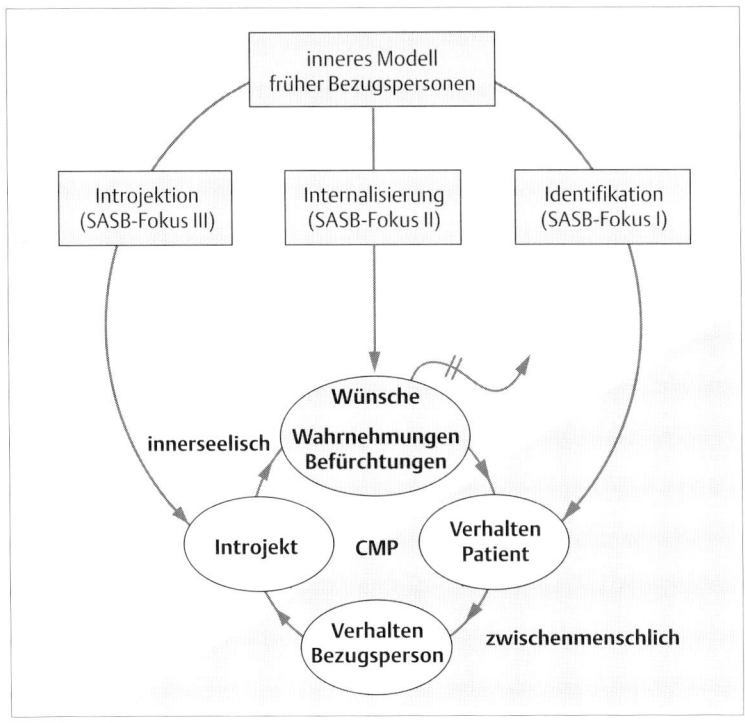

Abb. 4.2: Das „Zyklisch-Maladaptive Muster" (CMP) in der Lebensgeschichte, nach Tress (1996)

- Das Selbstbild des Patienten und sein Umgang mit sich selbst wird in der Betrachtungsweise der zyklisch-maladaptiven Beziehungsmuster als durch das typische Verhalten der anderen aufrechterhalten und perpetuiert vorgestellt. Es entsteht aber im Modus der **Introjektion**. Auch für diese Struktur sind bei den Persönlichkeitsstörungen die negativen Primärerfahrungen von besonderer Relevanz. Der Patient behandelt sich selbst so, wie er früher von den Eltern behandelt wurde. So kann die kindliche Erfahrung ständigen Kritisiert-Werdens durch den Vater zu einem extrem kritischen Umgang mit sich selbst im Jugend- und Erwachsenenalter führen. Diese Introjektmuster sind im SASB-Modell dem Fokus 3 zuzuordnen (s.u.).

Die „Strukturale Analyse Sozialen Verhaltens" (SASB)

Die Formulierung des „Zyklisch-Maladaptiven Musters" ist in ihren Möglichkeiten so reich wie die Ausdrucksvielfalt und die Nuancen menschlichen Lebens. Um aus der Vielfalt frei formulierter CMPs in der Beziehungsgeschichte eines Individuums die sich durchziehenden und typischen Muster besser herauszufiltern und die allen gemeinsamen qualitativen Ähnlichkeiten festzuhalten, bedarf es zusätzlich einer abstrahierenden Reduktion, die elegant und reliabel durch die „Strukturale Analyse Sozialen Verhaltens" (SASB) ermöglicht wird.

Die SASB-Methode erlaubt, interpersonelle Beziehungen, Persönlichkeitscharakteristika oder auch psychotherapeutische Veränderungsprozesse abzubilden, und zwar möglichst unabhängig von persönlichkeits- oder behandlungstheoretischen Vorannahmen. Gleichwohl ist diese Methode nicht theorie-unabhängig, sondern, wie oben bereits erwähnt, bezogen auf die interpersonelle Theorie von H.S. Sullivan. Nach der SASB-Methode werden die zwischenmenschlichen und auch die intrapsychischen Verhältnisse mittels miteinander verbundener Zirkulärstrukturen beschrieben, die Lorna Smith Benjamin (1974, 1993, vgl. auch Tress 1993) entwickelt hat. Außer Sullivan sind unter den Vorläufern besonders Henry Murray (1938), Timothy Leary (1957, s.o.) und Earl Schaefer (1965) zu nennen. Murray hatte eine Liste menschlicher Grundbedürfnisse in Parallele zu den psychoanalytischen Konzepten der motivationalen Triebe entwickelt. Leary und seine Kollegen reduzierten diese Bedürfnisliste auf einen kleinen Satz von Kategorien, die sie sodann zirkulär anordneten. Die ursprüngliche interpersonelle Zirkulärstruktur (IPC) spannten sie über die Achsen „Affiliation" (Liebe-Haß) und „Kontrolle" (Dominanz-Unterwerfung), die seitdem mehrfach empirisch als basale Dimensionen zwischenmenschlichen Verhaltens bestätigt wurden (vgl. Wiggins 1982). Schaefer (1965) bezog die zirkumplexen Modelle sozialen Verhaltens insbesondere auf die Eltern-Kind-Interaktion und ebnete damit ihrer Anwendung in klinisch-psychodynamischen Untersuchungen den Weg.

Benjamin entwickelte diese Ansätze in zweierlei Weise fort: sie führte erstens eine Trennung von transitivem und intransitivem Verhalten und zweitens eine Möglichkeit der Erfassung von Introjektstrukturen in der Sprache ihres Modells ein. Sie hatte erkannt, daß der IPC unvollständig war, da seine Dominanz-Unterwerfungs-Achse nur eine Form zwischenmenschlicher Interdependenz wiedergab, nämlich gemeinsame Verstrickungen. Es fehlte der Bereich der Differenzierung und Autonomie. Um sowohl Verstrickung als auch Differenzierung in interpersonellen Relationen abzubilden, bedarf es zweier getrennter Interdependenzachsen mit vier Polen: Dominanz versus Autonomie-Gewähren und Sich-Unterwerfen versus Autonom-Sein (Benjamin 1974).

Im SASB-Modell sind diese vier Pole realisiert durch das Konzept der interpersonellen Foki, wodurch sich zwei komplementäre Zirkulärstrukturen ergeben, die alle zwischenmenschlichen Transaktionen zu formalisieren erlauben. In jedem Falle markiert die horizontale Achse das qualitative Ausmaß der Affiliation und reicht von extremem Angriff bzw. Zurückweisung auf der linken bis zu ausgeprägter Zuneigung oder Liebe auf der rechten Seite (vgl. Abb. 4.3).

Fokusebene 1

Der erste Fokus beschreibt auf den anderen gerichtetes, transitives Verhalten, das dessen Befinden, Gefühle und/oder Verhalten beeinflussen will. Die vertikale Dimension reicht von extremer Kontrolle (unten) bis zu Freigabe/Autonomie-Gewähren (oben).

Fokusebene 2

Hier ist der Fokus der Beschreibung auf das Subjekt der Kommunikation selbst gerichtet. Es wird also intransitive Kommunikation abgebildet, wobei der Sprecher dem eigenen Befinden Ausdruck gibt, häufig als Reaktion auf das transitive Verhalten einer anderen Person. Die vertikale Dimension verläuft zwischen den Polen Unterwerfung (unten) und Verselbständigung/Autonomie-Ergreifen (oben).

Die zwei Fokusebenen sind komplementär aufeinander bezogen: Zu jeder Verhaltensweise auf Fokusebene 1 ist am geometrisch entsprechenden Punkt der Fokusebene 2 das dazu komplementäre Verhalten aufzufinden. So entspricht ein transitives, den anderen unterstützendes Verhalten (im SASB-Modell als 1.4 zu codieren) einem intransitiven, Unterstützung annehmenden Verhalten (im Modell: 2.4). Das Beleidigen und Kränken eines anderen erhält als transitives Verhalten auf der Fokusebene 1 denselben SASB-Code 6, also 1.6, wie das Gefühl von Kränkung oder Beleidigt-Sein als intransitives Verhalten auf Fokusebene 2, also 2.6. Die untere Hälfte jeder Zirkulärstruktur beschreibt Verstrickungen (Dominanz bzw. Unterwerfung), während die obere Hälfte Differenzierung abbildet (Autonomie gewähren oder für sich wahrnehmen). Das SASB-Modell unterscheidet sich damit entscheidend von den traditionellen interpersonellen Zirkumplexen, die das Gegenteil von Kontrolle und Dominanz lediglich als Unterwerfung konzeptualisieren.

Fokusebene 3

Die zweite Innovation Benjamins betrifft das intrapsychische Introjekt, also den Umgang des Subjekts mit sich selbst. Hier kommt die Auffassung Sullivans zur Geltung, wonach ein Subjekt die Haltungen und Bewertungen anderer gegenüber dem jeweiligen Individuum reflektiert. Die Fokusebene des Introjekts erfaßt und beschreibt die intrapsychische Kommunikation des Individuums mit sich selbst und gibt das internalisierte Verhalten zentraler Bezugspersonen dem Individuum gegenüber wieder. Als Beispiel kann man sich einen Patienten vorstellen, der sich selbst so beschuldigt, wie er früher von seinen Eltern beschuldigt wurde. Insofern als die Art und Weise, wie wir uns selbst behandeln, das Einstellungs- und Bewertungsmuster von in der Lebensgeschichte bedeutsamen Personen wider-

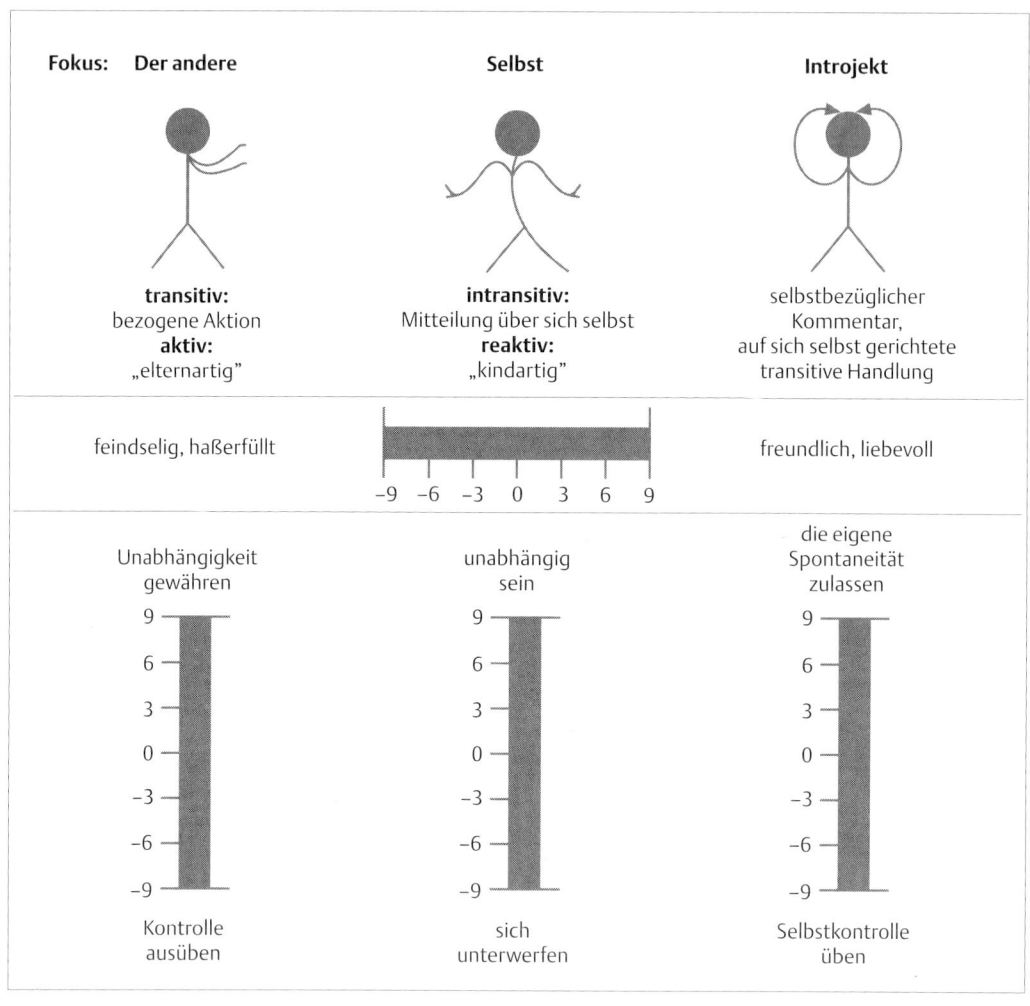

Abb. 4.**3**: Die Grunddimensionen des SASB-Modells nach Benjamin (1974)

spiegelt, ist die zirkuläre Introjektstruktur als generalisiertes Objekt zu verstehen oder als die generalisierte Erwartungshaltung anderer Menschen, die wir auf uns selbst anwenden. Hier verläuft die vertikale Achse von Selbstkontrolle (unten) zu Selbstfreigabe und freier Spontaneität (oben). Wie bereits erwähnt, meint der Begriff des Introjekts im CMP- und SASB-Modell dasselbe und zielt auf die eigentliche pathologische Struktur, die Hauptfokus der Behandlung ist.

Das vollständige SASB-Modell umfaßt 36 Punkte für jede der drei Zirkumplexstrukturen. Hieraus werden acht Segmente (Cluster) bzw. vier Quadranten gebildet (Abb. **4.4**). Meistens gelangt diese SASB-Cluster-Version als klinisch brauchbarer Kompromiß zwischen Komplexität

und Aufwand zur Anwendung, so auch in unserer Arbeitsgruppe. Zwei Ziffern notieren sämtliche acht Cluster auf den drei Fokusoberflächen: die erste markiert die Fokusebene, die zweite das jeweils angesprochene Cluster.

Drei Entscheidungen sind also nötig, um eine konkrete kommunikative Verhaltensweise auf dem SASB-Modell zu verorten. Zuerst ist die Kommunikationseinheit (inhaltlich meistens vom Umfang eines Aussagesatzes) einer, selten mehreren (zum Problem der komplexen Verhaltensweisen s.u.), Fokusebenen zuzuordnen. Dann wird der (mitunter zugleich positive und negative) Grad der Affiliation eingeschätzt. Schließlich wird das Ausmaß der Interdependenz festgelegt, und zwar in gültiger

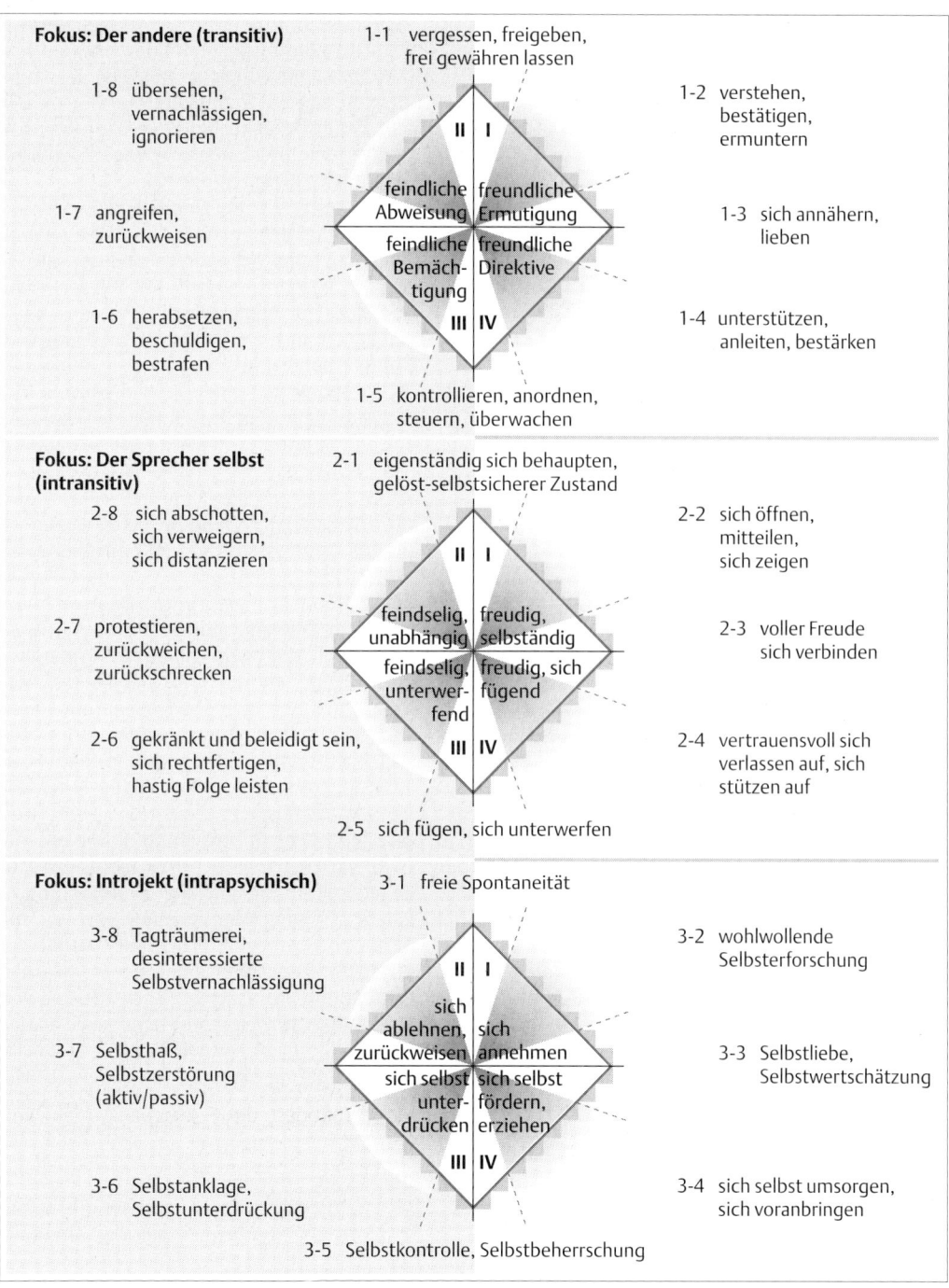

Abb. **4.4**: Die deutsche Cluster-Version des SASB-Modells von Benjamin (1974) nach Tress (1993)

Formulierung für den betreffenden Fokus. Aus diesen drei Einstufungen folgt, welche der acht Clustersegmente eine zu beurteilende Kommunikationseinheit am besten beschreibt. So werden mittels SASB-Analyse transaktionale Prozesse zwischen verschiedenen Akteuren kartographiert, und zwar hinsichtlich des Beziehungsaspekts im sprachlichen und non-verbalen Verhalten sowie im intrapsychischen Umgang eines Individuums mit sich selbst. Zu wissenschaftlichen Zwecken erfolgen die Einstufungen durch geschulte Rater anhand von transkribierten Video- oder Audiobändern. Im Rahmen von Weiterbildung, Fokuserarbeitung und Supervision von Behandlungen werden typische Verhaltensweisen von Patient und Therapeut oder kurze Erzählungen aus dem Alltag des Patienten in die Sprache des SASB-Modells übersetzt. Entsprechende Interventionen werden diskutiert und ebenfalls einprägsam als SASB-Cluster formuliert.

Auf der Basis des skizzierten SASB-Cluster-Modells entwickelte Benjamin (1984) den INTREX-Fragebogen zur Selbstbeurteilung, welcher das Selbsterleben einer Person und ihr Erleben wichtiger Bezugspersonen in Gegenwart und Vergangenheit erfaßt (Davies-Osterkamp et al. 1993). Auf die Vorzüge des Fragebogens und die elaborierten Möglichkeiten der Inhaltsanalyse mit der SASB-Methode können wir an dieser Stelle nicht eingehen (s. ausführlich Tress 1993).

Zusammenfassend betrachtet beantwortet die SASB-Analyse die Frage: Wer wendet sich wie an wen und wie reagiert dieser darauf? Bei der Beantwortung dieser Frage treten immer wieder typische Konfigurationen auf:

- Das Phänomen der Komplementarität wurde bereits oben angesprochen und bedeutet, daß Aktionen auf der einen Fokusebene (z.B. aktiv/transitiv) in der Regel solche auf der anderen (z.B. reaktiv/ intransitiv) mit jeweils identischen Affiliations- und Interdependenzwerten nach sich ziehen. Diese Regel der Reziprozität menschlichen Verhaltens kennt auch der Volksmund: Wie man in den Wald hineinruft, so schallt es heraus.
- Negative Komplementarität akzentuiert das gerade Gesagte für den unter dem Aspekt der Gegenübertragung triftigen Fall, daß ein Therapeut negative Affiliationsäußerungen seines Patienten (im SASB-Code also 1.6, 1.7, 1.8: anklagen, vernichtend hassen, übergehen) mit gleicher Münze komplementär

heimzahlt. Wenn negative Komplementarität sich in komplexe Interaktionen (s.u.) als „Unterton" einschleicht, steht der Destruktivität durch den Therapeuten (!) Tür und Tor offen. Meist diagnostiziert er dann beim Patienten einen Fall von maligner Regression, destruktivem Narzißmus o.ä.

- Antithese bezeichnet den Fall, daß der Sprecher sowohl den Fokus wechselt als auch die Vorzeichen der Affiliations- und der Interdependenzwerte umkehrt. Mit dieser therapeutisch oft eingesetzten Strategie unterbricht man z.B. den Fluß negativer Komplementarität und versucht den Wechsel in qualitativ andere, benignere Beziehungsmodalitäten. So könnte ein Therapeut z.B. die gekränkte Reaktion eines Patienten (im SASB-Code 2.6) therapeutisch derart zu konterkarieren versuchen, daß er sich aktiv für die aktuelle Befindlichkeit seines Patienten interessiert und mehr darüber erfahren möchte (SASB-Code 1.2). In der Therapie der Persönlichkeitsstörungen ist diese therapeutische Strategie jedoch in ihrer Wirksamkeit durch das sog. „Shaurette-Prinzip" (s. Tress 1993) eingeschränkt. Shaurette wies darauf hin, daß sich Erwachsene, im Gegensatz zu Kindern, durch antithetisches Verhalten oft nicht ernstgenommen fühlen, und empfahl statt dessen, den aggressiv-feindseligen Patienten dort abzuholen, wo er steht, dies jedoch nicht vollständig komplementär (was nur eine therapeutisch nicht wirksame negative Komplementarität eventuell mit Eskalationstendenz hervorrufen würde), sondern immer eine deutliche Spur freundlicher, als es dem Verhalten und den Erwartungen des Patienten entspricht. Nach diesem Prinzip könnte das aggressiv-feindselige Patientenverhalten (SASB-Code 1.7) mit einem gezielten und spezifischen kritischen Hinweis (SASB-Code 1.6) im Wechsel mit anleitender Fürsorge (SASB-Code 1.4) beantwortet werden.
- Komplexität findet sich häufig bei der Analyse mißlungener therapeutischer Gespräche, insofern als die Mitteilungen des Therapeuten oft in ein- und derselben Gedankeneinheit zwei oder mehr dissonante, unterschiedliche Konnotationen enthalten. In komplexen Transaktionen stehen gleichberechtigte, meist in ihrer affektiven Qualität jedoch widersprüchliche Botschaften nebeneinander (z.B. „Wäre es nicht vorteilhaft für

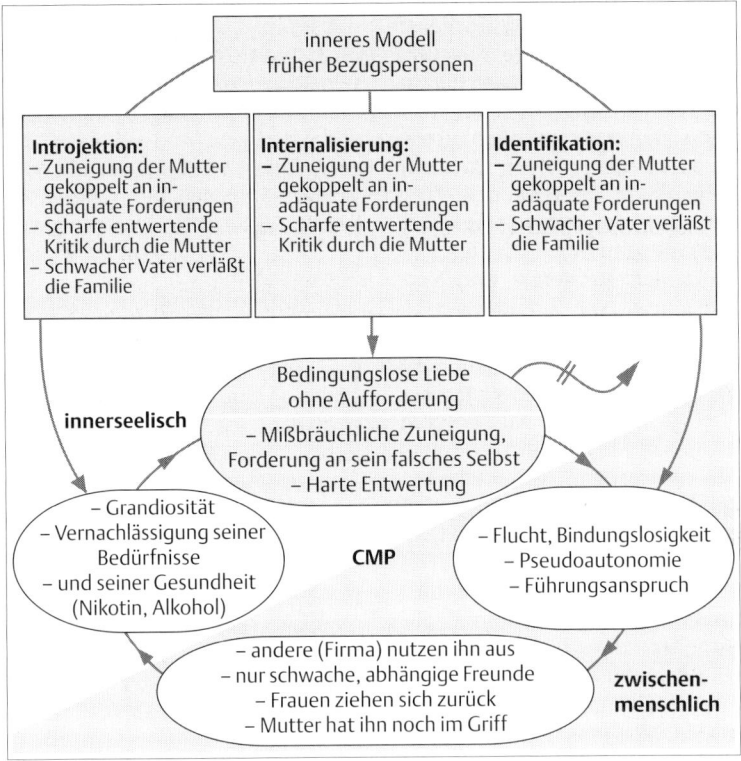

inneres Modell
früher Bezugspersonen

Introjektion:
– Zuneigung der Mutter gekoppelt an inadäquate Forderungen
– Scharfe entwertende Kritik durch die Mutter
– Schwacher Vater verläßt die Familie

Internalisierung:
– Zuneigung der Mutter gekoppelt an inadäquate Forderungen
– Scharfe entwertende Kritik durch die Mutter

Identifikation:
– Zuneigung der Mutter gekoppelt an inadäquate Forderungen
– Schwacher Vater verläßt die Familie

innerseelisch

Bedingungslose Liebe ohne Aufforderung
– Mißbräuchliche Zuneigung, Forderung an sein falsches Selbst
– Harte Entwertung

– Grandiosität
– Vernachlässigung seiner Bedürfnisse
– und seiner Gesundheit (Nikotin, Alkohol)

CMP

– Flucht, Bindungslosigkeit
– Pseudoautonomie
– Führungsanspruch

– andere (Firma) nutzen ihn aus
– nur schwache, abhängige Freunde
– Frauen ziehen sich zurück
– Mutter hat ihn noch im Griff

zwischenmenschlich

Abb. 4.**5**: CMP eines Patienten mit narzißtischer Persönlichkeitsstörung

dich, wenn du dich etwas kultivierter benehmen würdest?", im SASB-Code: 1.4/1.6). Solche „vergifteten Pralinen" werden in der Sprache der Kommunikationstheorie auch als „double bind" bezeichnet.

4.3 Klinische Beispiele

Zur Exemplifizierung der dargestellten Modelle und ihrer therapeutischen Implikationen werden im folgenden zwei kurze klinische Beispiele vorgestellt, an denen das Vorgehen bei Patienten mit Persönlichkeitsstörungen deutlich werden soll.

Fallbeispiel 1:
Ein narzißtisch gestörter Patient

Ein 42jähriger Kaufmann leidet an einer „Musikphobie": er kann es nicht ertragen, wenn in Räumen, in denen er sich aufhält, Hintergrundmusik läuft. Er vermeidet daher bestimmte Kaufhäuser und Gaststätten. Seit Jahren arbeitet er ohne feste Anstellung als „Krisenmanager" wechselnder Unternehmen. Jung verheiratet und bald darauf ge-

schieden, hat er derzeit keine feste Partnerschaft. Der Patient war die Ursache einer „Mußehe" seiner Eltern. Die Mutter war von den eigenen Eltern völlig ungelöst, nörgelte an ihrem Mann herum und band den Patienten mit der Forderung an sich, durch große Anstrengungen Mutter glücklich zu machen. Als der Patient 12 Jahre alt war, verließ der Vater die Familie und brach den Kontakt vollständig ab.

Der Beziehungszirkel dieses Patienten ist in Abb. 4.**5** dargestellt. Es dominiert das maladaptive Cluster 8, also das Vernachlässigen, Übersehen und Sich-Abschotten. Dieses Muster wird auch in der Entwicklung einer therapeutischen Übertragungs-Gegenübertragungs-Beziehung zu erwarten sein und ist diagnostisch wie therapeutisch nutzbar zu machen.

Im therapeutischen Kontakt ist daher sorgfältig auf Vermeidungen (Code 2.8) zu achten. Der Therapeut sollte einerseits die Autonomie (2.1) des Patienten respektieren, andererseits aber versuchen, einen bezogenen Kontakt zu ihm herzustellen und zu halten (1.3 bis 1.4), im Wechsel mit klaren Konfrontationen (1.6). Therapeutisches Durcharbeiten bedeutet nach dem CMP/SASB-Modell das Identifizieren möglichst aller Varianten des CMP in der Beziehungsvergangenheit und -gegenwart des Patienten und in der therapeutischen Beziehung.

Spezifisch ist damit gemeint, das problematische Beziehungsarrangement zu verstehen, nachdem es ein Stück weit inszeniert werden durfte. Therapeutische Veränderung entsteht aus dem sich entwickelnden Bewußtsein des Patienten für seine selbstschädigenden Umgangs- und Verhaltensweisen und durch neue Erfahrungen in der therapeutischen Beziehung selbst. In bezug auf die korrektive emotionale Erfahrung bezieht der Therapeut die Rolle des „teilnehmenden Beobachters", indem er sich zunächst ganz bewußt dem Sog des CMP aussetzt und erfährt, wie auch er den Patienten entsprechend dem Verhalten signifikanter Bezugspersonen des Patienten traktieren möchte, was sich übrigens in subtilen Nuancen kaum ganz verhindern läßt. Im Beispiel könnte der Therapeut dazu verleitet werden, keinen echten Kontakt zu dem Patienten herzustellen, Konfrontationen auszuweichen oder z.B. die therapeutische Beziehung zunehmend unwillig als „Mußehe" zu empfinden, den Patienten als individuell zu verstehendes Gegenüber also zu verfehlen. Der Therapeut sollte im Zuge der Reflexion solcher oder ähnlicher Gegenübertragungsgefühle dem Sog der maladaptiven Kommunikation widerstehen und zur „Antithese" übergehen. Er unterbricht somit den maladaptiven Zirkel, indem er anstelle des malignen „Verhaltens anderer" ein zunehmend gegenteiliges Verhalten zeigt. Anstelle von kontrollierendem Verhalten (1.5) könnte er so Autonomie des Patienten freundlich zulassen (1.1 bis 1.2) und statt ihn in seinen Bedürfnissen und Verhaltensweisen zu übersehen (1.8) ihn freundlich unterstützen (1.4) oder konfrontativ auf Fehlverhalten oder -wahrnehmungen hinweisen (1.6).

Die positiven Beziehungserfahrungen mit dem Therapeuten können nun zunehmend an die Stelle der früheren pathogenen Erfahrungen treten und damit Einfluß auf das zyklisch-maladaptive Muster des Patienten gewinnen. Über die Erfahrung einer zwar professionell vermittelten, aber dennoch genuinen Bindung, die echte gegenseitige Autonomie gestattet und nicht ausnutzende oder kontrollierende Zwecke verfolgt, kann so auch das Muster des harten, entwertenden Umgangs mit anderen und mit sich selbst (Vernachlässigung seiner Gesundheit

und grandiose, inadäquate Forderungen an sich selbst) aufgeweicht und durch eine realistischere und gleichzeitig freundlichere Einschätzung seiner selbst und anderer ersetzt werden. Die Erfahrungen mit den früheren Bezugspersonen und damit gleichzeitig wohl auch die übermäßige Kränkbarkeit durch Kritik, Forderungen und Vernachlässigung durch andere träten in ihrer Bedeutung zurück.

Fallbeispiel 2:
Eine Patientin mit Borderline-Störung

Eine 29jährige verheiratete Mutter hat ständige Gefühle diffuser Angst, besonders heftig, wenn sie allein ist. In der Anamnese fallen eine langjährige Eßstörung mit anorektischen und bulimischen Phasen, Alkohol- und Cannabisabusus, Zustände dysphorischer Stimmung, suizidale Krisen und eine kurze postpartale psychotische Episode nach der Geburt der jetzt 4jährigen Tochter auf. Mit ihrem Mann hat sie aus geringstem Anlaß Streit. Vor der Ehe hatte sie mehrfach kürzere Beziehungen zu „Schlägertypen". Als mittlere von drei Geschwistern empfindet sie zu den Eltern ganz gespaltene Beziehungen. Der Vater, ein Alkoholiker, der zu Jähzorn neigte und sie sexuell belästigte, überlebte zwei maligne Erkrankungen. Die Mutter, die immer unter dem Vater litt und nur der Kinder wegen mit ihm zusammenblieb, starb an Leukämie vier Jahre vor dem Erstkontakt der Patientin in unserer Klinik. Die Patientin fand das Leben der Mutter elend und wollte nie wie sie werden. Sie hat ständig ein schlechtes Gewissen und pflegt den kranken Vater aus Verpflichtungsgefühl der Mutter gegenüber.

Abb. 4.6 gibt das CMP dieser Patientin wieder. Es dominieren die SASB-Cluster 6 (also transitiv und im Introjekt: anklagend-angreifendes und mißbrauchendes Verhalten, intransitiv: beleidigter Rückzug) und 8 (Übersehen und Vernachlässigung). Diese werden in der Behandlung der Patientin über 30 Sitzungen (Frequenz 1 mal pro Woche) besonders fokussiert. In der therapeutischen Beziehung zwischen Patientin und weiblicher Therapeutin ist auffällig, daß positiv affiliative Beziehungsmuster stark überwiegen. Rücksichtsvollem Achten auf die Patientin mit respektvollem Nachfragen von seiten der Therapeutin entspricht freundlich-vertrauensvolles Sich-Öffnen und Anvertrauen von seiten der Patientin. In der SASB-Analyse überwiegen also die Prozeß-Cluster 2 und 4 und komplementäres Verhalten. Auf dieser Basis ist es offensichtlich möglich, inhaltlich über negativ affiliative

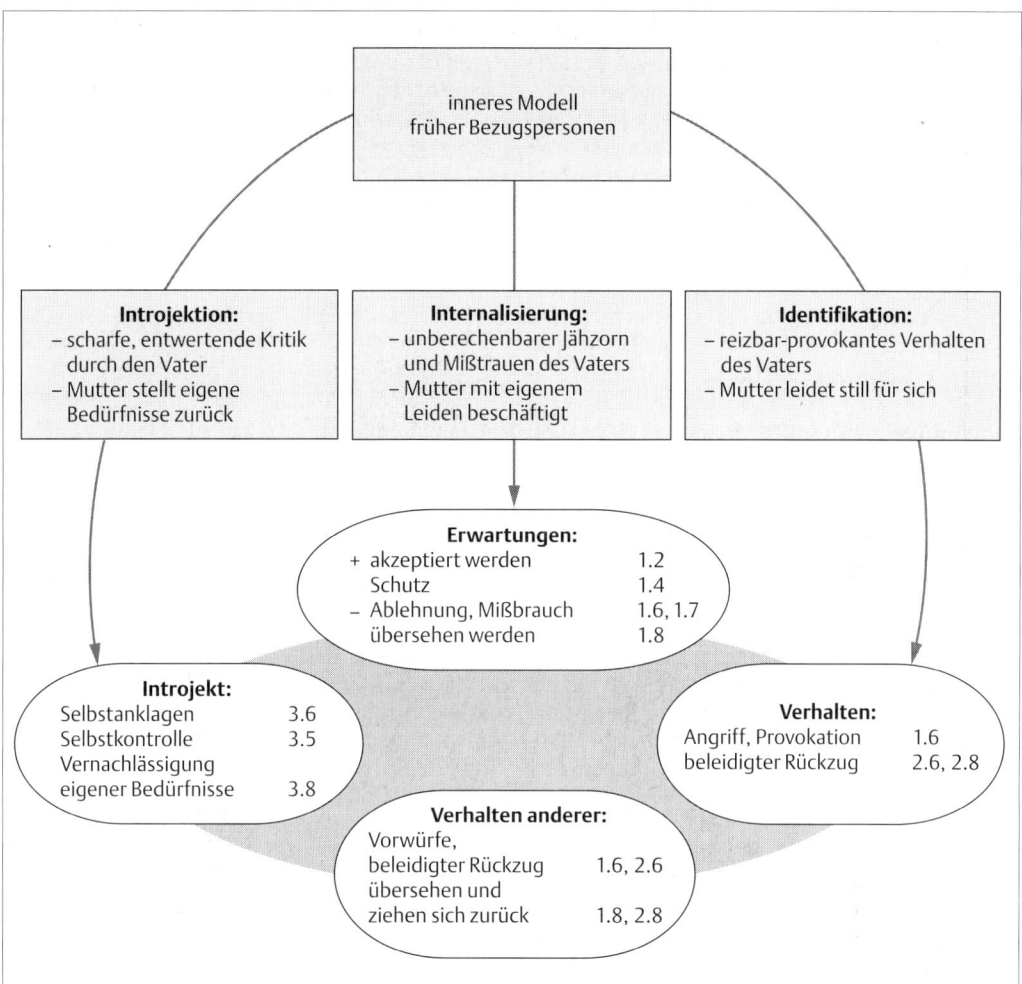

Abb. 4.6: CMP einer Patientin mit Borderline-Persönlichkeitsstörung

Muster ins Gespräch zu kommen (Mißbrauchs-verhalten und Unberechenbarkeit des Vaters, Enttäuschung an der Mutter, Auseinander-setzungen mit dem Ehemann, Ärger, Neid und Mißgunst gegenüber der Tochter) und diese in ihrem rigiden Einfluß auf das eigene Verhalten allmählich in Frage zu stellen. Die problematischen Arrangements in den Außenbeziehungen können bei dieser Patientin auf dem Boden einer hilfreichen, hinreichend freundlichen Beziehung zur Therapeutin thematisiert, betrachtet und bearbeitet werden. In diesem Beispiel wird also nicht ein pathologisches Beziehungsgeflecht in der Übertragungs-Gegenübertragungs-Szene entfaltet und dann bearbeitet, sondern es stellt sich im Bearbeiten der pathologischen Außenbeziehungen eine vertrauensvolle, positiv-affiliativ gefärbte Arbeitsbeziehung her, die gleichzeitig der Patientin eine korrigierende emotionale Erfahrung im Umgang mit anderen ermöglicht. Die Liebesübertragung tritt gegen Ende der Behandlung zunehmend in den Brennpunkt der therapeutischen Betrachtungen, als die Patientin erlebt, wie schwer ihr der Abschied von der geschätzten Therapeutin fällt. Sie bleibt der Therapeutin auch in den halbjährlichen katamnestischen Nachuntersuchungen treu, stellt sich regelmäßig vor und berichtet immer noch von der positiven emotionalen Erfahrung in den Therapiegesprächen. Durch die Beziehungserfahrung mit einer geduldigen, wachsamen und empathischen Therapeutin gewinnt die Patientin eine größere Flexibilität ihrer Verhaltensmuster, was gleichzeitig ihre Angst vermindert und ihre Autonomie stärkt.

4.4 Zusammenfassung

Patienten mit Persönlichkeitsstörungen werden oft anläßlich allfälliger Krisensituationen (Suizidalität, aggressive Krisen oder andere eskalierende impulshafte Affektdurchbrüche) beim Therapeuten vorstellig. Gerade solche Krisensituationen bieten sich für eine Kurzpsychotherapie nach dem CMP/SASB-Modell an, da dies sowohl dem aktuellen intrapsychischen und interpersonellen Geschehen als auch der interpersonellen Genese der Störung Rechnung trägt. Eine Kurzpsychotherapie von Persönlichkeitsstörungen kann nach Winston et al. (1991) auch längerfristig erfolgreich sein, wenn definierte Zielsymptome fokussiert werden und die Spezifität der angewandten Therapietechnik der Spe-

zifität der Störung entspricht. Gerade eine solche spezifische Anpassung an die jeweils präzise zu eruierende Beziehungsstörung kann auf der Basis des flexibel handhabbaren CMP/SASB-Konzepts geleistet werden.

Das CMP/SASB-Modell kann aber andererseits auch konzeptuelle Grundlage einer längerfristigen ambulanten oder stationären Therapie sein, bei der dann z.B. verschiedene CMPs in der Lebensabfolge fokussiert werden können.

Persönlichkeitsstörungen entstehen nach dem CMP/SASB-Konzept auf dem Boden normalpsychologischer Reaktionen, aber im Kontext schädigender und interpersonell traumatisierender Umstände des frühen Lebens. Erfahrungen in einer emotional krank machenden Umwelt lassen internalisierte Objektrepräsentanzen und Introjektstrukturen entstehen, die von gesunden Grundtönungen (Cluster 2, 3 und 4) abweichen. Die internalisierten „Imagines" rufen Erwartungen hervor, die ihrerseits die Wahrnehmung von jeweils neuen Situationen der Gegenwart entsprechend den alten Mustern verzerren. So können früher schmerzlich vermißte Zuwendung, Liebe und Fürsorge auch zukünftig nicht antizipiert werden und erst recht nicht bei anderen provoziert oder in sich selbst aktiviert werden. Statt dessen werden bestenfalls Kontrolle, schlimmerenfalls aber Beschimpfungen, Verachtung, Angriff und Vernachlässigung als wahrscheinliche Form zwischenmenschlichen Kontaktes erwartet. Die Rigidität und Stereotypie der Erwartungen und Wahrnehmungen bedingen das resultierende pathologische Bindungs- und Kontaktverhalten und den gestörten Umgang mit sich selbst (Benjamin 1993).

So sind es die über die Modi Introjektion, Internalisierung und Identifikation gebildeten „Objektimagines", die gestörte zwischenmenschliche Beziehungsmuster als Ausdruck einer Persönlichkeitsstörung aufrechterhalten. Dies ist der eigentliche Sitz der Pathologie, und die Milderung der Introjekte bzw. der distanzierende Umgang mit ihnen sind das Ziel der Therapie. Von hier aus können sich hoffnungsvollere und freundlichere Erwartungen der Patienten für ihr weiteres Leben entfalten, während gleichzeitig Trauer über Versäumtes aufsteigen mag. Danach kann das geleitete Einüben von freundlichen sozialen Kompetenzen therapeutisch nötig und sinnvoll sein, ebenso wie die neue Begegnung mit der Subjektivität des anderen jenseits der alten pessimistischen Vorurteile. Auf diesem Weg bietet sich die CMP/SASB-

Methode als erprobtes „Navigationsinstrument" an. Die Patienten und ihre Therapeuten können so manche Irr- und Leidenswege vermeiden oder abkürzen. Das CMP/SASB-Verfahren bleibt dabei hilfreich in der Bestimmung des Kurses: er kann wiedergefunden werden, wann immer er einmal verloren gegangen ist.

4.5 Literatur

APA (American Psychiatric Association) (1994): Diagnostic and statistical manual of mental disorders. 4th ed. (DSM-IV). APA Washington.

Benjamin, L.S. (1974): Structural analysis of social behavior. Psychological Review 81, 392–425.

Benjamin, L.S. (1984): Principles of prediction using structural analysis of social behavior. In: R.A. Zucker, J. Aronoff, A.J. Rabin (eds.): Personality and the prediction of behavior. Academic Press New York.

Benjamin, L.S. (1993): Interpersonal diagnosis and treatment of personality disorders. Guilford New York.

Bucci, W. (1988): Converging evidence for emotional structures. In: H. Dahl, H. Kächele, H. Thomä (eds.): Psychoanalytic process research strategies. Springer Berlin Heidelberg New York.

Davies-Osterkamp, S. (1993): Zirkumplexe Modelle interpersonellen Verhaltens in der klinischen Psychologie. In: W. Tress (Hrsg.): Die Strukturale Analyse Sozialen Verhaltens – SASB. 5–11. Asanger Heidelberg.

Davies-Osterkamp, S., Hartkamp, N., Junkert, B. (1993): Die Intrex-Kurzform. In: W. Tress (Hrsg.): Die Strukturale Analyse Sozialen Verhaltens – SASB. 156–219. Asanger Heidelberg.

Harré, R. (1984): Social elements as mind. British Journal of Medical Psychology 57, 127–135.

Hoffman, I.Z., Gill, M.M. (1988): A scheme for coding the patient's experience of the relationship with the therapist (PERT): Some applications, extensions, and comparisons. In: H. Dahl, H. Kächele, H. Thomä (eds.): Psychoanalytic process research strategies. Springer Berlin Heidelberg New York.

Horowitz, M.J. (ed.) (1991): Person schemas and maladaptive interpersonal patterns. University of Chicago Press Chicago.

Kapfhammer, H.P. (1995): Psychotherapeutische Verfahren in der Psychiatrie. Nervenarzt 66, 157–172.

Kiesler, D.J. (1983): The 1982 interpersonal circle: A taxonomy for complementarity in human transactions. Psychological Review 90, 185–214.

König, K. (1982): Der interaktionelle Anteil der Übertragung in Einzelanalyse und analytischer Gruppenpsychotherapie. Gruppenpsychotherapie und Gruppendynamik 18, 76–83.

Langenbach, M. (1993): Conceptual analyses of psychiatric languages: Reductionism and integration of different discourses. Current Opinion in Psychiatry 6, 698–703.

Leary, T. (1957): Interpersonal diagnosis of personality: A functional theory and methodology for personality evaluation. Ronald New York.

Levenson, H. (1995): Time-limited dynamic psychotherapy: A guide to clinical practice. Basic Books New York.

Luborsky, L. (1977): Measuring a pervasive psychic structure in psychotherapy: The core conflictual relationship theme. In: N. Freedman, S. Grand (eds.): Communicative structures and psychic structures. 367–395. Plenum Press New York,

Luborsky, L., Crits-Christoph, P. (1990): Understanding transference. Basic Books New York.

Murray, H.A. (1938): Explorations in personality. Oxford University Press New York.

Morey, L.C. (1985): An empirical comparison of interpersonal and DSM-III approaches to classification of personality disorders. Psychiatry 48, 358–364.

Perry, J.C., Augusto, F., Cooper, S.H. (1989): Assessing psychodynamic conflicts: I. Reliability of the idiographic conflict formulation method. Psychiatry 52, 289–301.

Sandler, J. (1976): Gegenübertragung und Bereitschaft zur Rollenübernahme. Psyche 30, 461–480.

Schaefer, E.S. (1965): Configurational analysis of children's reports of parent behavior. Journal of Consulting Psychology 29, 552–557.

Schauenburg, H., Cierpka, M. (1994): Methoden der Fremdbeurteilung interpersoneller Beziehungsmuster. Psychotherapeut 39, 135–145.

Strupp, H.H., Binder, J.L. (1984): Psychotherapy in a new key. Basic Books New York. Dt. Übersetzung: Kurzpsychotherapie. Klett-Cotta Stuttgart 1991.

Stuhr, U. (1997): Die Beziehungsdimension im diagnostischen Gespräch. In: S. Ahrens (Hrsg.): Lehrbuch der psychotherapeutischen Medizin. 166–170. Schattauer Stuttgart.

Sullivan, H.S. (1953): The interpersonal theory of psychiatry. Norton New York.

Teller, V., Dahl, H. (1986): The microstructure of free association. Journal of the American Psychoanalytic Association 34, 763–798.

Tress, W. (Hrsg.) (1993): Die Strukturale Analyse Sozialen Verhaltens – SASB. Asanger Heidelberg.

Tress, W., Henry, W.P., Junkert-Tress, B., Hildenbrand, G., Hartkamp, N., Scheibe, G. (1996): Das Modell des Zyklisch-Maladaptiven Beziehungsmusters und der Strukturalen Analyse Sozialen Verhaltens (CMP/SASB). Psychotherapeut 41, 215–224.

Tress, W., Hildenbrand, G. (1993): Das zyklisch-maladaptive Interaktionsmuster und SASB. Kurzpsychotherapie. In: W. Tress (Hrsg.): Die Strukturale Analyse Sozialen Verhaltens – SASB. 231–239. Asanger, Heidelberg.

Tress, W., Langenbach, M., Henry, W.P. (1997): Persönlichkeitsstörungen. In: S. Ahrens (Hrsg.): Lehrbuch der psychotherapeutischen Medizin. 196–226. Schattauer Stuttgart.

Weiss, J., Sampson, H. (1986): The psychoanalytic process: Theory, clinical observation, and empirical research. Guilford Press New York.

WHO (World Health Organization) (1992): The ICD-10 classification of mental and behavioural disorders. Clinical descriptions and diagnostic guidelines. WHO Geneva.

Wiggins, J.S. (1982): Circumplex models of interpersonal behavior in clinical psychology. In: P.C. Kendall, J.N. Butcher (eds.): Handbook of research methods in clinical psychology. Wiley New York.

Winston, A., Pollack, J., McCullough, L., Flegenheimer, W., Kentenbaum, R., Trujillo, M. (1991): Brief psychotherapy of personality disorders. Journal of Nervous and Mental Disease 179, 188–193.

5 Differentielle Indikation und differentielle Psychotherapie bei Persönlichkeitsstörungen

P. Fiedler

5.1 Einleitung

Mit diesem Beitrag über eine differentielle Psychotherapie-Indikation bei Persönlichkeitsstörungen möchte ich (endlich) ein etwas heikles Thema aufgreifen, das schon längere Zeit auf eine erste Initiative zuwartet. „Heikel" ist dieses Thema deshalb, weil nachfolgende Ausführungen die Verhaltenstherapeuten und Psychoanalytiker unter den Lesern mit etwas gemischten Gefühlen zurücklassen könnte. Ein Ergebnis dieser Arbeit könnte nämlich lauten: Bei einer dependenten oder zwanghaften Persönlichkeitsstörung empfiehlt sich mit Blick auf die persönlichen Voraussetzungen, die diese Patienten mitbringen, eine psychoanalytisch orientierte Psychotherapie. Und für die schizotypischen und Borderline-Persönlichkeitsstörungen wäre ebenso begründet eine verhaltenstherapeutische Behandlung zu bevorzugen. Würde hier und jetzt eine solche Indikationsstrategie für die zukünftige Überweisungspraxis als maßgeblich empfohlen, dann würde es von verschiedenen Seiten Proteste geben.

Die Vertreter der gerade bewerteten Therapieschulen würden nämlich alle möglichen Argumente beiziehen, warum man eine solche Bewertung nicht vornehmen sollte. Psychodynamisch arbeitende Therapeuten könnten mit gewissem Recht darauf verweisen, daß ihr Verfahren – u.a. durch die langjährigen Forschungsbemühungen von Kernberg und Kollegen (Kernberg et al. 1993) belegt – wohl zu Recht als Therapie der ersten Wahl bei Borderline-Störungen zu gelten hätte. Und die Verhaltenstherapeuten würden ebenfalls mit gewisser Berechtigung behaupten, daß gerade bei der dependenten Persönlichkeitsstörung besondere Erfolge in empirischen Therapiestudien vorlägen (so z.B. in der Berner Therapiestudie von Grawe und Mitarbeitern; vgl. Grawe et al. 1990).

In den Psychotherapieschulen herrscht insbesondere mit Blick auf die Persönlichkeitsstörungen (wie auch darüber hinaus) nach wie vor ein eigenwilliger „Omnipotenzanspruch" vor. Der sieht – etwas überspitzt – so aus, daß sich nicht nur Verhaltenstherapeuten und Psychoanalytiker, sondern weiters auch noch die Gesprächspsychotherapeuten sowie neuerlich die Interpersonellen Psychotherapeuten für persönlichkeitsbedingte Probleme von Menschen grundsätzlich und zwar über alle Persönlichkeitsstörungen hinweg für zuständig halten.

Dieser polarisierende Anspruch hat sich insbesondere im deutschsprachigen Raum seit der Publikation „Psychotherapie im Wandel" von Grawe und Mitarbeiterinnen (Grawe et al. 1994) eher noch verschärft. Das ist eine ausgesprochen ungute Situation. Denn die Frage nach der differentiellen Indikation – und das heißt konkret: die Entscheidung darüber, welches therapeutische Vorgehen bei welchen spezifischen psychischen Problemen und bei welchen persönlichkeitsbedingten Besonderheiten von Patienten unter welchen Rahmenbedingungen als wirksamste Form empfohlen werden sollte – diese Frage kann überhaupt nicht gegeneinander entschieden werden. Sie läßt sich sinnvoll nur miteinander diskutieren. Eine solche Diskussion erfordert zugleich eine hohe Bereitschaft zur Selbstkritik. Denn die Zuständigkeitsdiskussion rückte endlich und zwangsläufig die bisher sträflich von den Therapieschulen vernachlässigte Frage des Geltungsanspruchs und der Realgeltung der jeweiligen Konzeption in den Mittelpunkt (Bastine 1986, Fiedler 1994).

Leider ist es noch nicht so weit. Wenn also gegenwärtig Bewertungen in Richtung der genannten Therapieschulen vorgenommen werden, dann werden sich Autoren zwangsläufig „zwischen die Stühle" setzen. – Das macht nichts! Denn sie würden nicht nur eine zwingend notwendige Diskussion in Gang bringen, sondern sie könnten mit etwas Glück und Verstand „auf dem Boden der Fakten und Tatsachen" landen. Und genau dort – bei der Empirie – beginnen die nachfolgenden Überlegungen.

5.2 Empirisch gefundene Komorbiditäten als Orientierung

Die Frage der differentiellen Indikation und differentiellen Psychotherapie setzte idealerweise eine Therapieschulen-übergreifende oder Therapieschulen-unabhängige Perspektive voraus, auf die sich dann die unterschiedlichen Denkansätze beziehen lassen. Dazu gibt es inzwischen eine Reihe von Vorbildern und Modellen. Eine dieser Ideen stammt von Gunderson und Mitarbeitern (Gunderson et al. 1991, Gunderson 1992). Die Autoren sehen differentielle Entscheidungshilfen darin, daß sie Persönlichkeitsstörungen auf der Grundlage der bisherigen Komorbiditätsforschung zwischen eher normalen Gewohnheitsstörungen und Spektrumstörungen im Übergang zu den Psychosen verorten (Abb. 5.1).

Gundersons Schematik beinhaltet v.a. jene Persönlichkeitsstörungen, deren Komorbiditätsbeziehungen untereinander empirisch gut untersucht sind. Sie sieht die konzeptuelle Verbindung der affektiv-depressiven Temperamentsausprägungen mit den affektiven Störungen einerseits und andererseits Übergänge von der Schizophrenie zu den paranoiden und schizotypischen Persönlichkeitsstörungen vor. Schizoide, dissoziale, narzißtische und Borderline-Persönlichkeitsstörungen sind auf einer mittleren Ebene der Selbst- bzw. Identitätsstörungen verortet. Diese wiederum können als Extremvarianten von weniger schweren, sog. Gewohnheitsstörungen verstanden werden (zwanghaft, selbstunsicher, histrionisch, dependent).

Was die Grundlegung dieser Komorbiditäts-Schematik für eine selektiv-differentielle Indikation angeht, äußern sich die Autoren eher noch vage. Sie sehen einerseits die Möglichkeit einer pharmakologischen Adjuvanz gut begründet, je mehr die einzelnen Störungen in Richtung Spektrumdiagnosen zu verorten sind. Psychotherapeutisch empfiehlt sich – im Bereich der Selbst-Störungen – offensichtlich ein Strategiewechsel von einer interaktionell-psychodynamischen Strategie in Richtung „stützend-strukturierte Therapie". Dieser werde umso notwendiger, je ausgeprägter sich die Identitäts- und Selbststörungen von Patienten in Richtung Spektrumstörungen bewegten. Was nun jedoch unter „stützend-strukturierter Therapie" konkret zu verstehen ist, ist nicht ganz eindeutig bestimmbar. Als Verhaltenstherapeut könnte man daran denken, daß damit vielleicht ein Strategiewechsel zur stützend-psychoeduktiven Verhaltenstherapie gemeint sei. Dem würden Psychoanalytiker jedoch mit Hinweis auf ihr Verständnis einer stützend-psychodynamischen Therapie bei strukturellen Störungen widersprechen (vgl. z.B. Rudolf 1996). Vielleicht wurde von Gunderson und Kollegen „stützend-strukturierte Therapie" vorgeschlagen, um beide Optionen offenzuhalten.

Bei kritischer Betrachtung dieses Modells dürfte schnell klar werden, daß es sich nicht lohnt, sich allzu vertiefend mit der Gunderson-Schematik zu befassen. Für dieses und ähnliche Komorbiditätsmodelle gilt, daß sie für eine Grundlegung differentieller Therapieentscheidungen nur sehr begrenzt tauglich sind. Sie sind – wegen ihrer empirischen Grundlegung – zu wenig theoriehaltig. Ein weiterer Grund liegt darin, daß Komorbiditätsdarstellungen dieser Art keine Zielentscheidungen ermöglichen. Genau das bedürfte es jedoch. Erforderlich wäre nämlich zunächst einmal:

- ein allgemeines Theorie-Modell der gesunden Persönlichkeit. Denn erst eine Vorstellung davon, was Normalität ausmachen könnte, lieferte Zielperspektiven für die Behandlung von Abweichungen. Weiter
- sollte diese Theorie eine Erklärung bieten für ein differentielles Verständnis der Persönlichkeitsstörungen selbst. Und schließlich
- sollte diese Persönlichkeitstheorie auch noch über unterschiedliche Therapieschulen hinweg Akzeptanz finden (was zugleich möglichst hieße, daß sie nicht bereits von einer der Therapieschulen vereinnahmt worden ist).

Bis heute gibt es nur wenige Theorieentwürfe, die alle drei der genannten Ansprüche erfüllen.

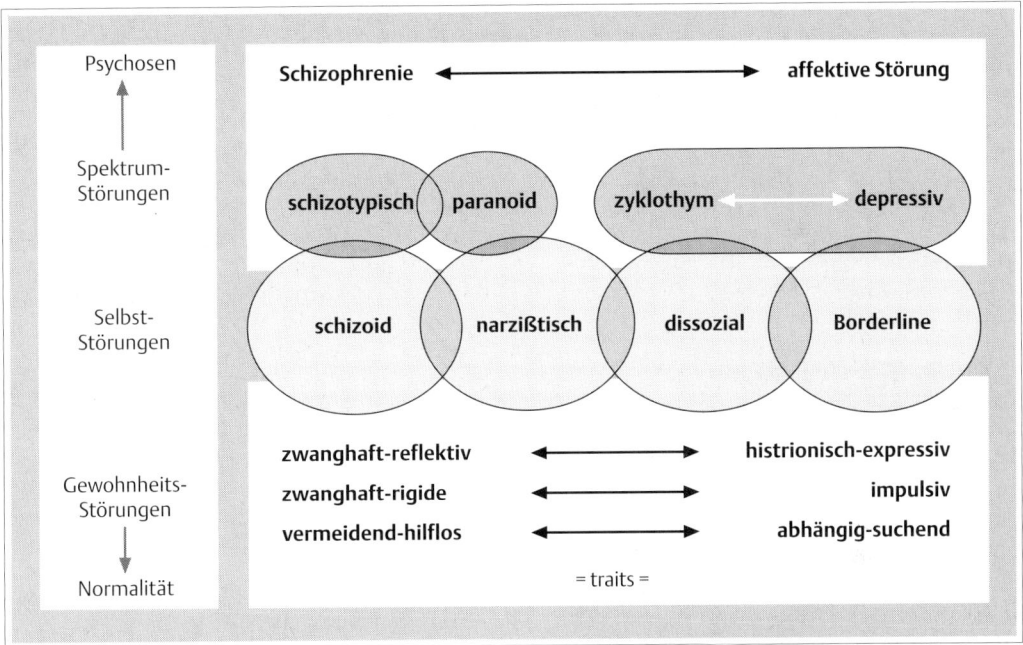

Abb. 5.1:   Konzeptuelle Komorbidität der Persönlichkeitsstörungen auf der Grundlage empirisch gefundener Zusammenhänge (in Anlehnung an zwei Modelle von Gunderson et al. 1991 sowie Gunderson 1992)

Einer dieser Ansätze stammt von Millon (1990, auch: Millon u. Everly 1985), dessen Polaritätenmodell sich entsprechend gut für die Ableitung differentieller Therapieentscheidung eignet. Andererseits: Wegen des Grundansatzes – nämlich Normalität und gesunde Persönlichkeit von einem Verständnis ihrer Abweichungen und von den Persönlichkeitsstörungen her zu begründen – dürften Millons Vorstellungen bei den Vertretern unterschiedlicher Psychotherapieschulen gewisse Ambivalenzen zurücklassen. Interessant ist diese Perspektive jedoch durchaus (vgl. Millon 1996).

5.3 Ein bedürfnistheoretisches Polaritätenmodell der Persönlichkeitsstörungen

Nachfolgend soll eine eigene Perspektive unterbreitet werden (vgl. Fiedler 1997, Vorüberlegungen und weiterführende Aspekte dazu finden sich auch bei Fiedler 1995, Kap. 26). Es handelt sich um den Versuch einer bedürfnistheoretischen Grundlegung der Persönlichkeitsstörungen. Sie wurde z.T. durch eine Ausarbeitung von

Gasiet (1981) inspiriert, weiterhin durch viele Überlegungen und Gedanken, wie sie bereits in Sullivans „Interpersoneller Theorie der Psychiatrie" (1953) niedergelegt wurden. Natürlich sind es nicht nur die zwei genannten Autoren, die Pate gestanden haben. Vieles wird dem Leser zu Recht sehr vertraut vorkommen, weil die meisten Grundannahmen voruntersucht sind oder Kerne der metatheoretischen Persönlichkeitstheorien der Therapieschulen darstellen (vgl. Abb. 5.2). Circumplex- oder Polaritätenmodelle wie das hier vorgeschlagene finden in unterschiedlichsten Varianten in der differentiellen Persönlichkeitspsychologie Verwendung, weil sie sich empirisch mittels Faktoren- oder Clusteranalysen überprüfen lassen (Becker 1995, in der Übersicht: Fiedler 1995).

Empirisch weitgehend gesichert ist die Aktivitätsachse, die im Modell als dritte Dimension zwischen passiv und aktiv polarisiert ist. Sie findet sich so empirisch und testtheoretisch u.a. bei Millon (1990, 1996) begründet. Das gleiche gilt für die vertikale zwischenmenschliche Dimension oder interaktionelle Hauptachse, die als einen Pol das Bindungsbedürfnis nach sozialer Geborgenheit (unten) und als gegenüberliegenden Pol das Autonomiebedürfnis nach sozialer

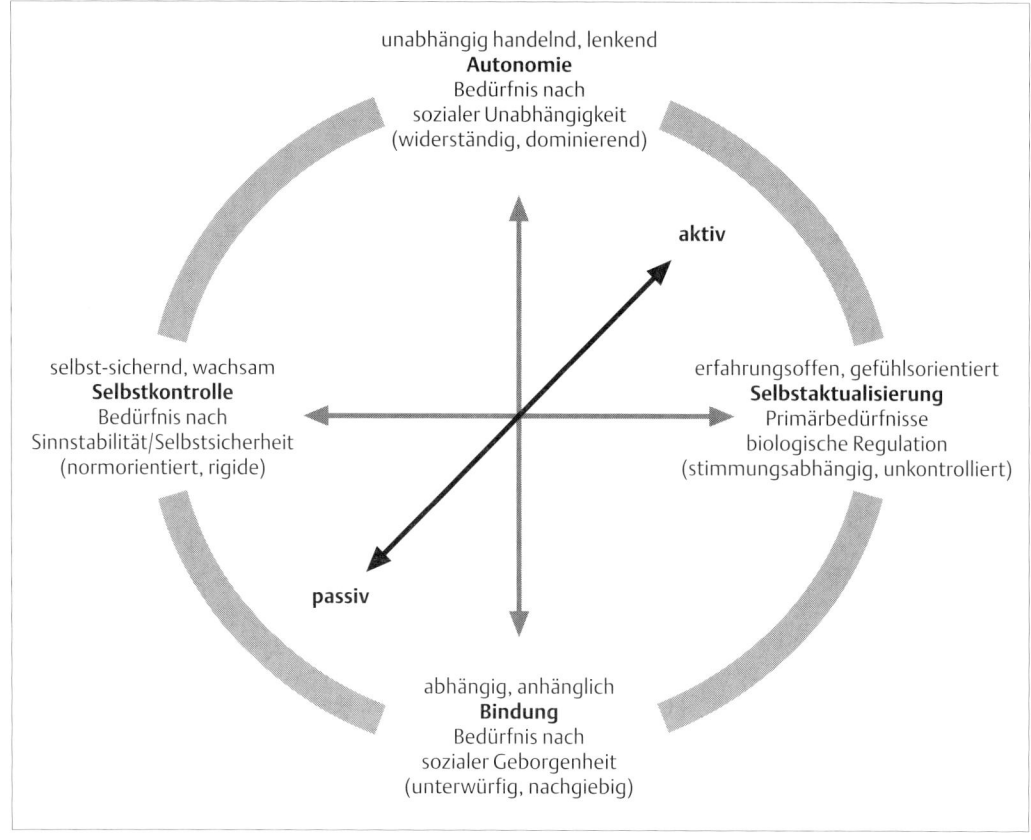

Abb. 5.2: Ein bedürfnistheoretisches Polaritätenmodell der Persönlichkeitsstörungen (Fiedler 1997)

Unabhängigkeit (oben) repräsentiert. Diese Polarisierung findet sich genau so in den meisten interpersonell orientierten Persönlichkeitstheorien – inzwischen gut untersuchbar mittels Fragebögen (wie z.B. im Inventar zur Erfassung interpersoneller Probleme von Horowitz et al. 1994) oder direkt mit Beobachtungsinventaren zur Analyse zwischenmenschlicher Beziehungen (wie z.B. mit der „Struktur-Analyse Sozialer Beziehungen" [SASB] von Benjamin 1995). Sie entspricht zugleich recht gut Grundannahmen der psychoanalytischen Objektbeziehungstheorie, die eine entwicklungspsychologische Konfliktdimension zwischen Symbioseverlangen und Individuation postuliert (vgl. Rudolf 1996).

Ob sich auch die dritte horizontale Hauptachse (die man als Selbst- oder Struktur-Dimension bezeichnen könnte) empirisch fassen läßt, ist noch unklar. Sie findet sich ebenfalls als eine vielfach in den Therapieschulen vorge-

dachte Polarität repräsentiert, nämlich als eine Dimension zwischen Selbstkontrolle und Selbstaktualisierung, zwischen Über-Ich-Normierung und teils biologisch organisierter Triebhaftigkeit. So ist zum Beispiel das menschliche Bedürfnis nach Selbstsicherheit und Sinnstabilität in Sullivans interpersoneller Theorie (1953) von herausragender Wichtigkeit. Auch in der z.Z. entwickelten „Operationalisierten Psychodynamischen Diagnostik" ist sie eine der wesentlichen Beurteilungsdimensionen (Arbeitskreis OPD 1996).

Gesunde Persönlichkeit und funktionale Persönlichkeitseigenarten

Als psychisch gesunde Person mit normaler Persönlichkeitsentwicklung wäre jemand zu bezeichnen, der sich – je nach Lebenskontext und Lebensanforderung – aller sechs Bedürfnisaspekte situationsspezifisch und funktional bedienen wird. Eine solche Person könnte man mit Blick auf die Bindungsachse als Menschen mit „sozial bezogener Autonomie" bezeichnen. Eine psychisch gesunde Person ist weiter dadurch charakterisierbar, daß sie zur Anreicherung und Differenzierung ihres Selbstsystems über eine Offenheit für zwischenmenschlich emotionale Erfahrungen verfügt und die gleichermaßen gern – wenn ihr danach ist – in Passivität verfällt, wie sie sich auch nicht scheut, aktiv am alltäglichen Leben teilzuhaben. Alle sechs Polaritäten bieten interessante und bedenkenswerte therapeutische Perspektiven. Entsprechend finden sie sich so oder ähnlich in fast allen Therapieschulen ausgearbeitet.

Wichtig ist natürlich weiter, daß das Bedürfniskonzept über eine Personen-Perspektive hinausreicht, da Bedürfnisse fast ausschließlich auf zwischenmenschliche und sozialgesellschaftliche Aspekte bezogen sind. Persönlichkeitsentwicklung ist immer sozial-gesellschaftlich ausgerichtet und determiniert. Persönlichkeitsentwicklung und Persönlichkeitsabweichungen geraten zunehmend unter den Einfluß zwischenmenschlicher wie auch gesellschaftlicher Konflikte und sind entsprechend immer zugleich als Widerspiegelungen von sozialen und gesellschaftlichen Widersprüchlichkeiten zu verstehen und zu konzeptualisieren.

Persönlichkeitsabweichungen und Persönlichkeitsstörungen

Was nun ein bedürnistheoretisches Verständnis der Persönlichkeitsstörungen angeht, so gehen die klinisch orientierten Bedürfnistheoretiker übereinstimmend davon aus, daß es sich bei Persönlichkeitsstörungen um prototypisch vereinseitigte Lösungen im Umgang mit diesen menschlichen Grundbedürfnissen handelt – und zwar mit deren natürlich gegebenen Ambivalenzen oder Konflikten. Alle sechs Bedürfnispole sind insbesondere in ihrer Gegensätzlichkeit gefühlsmäßig bedeutsam, aber zugleich konflikthaltig und ambivalent (vgl. Abb. 5.3). Konflikthaltig und ambivalent u.a. deshalb, weil sie unmittelbar in ein Spannungsverhältnis gegeneinander geraten können. Diese werden durch wiederholte Erfahrungen eines persönlichen (teils diathetisch bedingten) wie zwischenmenschlich erlebten (teils gesellschaftlich bedingten) Unbehagens ausgelöst. Dieses Unbehagen ergibt sich u.a. aus schwer lösbaren oder nicht klar wahrnehmbaren interaktionell-

sozialen Konflikten und Ambivalenzen, deren wesentliche Aspekte ein Konflikt zwischen Anpassungs- und Autonomieanspruch bzw. eine Ambivalenz zwischen Akzeptieren sozialer Anforderungen und Zwänge und der Offenheit für neue Erfahrungen bis hin zum Freiheitsanspruch darstellen können.

Persönlichkeitsstörungen beinhalten damit entweder eine einseitige Negation bestimmter Bedürfnisanteile oder sind (zumeist zugleich) Ausdruck der besonderen und damit einseitigen Bevorzugung bestimmter Grundbedürfnisse – oder aber sie sind Ausdruck eines konflikthaltigen bzw. ambivalent-unentschiedenen Verharrens zwischen unterschiedlichen Bedürfnisseiten. Jede Persönlichkeitsstörung bekommt damit einen Ort oder vielleicht sogar mehrere Verortungen innerhalb des Polaritätenmodells zugewiesen.

Persönlichkeitsgestörte Menschen stehen nun in mehrerlei Hinsicht außerhalb der Möglichkeiten, die Grundbedürfnisse in der Unterschiedlichkeit ihrer Funktionalität für persönliches und zwischenmenschliches Handeln zu aktivieren und zu nutzen. Entweder brauchen sie andere Menschen, weil sie von deren Zuneigung, Zustimmung oder Unterstützung abhängig sind (als Beispiele finden sich dependente, selbstunsichere und schizotypische Persönlichkeitsstörungen. Oder es mangelt ihnen an sozialer Bezogenheit, weil sie engstirnig und egoistisch eigene oder allgemeine Interessen und Ziele voranstellen und durchzusetzen versuchen oder weil sie sich von der sozialen Gemeinschaft isolieren (als Beispiele finden sich schizoide, paranoide oder dissoziale Persönlichkeitsstörungen). Weiter sind sie häufig durch extreme Unsicherheiten oder Widerständigkeiten in bezug auf eine Offenheit gegenüber Erfahrungen und Selbstkontrolle bestimmt (z.B. die dependenten, zwanghaften, negativistischen oder schizoiden Persönlichkeitsstörungen). Andere wiederum sind charakterisierbar durch ein extremes, stimmungsabhängiges Schwanken (wie z.B. die Borderline-Persönlichkeitsstörung zwischen Bindungsverlangen und Dominanz) oder durch Ambivalenzen in bezug auf Normorientierung bzw. Offenheit für Erfahrungen (selbstunsichere Persönlichkeitsstörung) – oder beides (narzißtische Persönlichkeitsstörung). Auch im Falle einer den Mittelpunkt suchenden, fluktuierenden Rollenpräsentation histrionischer Persönlichkeiten dürfte nur schwerlich von sozialer Bezogenheit gesprochen werden können.

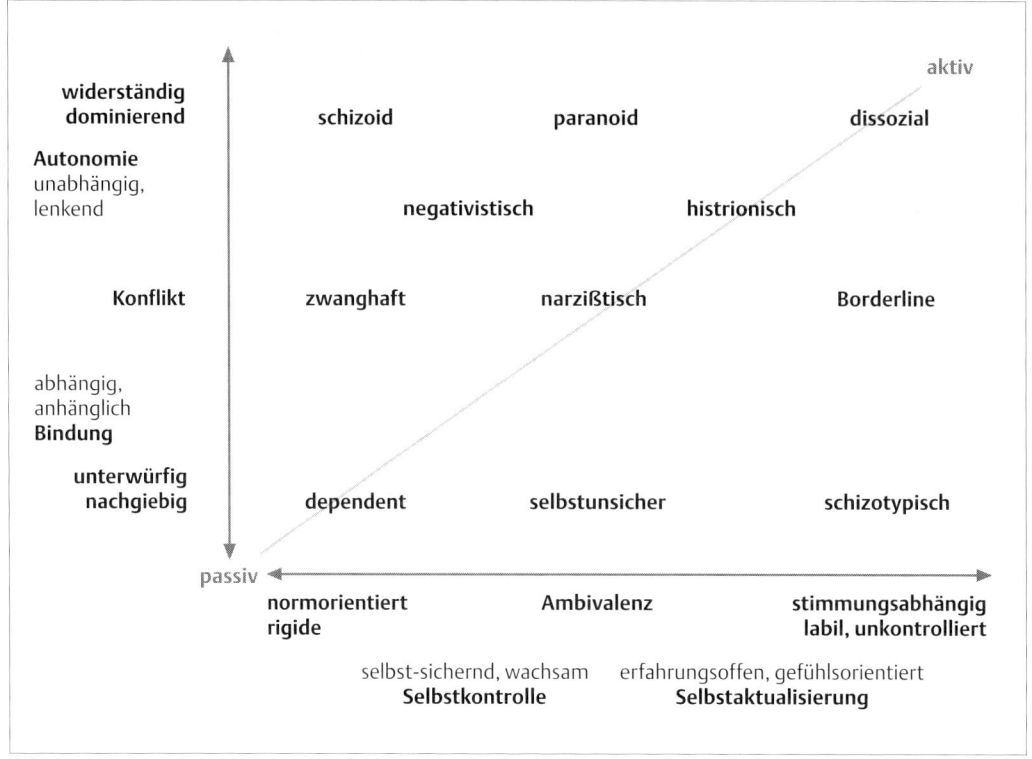

Abb. 5.**3**: Verortungen der Persönlichkeitsstörungen im bedürfnistheoretisch begründeten Polaritäten-
raum

Die hier vorgenommene Einordnung der einzelnen Störungsbilder findet übrigens – ganz ähnlich wie bei Gunderson (1992) – durch die bisherige Komorbiditätsforschung weitgehend Bestätigung (vgl. Fiedler 1995, Fydrich et al. 1996).

5.4 Differentielle Indikation und Psychotherapie: Aktivierung und Stärkung bisher vernachlässigter Bedürfnisaspekte

Ohne Frage lassen sich aus dem Bedürfnismodell unmittelbar einleuchtende Therapieziele und damit therapeutische Strategien generieren, deren grobe Richtungen nachfolgend kurz angedeutet werden sollen. Gleichzeitig sollen einige Hypothesen dazu formuliert werden, welche Therapieverfahren gegenwärtig (auf der Grundlage vorliegender Forschungsergebnisse) und z.T. vorläufig (anhand von Erfahrungsberichten)

zur Erreichung dieser Ziele empfohlen werden können.

Strukturierte Therapieangebote mit klaren und eindeutigen Zielvorgaben

Kognitive und norm- bzw. wertorientierte Therapieangebote empfehlen sich für jene Patienten, deren Persönlichkeitsstörungen im vorgeschlagenen Bedürfnisraum eher oder gar gänzlich rechts (vgl. Abb. 5.3) eingeordnet wurden – deren Probleme also im Bereich übermäßiger Stimmungsorientierung bzw. Stimmungslabilität liegen, die Identitätsprobleme haben, die zur Enthemmung neigen und zum Verlust der Selbst- und Impulskontrolle (wie angegeben also dissozial, Borderline und schizotypisch).

Ziel strukturbietender Therapieangebote wäre der Aufbau von Selbstsicherheit und Selbstvertrauen, die Entwicklung tragfähiger Sinnperspektiven und Werthaltungen, die Unterbrechung bzw. gar Unterbindung selbstdestruktiver wie fremddestruktiver Handlungen sowie die

Stärkung einer funktionalen Normorientierung des eigenen Handelns.

Indiziert wären in diesem Falle verhaltenstherapeutische Behandlungsprogramme, die in aller Regel klare Ziel- und Strukturvorgaben beinhalten. Für alle drei Störungen liegen in der Verhaltenstherapie ausgearbeitete Behandlungskonzepte vor. Sie verfolgen gemeinsam jene oben angesprochenen Ziele. Erste empirische Ergebnisse zeigen, daß sie herkömmlichen Therapiestrategien überlegen sind (für die dissozialen Persönlichkeitsstörungen: z.B. Roth 1987, für die Borderline-Persönlichkeitsstörungen: z.B. Linehan 1993; das Vorgehen bei der Behandlung von schizotypischen Patienten wird zunehmend an Manualen der Schizophreniebehandlung orientierbar; vgl. Fiedler 1995).

Aufgrund langjähriger Erfahrungen mit einer psychoanalytischen Psychotherapie bei Borderline-Störungen kann bei dieser Störungsgruppe durchaus auch an ein strukturiertes, psychodynamisch orientiertes Therapievorgehen gedacht werden, wie dies in den Arbeiten von Kernberg und Kollegen ausgearbeitet wurde (Kernberg 1984, Kernberg et al. 1989, Rohde-Dachser 1989). Es bleibt jedoch zu bedenken, daß ein psychodynamisches Vorgehen bei schwerer gestörten Borderline-Patienten (in empirischen Studien mit Psychiatrie-Patienten) nur etwa bei der Hälfte der Betroffenen zu bedeutsamen Fortschritten führt; die andere Hälfte der Patienten zeigte bereits während der Behandlung eine teils deutliche Verschlechterung der Symptomatik (Hull et al. 1993). Deshalb sollte insbesondere in stationären Kontexten genau erwogen werden, ob und bei welchen Patienten eine Verhaltenstherapie nicht doch die bessere Alternative darstellt. In Forschungsarbeiten zur kognitiv-behavioralen Therapie bei Borderline-Störungen zeigte sich dieser (z.Z. wohl nicht ganz vermeidbare) „Verschlechterungseffekt" nur bei etwa 20 Prozent der Psychiatriepatienten (z.B. Linehan et al. 1993).

Einsichts- und beziehungsorientierte Therapieangebote zur Förderung von Offenheit gegenüber Erfahrungen (Selbstaktualisierung)

Eine solche Behandlung empfiehlt sich für Patienten, deren Persönlichkeitseigenarten eher oder gänzlich links (vgl. Abb. 5.**3**) eingeordnet wurden (dependent, zwanghaft und schizoid). Alle drei Patientengruppen finden sich nicht gerade selten zu Beginn einer Therapie in einer Situation, in der sie sich selbst neu bestimmen müssen. Ohne einen solchen Anlaß kommen dependente, zwanghafte oder schizoide Patienten eher selten von sich aus in therapeutische Behandlung (mit der Ausnahme, daß diese Persönlichkeitsstörungen komorbid zu anderen psychischen Störungen beobachtbar sind). Dominiert hingegen die Persönlichkeitsstörung, dann ist zumeist das, was als Selbstkonzept bisher Schutz und Sicherheit bot, grundlegend erschüttert oder gar zerstört worden.

Ziele der Therapie lägen in der behutsamen Reflexion bisheriger Lebensleitorientierungen, der Ermöglichung eines Beziehungslernens zur Selbstaktualisierung und in der Verbesserung persönlicher Möglichkeiten, sich offen auf neue Erfahrungen einzulassen.

Diese Ziele werden m.E. gegenwärtig am besten in jenen Therapieformen realisiert, in denen eine Reflexion eigener Interessen und Bedürfnisse mit konkreten therapeutischen Beziehungserfahrungen verbunden werden. Beziehungserfahrungen zur sinnstiftenden Selbstaktualisierung werden vorrangig in psychodynamisch orientierten Behandlungskonzepten wie auch in der Gesprächspsychotherapie angezielt und realisiert – auch wenn die therapeutische Arbeit an Beziehung und Übertragung keinesfalls die einzige Strategie der Therapeuten bleiben sollte. In gewisser Hinsicht kann auch noch eine Kognitive Therapie empfohlen werden, dies v.a. dann, wenn die jeweilige Persönlichkeitsstruktur von einer Neigung zur Dysphorie bzw. Depression unterlagert wird (nicht selten bei dependenten und zwanghaften Persönlichkeiten zu beobachten). In diesen Fällen sollte der Therapiefokus sowieso von der Regression bzw. Übertragung weg und stärker auf eine Realitäts-, Kontext- und Gegenwartsorientierung bezogen werden.

Es sind bis heute v.a. Fallberichte, aus denen sich ableiten läßt, daß die von mir vorgenommene Wertung plausibel ist. Nur ein Beispiel: So berichten etwa Verhaltenstherapeuten über Schwierigkeiten und Compliance-Problemen bei Patienten mit zwanghafter Persönlichkeit, die schon damit beginnen, mit den Betroffenen zu einem tragfähigen Konsens über Therapieziele zu gelangen (vgl. Turkat 1990). Andererseits berichten psychodynamisch orientierte Therapeuten über gute Erfahrungen, zwanghafte Persönlichkeitsstörungen selbst im psychoanalytischen Langzeitsetting zu behandeln (Salzman

1989). Anmerkung: Mit zwanghafter Persönlichkeitsstörung sind keine Zwangsstörungen gemeint. Zwangsstörungen unterscheiden sich grundlegend von der zwanghaften Persönlichkeitsstörung (auch wenn einzelne Autoren diese empirisch nicht haltbare Ansicht vertreten; vgl. Fiedler 1995). Zwangsstörungen können heute am besten in einer strukturierten Verhaltenstherapie behandelt werden (vgl. Reinecker 1991).

Strukturierte Therapieangebote zum Aufbau zwischenmenschlicher Autonomie

Jetzt rückt erstmals die Beziehungs- und Konfliktdimension des Polaritätenmodells in den Mittelpunkt und damit jene Patienten, deren interaktionelle Eigenarten deutlich machen, daß sie sich zu nachgiebig und unterwürfig verhalten (dependent, selbstunsicher, schizotypisch). Bisherige Forschungsarbeiten stützen den Vorschlag, daß der Aufbau zwischenmenschlicher Autonomie am besten durch strukturierte Therapieangebote angestrebt und erreicht werden kann, wie sie heute am besten in einer verhaltenstherapeutischen Behandlung realisierbar sind. Therapeuten sollten nicht „einsichtsorientiert" zuwarten, bis Autonomie sich entfaltet. Die vergleichende Therapieforschung läßt heute unzweifelhaft schlußfolgern, daß die strukturierte Einübung sozialer Fertigkeiten (z.B. mit einem Training sozialer Fertigkeiten in Gruppen) gerade mit Blick auf eine prosoziale Autonomieentwicklung jeder einsichtsorientierten Therapie nicht nur gleichwertig, sondern zumeist überlegen ist (vgl. Grawe et al. 1994).

Dort, wo Gruppenarbeit nicht oder nur begrenzt möglich ist, oder in Fällen, in denen die Gruppenarbeit sinnvoll um eine Einzeltherapie ergänzt werden sollte, kann an interpersonell orientierte Therapieformen gedacht werden. Es bleibt jedoch zu beachten, daß für die interpersonelle Psychotherapie bei dependenten, selbstunsicheren oder schizotypischen Persönlichkeitsstörungen bis heute nur Fall- und Erfahrungsberichte vorliegen (vgl. Benjamin 1995); Forschungsarbeiten stehen noch aus. Ähnliches gilt für psychodynamisch oder gesprächspsychotherapeutisch orientierte Behandlungen.

Das führt zum ersten Mal zu dem Punkt, daß sich für eine (nämlich die dependente) Persönlichkeitsstörung offensichtlich zwei unterschiedliche Therapiestrategien empfehlen. Es ergibt sich zwangsläufig mehrmals, wenn man das bedürfnistheoretische Polaritätenmodell

gründlicher durchdenkt. Die Lösung solcher Indikationsprobleme ist am konkreten Einzelfall zu diskutieren. Bei einigen dependenten Patienten empfiehlt sich vielleicht eine Sukzession beider Strategien (personenorientierte Sinnaktualisierung vor der Entfaltung zwischenmenschlicher Autonomie). Bei anderen dependenten Patienten könnte auf eine solche Sukzession verzichtet werden, z.B. wenn bereits eigene Interessen und Bedürfnisse durch die Betroffenen artikuliert und ausgedrückt werden können. Dependenz ist nicht gleich Dependenz. Und das gilt es jeweils bei allen Persönlichkeitsstörungen zusätzlich zu bedenken. Das Bedürfnismodell bietet – wegen seiner Polaritäten-Dynamik – immer mehrere unterschiedliche Bewertungsaspekte und damit bedenkenswerte unterschiedliche Ziele.

Interpersonell orientierte Therapieangebote zur Förderung von Bindungskompetenzen und von Vertrauen in soziale Beziehungen

Die Polaritätendynamik des Bedürfniscircumplexes wird besonders deutlich bei jenen Personen, deren persönliche Interaktionseigenarten durch Dominanz und die Neigung, andere zu unterdrücken oder sich von anderen zu isolieren, bestimmt wird (schizoid, paranoid, dissozial). Zwei der oben gegebenen Empfehlungen können zunächst beibehalten werden: Bei „schizoid" denke man an ein einsichts- und beziehungsorientiertes Behandlungssetting zur Erhöhung von Selbstaktualisierung und Offenheit gegenüber zwischenmenschlichen Erfahrungen; bei „dissozial" bevorzuge man ein klar strukturiertes, norm- bzw. werteorientiertes Behandlungskonzept.

Gleichzeitig sollte bei diesen Störungen bedacht werden, daß wichtige weitere Behandlungsziele eine Förderung von Bindungskompetenzen sowie eine Vergrößerung des Vertrauens in soziale Beziehungen darstellen. Wie das konkret erreicht werden kann, ist nach wie vor unklar; denn zu wenig haben Therapieforscher bisher über diese Therapieziele bei genau diesen Störungen nachgedacht. Für alle drei Störungen gilt nämlich gleichermaßen, daß sich Autoren und Forscher viel lieber mit der diesen Störungen zugrundeliegenden Dynamik und ihren Ursachen befaßt haben, als Perspektiven dafür zu entwickeln, wie diese Bedingungen erfolgreich beeinflußt werden könnten. Das gilt in besonderer Weise für die paranoide Persönlichkeitsstörung (vgl. jedoch nachfolgend).

Therapieangebote mit Fokusbildung im Bereich konkreter zwischenmenschlicher Krisen und Konflikte

Die Behandlungsempfehlung bei paranoider Persönlichkeitsstörung soll die drei im Polaritätenmodell eng assoziierten Persönlichkeitsstörungen mit einschließen (also die negativistisch-widerständigen Charaktere, die narzißtischen Personen sowie die histrionischen Persönlichkeiten). Egal, für welches therapeutische Grundkonzept man sich bei diesen vier Störungen entscheidet, Psychotherapeuten sollten folgende allgemeine Leitlinien beachten (vgl. Beck et al. 1993, Benjamin 1995, Millon 1996).

Eine Exploration und Behandlung der im Vordergrund stehenden, vermeintlich störenden Personeneigenarten sollte zunächst nicht erfolgen (also zunächst keine Fokussierung der paranoiden kognitiven Konstruktionen, der Gründe für Negativismus und Widerständigkeit, der Überwertigkeitsphantasien narzißtischer Patienten bzw. der schauspielerischen Ablenkungsneigung histrionischer Personen). Statt dessen sollte sich der Therapeut eher als vertrauenswürdiger und sachlich arbeitender Begleiter in eine Therapie zwischenmenschlicher Krisen und Konflikte einbringen. Als ein Weg zur Beschäftigung mit den persönlichkeitsbedingten Schwierigkeiten im konkreten Lebensalltag wird von den meisten Autoren denn auch die Suche nach konkreten Alternativen zur Erreichung persönlicher Ziele und Wünsche angesehen, die gegenüber konkret benennbaren Konfliktpartnern bestehen. Das meint „Fokusbildung": Real gegebene Streß- und Konfliktsituationen im Alltag der Betroffenen und die damit assoziierten Konflikte und Ambivalenzen sind die wichtigsten Anknüpfungspunkte einer in dieser Hinsicht konsequent inhaltlich strukturierten Therapie. Eine Fokusbildung wird empfohlen mit dem Ziel, das Vertrauen in genau diese Beziehungskonstellationen – wo immer möglich – erneut herzustellen oder neu anzuregen und zu festigen.

Alle vier Störungen sind im Kern Feedback-Störungen. Und eines ihrer prominenten gemeinsamen Merkmale liegt in einem mehr oder weniger ausgeprägten Mangel an Empathie. Auch hieraus ergeben sich lohnenswerte weitere Ziele:

- prosoziales Feedback geben lernen,
- mit negativem wie positivem Feedback umgehen lernen.

Selbst Empathie könnte direkt eingeübt werden (wie dies interessanterweise von Verhaltenstherapeuten bei narzißtischen Persönlichkeitsstörungen bereits empfohlen und praktiziert wird; vgl. Turkat 1990). Wo direkte Einübung konzeptuell nicht vorgesehen ist, sollte zumindest der Therapeut kontinuierlich als Empathie-Modell wirken.

Leider sind es offensichtlich gerade diese vier Störungen, die für viele Therapeuten eine besondere Hürde darstellen, bei „Empathie" als einer der zentralen Therapeutenmerkmale zu bleiben. Damit komme ich zum Schluß, nämlich zur therapeutisch ebenfalls bedeutsamen Perspektive der

5.5 Persönlichkeitsstörungen als persönliche Kompetenzen

Wie Supervisionserfahrungen verdeutlichen, neigen viele Therapeuten gerade bei den vier letztgenannten Störungen viel zu schnell dazu, sich in einen Diskurs mit den Patienten über die vermeintliche interaktionelle Problematik ihrer Personeneigenarten zu verwickeln. Sie übersehen, daß sie mit einer solchen „Konfrontation" spezifische Kompetenzen der Patienten kritisieren. „Konfrontation" ist bei vielen Persönlichkeitsstörungen, zumindest zu Beginn der Behandlung, eine ungeeignete Strategie. Denn eine Persönlichkeits-Verortung im Bedürfnis-Raum verweist immer zugleich darauf, wo die persönlichen Stärken der Betroffenen liegen. Persönliche Stärken und damit Kompetenzen von Patienten kritisch zu hinterfragen, kann nur bedeuten, daß es solchermaßen konfrontativ arbeitende Therapeuten mit gut eingeübten Widerständigkeiten zu tun bekommen (nämlich genau mit der autonom vertretenen Rechthaberei paranoider Persönlichkeiten, mit einer vermeintlich autonom vertretenen Selbstbezogenheit narzißtischer Patienten, mit dem Abwehrverhalten negativistischer Personen oder mit dem ebenfalls sicher vorgetragenen Rollenverhalten histrionischer Patienten) – und genau deshalb werden Therapeuten mit einer zu vorschnellen Konfrontation als Therapiestrategie „unterliegen" oder „versagen".

Damit ist jetzt zum Schluß gesagt, daß als Ziele der Therapie von Persönlichkeitsstörungen (wenigsten zu Beginn der Behandlung) zunächst jene Bereiche im Polaritätenmodell ausgesucht und festgelegt werden sollten, in denen sich die Patienten z.Z. (noch) nicht oder nicht mehr befinden. Dies sind Beziehungs- und Bedürfnismuster, die ihnen fremd sind oder fremd geworden sind. Dort jedoch, wo Patienten sich aktuell im Bedürfnisraum befinden, sollten kritische Diskussionen vermieden werden, dies selbst dann, wenn die Personeneigenarten der Patienten zunächst ausgesprochen dysfunktional, bizzar und fremdartig anmuten. Empathie und therapeutische Wertschätzung der Patienten sollte die vorrangige Strategie bleiben, bis sich eine tragfähige therapeutische Beziehung aufgebaut hat.

Für Abweichungen von Empathie und Wertschätzung der Person des Patienten als therapeutischem Basisverhalten gibt es eigentlich nur eine Ausnahme: selbst- und/oder fremddestruktives Verhalten. „Gewalt gegen sich selbst" oder „Gewalt gegen andere" (hier beides gemeint in einem ethisch begründbar weiten Sinn) sollten Therapeuten immer und möglichst unmittelbar mit dem Hinweis auf ihre nicht akzeptierbaren ethischen oder gar rechtlichen Konsequenzen oder auch mit Blick auf persönlich schädigende Folgen unterbinden. Dies wird ebenfalls konvergent von Autoren unterschiedlicher Therapieschulen empfohlen (vgl. Fiedler, 1996). Aber selbst diese psychoedukative Strategie wird wohl nur dann ihre therapeutisch intendierte Wirkung entfalten, wenn sie integraler Bestandteil des hier empfohlenen Therapiegrundprinzips empathischer Wertschätzung gegenüber der persönlich gelebten „Andersartigkeit" von Patienten ist und bleibt. Empathische Wertschätzung bedeutet nicht Akzeptanz, vielmehr unverzichtbaren Respekt vor den persönlichen Schwierigkeiten der Patienten. Funktionale, integrierte und prosoziale Personeneigenarten und Verhaltensmuster sind sowieso erst mittel- oder langfristige Ziele in einer Psychotherapie persönlichkeitsgestörter Menschen und schon deshalb zu Beginn der Behandlung eher weniger häufig zu erwarten.

5.6 Literatur

Arbeitskreis OPD (Hrsg.) (1996): Operationalisierte Psychodynamische Diagnostik. Grundlagen und Manual. Huber Bern.

Bastine, R. (1986): Entwicklungen und Kontroversen in der Klinischen Psychologie. In: M. Amelang (Hrsg.): Bericht über den 35. Kongreß der Deutschen Gesellschaft für Psychologie in Heidelberg. Bd. 2, 501-513. Hogrefe Göttingen.

Beck, A.T., Freeman, A. et. al. (1993): Kognitive Therapie der Persönlichkeitsstörungen. PsychologieVerlagsUnion Weinheim.

Becker, P. (1995): Seelische Gesundheit und Verhaltenskontrolle. Hogrefe Göttingen.

Benjamin, L.S. (1995): Interpersonal diagnosis and treatment of personality disorders. 2nd ed. Guilford New York.

Fiedler, P. (1994): Störungsspezifische und differentielle Indikation: Gemeinsame Herausforderung der Psychotherapieschulen. Oder: Wann ist endlich Schluß mit dem Unsinn der Konkurrenz. Psychotherapie Forum 2, 20-29.

Fiedler, P. (1995): Persönlichkeitsstörungen. 2. Aufl. PsychologieVerlagsUnion Weinheim.

Fiedler, P. (1996): Psychotherapeutische Ansätze bei Persönlichkeitsstörungen: Gemeinsamkeiten und Unterschiede. In: B. Schmitz, T. Fydrich, K. Limbacher (Hrsg.): Persönlichkeitsstörungen: Diagnostik und Psychotherapie. 200-218. PsychologieVerlagsUnion Weinheim.

Fiedler, P. (1997): Personality disorders: Therapeutic strategies. Paper, international conference „Personality and personality disorders as risk and as protective factors in major psychiatric disorders". Ringberg Castle near Munich, April 1997.

Fydrich, T., Schmitz, B., Dietrich, D., Heinicke, S., König, J. (1996): Prävalenz und Komorbidität von Persönlichkeitsstörungen. In: B. Schmitz, T. Fydrich, K. Limbacher (Hrsg.): Persönlichkeitsstörungen: Diagnostik und Psychotherapie. 56-90. PsychologieVerlagsUnion Weinheim.

Gasiet, S. (1981): Menschliche Bedürfnisse. Eine theoretische Synthese. Campus Frankfurt.

Grawe, K., Caspar, F., Ambühl, H. (1990): Die Berner Therapievergleichsstudie. Zeitschrift für Klinische Psychologie 19, 4.

Grawe, K., Donati, R., Bernauer, F. (1994): Psychotherapie im Wandel. Von der Konfession zur Profession. Hogrefe Göttingen.

Gunderson, J.G. (1992): Diagnostic controversies. In: A. Tasman, M.B. Riba (eds.): Review of psychiatry 11, 9-24. American Psychiatric Press Washington DC.

Gunderson, J.G., Links, P.S., Reich, J.H. (1991): Competing models of personality disorders. Journal of Personality Disorders 5, 60-68.

Horowitz, L.M., Strauß, B., Kordy, H. (1994): Inventar zur Erfassung Interpersonaler Problem–Deutsche Version (IIP-D). Beltz-Test Weinheim [neuerlich Hogrefe Göttingen].

Hull, J.W., Clarkin, J.F., Kakuma, T. (1993): Treatment response of borderline inpatients. A growth curve analysis. Journal of Nervous and Mental Disease 181, 503-509.

Kernberg, O.F. (1984): Severe personality disorders. Yale University Press New Haven. [dt. (1991): Schwere Persönlichkeitsstörungen. Theorie. Diagnose, Behandlungsstrategien. 3. Aufl. Klett-Cotta Stuttgart.]

Kernberg, O.F., Selzer, M.A., Koenigsberg, H.W., Carr, A.C., Appelbaum, A.H. (1989): Psychodynamic Psychotherapy of Borderline Patients. Basic Books New York. [dt. (1993): Psychodynamische Therapie bei Borderline-Patienten. Huber Bern].

Linehan, M. (1993): Cognitive behavioral treatment of borderline personality disorder. Guilford Press New York. [dt. (1996): Dialektisch-Behaviorale Therapie der Borderline-Persönlichkeitsstörungen. CIP-Medien München.

Linehan, M.M., Heard, H.L., Armstrong, H.E. (1993): Naturalistic follow-up of a behavioral treatment for chronically parasuicidal borderline patients. Archives of General Psychiatry 50, 971–974.

Millon, T. (1990): Toward a new personology. An evolutionary model. Wiley New York.

Millon, T. (1996): Disorders of personality. DSM-IV and beyond. 2nd ed. Wiley New York.

Millon, T., Everly, G.S. (1985): Personality and its disorders: A biosocial learning approach. Wiley New York.

Reinecker, H. (1991): Zwänge. Diagnose, Theorien und Behandlung. Huber Bern.

Rogers, C.R. (1961): On becoming a person. Boston. [dt. (1973): Entwicklung der Persönlichkeit. Klett-Cotta Stuttgart.]

Rohde-Dachser, C. (1989): Das Borderline-Syndrom 4. Aufl. Huber Bern.

Roth, L.H. (1987): Clinical treatment of the violent person. Guilford Press New York.

Rudolf, G. (1996): Psychotherapeutische Medizin. Ein einführendes Lehrbuch auf psychodynamischer Grundlage. 3. Aufl. Enke Stuttgart.

Salzman, L. (1989): Compulsive personality disorder. In: American Psychiatric Association (ed.): Treatments of psychiatric disorders 3, 2771–2782). American Psychiatric Association Washington DC.

Sullivan, H.S. (1953): The interpersonal theory of psychiatry. Norton New York. [dt. (1980): Die interpersonelle Theorie der Psychiatrie. Fischer Frankfurt a.M.]

Turkat, I.D. (1990): The personality disorders. A psychological approach to clinical management. Pergamon Press New York. [dt. (1996): Die Persönlichkeitsstörungen. Ein Leitfaden für die klinische Praxis. Huber Bern.]

6 Systemische Behandlung von Persönlichkeitsstörungen

U. Brandenburg

6.1 Einleitung

Am Falle einer Patientin, die aufgrund einer chronischen, extremen Belastungssituation in Form von sexueller Gewalt die Symptomatik einer schweren Persönlichkeitsstörung entwickelt, soll systemisches Denken und Handeln in bezug auf Diagnostik und Therapie deutlich gemacht werden. Dazu wird ein kurzer theoretischer Überblick gegeben sowie auch systemisches Handwerkszeug vorgestellt. Die Arbeit schließt mit einer kurzen Auswertung.

6.2 Theoretischer Überblick

„Persönlichkeitsstörung, gestörte Persönlichkeit" – große Worte, machtvolle, sprachdefinitorisch hochpotente Kategorisierungen –, die den Eindruck erwecken, als sei die „gestörte" Person ein in sich geschlossenes, individuell gestörtes System. Umgebende Strukturen, Bindungen und Beziehungen tauchen in diesem Bild nicht auf.

Die interaktionelle Ebene, die das sog. persönlichkeitsgestörte Individuum mit anderen Individuen verbindet, ist nicht präsent. Diese interaktionelle Ebene ist Zentrum des systemischen Betrachtungs- und Behandlungsansatzes. Insbesondere am Beispiel der Psychopathologie der Persönlichkeitsstörungen läßt sich das systemische Verständnis von „Persönlichkeit" und ihrer sog. Störungen sehr gut deutlich und verständlich machen. Für Systemiker ist Persönlichkeit nichts anderes als ein soziales Konstrukt, ein Ausdruck von relativer, interpersoneller oder interaktioneller Realität. Dieses Verständnis steht im Gegensatz zu dem klassischen, konventionellen Verständnis der Persönlichkeitsstörung als einer absoluten, intrapersonellen Realität.

Theoretischer Vater dieses in seiner klinischen Anwendung immer noch sehr radikalen Denkens ist Gregory Bateson (1973). Bateson wurde um die Jahrhundertwende in die Welt des wissenschaftlichen und intellektuellen Englands hineingeboren. Im Rahmen seiner wissenschaftlichen Karriere wurde er zunächst bekannt durch seine anthropologischen Studien (während dieser Zeit war er verheiratet mit Margaret Mead). Die meiste Zeit seines Lebens verbrachte Bateson „zwischen" den Disziplinen und damit den wissenschaftlichen Welten. Dabei ging es ihm wie so vielen anderen, die – da keiner Disziplin ausschließlich zugehörig – immer ein wenig an Aufmerksamkeit und Anerkennung entbehrten. Dennoch war Bateson zeitlebens ein begeisterter, interdisziplinärer Forscher. Das Feld der systemischen Therapie ist vermutlich das einzige, das ihn für einen der entscheidendsten Denker dieses Jahrhunderts hält. Viele seiner Gedankenanstöße und damit seiner Fähigkeit, eine theoretische Basis für das systemische Feld zu entwickeln, verdankt er seiner Teilnahme an den „Macy Gründungskonferenzen" der 40er Jahre, die zur Entwicklung der Kybernetik, bekannter unter dem Namen „Systemtheorie" führten. In der Tat könnte man die Systemtheorie genau so gut die „Kybernetik der Psychologie" nennen.

Während die Kybernetik primär auf mechanische Systeme angewandt wurde, galt Batesons Interesse ihrer Anwendung auf menschliche Systeme. Das Wesentliche an einem kybernetischen System ist, daß es imstande ist, in bezug auf ein korrigierendes Feedback zu reagieren. Das bedeutet mit anderen Worten, daß die Energie, die ein System auswirft, in Form von Information in das System wieder zurückverfüttert wird mit dem Ziel, einen korrigierenden Einfluß zu nehmen auf den zukünftigen Auswurf. Das kann man sehr schön deutlich machen an einem Heizsystem. Ein Thermometer registriert, wenn die Raumwärme unterhalb eines bestimmten Parameters fällt. Das führt dazu, daß das System den Boiler dahingehend aktiviert, die Wärme im Raum wieder zu erhöhen. Sobald das Thermometer registriert, daß der Grad an Hitze den oberen Parameter erreicht hat, wird das System den Boiler wieder veranlassen, sich auszustellen. Dieses sehr einfache Prinzip findet seinen Niederschlag in aller möglichen Art von technischen Systemen und wird in der Tat auch in lebenden Systemen vorgefunden. Mittels dieses Prinzips gelingt es unseren Körpern, in einem homöostatischen Gleichgewicht zu bleiben, wodurch Blätter der Sonne entgegen wachsen, wodurch wir imstande sind, ein Auto zu steuern, etc.

In den frühen 60ern etablierte Bateson eine „Communication Research Group", um Anwendungsmöglichkeiten von systemischen Perspektiven auf Kommunikationssysteme zu erforschen. Ein erstes Ergebnis dieser Forschungsgruppe war eine Theorie des Spielens. Während Bateson im Bronxer Zoo spielende Tiere filmte, stellte er dabei fest, daß sich in ihrem Spiel zwei Ebenen von Kommunikation widerspiegelten. Die erste Ebene glich eher dem Erscheinungsbild einer Attacke, eines Angriffs, wurde aber modifiziert durch das, was Bateson „Metakommunikation" nannte. Mit Metakommunikation bezeichnete er die Kommunikation über die Kommunikation. Beim Spiel der Tiere drückte diese Metakommunikation aus, daß das, was auf der direkten Ebene der Kommunikation wie eine Attacke wirkte, auf der Metaebene als Spiel gemeint war und als solches auch verstanden wurde. Es ist die Metakommunikation, die den Rahmen für die Kommunikation bildet, bzw. der direkten Kommunikation ihre Bedeutung gibt. Kommunikation und Metakommunikation können von ein und derselben Art sein, können sich beide im sprachlichen Bereich, können sich genauso gut beide im Bereich von Verhaltensmustern ausdrücken. Ebenso kann eine Ebene im Verbalen, in der Sprache und die andere im Verhalten liegen (z.B. wenn jemand Ihnen versichert, er würde nun ganz bestimmt etwas für Sie tun, Sie aber gleichzeitig in Ihrem Vertrauen auf sein Tun verunsichert sind, weil er seine beteuernden Worte konstant mit einem leichten Kopfschütteln begleitet, seine Gesamtkommunikation damit also inkongruent ist).

Kongruenz und Inkongruenz sind ein wichtiger Faktor im Rahmen von menschlicher Kommunikation. Jeder von uns hat schon mehrfach den berühmten Satz gehört: „Natürlich möchte ich nicht, daß Du das persönlich nimmst ... „. Der oder die Sprecherin dieses Satzes gibt dem oder der Angesprochenen zwei Botschaften. Auf der einen Seite fordert dieser Satz dazu auf, sich angegriffen zu fühlen, auf der anderen Seite dazu, wahrzunehmen, daß dieser Angriff überhaupt nicht intendiert gewesen sei. Diese Ebenen von Kommunikation sind extrem komplex. So kann z.B. das eben beschriebene Beispiel die Kommunikation eines Menschen beschreiben, der den anderen tatsächlich angreifen will, nicht aber die Verantwortung für die von ihm ausgehende Attacke übernehmen will. Diese inkongruente Botschaft hört sich auf der Seite des Empfängers nicht ganz einfach an, blockiert ihn/sie darin, angemessen und gerechtfertigt zu reagieren. Er/sie ist in einem klassischen „double-bind". Akzeptiert er die Botschaft des Absenders, „es ist doch nicht so gemeint", muß er die eigene Wahrnehmung, sich durch das Gesagte angegriffen zu fühlen, verleugnen. Akzeptiert er, daß er sich durch das Gesagte angegriffen fühlt, muß er in Kauf nehmen, daß seine Reaktion von vornherein als ungerechtfertigt be- bzw. entwertet wird. Eine solche Situation macht es schwierig, überhaupt irgendwie zu reagieren. Die Essenz des „double-binds" ist, daß wir verdammt sind, egal was wir tun.

Batesons Entdeckung dieses Kommunikationsmusters führte zu der double-bind Theorie der Schizophrenie. Diese spricht erstmalig von schizophrenogenen Familien. Gemeint sind damit Familiensysteme, deren primäres und vorrangiges Kommunikationsmuster das double-bind ist. In dieser Theorie wird Schizophrenie als eine mögliche Antwort auf kontinuierliche double-bind Kommunikationsstrukturen beschrieben. Kontinuierlich einem Interaktionsmuster ausgesetzt zu sein, in dem eigene Wahrnehmungen als unwahr und eigene Reaktionen als ungerechtfertigt gedeutet werden, kann dazu führen, daß die einzige Möglichkeit für ein Individuum, mit dieser Situation fertig zu werden, darin besteht, sich diesem Konflikt psychotisch zu entziehen, man könnte auch sagen, diesen Konflikt psychotisch auf die Spitze zu treiben. (Psychotiker fügen im Rahmen ihrer psychotischen Wahrnehmung immer noch eine Vielzahl weiterer Realitätsebenen und Perspektiven hinzu). Mit dieser Theorie tritt Bateson in den Bereich der Psychiatrie ein und beeinflußt diesen maßgeblich. Bis heute werden auf der Basis seiner Erkenntnisse systemische Ideen im Bereich von psychiatrischer Diagnostik und Therapie weiterentwickelt, vernetzt und in praktische Handlungskonzepte umgesetzt und sind mittlerweile aus dem therapeutischen Alltag nicht mehr wegzudenken. Diese Konzepte sind ein klarer Hinweis darauf, daß Bateson sich im Laufe seines wissenschaftlichen Lebens – das Thema Kommunikation einkreisend – mehr und mehr für den Fokus „Beziehung" entschied. Als Anthropologe beobachtete er die Interaktion von Menschen mit dem Ziel, aus ihren sozialen Regeln und damit aus der Art, wie sie Beziehungen herstellten, einen Sinn, eine Bedeutung ableiten zu können. Im Bereich der Kybernetik arbeitete er mit einer Disziplin, deren Fokus sehr viel mehr auf dem System lag als auf seinen unterschiedlichen Komponenten. In puncto Kommunikation erforschte er das Verhalten von Subjekten in Beziehungen zwischen zwei oder mehr Tieren oder Menschen. Diese Orientierung durchdrang zutiefst sein Denken und stellte den Nährboden dafür dar, daß Bateson eine Epistemologie der Beziehungen entwickelte, die in krassem Gegensatz zu der typisch westlichen Epistemologie, einer Epistemologie der Objekte steht.

Der Einfluß von Batesons Gedanken auf die systemische Therapie war sehr direkt und sehr umfassend. Mitglieder seiner „Communcation Research Group", wie Jay Haley und John Weakland wie auch assoziierte Mitglieder, wie Virgina Satir, begannen, das Feld der Familientherapie zu etablieren, ein Feld der Psychotherapie, das synonym ist mit systemischer Therapie. Es war verständlich, daß die Familie als System mehr und mehr an diagnostischem wie therapeutischem Interesse gewann. Zum einen hatten die systemischen Erkenntnisse im Rahmen der Schizophrenieforschung dazu beigetragen, zum anderen die Tatsache, daß der Dreh- und Angelpunkt systemischen Denkens wie auch systemischer Therapie die interpersonelle Ebene und damit die Beziehungsebene ist. Und wo gibt es schon soviel Beziehung wie in Familien?

An dieser Stelle sei einer kleiner historischer Überblick über das Wirken und Miteinanderwirken der Gründungsmütter und -väter der systemischen Therapie gegeben. Es muß eine unheimlich bewegende Zeit gewesen sein – natürlich auch beseelt vom Zeitgeist der späten 50er und frühen 60er Jahre –, als Leute, wie Virgina Satir, Jay Haley, Paul Watzlawick, Gregory Bateson sich aufmachten, systemisches Denken zu entwickeln und in Form von Familientherapie auf Familien anzuwenden.

„Diese frühe Periode war aufregend für diejenigen von uns, die mit Familien zu arbeiten begonnen hatten, denn wir bewegten uns auf völlig neuem Gebiet. Es war ängstigend, sich über die Grenzen des Erlaubten hinaus zu wagen, denn wir setzten theoretisch und manchmal buchstäblich unser berufliches Ansehen aufs Spiel", Satir (zit. nach Jürgens u. Salm 1984, in: Schlippe u. Schweitzer 1996).

Es ist leicht vorstellbar, daß neben allem Faszinierenden, neben allem Pioniergeist, der diese Gruppe energetisch trug, ihr auch eine gehörige Portion Kritik und Ablehnung entgegen schlug. So stellte doch die von ihr vorgegebene neue Denk- und Arbeitsrichtung eine eklatante Provokation für das bisher gültige psychotherapeutische Denken dar. Angesichts des allgemeinen Widerstandes war es um so wichtiger, sich international zu vernetzen. Das bedeutendste Zentrum war sicherlich Palo Alto, wo später das Mental Research Institute entstand, gegründet von Virgina Satir. Die Crew derer, die dort arbeiteten, setzte sich zusammen aus berühmten Namen wie Paul Watzlawick, Jay Haley wie auch Gregory Bateson. Auch war es dieses Institut, in dem die bereits erwähnte double-bind-Theorie entwickelt wurde. Ein anderes berühmtes „systemisches" Team war das um die Mailänderin Mara Selvini-Pallazoli. Allein die Biographie dieser Frau zu studieren, ist außerordentlich beeindruckend. Sie war die höhere Tochter einer angesehenen aristokratischen Mailänder Familie, studierte zunächst bei Cremerius und Benedetti, wurde Analytikerin und arbeitete vornehmlich mit magersüchtigen Mädchen. Eine Schnittstelle ihres beruflichen Lebens war der Kontakt mit Batesons Werken, der ihr weiteres Denken und Arbeiten grundlegend veränderte. Diesen Wandel von einem analytischen zu einem systemischen Ansatz beschreibt sie einprägsam in ihrem Buch „Magersucht". Mit drei anderen Ärzten und Analytikern (Boskolo, Cecchin und Prater) schloß sie sich zusammen im Rahmen eines ersten italienischen familientherapeutischen Zentrums und entwickelte das berühmte „Mailänder Modell", ein nach wie vor auch heute noch gültiges Konzept systemischer Therapie.

Auch in Deutschland gab es sehr bemerkenswerte Ansätze von Entwicklung und Etablierung systemischen Denkens. Es waren ähnlich wie in Italien die Psychoanalytiker, die systemisches Gedankengut integrierten und therapeutisch umsetzten, so die Heidelberger Gruppe um Helm Stierlin wie auch die Gießener Gruppe um Horst Eberhard Richter. Die Arbeitsgruppe um Kurt Ludewig widmete sich stark der theoretischen Weiterentwicklung systemischer Konzepte unter Bezugnahme auf die Werke von Maturana und Varela. Auch der Weinheimer Gruppe gebührt Anerkennung, die hoch engagiert die Weiterbildung in systemischer Familientherapie in die Hand nahm, wie auch auf theoretischer Ebene die Weiterentwicklung von integrativen systemischen Konzepten vorantrieb. Reger Austausch herrschte z.T. auch mit den Schweizer Kollegen und Kolleginnen, die an der Systemtherapie interessiert und engagiert waren, wie Dus von Werth, Jürg Willi und Rosemarie Welter-Enderlin.

Der gemeinsame Ansatz der oben genannten Systemiker und Systemikerinnen, Patienten und Patientinnen, ihre Störungen und ihre sozialen Systeme als ein miteinander korrespondierendes, interdependentes System zu betrachten, zu verstehen und zu behandeln, hat natürlich auch einen einschneidenden Einfluß darauf, wie sich die sog. Persönlichkeitsstörungen unter einer systemischen Perspektive darstellen. In der Umgangssprache ist Persönlichkeit etwas, das man hat. Sie ist eine Art Eigenschaft eines Individuums. Und dennoch, so stellt Bateson heraus, können diese Eigenschaften nicht außerhalb einer Beziehung existieren. Eine Person kann nicht abhängig sein, ohne einen anderen Menschen, von dem sie abhängig ist. Genauso kann eine Person nur in bezug auf die Art ihres persönlichen Engagements in sozialen Beziehungen als narzißtisch oder schizoid bezeichnet werden.

Bateson identifizierte zwei primäre Strukturen in Beziehungen: die symmetrische und die komplementäre. Wenn eine Beziehung symmetrisch ist, agieren beide Seiten, beide Partner dieser Beziehung in ein und demselben Verhaltensmuster, z.B. wenn eine Person den anderen darin, noch toller, noch grandioser zu sein, übertrumpfen will. Sofern eine Beziehung komplementär ist, spielt jede der beiden Seiten eine unterschiedliche, eine entgegengesetzte Rolle, z.B. wenn eine Person dominant ist, die andere angepaßt, abhängig oder unterwürfig. Interessant ist es, daß für die Beschreibung einer Beziehung rein sprachlich eine Vielzahl sog. Eigenschaftswörter unerläßlich ist.

Eine gesunde Beziehung bewegt sich vor und zurück, hinein und hinaus sowohl aus symmetrischen wie auch aus komplementären Strukturen. Sie ist nicht statisch, sondern korrigiert sich ständig. Ein Charakteristikum von Menschen mit Persönlichkeitsstörungen ist die Rigidität ihrer Beziehungen, die Rigidität, mit der sie an im allgemeinen komplementären Beziehungssystemen festhalten, in denen sie immer wieder dieselben starren Positionen einnehmen und diese damit natürlich auch dem oder der anderen unbewußt zuteilen. Wie in einem Teufelskreis entgegen ihren eigenen Interessen gefangen, inszenieren sie unaufhörlich Beziehungssysteme, in denen die anderen, die Beziehungspartner wie von Zauberhand in die komplementäre Rolle verwunschen werden. Auf welcher Art von unbewußten Abwehrmechanismen diese Inszenierungen beruhen, darauf sei in diesem Artikel nicht eingegangen. Wichtig ist es, die Starrheit ihrer Beziehungssysteme zu bemerken, die unbewußte Inszenierung dahinter zu verstehen und Impulse zu geben, diese bestehende Starrheit zu irritieren und damit für den Patienten/die Patientin veränderbar zu machen. Das Drama einer festgelegten, unglücklich machenden Beziehungsstarrheit ist auch in den therapeutischen Beziehungen deutlich wahrnehmbar.

Das theoretische Interesse von Systemtherapeuten erlosch nicht, als Bateson 1980 starb. Ähnlich interdisziplinär wie Bateson setzten es andere Forscher und Forscherinnen fort. Unter ihnen zwei chilenische Biologen, Humberto Maturana und Francisco Varela (1980), die das Konzept der Autopoiese entwickelten. Darüber wurde das geboren, was wir heute „Selbstorganisation" nennen. Dieses Konzept war sehr hilfreich für die Differenzierung der ursprünglichen Annahme der Kybernetik, daß gesunde Systeme homöostatische Systeme seien, deren Homöostase sich über eine stete Angleichung zwischen Ist- und Sollzustand kontinuierlich aufrechterhält. Entsprechend hatte man geglaubt, daß drastische psychotherapeutische Interventionen auch drastische Bewegungen innerhalb des Systems verursachen würden. Zum Glück entsprach dieser Traum von therapeutischer Omnipotenz nicht der Wahrheit. Vielmehr wiesen Maturana und Varela in ihren Untersuchungen an biologischen Zellsystemen eine autonome Selbstorganisationslogik lebender Systeme nach. Viel unabhängiger als bisher angenommen, konfigurieren und rekonfigurieren sich

Zellsysteme in einer ihnen eigenen, individuell-adäquaten Form. Dabei verfügen sie über klare Grenzen und sind grundsätzlich autonom. Von äußeren Einflüssen sind sie sehr viel unabhängiger als bisher angenommen. Insofern sind auch die Einflußnahmen durch psychotherapeutische Interventionen nicht mehr plan- und steuerbar. Statt planbarer Veränderung taucht der Begriff „Irritation" auf. Auf der Basis dieses neuen Wissens wird die Psychotherapie sehr viel mehr verstanden als eine Art Irritation des Systems, durch das dieses – sofern es auf die Irritation reagiert – die Möglichkeit der Rekonfiguration hat. Diese revolutionär anmutenden, systemtheoretischen Erkenntnisse werden erhärtet im Rahmen der Komplexitäts- und Chaostheorie. Prigogine u. Stengers (1985) kommen zu ähnlichen Ergebnissen. Im Rahmen seiner Untersuchungen der „dissipative structures" wies er nach, daß Systeme, die aufgrund von Perturbation massiv aus dem Gleichgewicht gekommen waren, mit Hilfe des hohen Energieflusses, der aufgrund der heftigen Perturbation das System durchströmte, in die Lage versetzt worden waren, sich auf einer Organisationsstufe höherer Ordnung zu rekonfigurieren. Damit wies er nach, daß Systeme imstande sind, Entwicklungssprünge zu machen. Diese theoretischen Erkenntnisse auf den psychotherapeutischen Umgang mit pathologischen Systemen zu übersetzen, ist ausgesprochen aufregend. Zum einen bedeutet es, die autonome Selbstorganisationslogik lebender Systeme anzuerkennen, zum anderen erfordert es eine Neubewertung des sog. „Chaos". Das, was zunächst als Chaos erscheint, hat tatsächlich eine Ordnung. Hinter scheinbar chaotischer Komplexität steht oft eine äußerst simple Struktur. Genauso kann umgekehrt eine simple Initialbedingung einen Prozeß von unübersehbarer, florider Komplexität hervorbringen. Die Komplexitätstheorie (Waldrop 1992) geht davon aus, daß lebende Systeme am Rande des Chaos (the edge of chaos) zu Hause sind. Dort findet Leben statt, dort entsteht Kreativität. Psychopathologische Muster entwickeln sich nach ihrer Sicht dann, wenn der Organismus oder die Psyche gefangen sind in einem bestimmten Reaktionsmuster und damit unfrei geworden sind, sich zu rekonfigurieren. So entstehen rigide Systeme; Systeme also, die starr sind, die in ihrer Rekonfigurationsfähigkeit deutlich eingeschränkt sind. Diese Systeme gilt es, von therapeutischer Seite her zu irritieren, zu perturbieren. Über diese Perturbationen ist das System möglicherweise imstande, wieder in Bewegung zu kommen und seine lebenswichtige Flexibilität zwischen Chaos und Struktur wiederzufinden. Auf psychisch kranke Systeme übersetzt, kann dieser Prozeß der Veränderung mit großer emotionaler Verunsicherung einhergehen. Das System selbst erfährt ihn wie eine Umorientierung, wie eine Krise, wie ein Lösen von alten Konfigurationen, ohne bereits in neuen verankert zu sein. Es kann tiefe Angst innerhalb des Systems entstehen, die angesichts dessen, daß ungewiß ist, wohin sich das System bewegt, durchaus verständlich ist.

6.3 Systemisches Handwerkszeug

Mit dem Ziel, im Rahmen von Diagnostik und Therapie die interaktionelle Ebene transparent und veränderbar zu machen, sind auf der Basis von systemtheoretischen Erkenntnissen spezielle systemische Techniken entwickelt worden. Nur sehr verkürzt sollen diese hier vorgestellt werden. Ausführlich und sehr anschaulich sind sie von Schlippe u. Schweitzer (1996) beschrieben worden.

Gemein ist allen Techniken die Fokussierung von Beziehung und damit auch von Kommunikation. Über das Zirkuläre Fragen wird erreicht, daß Mitglieder eines Systems in Kontakt treten über das, was sie glauben, was sie übereinander denken, wie sie glauben, daß der oder die andere sie bewertet etc. Dabei werden zum einen Kommunikationsstrukturen deutlich, zum anderen entsteht durch die Offenlegung der unterschiedlichen Perspektiven übereinander neue Information, Austausch, Kontakt und Bewegung im System. Das führt sowohl inter- wie auch intrapersonell zu einer immensen Erweiterung der Perspektiven. Skulpturarbeit ist eine weitere Technik, die der Erweiterung der bestehenden Blickrichtung dient. Hier werden insbesondere non-verbale, assoziative, emotionale, z.T. sehr unbewußte Perspektiven dargestellt. Die Arbeit mit dem Genogramm verändert den Blick einzelner Individuen auf zurückliegende wie auch auf zukünftige Generationen. Darüber erhält das Problem der betroffenen Person eine andere Bedeutung. Indem es in ein sehr viel größeres Bild gerückt wird, verliert es an Schärfe und an persönlicher Schuld. Immer ist die Arbeit mit dem Genogramm eine hochpotente und über die Milde, die sie bringt, und die Schärfe, die sie nimmt, eine sehr heilende. Eine weitere zentrale

Technik ist die des Umdeutens. Durch veränderte Blickwinkel auf bisher negativ bewertetes Verhalten entsteht ein neues Verständnis für diese Verhaltensweisen und damit auch eine neue Be- bzw. Aufwertung. Darüber tun sich Ressourcen auf, die bisher nicht wahrgenommen und genutzt werden konnten. Ressourcenorientiertheit ist eine der ganz wichtigen Charakteristika systemischer Therapie. Ein weiteres Charakteristikum ist der Respekt vor dem Symptom, vor dem, was das Symptom für das System tut. So betrachtet systemische Therapie psychopathologische Symptome nicht a priori als negativ oder als Ausdruck von Defiziten, sondern versteht sie vielmehr als Schutzfunktion. Dieses Verständnis von Pathologie führt zu einer entlastenden Entpathologisierung des/der Indexpatienten/in. Ein weiteres Kennzeichen systemischer Therapie ist ihre Lebendigkeit und ihre Aktivität. Darin liegt eine gewisse Modellfunktion für die Patienten. Auch hilft sie ihnen in ihrem Versuch, etwas zu riskieren.

6.4 Fallbericht

Frau B., 42 Jahre, in zweiter Ehe verheiratet, ist Hausfrau und Mutter von 3 Kindern. Die Patientin sucht unsere Klinik auf, weil sie unter schweren Angstzuständen wie ausgeprägten, rezidivierenden depressiven Episoden leidet. Die Ängste sind von einer Art, daß sie ständig da sind, auch in Gegenwart ihres Mannes kaum abnehmen und von sehr konkreten Inhalten bestimmt sind. So kann sie nachts kaum schlafen, weil sie Angst hat, daß ihren Kindern etwas passieren könnte. Sie geistert durch die Wohnung, überprüft immer wieder, ob alle drei sicher und wohlbehalten in den Betten liegen, schläft nur mit einem Messer neben dem Bett.

Speicher und Keller betritt sie überhaupt nicht mehr aus Angst, dort könne sie jemand überfallen. Oft zuckt sie elektrisiert zusammen, weil sie das Gefühl hat, jemand stehe hinter ihr und sei im Begriff, sie zu überfallen. Daneben hat sie oft quälende Alpträume. Zudem berichtet sie über eine sexuelle Problematik. So leidet sie, seit sie sexuell aktiv ist, unter Schmerzen beim Geschlechtsverkehr, die in den letzten Jahren zunehmend stärker werden. Eigene sexuelle Erregung, sei es durch Selbstbefriedigung oder auch durch Stimulation durch den Partner hat sie nie kennengelernt. Sich selbst zu berühren, allein schon sich anzusehen oder einzucremen, löst Gefühle von Ekel und Wi-

derwillen in ihr aus. Diese sexuelle Aversion nimmt in den letzten Jahren zu, so daß sie kaum noch mit ihrem Mann verkehren kann. Wenn sie es tut, hat sie Schmerzen dabei und muß sich teilweise anschließend übergeben. Über Jahre hin konnte sie diese Gefühle unterdrücken und regelmäßig mit ihrem Mann schlafen, indem sie sich nachmittags unter den Einfluß alkoholischer Drogen setzte. Da sie dabei aber mehr und mehr verfiel und nicht mehr imstande war, adäquat ihre Kinder zu versorgen, führte sie von jetzt auf gleich in eigener Verantwortung einen Entzug durch, der ihr unter Qualen gelang. Seither ist sie „trocken". Die gesamte psychische Problematik aber, die Ängste, die depressiven Verstimmungen wie auch die sexuelle Problematik nimmt seit diesem Zeitpunkt deutlich zu, bzw. ist von einer für sie unerträglichen Bewußtheit.

Die Geschichte, die diese Patientin erzählt, klingt wie ein Märchen – ein Märchen mit einem guten und einem bösen Teil.

Zunächst der gute Teil: Anna (so der erfundene Name der Patientin) wird als drittes von vier Mädchen geboren. Ihre Eltern haben sich auf der Flucht kennengelernt. Sie sind voller leidenschaftlicher Liebe füreinander. Vater liebt Mutters Stärke, ihre Romantik, ihr Interesse an Büchern, an Neuem und ihre Schönheit. Mutter liebt Vaters aufrechte Art, seinen Stolz, seine Liebe zur Philosophie und seine Passion zu debattieren. Die Familie ist arm. Dennoch vermögen die Eltern, ein sicheres, Geborgenheit gebendes Zuhause zu gestalten. Die Küche ist der Ort, wo man sich trifft, wo es auch im Winter immer behaglich ist. Wenn das Geld für Strom nicht mehr reicht, brennen Kerzen und Kohle. Der Vater liebt klassische Musik. Sonntag morgens setzt sich Anna oft zu ihm, wenn er „seine" Musik hört. Früh lernen die Kinder, das „tägliche Brot" der Familie zu organisieren. „Kein Kirschbaum war vor uns sicher", so Anna mit vor Stolz glänzenden Augen. Trotz der bitteren Armut sind die Kinder immer wunderschön angezogen, weil die Großmutter, die im selben Ort wohnt, eine begnadete Näherin ist. Sie weiß aus Lumpen Gewänder zu machen. Noch immer wie davon verzaubert, berichtet Anna von dem jährlichen Weihnachtsfest. Geschenke gibt es wenige, dafür gibt es aber für jedes Kind einen „bunten Teller". Stundenlang sitzen Anna und ihre Schwestern davor, riechen an den Süßigkeiten, zählen jedes einzelne Bonbon, um jeden Moment dieses barock-üppigen, paradiesischen Zustandes in sich aufzunehmen und zu genießen. Bis heute gestaltet Anna ihr eigenes familiäres Weihnachtsfest nach diesem Muster, schmückt die Wohnung, so wie Mutter es tat, spielt das Weihnachtsoratorium, das Vater so liebte, liest dieselben Weihnachtsgeschichten und singt dieselben Weihnachtslieder. Als Anna 10 Jahre alt ist, wird die Mutter sehr krank und muß für ein Jahr ins Krankenhaus. Vater kümmert sich während dieser Zeit um die Kinder. Er achtet darauf, daß sie ihre Schularbeiten machen und ordentlich gekleidet sind. Als Mutter nach einem Jahr wiederkommt, ist sie verändert. Früher war sie schlank, nun ist sie kräftig geworden, eher dick. Auch ist sie stiller als früher. Von nun an sitzt sie meist in der Küche und liest. Immer schon hatte sie sich sehr für Bücher und Literatur interessiert. Oft hatte sie erzählt, daß sie gerne eine studierte Frau geworden wäre und in diesem Bereich gearbeitet hätte.

Anna ist gut in der Schule. Sie ist wißbegierig und lernt leicht. Mathematik und Biologie sind ihre Lieblingsfächer. Als Anna 13 Jahre alt ist, stirbt ihr Vater. Er stirbt ganz plötzlich und unerwartet an einem Herzinfarkt. Anna vermißt ihn sehr. Mit seinem Tod verändert sich viel in der Familie. Der enge Zusammenhalt, der bisher bestand, löst sich ein wenig auf. Statt dessen entwickelt sich mehr Eigenständigkeit. Die große Schwester ist fast nur noch mit ihrem Freund zusammen, entweder in dessen oder in der elterlichen Wohnung. Bald gehört er mehr oder weniger zur Familie. Er beschäftigt sich viel mit Anna und ihrer zweitältesten Schwester. Mit 16 schließt Anna die Schule mit der mittleren Reife ab. Sie geht nach Berlin. Es hat sie immer in die Ferne und in die Großstadt gezogen. Dort nimmt sie sich ein Zimmer zur Untermiete und sucht sich eine Lehrstelle als Anwaltsgehilfin. Anna genießt die Vibration der großen Stadt mit all ihren Inspirationen, den unterschiedlichen Menschen und Einflüssen. Auch mit Männern macht sie ihre Erfahrungen. Sie lernt viele kennen, bindet sich aber an keinen. Mit 20 trifft sie ihren ersten Mann. Sie ist fasziniert davon, wie groß er ist, wie stark er ist und wie gut er beschützen kann. Sie heiratet ihn und bekommt bald zwei Kinder, ein Mädchen und einen Jungen. Diese wachsen heran und entwickeln sich prächtig. Anna liebt ihre Kinder. Trotz der starken Verliebtheit in den ersten Jahren, leben sich Anna und ihr Mann auseinander. Sie trennen sich, lassen sich scheiden, als die Kinder 10 und 12 Jahre sind. Nach der Scheidung nimmt Anna ihre Arbeit als Anwaltsgehilfin wieder auf und ernährt von ihrem Gehalt und den Unterhaltszahlungen ihres Ex-Mannes von nun an die Familie. Sie kann gut wirtschaften und kommt mit diesem Geld blendend aus. Zwei Jahre später lernt

Anna in einem Computerkurs ihren zweiten Mann kennen. Seine Ruhe fasziniert sie. Sie fühlt die Sicherheit, die er ihr geben kann. Ein Jahr später heiratet sie. Anna und ihre Kinder verlassen Berlin, folgen ihrem jetzigen Mann, dessen beruflicher Standort ist eine norddeutsche Kleinstadt ist. Nach einer Zeit der Um- und Wiedereingewöhnung kommt die Familie dort gut zurecht. Erstmalig besitzt Anna ein eigenes Haus. Sie beginnt, dieses Heim zu lieben. Als die große Tochter schon fast das Haus verläßt, bekommen Anna und ihr Mann noch ein Kind, ein kleines Mädchen, – Paula. Anna liebt Paula abgöttisch. Paula ist mittlerweile 6 Jahre alt. Annas große Kinder sind erwachsen und haben bereits das Haus verlassen. Annas Mann ist befördert worden. Bis heute lebt die Familie glücklich und zufrieden miteinander und ist sich in Liebe zugetan.

Es folgt der böse Teil: Der böse Teil handelt von Verletzungen, von Traumata, die die Menschen dieser Familie derart tief verwundeten, daß Generationen ins Land ziehen müssen, um diese Wunden heilen zu lassen. Gesetzt wurden diese Traumata von Menschenhand, die tötete, die folterte, die schlug und die mißbrauchte.

So stirbt Annas Urgroßmutter im KZ, wurde denunziert. Ihr Großvater wird vor den Augen seiner Frau von der SS erschossen. Sowohl Annas Mutter als auch deren Mutter (Annas Großmutter) werden auf der Flucht vergewaltigt. Angekommen im neuen Land, ausgezehrt von den Höllen der Flucht, schliefen beide – Annas Mutter und Annas Großmutter – mit Soldaten, um Nahrung zu beschaffen. Über die Familie väterlicherseits weiß Anna nicht viel. Kontakt mit Verwandten des Vaters hatte sie nie, da die Familie ihn ächtet, nachdem er wegen Annas Mutter Frau und Kinder verlassen hat. Zeitlebens rächt sich seine Ex-Ehefrau an ihm, indem sie die Scheidung verweigert und ihn dadurch zwingt, in wilder Ehe mit seiner späteren Frau (Annas Mutter) zu leben. Das macht Annas Familie, wo auch immer sie wohnt, zu Aussätzigen. Oft werden sie Bastarde genannt. Auch dürfen sie die Kirche nicht betreten. Immer wieder geben ihre unterschiedlichen Namen Anlaß zu Spott und Hohn. Nicht zuletzt wegen dieser Ächtung findet der Vater schwer Arbeit, verliert immer wieder seine Stelle. Zudem muß er die Hälfte seines geringen Lohns an seine erste Frau und die gemeinsamen Kinder zahlen. So ist die Armut für Anna und ihre Familie bitter. Das Geld reicht kaum bis zur Mitte des Monats. Oft ist der Hunger so quälend und die daraus folgende Erschöpfung so groß, daß Anna Mühe hat zu denken. Ein älterer

Nachbar, der den Hunger der Kinder bemerkt, macht sich an Anna heran, gibt ihr Essen dafür, daß er sie sexuell berühren darf. Mit 6 Jahren hat Anna das erste Mal Geschlechtsverkehr mit ihm. Je mehr seiner Wünsche sie erfüllt, desto besser bezahlt er sie. Mit 8 Jahren erkrankt Anna an einer Tuberkulose. Für ein halbes Jahr wird sie zur Behandlung und anschließenden Genesung in einen Kurort geschickt. Immer noch sehr kränkelnd kommt sie zurück. Als Mutter für ein Jahr im Krankenhaus liegt, macht der Vater aus seinen Töchtern Jungen, schneidet ihnen allen die Haare kurz und zwingt sie, Jungenkleider zu tragen. Anna erinnert sich, daß der Vater sie während dieser Zeit mehrfach an der Scheide berührt. Auch zeigt er ihr sein erigiertes Glied und läßt es von ihr streicheln. Ob diese sexuelle Gewalt die erste war, die Vater ihr antat, erinnert Anna nicht. Sie weiß, daß sie nie gern auf seinem Schoß saß, seine Nähe auch als kleines Kind nie mochte, und daß vieles im Nebel ihrer Erinnerung verschwunden ist oder nur ganz unscharf auftaucht.

Im Rahmen ihres einjährigen Krankenhausaufenthaltes hat sich Annas Mutter extrem verändert. Aus der schönen Frau, ist eine fettleibige, schwer depressive Frau geworden, die von nun an ohne Bezug zu ihrer Seele wie zu ihrem Körper, wie auch zur übrigen Welt vor sich hin vegetiert. Das einzige, das sie in ihre Welt integrieren kann, sind die Traumbilder der Geschichten, die die Bücher erzählen. Es ist unklar, unter welchen Krankheiten Annas Mutter eigentlich leidet. Man sagt Anna, daß sie einen fortgeschrittenen Unterleibskrebs sowie eine schwere psychische Erkrankung habe. Annas Mutter lebt noch lange, noch 20 Jahre, wird aber an Seele und Körper nie wieder gesund. Sie stirbt letztendlich an einem Hautkrebs, der ihr den Körper von außen her zerfrißt. Anna glaubt, daß die Mutter davon, wie sie (Anna) Nahrung und Geld für die Familie beschaffte, wußte. Genau so glaubt sie, daß die Mutter von Vaters Übergriffen wußte. Indem sie jedoch den Kontakt zur eigenen Seele und damit die Beziehung zu sich selbst abbricht, bricht sie auch die Beziehung zu allen anderen Familienmitgliedern und zu Anna ab. Von nun an ist ihr Annas Schicksal egal. Auch davon, als der Freund der älteren Schwester sie mehrfach versucht zu vergewaltigen, will und – vielleicht auch kann – die Mutter nichts wissen. Anna läuft fort von zu Hause, um sich in Sicherheit zu bringen. In einem Jugendheim findet sie Unterschlupf für ungefähr 1 Jahr. Dort beginnt sie erstmals, sich selbst zu verletzen. Sie drückt Zigaretten auf der

Haut aus. Mehrfach versucht sie, sich die Pulsadern aufzuschneiden. Später in Berlin probiert sie es mit Tabletten. Einmal will sie sich von einer Brücke stürzen, doch traut sich nicht. Sexuelle Kontakte mit Männern kann sie nur ertragen, wenn sie die Aktive ist. Aktiv fühlt sie sich sicher – wie eine Meisterin ihres Fachs. Sie kann mit den Männern machen, was sie will. Dadurch, daß sie sie sexuell wie eine Domina zu befriedigen weiß, werden sie willenlos in ihren Händen und ergeben sich ihr zutiefst. Eigene Erregung lernt Anna nicht kennen. Im Gegenteil: penetrieren bereitet ihr Schmerzen. Den eigenen Körper findet sie widerlich. Allein der Gedanke, sich selbst zu befriedigen, ekelt sie. Einen Orgasmus spielt sie immer nur, hat ihn aber nie erfahren. Körperliche Intimität mit einem Mann macht Anna Angst. Daran zerbricht ihre erste Ehe. Ihr Mann hält es nicht aus, daß sie ihn einerseits wegen der emotionalen Sicherheit und Geborgenheit, die sie von ihm will, braucht, ihn andererseits panisch wegstößt, wenn er sich ihr in einer liebenden Form sexuell nähert. Anna beginnt zu trinken. Außerdem nimmt sie regelmäßig Beruhigungsmittel. Auf Grund ihrer anhaltenden Selbstverletzungshandlungen kommt sie in eine psychiatrische Klinik. Hier spielt sie eine perfekte Show. Sie spielt die Dynamische, die Witzige, die Starke. Es gelingt ihr, während der drei Monate in dieser Klinik niemanden an sich herankommen zu lassen und dies gleichzeitig niemanden merken zu lassen. Anna steigert ihren Alkoholkonsum. Ohne Alkohol sind ihre Ängste unerträglich. Auch in der Beziehung mit ihrem zweiten Mann gibt es keine Linderung für sie. Im Gegenteil, der Ekel vor körperlicher Nähe wird noch größer und damit auch die Schmerzen, die sie fühlt, wenn sie sich dazu zwingt, mit ihm zu schlafen. Annas Mann spürt ihre Abscheu und Panik. Er fürchtet sich davor und hört auf, auf sexuelle Nähe mit ihr zu drängen. Anna wird schwerst alkoholabhängig. Eines Tages zeigen ihr ihre Kinder, ein Bild vom letzten Weihnachtsfest, das sie zusammen mit ihnen zeigt. Anna ist entsetzt und schockiert, als sie sieht, wie ihr hoch alkoholisierter Zustand sie aussehen läßt, als sei sie völlig geistig umnachtet sowie körperlich heruntergekommen. Am meisten schockiert sie, daß sie ein solches Bild vermittelt im Kreise ihrer Kinder, die – strahlend verzückt vom weihnachtlichen Zauber – neben ihr in die Kamera schauen. Anna hört von jetzt auf gleich auf zu trinken. Sie rührt keinen Tropfen Alkohol mehr an. Um so stärker werden ihre Ängste. Das Leben wird nur noch zur Qual für Anna. Paula ist das einzige, was sie am Leben erhält und zum Leben zwingt.

6.5 Diagnosestellung

Anna kommt auf Anraten ihrer Frauenärztin in unsere Klinik. Dieser hatte sie anvertraut, daß sie Schmerzen beim Verkehr hat. In einem kurzen Überweisungsschreiben teilt uns die Frauenärztin mit, daß sie von Annas Hausarzt wisse, daß Anna seit langem unter einer Persönlichkeitsstörung vom Borderline-Typ leide. Im Rahmen der diagnostischen Gespräche fällt auf, daß Anna jedesmal in eine Art Paralyse verfällt, wenn es um die – bei systemischer Diagnostik übliche – Exploration der Schutzfunktion des Leitsymptoms geht. Auf die „Wunderfrage": „Stellen sie sich doch einmal vor, über Nacht käme eine Fee und würde ihr Symptom wegzaubern. Woran würden sie es merken?", reagiert Anna mit spürbarer deutlicher Angst. Die Therapeutin benennt diese Angst und drückt ihren Respekt vor Annas Symptomatik aus, die sie offensichtlich vor etwas schützt, das schrecklicher zu ertragen ist als die Schmerzen beim Geschlechtsverkehr, wegen derer sie herkommt. Anna beginnt, von dem von ihr so gefürchteten Geheimnis zu berichten. Sie spricht über den jahrelangen Mißbrauch, den der alte Mann aus der Nachbarschaft wie auch andere Männer an ihr betrieben haben. Weiterhin erzählt sie, daß sie eine vage, sehr angstvolle Ahnung, ein Gefühl habe, daß auch der Vater sich an ihr vergangen habe. Was die Funktion ihres Symptoms betrifft, so wird deutlich, daß allein die Vorstellung, keinen Ekel und keine Schmerzen mehr beim sexuellen Kontakt mit ihrem Mann zu haben, Panik und Fluchttendenzen in Anna verursachen. Die einzige, für sie mögliche Art, intime Beziehungen mit Männern zu leben, besteht darin, gefühllos zu sein oder Schmerz dabei zu empfinden. Was eigene sexuelle Lust betrifft, so ist allein die Phantasie, diese lustvoll zu erleben, vernichtend für sie in dem, was sie in ihr an Angst, an Schuld und an Scham mobilisiert.

Trotz Vorhandenseins vieler für die Diagnose Persönlichkeitsstörung vom Borderline-Typ wesentlicher Merkmale (Ängste, dissoziative Amnesie, Suchtverhalten, schwere Depressionen, selbstschädigende Handlungen, sexuelle Störungen, suizidale Krisen, kurzfristige psychotische Dekompensationen) war es notwendig, anhand des explorierten, diagnostischen Materials zu einer Neudefinition der Diagnose dieser Patientin zu kommen. Die Diagnose „Borderline-Störung" impliziert primär eine defizitäre, psychische Entwicklung während früher Kindheitsphasen. Zudem impliziert sie eine extreme Therapieresistenz und damit sehr viel Hoffnungslosigkeit, was die Prognose betrifft. Überhaupt enthält diese Diagnose keinen Bezug zu dem verursachenden, chronischen Trauma. Ähnlich verhält es sich mit den Diagnosen „Somatisierungsstörung" und „Multiple Persönlichkeitsstörung". Genauso wie hinter der Borderline-Störung verbirgt sich auch hinter diesen Diagnosen häufig das Erscheinungsbild einer „komplexen posttraumatischen Belastungsstörung", wie Herman (1994) es nennt. Diese Diagnose stellt im Gegensatz zu den eben genannten Diagnosen einen klaren Bezug zwischen der Psychopathologie, wie der Psychodynamik der Störung und dem Trauma her. Dieser Bezug ist für ein differenziertes Verständnis, wie auch für Diagnostik und Therapie von entscheidender Bedeutung. Durch die Herstellung dieses Bezugs erhalten Persönlichkeitsstörungen, die aufgrund von schweren chronischen Traumata entstanden sind, eine neue Bedeutung. Diese wiederum schafft eine neue Realität, sowohl auf Seiten der Therapeuten wie auch insbesondere auf Seiten der Betroffenen. Allein sich einmal vorzustellen, sich seit Jahren mit der Zuschreibung einer Borderline-Störung, bzw. Persönlichkeitsstörung zu identifizieren oder statt dessen mit der Zuschreibung einer komplexen posttraumatischen Belastungsstörung, macht jedem die unterschiedlichen Auswirkungen auf das subjektive persönliche Erleben klar. Während ersteres über die Suggerierung eines gestörten Selbst, Ohnmacht und Hoffnungslosigkeit auslöst, so vermittelt letzteres sehr viel mehr das subjektive Gefühl einer primär gesunden psychischen wie physischen Integrität, die „lediglich" im folgenden von „außen" schwerst verletzt wurde und auf diese Verletzung adäquat mit entsprechender Schädigung reagiert. Dieses letztere Verständnis läßt sehr viel mehr Hoffnung auf Bewältigung der Folgen des Traumas und damit auf Heilung zu. Wiederum systemisch gedacht, könnte man sagen, die Diagnose „komplexe posttraumatische Belastungsstörung" konstruiert eine komplett andere, prognostisch günstigere Realität für die Opfer. Am ehesten beschreiben die Kategorien der „andauernden Persönlichkeitsänderungen nach Extrembelastung" (ICD-10: F62.0) und die der „posttraumatischen Belastungsstörung" (ICD-10: F43.1) den Bezug zwischen Symptomatik und Trauma. Dennoch erfaßt letztere nicht die volle Symptomatik, und erstere schafft nach wie vor aufgrund der Zuschreibung „Persönlichkeitsstörung" ein statisches, statt eines dynamischen, den Prozeß betonenden Verständnisses. Zudem ist es leider so, daß diese diagnostischen Zuordnungen nur allzu selten angewandt werden bei Opfern von sexueller Gewalt.

6.6 Therapeutischer Prozeß

Nach den oben bereits beschriebenen zwei diagnostischen Sitzungen nimmt Anna nach einer Wartezeit von einem dreiviertel Jahr an einer systemisch orientierten Gruppenpsychotherapie teil, die wir im Rahmen unserer Sexualwissenschaftlichen Ambulanz für weibliche Opfer von sexueller Gewalt anbieten. Die an dieser Gruppe teilnehmenden Frauen hatten sich alle primär wegen einer sexuellen Symptomatik an uns gewandt. Erst im Verlauf der Explorationsgespräche veröffentlichten sie den sexuellen Mißbrauch in ihrer Biographie. Je nach Krisensituation der einzelnen Frauen boten wir ihnen während der Wartezeit auf die Gruppe Gespräche in unterschiedlichen Abständen an. Außer Anna nehmen vier weitere Frauen an der Gruppe teil. Über ein Jahr (inklusive aller Ausfälle) findet die Gruppe wöchentlich eineinhalb Stunden statt.

Im Rahmen des therapeutischen Prozesses geht es zunächst wie bei jeder Psychotherapie darum, eine emotional sichere, therapeutische Beziehung aufzubauen. Diese allein ist Voraussetzung dafür, Konflikte und/oder Traumata (hinter jedem Konflikt steht ein unbewältigtes Trauma, und aus jedem unbewältigten Trauma kann ein Konflikt erwachsen) überhaupt konfrontieren zu können. Konfrontation des Traumas heißt Konfrontation des alten Entsetzens. Das bedeutet Reaktivierung von Ohnmacht, von Wut und von Trauer über das Geschehene und das Verlorene. Die neue Erfahrung – getragen durch eine sichere Beziehung, das alte Entsetzen erneut und zutiefst fühlen zu können, ohne dabei in die altbekannte, schamumwobene Ohnmacht zu versinken – ermöglicht, wenngleich auch mit Trauer, eigene geschundene Anteile wie ein verlorenes Kind wieder zu sich zu nehmen und in die eigene Identität zu reintegrieren.

Im folgenden sei der therapeutische Prozeß anhand von Annas Fall insbesondere unter systemtheoretischen Gesichtspunkten wie auch unter dem Gesichtspunkt der Anwendung systemischer Interventionen beschrieben.

Der gruppentherapeutische Ablauf beginnt, indem jede Patientin im Rahmen einer Familienrekonstruktion ihre Herkunfts- wie aktuelle Familie darstellt. Mit Hilfe der Therapeutin wird nach Delegationen, nach Aufträgen, nach unbewußten Mustern, nach Familiengeheimnissen etc. gesucht. Zudem wird darauf geachtet herauszufinden, wo die unterschiedlichen Stärken dieser Familien liegen. Es ist immer wieder erstaunlich, wie viele Ressourcen in jeder Familie bei genauerem Hinsehen zu Tage treten, die bisher kaum beachtet und wertgeschätzt wurden. Insbesondere bei Patienten, die sich und ihre Familien stigmatisieren, ist diese Wiederaufnahme von Kontakt mit alten Ressourcen ungeheuer wichtig und bereits ein Schritt von hoher heilender, therapeutischer Potenz. Außerdem verschiebt sie den Blickwinkel auf die Familie. Neue Perspektiven und damit neues Verständnis tun sich auf. Der Wechsel an Perspektiven wird noch zusätzlich durch die Technik des „zirkulären Fragens" unterstützt.

Th: Was glauben Sie, Anna, zog den Vater besonders an Ihrer Mutter an?
A: Ich glaube, er mochte ihre Stärke und ihre Schönheit.
Th: Was glauben Sie, zog Ihre Mutter an Ihrem Vater an?
A: Sie mochte seinen aufrechten Gang, seine Neugier, sein Interesse für die Welt, daß er klug und belesen war und, daß er so stark war und ihr Sicherheit gab. Ich glaube, sie hat geglaubt, daß er sie irgendwie hätte retten können. Vielleicht hat sie sich so etwas gewünscht, daß er sie herausholt aus der Armut und dem Grauen, das sie als junges Mädchen umgab. Sie hat nie darüber gesprochen. Erst über ihren Bruder habe ich im Rahmen der Vorbereitung dieses Stammbaumes überhaupt erfahren, daß ihre Großmutter und ihr Vater im Rahmen des Hitler-Regimes ermordet worden waren. Sie hatte deren Tode immer nur ganz beiläufig erwähnt, als seien sie an normalen Krankheiten gestorben.
Th: Was glauben Sie, Anna, warum wurde in der Familie so wenig über Vaters Familie gesprochen?
A: Ich weiß es nicht. Ich habe nie darüber nachgedacht. Es war immer, als existiere sie nicht; vielleicht, weil sie ihn ausgestoßen haben, als er seine Frau verließ wegen meiner Mutter.
Th: Anna, was glauben Sie, was bedeutete es für Ihren Vater, daß er mit Ihnen, seinen Kindern, niemals über seine Herkunft, seine Kindheit, seine Geschwister und seine Eltern sprach?

A: Es ist ein eigenartiges Gefühl, wenn ich mich in ihn hineinversetze und mir das vorstelle, – als müßte ich etwas verbergen, gleichzeitig werde ich dabei traurig und hilflos.

Th: Was glauben Sie, bedeutete Vaters Schweigen für Ihre Mutter?

A: Ich glaube, sie war einsam und enttäuscht von ihrem Leben. Sie hatte sich alles so anders vorgestellt, – auch der soziale Abstieg war schrecklich für sie.

Mehr und mehr tauchen im Verlaufe der Familienrekonstruktion neue Bilder, neue Möglichkeiten neben den alten Mythen und Legenden auf, die in der Familie schon seit Generationen übereinander erzählt werden. Die Heldenseite, die mutige Seite in Annas Familie mütterlicherseits taucht auf. Das Grauen hinter dem Schweigen väterlicherseits taucht auf. Die Gewalt, das Morden, die Verluste, die Tode werden präsenter. Während Anna zu Beginn der Familienrekonstruktion fast ausschließlich den „guten Teil" der Geschichte erzählt, nimmt sie im weiteren Verlauf des therapeutischen Prozesses mehr und mehr den „bösen Teil" der Geschichte hinzu. Sie beginnt sich zu erinnern. So fällt ihr ein, daß Mutter von ihrer und ihrer Mutters Vergewaltigung erzählt hat, vom Grauen während der Flucht, von der Not und dem Hunger, der sie sich prostituieren ließ.

Anna erinnert sich, wie sie sich während Mutters langer Abwesenheit im Krankenhaus oft unter dem Tisch versteckte, aus Angst, der Vater könne ihr etwas tun. Bilder, wie sie sein erigiertes Glied berühren mußte, tauchen auf. Deutlich lassen dissoziative Abwehrmechanismen nach. Statt dessen kommt es zu Reintegration. Das nun bewußtere Wissen und Fühlen um Mutters Geschichte verändert Annas Beziehung zu ihr, und macht es ihr möglich, neben dem Gefühl, von ihr verlassen worden zu sein, wieder Nähe zuzulassen. Plötzlich fühlt sie Mutters Ringen mit ihrer Ambivalenz zwischen Stärke und Angst.

Th: Anna, was glauben Sie, hätte ihr Vater gesagt, wenn er gefragt worden wäre, warum seine Frau, Ihre Mutter, glaubte, so stark sein zu müssen?

A: Die Frage überrascht mich. Dabei fällt mir ein, daß Vater, als Mutter im Krankenhaus war, manchmal sagte: „... und sie hat doch solche Angst". Vielleicht glaubte er zu wissen, daß ihre Stärke auch eine Hilfe für sie war, ihre Angst nicht

zu zeigen. Ich glaube, Vater hat geglaubt, daß Mutter sehr viel Angst hatte.

Annas unbewußter Auftrag von Seiten der Mutter: „Sei stark, zeig niemandem deine Angst", steht plötzlich greifbar im Raum. Anna, die in dieser Gruppe ist und alles Risiko der Welt eingeht, indem sie ihre Ängste und das dahinter liegende Trauma hier veröffentlicht, erfüllt diesen mütterlichen Auftrag nun nicht mehr. Erstmals wird es ihr bewußt. Tiefe Trauer überkommt sie. Sie gilt nicht ihr selbst, sondern der Mutter. Plötzlich fühlt sie deren unendliche Angst und Einsamkeit. Der Trauer folgt eine tiefe Berührtheit ihrerseits. Anna spürt den Teil ihrer Person, der sich ängstigt und der sich immer schon geängstigt hat, der mit Mutters und der Angst der vorangegangenen Generationen verschmilzt. Das, was sie berührt, ist zum einen die verbindende Angst, zum anderen und v.a. aber die neue Beziehung zu dieser Angst, eine neue Akzeptanz, eine neue Milde ihr gegenüber.

Durch den Blick auf die zurückliegenden Generationen und das Wiedererkennen des eigenen Leids oder der eigenen als mangelhaft und schambesetzt erlebten Persönlichkeit in Müttern, Großmüttern etc. reduziert sich das Gefühl des persönlichen Makels und der persönlichen Kränkung. Statt dessen erweitert sich das bisher sehr subjektive in ein mehr kollektives Erleben. In Annas Fall bewirkt diese Erweiterung ihrer Perspektiven eine Reduzierung ihrer subjektiv erlebten Scham. Indem sie das ihr zugefügte Trauma in die Reihe der übrigen Traumata einreiht, die der Familie mütterlicherseits und – sicherlich auch väterlicherseits – zugefügt wurden, nimmt die persönliche Schuld, die sie bisher dafür, daß sie es sich zufügen ließ, übernommen hatte, ab. Ohne daß das Trauma selbst in seiner zerstörerischen Potenz bagatellisiert wird, gewinnt Anna eine neue, schuldfreiere Beziehung dazu. Allein die Tatsache, sich bewußt zu werden, sich bestimmten, unbewußten Familiendelegationen, wie z.B. der Mutter, keinerlei Angst zu zeigen, zu widersetzten, läßt sie zwar auf der einen Seite erschrecken, erfüllt sie aber auf der anderen Seite mit Stolz. Was sie fühlt, ist, daß sie wieder handlungsfähig wird, daß die Paralyse - zementiert durch Scham und Schuld - durch die Anna glaubt, sich von den übrigen Millionen zu unterscheiden, sich auflöst.

Dieses Aufweichen von paralytischer Starrheit erfolgt analog dem Grad an Sicherheit, den Anna aufgrund der Beziehungen innerhalb der

Gruppe sowohl zur Therapeutin als auch zu den übrigen Frauen entwickelt. Darauf aufbauend kommt es analog zur Konfrontation des Traumas. Wie die anderen Frauen, so erwähnt auch Anna die sexuelle Gewalt, die man ihr antat im Rahmen ihrer Familienrekonstruktion zunächst nur wenig, eher peripher. Wenn sie sie erwähnt, dann spricht sie fast distanziert-technisch darüber, als hätte sie nichts mit ihr zu tun. Emotionale Betroffenheit ihrerseits wird nicht spürbar, genauso wenig erzählt sie Details.

Es ist wichtig, von therapeutischer Seite her Annas Rhythmus zu respektieren, es ihr wie auch den anderen Frauen zu überlassen, den für sie richtigen Zeitpunkt zu finden, zu dem es ihnen möglich ist, die traumatischen Erfahrungen zu rekonstruieren. Es ist interessant, daß sich nach der Phase der Familienrekonstruktion bei allen Frauen der Gruppe ein deutlicher Verlust an Angst beobachten läßt. Dieser zeigt sich an einer hohen Bereitschaft, ja fast an dem Verlangen nach Austausch und Dialog über das erfahrene Trauma, die Verletzung, die sexuellen Übergriffe. Die Veröffentlichung desselben, der Austausch und das Teilen von Erfahrungen führt zu einer großen Erleichterung der Frauen. Für alle ist es eine konträre Erfahrung zu dem, was sie erwartet hatten, was passieren würde, wenn sie ihr Geheimnis veröffentlichen würden. Anna schließt noch einmal an den Auftrag ihrer Mutter an. So erzählt sie, daß, wann immer sie in Versuchung gekommen sei, Menschen, denen sie vertraute, ihre Schmach anzuvertrauen, sie von tiefsten Schuld- und Vernichtungsängsten gepeinigt gewesen sei. Angesichts dieser habe sie ihre ursprüngliche Intuition, sich mitzuteilen, aufgegeben. Insofern ist diese neue Erfahrung für Anna eine äußerst wichtige und modellhafte. Sie knüpft an Annas Auflehnung gegenüber Mutters altem Vermächtnis an, die Angst niemals zu zeigen. Anna macht andere Erfahrungen. Darüber, die Angst anderen wie v.a. sich selbst zu zeigen, schafft sie Kontakt; Kontakt mit anderen und Kontakt mit sich. Im Rahmen ihrer Trauerarbeit gestaltet Anna eine eindrucksvolle Skulptur ihres Erwachsenen- und ihres Kinder-Ichs. Das verzweifelte Ringen Annas zwischen ihrer Angst vor Nähe mit eigenen, abgespaltenen Anteilen, auf der anderen Seite ihrer Sehnsucht nach Nähe mit diesen Anteilen, wird in dieser Arbeit zutiefst spürbar. Das ganze double-bind, in dem Anna groß wurde, steht plötzlich im Raum. Vaters doppelte Botschaft wird deutlich, indem Annas Erwachsenen-Ich zum Kinder-Ich sagt: „Ich liebe dich" und Annas Kinder-Ich schreit : „Du tust mir weh". Mutters doppelte Botschaft wird deutlich, indem Annas Erwachsenen-Ich sagt: „Es ist alles okay" und Annas Kinder-Ich schreit: „Du läßt mich allein".

Anna machte – genauso wie andere sexuell mißbrauchte Frauen – zu einem sehr frühen Zeitpunkt psychischer und physischer Entwicklung die Erfahrung von „Enteignung", die „Liebe" genannt wurde. Auf der Ebene von Kommunikation erhielt sie zwei inkongruente Botschaften. Was sie auf der direkten Ebene wahrnahm, war, daß sie physisch wie psychisch gefoltert wurde. Ihr Körper wurde enteignet und ihre Intimität wurde ihr genommen. Auf der Ebene der Metakommunikation erhielt sie die Botschaft: „Du wirst geliebt". Vater, Nachbar und andere Männer mißbrauchten sie „im Namen der Liebe". Wie es im Wesen eines double-binds liegt, so konnte sie diese beiden konträren Botschaften natürlich nicht integrieren. Hätte sie der Botschaft des Mißbrauchs, der Gewalt geglaubt, so hätte sie ihre Gefühle, vom Vater geliebt zu werden unterdrücken müssen. Das hätte einen Betrug dem Vater gegenüber bedeutet. Hätte sie der Botschaft der Liebe geglaubt, hätte sie ihr Gefühl, mißbraucht zu werden, unterdrücken müssen. Das hätte sich angefühlt wie ein Betrug sich selbst gegenüber. Angesichts der existentiellen Abhängigkeit von ihren Eltern und der tiefen unbewußten Angst, von ihnen verlassen zu werden, war es klar, daß Anna der Botschaft der Liebe folgte. Zudem wird diese Botschaft nicht nur vom Vater, sondern auch von der Mutter ausgedrückt. Auch ihr Schweigen hat zwei Ebenen. Zum einen sagt es: „Alles ist okay". Zum anderen sagt es: „Du bist mir egal, es ist mir egal, was Dir passiert, was er Dir antut." So begann Anna, eine Lebensrealität auf dem bewußten Glauben, vom Vater geliebt und von der Mutter bekümmert zu werden, aufzubauen. Ihr unbewußter Glaube, vom Vater mißbraucht und von der Mutter verlassen zu werden, war hochgradig angstbesetzt und mußte unterdrückt werden. Das geschah, indem Anna diese Wahrheit unbewußt verleugnete, sich von ihr dissoziierte. Deshalb versicherte sie sich, daß das, was sie wahrnahm und fühlte, nicht tatsächlich passierte. Das bedeutete, daß sie die Schuld übernahm; die Schuld dafür, daß sie die falschen Wahrnehmungen hatte, die falschen Gefühle. Das Beziehungsmodell, das für Anna auf dem Boden dieser Erfahrungen entstand, war eines, das in seiner Basis auf „Selbstbetrug" beruhte.

Anna lernte, daß Beziehung, emotionale Sicherheit für sie nur möglich war, indem sie den Kontakt mit sich selbst abbrach.

Der Moment, als Anna im Rahmen ihrer Skulpturarbeit ihr Erwachsenen-Ich zu ihrem Kinder-Ich sagen läßt: „Du hast recht. Ich glaube Dir." hat etwas Mystisches. Herman (1994) nennt es Wiederanknüpfung. Mit dieser Wiederkontaktaufnahme mit dem eigenen Kind in seiner vollen Bedürftigkeit leitet sie eine Art Wiedergeburt ein. Trotz aller, von ihr subjektiv erlebten, an das eigene Kind gebundenen Scham hat sie es gewagt, wieder in Kontakt zu treten. Diese Wiederaufnahme von Kontakt macht Versöhnung. Versöhnung wiederum ermöglicht Heilung.

Aus dem Blickwinkel der klinischen Beobachtungen wird Anna während des therapeutischen Prozesses zunehmend entspannter, selbstsicherer und autonomer. Die Ängste nehmen ab. Zwischen und während der Zeit der Familienrekonstruktion und der tieferen Konfrontation mit dem Trauma beginnt Anna, einen Traum zu träumen, der erst wieder verschwindet, als sie beginnt, sich mit dem eigenen Kind zu versöhnen. So träumt sie von einem toten Kind, das sie – schwimmend in einem dunklen See – sieht und retten will. Wann immer aber sie versucht, es zu fassen, entgleitet es ihr. Zum Schluß ist das Kind tot. Anna träumt diesen Traum sicherlich über drei Wochen fast täglich. Erst gegen Ende der Therapie beginnt er zu verblassen und seltener aufzutauchen.

Mit der Wiederannahme des eigenen Kindes ist auch die Wiederannahme des eigenen Körpers verbunden. So ist es Anna möglich, sich äußerst vorsichtig wieder dem eigenen Körper anzunähern. Im Kontakt mit der Therapeutin und den anderen Frauen kann sie sich behutsam auf Übungen körperlicher Selbsterfahrung einlassen, in denen es darum geht, Wiederkontaktaufnahme mit dem eigenen, weiblichen Körper herzustellen. Eigenes weibliches, sexuelles Begehren wird an dieser Stelle zum Thema für Anna, die bis dahin sexuelle Erregung radikal abgewehrt und unterdrückt hat, niemals einen Orgasmus hatte. Ähnlich wie sie im Rahmen der Skulptur ihr geschundenes Kind wieder zu sich genommen hat, so gelingt es ihr im Rahmen der Körperarbeit, vorsichtig in kleinen Schritten und voller Trauer wieder in Kontakt mit ihrem geschundenen Körper zu treten, mit ihrer verletzten Weiblichkeit. Wie Fremde begegnen sie sich, sie und ihr Körper. Die Wiederaneignung, die

Rekolonialisierung eines Körpers, der ursprünglich der ihre war, der ihr dann genommen wurde, und den sie nun zurückerobert und zu lieben beginnt, ist wiederum ein äußerst schmerzhafter und gleichzeitig heilender Prozeß. Durch Wiederzurücknahme ihres Eigentums setzt sie neue Grenzen. Im Kontakt mit den eigenen Grenzen, wie auch der Kraft und dem Wissen darum, diese verteidigen zu können, taucht für Anna erstmals die Sehnsucht nach Intimität auf interpersoneller Ebene auf. Annas bisheriges Beziehungsmodell – Beziehungen dadurch aufzubauen und am Leben zu erhalten, daß sie den Kontakt mit sich abbricht – war während der Zeit des sexuellen Traumas für sie lebensrettend. Jetzt aber, als sie beginnt, sich nach Intimität mit ihrem Mann zu sehnen, bereitet es ihr große Probleme. Intimität mit anderen zu fühlen, bedeutet für Anna, auch die eigene Intimität wieder zu fühlen. Das wiederum fühlt sich gefährlich für sie an, so als ginge ihre gesamte emotionale Sicherheit verloren. Diese emotionale Sicherheit ist darauf aufgebaut, sich von dem Teil ihrer Person, der sich bedürftig fühlt, der sich nach Intimität und Nähe sehnt, abzuspalten. Diese Abspaltung hat ihr bisher das unbewußt sichere Gefühl vermittelt, zu überleben, nicht in Kontakt mit ihren alten Wunden zu kommen. So kämpft Anna – genauso wie die anderen Frauen in ihrer Gruppe – verzweifelt mit dem Konflikt, sich auf der einen Seite zutiefst nach Intimität und nach Verbindung zu sehnen, sich auf der anderen Seite zutiefst davor zu fürchten, weil sich Intimität wie Mißbrauch anfühlt. Unter anderem ist es ihre sexuelle Symptomatik, die ihr bisher geholfen hat, sie vor der Konfrontation mit diesem Konflikt zu schützen. Eine andere schützende Technik zu Vermeidung von Intimität war die Instrumentalisierung ihrer selbst und ihrer Partner im Rahmen von sexuell, intimen Beziehungen. So lange sie kontrollierte, sie die Regie führte, konnte sie trotz Schmerzen sexuelle Beziehungen angstfrei leben. Erst als sie beginnt, ihre Sehnsucht nach intimer Nähe, nach intimer Liebe zuzulassen, spürt sie, wie sie dabei das Risiko ihres Lebens eingeht. Diese Sehnsucht bringt das Fühlen um die alte Erfahrung zurück, daß Liebe Mißbrauch bedeutet, daß Liebe Gewalt bedeutet, daß Liebe bedeutet, psychische wie physische Integrität zu verlieren. Im Rahmen der Therapie läßt Anna diese neue Sehnsucht neben ihrer Angst zu. Eine neue, nach wie vor angstvoll besetzte Hingabe beginnt sie zu erfüllen. Sie fühlt Sehnsucht nach körperlicher

Nähe mit einem Mann, Sehnsucht danach, ihr eigenes, aktives weibliches Begehren im Rahmen von sexueller Liebe ausdrücken zu können. Am Ende dieser Therapie benutzt Anna das Wort „Versöhnung". Noch immer habe sie sehr viel Angst, noch immer fühle sich die Beziehung zwischen ihr und den wieder zu sich genommenen Seelen- und Körperbereichen fragil und verletzlich an. Gleichzeitig fühle sie eine Art von Ganzheit und Heilheit, die ihr Hoffnung gebe, als habe sie eine alte, verlorene, tief in ihr begründete Energie wiedergefunden. Alte Schätze, Persönlichkeitsressourcen, wie Stärke, Mut und Zähigkeit, habe sie sehen und schätzen gelernt. Es sei ihr gelungen, eine neue Beziehung zu ihrem eigenen Verhalten während der traumatischen Gewalterlebnisse zu finden. Während sie sich dessen bisher nur geschämt habe, sei ihr nun deutlich geworden, daß sie sich während dieser „Gewaltzeit" adäquat und lebenstüchtig verhalten habe.

6.7 Auswertung

Der systemische Ansatz ist eine hilfreiche Ergänzung zu bisher bestehenden psychotherapeutischen Behandlungsmethoden von Patienten und Patientinnen mit Symptomen von Persönlichkeitsstörungen. Die Fokussierung auf die Beziehungsebene, die Ressourcenorientiertheit sowie auch das Gewinnen neuer Perspektiven macht es möglich, alte Beziehungsmodelle zu verstehen und mit der Angst vor neuen Modellen in Kontakt zu kommen. Insbesondere über die Veränderung eigener interpersoneller Beziehungsmodelle ist es möglich, auch das eigene intrapersonelle Beziehungssystem zu erweitern. Darüber kann es zur Reintegration von bisher negativ besetzten Persönlichkeits- und auch Körperbereichen kommen. Diese erfahren eine größere Akzeptanz und Wertschätzung und geben damit der eigenen Identität eine neue, handlungs- und beziehungsfähige Realität.

6.8 Literatur

Bateson, G. (1973): Steps to an ecology of mind. Paladin London.

Herman, J. (1994): Die Narben der Gewalt. Kindler München.

Jürgens, G., Salm, H. (1984): Fünf Freiheiten. Familientherapie. In: H. Petzold (Hrsg.): Familientherapie, 378-450.

Maturana, H.R., Varela, F. (1980): Autopoiesis and cognition. Reichel Dordrecht The Netherlands.

Prigogine, I., Stengers, I. (1985): Order out of chaos. Fontana London.

Schlippe, A., Schweitzer, J. (1996): Lehrbuch der systemischen Therapie und Beratung. Vandenhoeck & Ruprecht Göttingen, Zürich.

Waldrop, M.M. (1992): Complexity: The emerging science at the edge of order and chaos. Viking London.

7 Therapieeffekte in ambulanter und stationärer Gruppenpsychotherapie mit schweren neurotischen und Persönlichkeitsstörungen

V. Tschuschke

7.1 Gruppenpsychotherapie – wer profitiert?

Die späten 90er Jahre dieses sich zu Ende neigenden Jahrhunderts sind in den westlichen Ländern von extremen gesellschaftlichen Veränderungen aufgrund von ökonomischen Problemen gekennzeichnet. Eskalierende Kosten im sozialen System machen radikale Einschnitte erforderlich. Eine der ersten Adressen dafür ist das Gesundheitssystem. Die Psychiatrie und die Psychotherapie sehen sich mit der Frage nach der Notwendigkeit extensiver Behandlungen konfrontiert. Nordamerika ist uns mit dieser Entwicklung wiederum ein paar Jahre voraus:
„Speziell stellen sich Fragen, ob Teilhospitalisierung nicht stationäre Behandlung ersetzen kann, ob ambulante Behandlung nicht teilstationäre, ob Kurzzeittherapie nicht Behandlungen mit offenem Ende und ob Gruppenbehandlung nicht individuelle Behandlung ersetzen kann. Natürlich muß die Antwort auf all diese Fragen die Art der Patienten und ihrer Probleme sowie die Effektivität ihrer Behandlungen berücksichtigen. Einige der psychisch gestörten Patienten haben sich als ganz besonders kostenträchtig für das Gesundheitssystem erwiesen. Darunter befinden sich Patienten mit Schizophrenien, Patienten mit Substanz-Abusus-Problemen sowie Adoleszente mit emotionalen Störungen. Andere Patientengruppen sind weniger auffällig, aber nicht minder problematisch. Eine dieser Patientengruppen ist die der persönlichkeitsgestörten Patienten. Diese Patienten sind schwer zu behandeln und kostspielig für das Gesundheitssystem und die Gesellschaft im allgemeinen. Unter den ökonomischsten Behandlungsformen befindet sich die zeitbegrenzte Gruppen-therapie." (Piper et al. 1996, S. 2; Übers. v. Verf.).

Stationäre psychiatrische und psychotherapeutische Behandlung hat in Deutschland eine international unvergleichbare Tradition (Schepank u. Tress 1988). Innerhalb stationärer Behandlung wiederum kommt der Gruppentherapie eine überragende Bedeutung zu (Mattke et al. 1995). Gruppenpsychotherapie ist im großen und ganzen ähnlich wirksam wie Einzelpsychotherapie (Toseland u. Siporin 1986, Tillitski 1990); offen bleibt derzeit nur die Frage, welche Patienten von Kurzzeitgruppen und welche eher von Langzeitgruppen profitieren können (Mattke u. Tschuschke 1997, Tschuschke u. Mattke 1997). Darüber hinaus ist derzeit empirisch ungenügend geklärt, welche Patienten überhaupt von Gruppenpsychotherapie profitieren.

Prinzipiell können alle Störungs-Schweregrade in Gruppen (mit-)behandelt werden (Stone 1996). Dieses Kapitel beschränkt sich auf die Betrachtung der stationären Gruppenbehandlung von schweren neurotischen und Persönlichkeitsstörungen. Psychosen und Patienten mit Substanz-Mißbrauch stellen eine schwer chronifizierte Gruppe von Behandlungsbedürftigen dar, die eine eigene Beschäftigung mit gruppenpsychotherapeutischen Effekten erfordert, die andernorts behandelt wird (Kanas 1996, Stone 1996).

Die Forschung zur stationären Gruppenpsychotherapie bei Patienten mit schweren neurotischen und Persönlichkeitsstörungen – wie zu Patientenmerkmalen im Rahmen von Therapieeffekten generell – ist bislang sehr unzureichend (Piper 1994). Soziodemographische Variablen haben keine Aufschlüsse darüber geliefert, wer aus Gruppenbehandlung Nutzen ziehen kann, wie auch formal-diagnostische Kriterien bei den wenigen verfügbaren Studien kaum relevante Hinweise auf Eignung für eine Gruppenbehandlung liefern (Piper 1994). Am ehesten lassen sich noch Forschungsergebnisse zur Indikation heranziehen. Demzufolge haben sich – völlig unabhängig von DSM-III-R-diagnostischen Kriterien – spezifische psychologische Fertigkeiten als von hoher prognostischer Relevanz für günstige Behandlungseffekte in psychotherapeutischen Gruppen erwiesen (Piper et al. 1992, Piper 1994, Tschuschke u. Dies 1994, McCallum u. Piper 1996, Piper et al. 1996). Zum einen handelt es sich um eine interpersonelle psychologische Sensibilität, Konflikte bei anderen Personen wahrzunehmen und sich einfühlen zu können (Psychological Mindedness), zum anderen handelt es sich um eine zumindest basale „Objektbeziehungsfähigkeit" (Quality of Object Relations bzw. individuelle Kohäsion oder Beziehungsfähigkeit): Patienten mit günstigeren Werten verblieben deutlich mehr in den Behandlungsgruppen und profitierten therapeutisch deutlich mehr als Patienten mit niedrigeren Werten.

Solche Ergebnisse verweisen darauf, daß differential-indikative Entscheidungen für bestimmte Psychotherapie-Angebote auf anderen Ebenen gesucht werden müssen als auf den klassischen diagnostischen Kategorial-Ebenen.

7.2 Wirkfaktoren in Gruppentherapien mit schwer gestörter neurotischer und/oder persönlichkeitsgestörter Patienten-Klientel

Im folgenden werden Ergebnisse umfangreicher Prozeß-Ergebnis-Studien zu Wirkfaktoren ambulanter und stationärer analytischer Gruppenpsychotherapien mit schweren neurotischen und persönlichkeitsgestörten Patienten dargestellt (Piper et al. 1992, Tschuschke 1993, Strauß u. Burgmeier-Lohse 1994, Tschuschke u. Dies 1994, Tschuschke et al. 1996, Tschuschke u. Dies 1997).

Detaillierte Prozeß-Ergebnis-Untersuchungen, die den Gesamtverlauf von psychotherapeutischen Behandlungen berücksichtigen, sind im Bereich der Psychotherapieforschung äußerst rar (Tschuschke 1998). Auskünfte über psychotherapeutisch wirksame Faktoren wurden in aller Regel retrospektiv über subjektive Patientenmeinungen erfaßt, zumal in der Gruppenpsychotherapieforschung. Als Ergebnis einer solchen Forschung resultierten recht gleichförmige Bekundungen über vermeintlich wirksame psychotherapeutische Ingredienzen, die weder Unterschiede zwischen unterschiedlich gestörten Patienten noch zwischen erfolgreichen und wenig erfolgreichen Patienten erbrachten (Crouch et al. 1994). Grundsätzlich ist es nicht auszuschließen, daß der größte Teil des unzureichenden Standes der vergleichenden Psychotherapieforschung solch inadäquater Forschung zuzuschreiben ist (Tschuschke et al. 1997, 1998).

Ergebnisse empirischer Prozeß-Ergebnis-Studien

Edmonton-Studie

In 16 ambulanten Kurzzeit-Gruppentherapien mit insgesamt 109 Patienten, von denen 30,3% die Gruppen vor den angezielten 15 Sitzungen verließen, wurden verlusttraumatisierte Patienten mit unterschiedlichen DSM-III Achse-I-Diagnosen (45% Major Depression, 16% Anpassungsstörung, 10% Dysthymie, 9% Angststörung) in psychodynamischer fokaler Kurzgruppenpsychotherapie behandelt. Für 76 Patienten liegen Daten vor.

Untersuchungen mit dem Psychological Mindedness Assessment-Verfahren (McCallum u. Piper 1996) zeigen, daß nur 14% der Patienten mit einer höheren interpersonellen psychologischen Sensibilität die Therapie vorzeitig abbrachen (9 von 64 Patienten), während dies für 53% der Patienten mit niedrigerer psychologischer Sensibilität der Fall war (24 von 45 Patienten) (chi^2=17,58; N=109, p<0,001). Es gibt gewisse Tendenzen, daß die vorzeitigen „Dropouts" geringere psychologische interpersonelle Sensibilität wie auch ein größeres Störungsausmaß an psychiatrischer Symptomatologie (SCL-90 R) aufwiesen als diejenigen, die in der Therapie verblieben. Diese Ergebnisse weisen auf ein erhöhtes Risiko für Therapieabbruch (in dieser Studie) bei Patienten hin, die zugleich eine geringere Eignung für die Behandlung haben (geringere psychologische Sensibilität) und eine erhöhte Symptombelastung (Piper et al. 1992).

Objektive Prozeß-Ergebnis-Ratings in dieser Studie stellen deutliche Beziehungen her zwischen dem Ausmaß an realisierter therapeutischer Arbeit (psychodynamic work) und psychologischer Sensibilität (PMAP). Patienten, die die 15 Sitzungen vollständig absolvierten, wiesen eine signifikante Beziehung zwischen selbstbasierter Arbeit (Selbstöffnung) und psychologischer Sensibilität auf: r(51)=0,43; p<0,001.

„Die Fähigkeit eines Patienten, dynamische Komponenten identifizieren und sie zu den Schwierigkeiten einer Person, wie sie sich in den Eingangswerten des PMAP ausdrücken, in Beziehung setzen zu können, verweist auf die Möglichkeit des Patienten, die Probleme eines oder mehrerer Gruppenmitglieder bzw. der Gruppe als Ganzes verstehen zu können, und zwar im Sinne eines Konfliktverständnisses zwischen dynamischen Komponenten. Dieses Ergebnis hat Implikationen für die Auswahl von Patienten psychodynamisch orientierter Gruppentherapie." (Piper et al. 1992, S. 185f.; Übers. v. Verf.).

Die Beziehungen zwischen psychodynamischer Arbeit, die die Patienten in ihren Gruppen leisteten, und den Behandlungsergebnissen sprechen gleichfalls für die spezifische Eignung bestimmter Patienten für ein spezifisches Behandlungsangebot. Patienten mit einem höheren Ausmaß an psychodynamischer Arbeit erreichten auch ein besseres Therapieergebnis (Piper et al. 1992, Piper et al. 1996).

Kieler Studie

Auch die Kieler Gruppenpsychotherapiestudie wies die prozessuale Bedeutung von Wirkfaktoren nach (Strauß u. Burgmeier-Lohse 1994). Insgesamt stützt sich diese Studie auf 43 Patienten, die in psychodynamischer Gruppentherapie in einer „Slow-open"-Gruppe stationär auf der Psychotherapiestation der Klinik für Psychotherapie und Psychodynamik der Universität Kiel über einen Zeitraum von 6 bis 7 Monaten behandelt wurden (durchschnittliche Sitzungszahl: 131). Es handelt sich also – im Gegensatz zur Edmonton-Studie – um eine durchlaufende Gruppe im Langzeitbehandlungsmodus.

Die durchschnittliche Behandlungseffektstärke für den Prä-post-Vergleich liegt bei einer sehr hohen ES=1,76. Prozeßratings liegen allerdings nur eingeschränkt vor, nämlich ausschließlich für nach den Sitzungen ausgefüllte Fragebögen. Es zeigte sich, daß prozeßbezogene Faktoren wie die soziometrische Position, das positive Gruppenerleben (ähnlich wie in der Stuttgarter Studie(siehe unten)) und zunehmende Aktivität prädiktiven Wert hatten im Hinblick auf das Behandlungsergebnis.

Im Gegensatz zur Stuttgarter Studie weist die Kieler Studie erst im Verlauf der zweiten Therapie-Hälfte zunehmend ausgeprägtere Werte für erfolgreiche Gruppenmitglieder aus (in den Skalen GCQ-S, SB oder GEB: Konflikterleben, Selbständigkeit/Zuversicht, Aktivität, Selbststärke, reaktive Emotionalität): die soziometrische Position, ein positives Gruppenerleben, eine zunehmende Aktivität und Konfliktoffenheit und ein damit offenbar einhergehender, wachsender Realitätsbezug waren für Patienten, die auf unterschiedlichen Ebenen ein günstiges Behandlungsergebnis erzielen, zu beobachten (Strauß u. Burgmeier-Lohse 1994).

Hierzu ist anzumerken, daß es sich nicht um objektive Bewertungen trainierter Beobachter handelte (wie in der Edmonton- und Stuttgarter Studie), sondern um Selbsteinschätzungen der Patienten, mit den möglichen Einschränkungen (wie weiter oben dargestellt) im Hinblick auf eine adäquate Charakterisierung wirkrelevanter Faktoren bzw. Prozesse.

Die prognostische Aussagekraft der Patientenmerkmale war in dieser Studie eher gering – allerdings wurden in der Kieler wie in der Stuttgarter Studie noch nicht solche Methoden eingesetzt wie später die PMAP oder die QORS in der Edmonton-Studie, die jeweils prognostische Relevanz aufwiesen. Am ehesten erwiesen sich sonst üblicherweise ungünstige Ausgangsbedingungen wie eine erhöhte Somatisierungsneigung (SCL-90 R) oder Ich-Schwächen (Vanderbilt-Psychotherapie-Skalen) als prognostisch günstig, was nach Auffassung der Autoren das langfristig angesetzte analytisch-psychosomatische Behandlungskonzept der Klinik bestätigt, nämlich solchen Patienten Hilfe anzubieten, die in dem normalen Versorgungssystem „scheitern" würden (Strauß u. Burgmeier-Lohse 1994).

Damit weist die Kieler Studie im wesentlichen prozeßbezogene Wirkfaktoren als verantwortlich für Therapieerfolg aus, weniger vor der Behandlung erhobene Patientenmerkmale.

Stuttgarter Studie

Zwei stationäre, analytische, geschlossene Gruppenpsychotherapien einer psychotherapeutischen Klinik wurden vollständig untersucht und im Hinblick auf Wirkfaktoren betrachtet. Beide Gruppen setzten sich zu Anfang aus zehn Patienten (je fünf Frauen und Männer) mit heterogenen Störungsbildern zusammen. Die meisten Patienten hatten eine Achse-II-Diagnose des

DSM-III-R und eine komorbide ängstliche bzw. depressive Symptomatologie. Die Gruppen zielten jeweils ca. sechs Monate Behandlungszeit an, wobei vier Sitzungen pro Woche à 90 Minuten Dauer stattfanden. Gruppe eins erreichte 83 und Gruppe zwei 94 Sitzungen (Unterschiede durch Ferienzeiten bedingt). Beide Gruppen wurden von denselben männlichen Co-Therapeuten geleitet, die beide DGPT-Psychoanalytiker sind und zum Zeitpunkt der Untersuchung jeweils mehr als 15 Jahre Erfahrung in gruppenanalytischer Behandlung aufwiesen, darunter mehrjährig in gemeinsamer Co-Leitung.

Das therapeutische Konzept folgte dem von Foulkes u. Anthony (1957). Tatsächlich standen die Interventionen der Gruppenleiter im Verhältnis von ca. 3:1 in beiden Therapiegruppen: 71,9% aller Feedback-Botschaften der Therapeuten waren in Gruppe eins an die individuellen Gruppenmitglieder adressiert und 28,1% an die Gruppe als Ganzes, während in Gruppe zwei 77,5% des Feedback an einzelne Gruppenmitglieder gerichtet waren und 22,5% an die Gruppe als Ganzes (Tschuschke u. Dies 1997).

Neben der analytischen Gruppe erhielten die beiden Gruppen noch eine Sitzung Psychodrama pro Woche. Darüber hinaus standen den Patienten beschäftigungstherapeutische Betätigungen frei zur Wahl, was allerdings uneinheitlich aufgegriffen wurde. Es fand keine parallele Behandlung der Patienten in einem Einzelsetting statt.

Beide Gruppen hatten zwei vorzeitige „Dropouts". In die wissenschaftlichen Betrachtungen finden nur die jeweils 8 Patienten Eingang, die den Gesamttherapieverlauf ihrer jeweiligen Gruppe absolvierten, also insgesamt 16 Patienten.

Vor Beginn, unmittelbar bei Beendigung und 18 Monate nach Beendigung der stationären Behandlung wurde eine Outcome-Batterie an Erfolgseinschätzungs-Verfahren gegeben: Gießen-Test (GT-Selbstbeurteilung Patient), Symptom-Check-List (SCL 90-R) (Patient), Therapie-Ziele (Patient), Global Assessment Functioning Scale (Achse V des DSM-III-R) (Therapeuten) und Zielerreichungsskalierung (unabhängiger klinischer Experte).

Je Ergebnis-Kriterium wurde ein „residual gain score" berechnet (Luborsky et al. 1988). Die vier erfolgreichsten Patienten ihrer jeweiligen Gruppe über alle fünf Ergebnis-Kriterien wurden (n=8) dem „erfolgreichen" Patienten-Cluster, die

vier weniger erfolgreichen Patienten jeder Gruppe (n=8) dem „wenig erfolgreichen" Cluster zugeordnet.

Therapieprozesse wurden v.a. über umfangreich trainierte Beobachter eingeschätzt.

Hierzu waren alle Sitzungen vollständig mit Video aufgezeichnet worden (zwei Kameras mit Weitwinkelobjektiven aus entgegengesetzter Perspektive konnten alle Gruppenmitglieder sowie den Therapeuten erfassen). Die Wirkfaktoren Selbstöffnung (self-disclosure), Feedback (interpersonal learning-input) und Verhaltensänderungen (interpersonal learning – output) wurden über die Interaktionssignierung des SYMLOG-Verfahrens erfaßt (Bales u. Cohen 1979, Tschuschke 1993). Hierzu wurde jede zweite Sitzung vollständig nach verbalen und nonverbalen Verhaltensmerkmalen eines jeden Gruppenmitglieds und des Gruppenleiters ausgewertet, d.h. für Gruppe eins 42 und für Gruppe zwei 47 Sitzungen. Im Durchschnitt ergaben sich pro Sitzung 330 interpretierbare Interakte.

Der Wirkfaktor emotionale Beziehungsfähigkeit (individuelle Kohäsion) wurde über den Stuttgarter Bogen (Faktor 1) und die Veränderungen von Objekt- und Selbstrepräsentanzen (Operationalisierung des Faktors Rekapitulation der Primärfamilie) wurden über das Kelly-Repertory-Grid erfaßt (Tschuschke 1993).

Die wesentlichen Forschungsfragen betrafen die differentielle prognostische Relevanz der unterschiedlichen Wirkfaktoren des Behandlungsprozesses für günstige Therapieeffekte sowie die Zeitpunkte des Inkrafttretens einzelner Wirkfaktoren.

Ergebnisse

Aus den sich ergebenden Wechselwirkungen ließe sich – nach notwendiger Bestätigung durch weitere Gruppenuntersuchungen mit vergleichbarem Design – thesenartig ein Modell von prädiktivem Wert für günstige bzw. ungünstig verlaufende Teilnahmen in therapeutischen Gruppen ableiten.

• Eine frühe und gute emotionale Bezogenheit (oder „individuelle Kohäsion", besonders ausgedrückt durch das Gefühl akzeptiert zu werden, ein wichtiger Aspekt der „Kohäsion") (Bloch u. Crouch 1985), scheint in der therapeutischen Gruppe das Analogon zur guten „therapeutischen Allianz" in der Einzelpsychotherapie zu sein (Budman et al.

1990, MacKenzie u. Tschuschke 1993, Yalom 1995). Diese gute Bezogenheit ist offenbar die Voraussetzung für das Wirksamwerden weiterer Wirkfaktoren. Patienten beider Gruppen, die bereits in einem sehr frühen Therapie-Stadium eine höhere, intensivere emotionale Beziehung zu ihrer jeweiligen Gruppe gewannen, konnten diese Bezogenheit durchgehend erhalten und profitierten von ihrer Gruppenbehandlung signifikant mehr als Patienten, die dieses Bezogenheits-Niveau nicht erreichten (Tschuschke, 1993; Tschuschke u. Dies, 1994). Interessanterweise spielte die formale Diagnose keine Rolle bei der emotionalen Beziehungsfähigkeit.

- Die Gruppenmitglieder mit höherer emotionaler Bezogenheit konnten – im Unterschied zu denjenigen mit niedrigerer Bezogenheit – sich frühzeitig öffnen (Wirkfaktor Selbstöffnung) und erhielten entsprechend mehr und häufiger Feedback (Wirkfaktor Interpersonales Lernen – Input), dabei sehr häufig auch sehr kritisches Feedback mit einem erheblichen Potential an Kränkung und Verunsicherung. Dennoch gingen diese Gruppenteilnehmer dieses Risiko ein, d.h. diese Patienten realisierten ein wesentlich höheres Maß an Risikobereitschaft und deshalb auch „interpersoneller Arbeit" (Tschuschke u. Dies 1997) bzw. „therapeutischer (psychodynamischer) Arbeit" (Piper et al. 1992).
- Im dritten Schritt lassen sich beginnende Verhaltensänderungen (Wirkfaktor Interpersonales Lernen – Output) bei diesen gut bezogenen und therapeutisch arbeitenden Patienten feststellen. Interessanterweise wurden recht frühzeitig (im ersten Drittel bzw. in der ersten Hälfte der Gruppendauer) zunächst individuell-pathologische Verhaltensmuster abgebaut, wie z.B. depressiv-lamentierendes, zwanghaft-dominantes oder narzißtisch-aufdringliches Verhalten in der Gruppe, bevor dieselben Patienten sozial adäquateres Verhalten aufbauen konnten (Tschuschke u. Dies 1994, Tschuschke u. Dies 1997). Die veranschlagte Laufzeit (Dauer) der Gruppenpsychotherapien spielte dabei anscheinend keine Rolle; maßgebliche Veränderungen (Abbau ungünstigen Verhaltens und Anbahnung intrapsychischer Umstrukturierungen) ereigneten sich bereits recht frühzeitig, d.h. im ersten Drittel bzw. in der ersten Therapie-Hälfte. Erst nach diesen Veränderungen waren dieselben Patienten in

der Lage, sozial akzeptierteres und sozial verträglicheres Verhalten aufzubauen, etwa Empathie, Unterstützung, Interesse an anderen und Beteiligung bei anderen in der Gruppe. Die beschriebenen Verhaltensänderungen ergaben sich fast ausschließlich bei erfolgreichen Gruppenteilnehmern (9 von 10 klinisch günstigen, wünschbaren Verhaltensänderungen bei erfolgreichen und 5 von 6 ungünstigen bei später nicht erfolgreichen Patienten).

- Zeitlich relativ parallel zu den Verhaltensänderungen ergaben sich – wiederum fast ausschließlich bei erfolgreichen Patienten – intrapsychische Umstrukturierungen mit überdauerndem Charakter. Die oben kurz genannten ungünstigen Objekt- und Selbstrepräsentanzen wurden in klinisch wünschbare Richtung hin korrigiert (Catina u. Tschuschke 1993, Tschuschke u. Dies 1994).

Es ergibt sich demnach ein sehr komplexes Muster von ineinandergreifenden Wirkfaktoren, die offenbar voneinander abhängig sind und erst zum Tragen kommen können, wenn gewisse Voraussetzungen erfüllt sind, und sich wechselseitig bedingen (siehe Abb. 7.1).

Damit ist der Faktor „Zeit" (bzw. „Zeitpunkt") in seiner Bedeutung für den therapeutischen Veränderungsprozeß von den hier berichteten Studien her gesehen von besonderer Bedeutung. Möglich sind gleichfalls Spezifika der jeweiligen Gruppenentwicklung, d.h. daß erst ein bestimmtes Stadium, das die Gruppe in ihrer Entwicklung erreichen muß, unterschiedliche Wirkfaktoren verstärkt ins Spiel bringt. Dieser Aspekt wurde anderweitig ausführlicher dargestellt (Tschuschke u. MacKenzie 1989, Tschuschke 1993, Tschuschke 1995).

Diese vorläufigen Ergebnisse aufgrund einiger weniger vorhandener Prozeßstudien erlauben noch keine Schlußfolgerungen mit Verallgemeinerungscharakter.

Abb. 7.1: Differentielle Gruppenprozeßverläufe unterschiedlich erfolgreicher Patienten von stationären analytischen Gruppenpsychotherapien (nach Tschuschke u. Dies 1994, 1997)

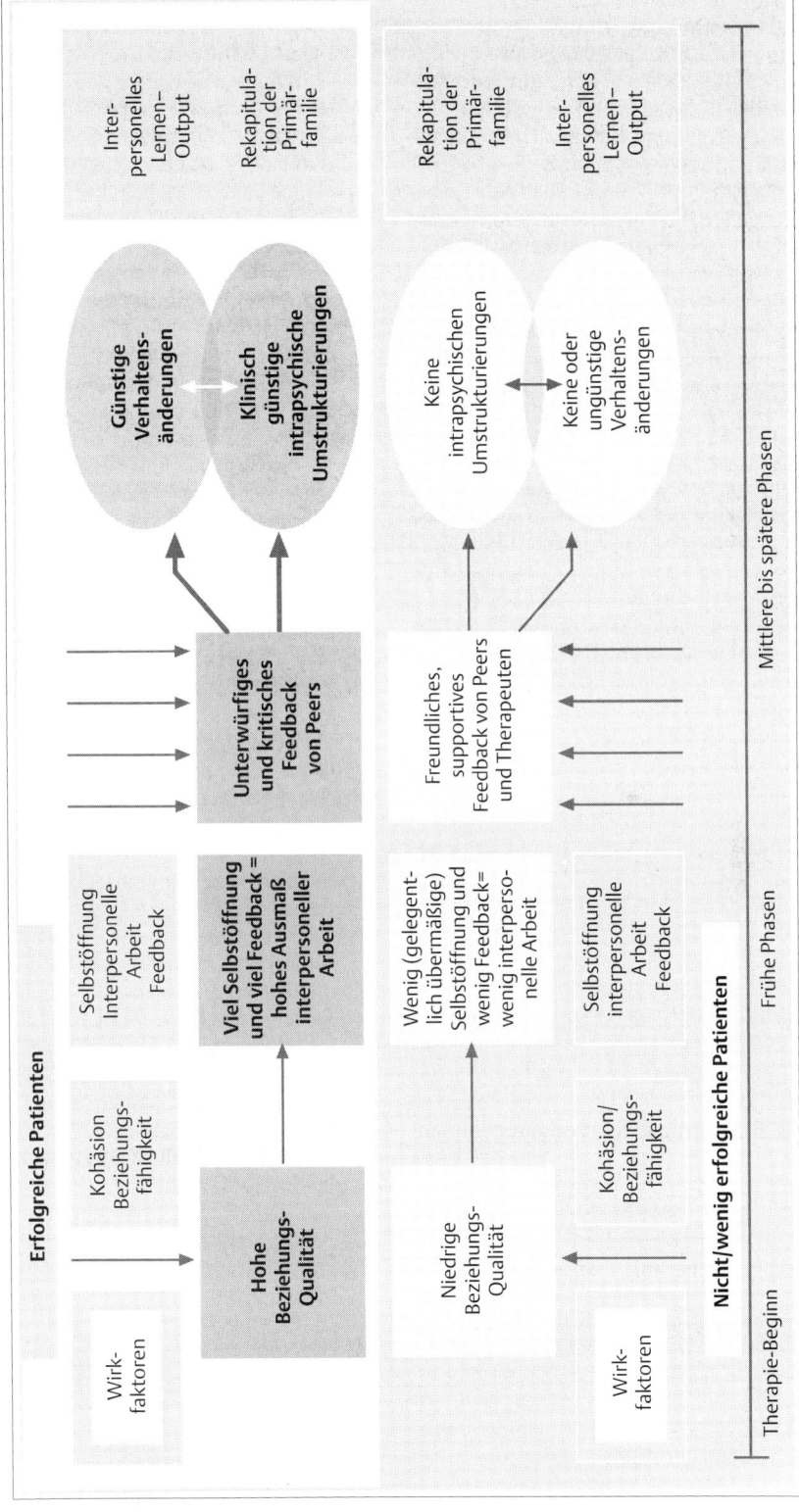

Sie verweisen aber auf mögliche Zusammenhänge im komplexen Prozeßgeschehen therapeutischer Gruppen, die mit Sicherheit nur über solche aufwendigen „Mehrebenen-Forschungen" entdeckt und systematisch genutzt werden können. V.a. muß eine klinisch sinnvolle Forschung – möglichst im realen klinischen Feld – durchgeführt werden, die nur über eine enge Zusammenarbeit zwischen Praktikern und Forschern erfolgen kann.

Fazit bisheriger empirischer Forschungen in der Gruppenpsychotherapie – Konsequenzen für die Praxis

Zweifellos handelt es sich bei den bisherigen Ergebnissen empirischer Gruppenpsychotherapieforschung noch um *Einzelfallstudien* (Piper et al. 1992, Tschuschke 1993, Strauß u. Burgmeier-Lohse 1994, Piper et al. 1996), deren Ergebnisse repliziert werden müssen. Darüber hinaus ist die aufwendige Prozeß-Ergebnis-Forschung eigentlich erst jüngeren Datums, so daß sich in Zukunft noch wesentlich mehr Details und Kenntnisse bezüglich gesetzmäßiger Phänomene aufgrund weiterer sehr präziser Untersuchungen ergeben werden.

Dennoch lassen sich einige Schlußfolgerungen aus den wenigen vorhandenen, jedoch sehr aufwendigen und detaillierten Studien, für die – ambulante oder stationäre – Praxis ziehen:

- Gruppenschicksale entscheiden sich womöglich schon vor der ersten Sitzung. Entscheidungen für eine *Gruppenindikation* – und darüber hinaus für ein spezifisches Behandlungskonzept – sind prognostisch enorm bedeutsam, sowohl für das betreffende Gruppenmitglied wie für die Gesamtgruppe. Eine verbesserte differentielle Indikation – etwa über diagnostische Verfahren wie das PMAP oder die QORS für psychodynamische Gruppen – reduziert deutlich das Aussteiger-Risiko, erhöht drastisch die Chancen für Patienten, von einer Gruppenpsychotherapie zu profitieren, weil sie das Gruppensetting wegen vorhandener interpersoneller Sensibilität nutzen und in der Gruppe psychodynamisch arbeiten können, und reduziert somit die Risiken für die Gruppe. Spezifische Indikation geht einher mit einem spezifischen Behandlungskonzept. Kurzzeitgruppen – wie sie im sta-

tionären Bereich die Regel sind – können dann sehr effektive Behandlungsformen darstellen, wenn sie im Hinblick auf ein Homogenitäts-Kriterium zusammengesetzt werden (etwa Symptomatik oder Gruppenfähigkeit), was natürlich die therapeutische Technik maßgeblich bestimmt (Mattke u. Tschuschke 1997, Tschuschke u. Mattke 1997).

- Kurze vorgeschaltete *Pretrainings* erlauben eine Entängstigung der initialen Gruppensituation, die auf die zukünftigen Gruppenmitglieder zukommt, macht sie etwas miteinander vertraut, erhöht somit die Kohäsion. Sie erlaubt eine Art Kontrakt-Bildung vor Behandlungsbeginn aufgrund gegebener Informationen über Rahmenbedingungen der Behandlung, reduziert spätere Aussteigerraten (im ambulanten Setting), da sich unsichere Kandidaten realistischer mit der zukünftigen Arbeit auseinandersetzen können und eventuell die Gruppe gar nicht erst beginnen (Piper 1994, Tschuschke 1998).
- Die *Gruppenleiter* müssen in jeder Art von Gruppe zu Beginn wesentlich aktiver sein als im weiteren Verlauf der Gruppen. Sie müssen viel strukturieren und sollten keine Ambiguität durch akzentuierte Abstinenz erzeugen (etwa in Form einer orthodoxen analytischen Haltung), gleichgültig, welches Konzept sie ansonsten verfolgen. Gruppen benötigen zu Beginn essentiell den Leiter, seine Strukturierung zur Vertrauens- und Kohäsionsbildung. So wird Patienten ermöglicht, frühzeitig Risiken einzugehen, Selbstöffnung zu betreiben, um frühzeitig bereits ausgiebig Feedback zu erhalten. Sie benötigen viel Zeit, um dieses häufig kritische und verunsichernde Feedback durchzuarbeiten, um es integrieren und Struktur- und Verhaltensänderungen vornehmen zu können, um das eigentliche Ziel von Psychotherapie, auch das von Gruppenpsychotherapie, zu erreichen. Für die größten Wirkpotenzen scheinen bereits sehr frühzeitig die Weichen gestellt zu werden, erst spät in den Prozeß einbezogene Gruppenmitglieder scheinen nicht mehr viel zu profitieren: „... late bloomers do not blossom." (Tschuschke et al. 1996, S. 43).

Abb. **7.1** bildet den Versuch ab, aus den dargestellten Forschungsergebnissen der Stuttgarter

Studie mit schwer gestörten neurotischen und persönlichkeitsgestörten Patienten, die im stationären psychotherapeutischen Setting behandelt wurden, ein Modell der psychotherapeutischen Veränderung abzuleiten.

Demnach kommen unterschiedliche Wirkfaktoren gruppentherapeutischer Veränderung zu unterschiedlichen Zeitpunkten während des Behandlungsverlaufs zum Tragen bzw. ergeben sich erst auseinander. Unverzichtbar scheint eine grundsätzliche emotionale Beziehungsfähigkeit im sozialen Setting zu sein – wie sie die therapeutische Gruppe darstellt. In der dargestellten Untersuchung wurde dies über die Skala Emotionale Bezogenheit des Stuttgarter Bogens (SB) operationalisiert (Tschuschke 1996). Es scheint, daß diese Prozeßmessung sehr Ähnliches erfaßt wie z.B. das „Psychological Mindedness"-Verfahren im Vorfeld von Behandlungen als eher indikative Methode (McCallum u. Piper 1996).

Patienten mit einer interpersonellen Sensibilität bzw. Motivation/Fähigkeit, im sozialen Setting einer therapeutischen Gruppe zu arbeiten, gehen sehr schnell Risiken ein, sich in einen therapeutischen Prozeß einzulassen, indem sie sich deutlich öffnen und Aspekte der eigenen Problematik mitteilen (Selbstöffnung). Vermutlich ist diese verstärkte Selbstöffnung ein wesentlicher Teil der Realisierung therapeutischer Arbeit, die gleichfalls mit Behandlungserfolg in Gruppen korreliert ist (Piper 1994). Sie erhalten dann erhöhtes Feedback, das durchaus sehr kritisch und verletzend sein kann, aber auch eine Art unterordnendes, vielleicht anerkennendes Feedback zur Folge hat.

Diese Trias aus guter Beziehungsaufnahme (individuelle Kohäsion) – Selbstöffnung – Feedback ist bei den nicht bzw. wenig erfolgreichen Gruppenpatienten nicht zu beobachten. Im Gegenteil erhalten sie eher freundliches, supportives Feedback von ihren Peers wie von den Therapeuten. Es scheint, daß eine unbewußte Kollusion mit ihnen eingegangen wird, die eine Konfrontation vermeidet. Damit wird eine therapeutische Veränderung sehr erschwert.

Tatsächlich zeitigen offenbar die erhöhte Motivation zur therapeutischen Arbeit – mit mehr Selbstöffnung und mehr Mitarbeit am Gruppenprozeß generell – und ein kritisches Feedback ihre Wirkung: es stellen sich intrapsychische Umstrukturierungen und Verhaltensänderungen ein. Es ist anzunehmen, daß die Erfahrung erhöhten Feedbacks zunächst ein sehr

bestätigendes Element für die Patienten darstellt.

„To reveal oneself, and then to be actively accepted and supported by others (immerhin erhalten diese Patienten auch erhöhtes unterwürfiges Feedback der anderen, d. Verf.), is deeply validating. Patients often entertain some disastrous or shameful fantasy about revealing less-than-ideal parts of themselves; to allow others to see „the real me" and to have that fantasy disconfirmed is highly therapeutic." (Vinogradov u. Yalom 1990).

Das Durcharbeiten kritischen Feedbacks dagegen scheint weiteren Veränderungen den Weg zu bahnen. Frühes Feedback in der Gruppe ermöglicht, Zeit für dessen Durcharbeiten zu haben, um schließlich akzeptiert und integriert zu werden:

„...for the formation of new personal, but ... enduring identifications." (Kibel 1991).

Es resultieren nämlich deutlich im Gefolge von erhöhter Selbstöffnung und häufigem kritischen Feedback zeitlich versetzt günstige Verhaltensänderungen mit einhergehenden intrapsychischen Umstrukturierungen. Unter letzteren sind zu Beginn der Behandlung festgestellte pathologische Beziehungskonstellationen zwischen Selbst- und Objektrepräsentanzen zu verstehen, die sich unter Behandlungseinfluß in eine klinisch gesehen günstige Richtung entwickeln (Catina u. Tschuschke 1993, Tschuschke 1993).

Patienten mit wenig bzw. keinem therapeutischen Nutzen aus dieser Behandlung weisen diese Veränderungen nicht auf, sie verfestigen im Gegenteil unreife, pathologische interpersonelle Beziehungsmuster – weisen also allenfalls ungünstige Verhaltensänderungen auf. Es sei daran erinnert, daß diese Patienten von Beginn der Gruppen an seltene, auf keinen Fall stetige Mitarbeit zeigten (mithin auch geringe Selbstöffnung) und überwiegend freundliches, also nicht in Frage stellendes Feedback erhielten (von ihren Peers wie von den Therapeuten). Nur validierendes Feedback scheint also nicht ausreichend für therapeutischen Nutzen zu sein.

Therapieerfolg ist klar abzuleiten aus der Abfolge therapeutischer Wirkfaktoren, wie sie idealtypisch im Modell in Abb. **7.1** dargestellt sind.

Die Zeitpunkte therapeutisch relevanter Veränderungen lagen bei den Patienten der Stuttgarter Studie wesentlich in der ersten Therapie-Hälfte. Beide Gruppen waren eher langfristig angelegt und zielten auf mindestens 80 Sitzungen ab, wie auch die Haltung der beiden Therapeuten zeigte (keine Fokusbildung, relativ abstinente Haltung bei zeitweilig aktiver Strukturierung der Gruppenprozesse). Dennoch fanden sowohl intrapsychische wie interpersonelle Veränderungen innerhalb der ersten 40 Sitzungen statt. Es stellt sich die Frage, ob die Patienten die weitere Behandlungsdauer zur Konsolidierung des Erreichten benötigten oder ob sie auch mit einer kürzeren Behandlungsdauer vergleichbare Erfolge erzielt hätten.

Dagegen zeigen sich in der Kieler Studie die wichtigen Prozeß-Veränderungen mit prognostischer Relevanz tendenziell eher in der zweiten Therapie-Hälfte (allerdings könnten sich diese Unterschiede aus den unterschiedlichen Prozeß-Evaluierungen erklären: in der Kieler Studie wurden die Sitzungen über Fragebögen erfaßt, in der Stuttgarter Studie ergaben sich objektive Prozeß-Ratings durch trainierte Rater).

Inhaltlich zeigen sich hingegen wenig Diskrepanzen: Beide Untersuchungen weisen die positive emotionale Beziehung zur Gruppe als prognostisch günstig aus. Die wachsende Konfliktoffenheit der erfolgreichen Patienten der Kieler Studie könnte ähnliche Prozesse beschreiben, wie sie bei den erfolgreichen Patienten der Stuttgarter Studie durch günstige Verhaltensänderungen festgestellt wurden. Auch könnte die zunehmende Realitätsbezogenheit der erfolgreichen Patienten der Kieler Studie mit den intrapsychisch günstigen Veränderungen von Objekt- und Selbstrepräsentanzen bei den erfolgreichen Patienten der Stuttgarter Studie korrespondieren.

7.3 Abschließende Bemerkungen

Gruppentherapeuten sollten im Vorfeld abklären, welche Patienten vermutlich von Gruppenbehandlungen wie den hier untersuchten generell und darüber hinaus von Kurzzeitgruppen profitieren. Patienten mit weniger Eignung für eine Gruppenbehandlung – die im Vorfeld der Behandlung abgeklärt werden kann – legen ein modifiziertes Behandlungskonzept nahe, das eine andere therapeutische Haltung erforderlich macht, etwa eine wesentlich stärkere Strukturierung, mehr aktive Intervention des Gruppenleiters, mehr edukative Elemente involviert usw., damit auch diese Patienten von der ökonomischen Behandlungsform Gruppentherapie profitieren können.

7.4 Literatur

Bales, R.F., Cohen, S. (1979): SYMLOG: A manual for the case study of groups. Free Press New York.

Bloch, S., Crouch E.C. (1985): Therapeutic factors in group psychotherapy. Oxford Press New York.

Budman, S.H., Soldz, S., Demby, A., Feldstein, M., Springer, T., Davis, M.S. (1990): Kohäsion, therapeutische Allianz und Therapieerfolg in der Gruppenpsychotherapie: Eine empirische Untersuchung. In: V. Tschuschke, D. Czogalik (Hrsg.): Psychotherapie – Welche Effekte verändern? Zur Frage der Wirkmechanismen therapeutischer Prozesse. Springer Berlin.

Catina, A., Tschuschke, V. (1993): A summary of empirical data from the investigation of two psychoanalytic groups by means of repertory grid technique. Group Analysis 26, 443–449.

Crouch, E.C., Bloch, S., Wanless, J. (1994): Therapeutic factors: Interpersonal and Intrapersonal Mechanisms. In: A. Fuhriman u. G.M. Burlingame (eds.): Handbook of group psychotherapy – An empirical and clinical synthesis. John Wiley u. Sons New York.

Foulkes, S.H., Anthony E.J. (1957): Group psychotherapy: The psychoanalytic approach. Penguin Books Middlesex, England.

Kanas, N. (1996): Schizophrenic patients in group therapy. American Psychiatric Press Washington DC.

Kibel, H.D. (1991): The therapeutic use of splitting. The role of the mother-group in therapeutic differentiation and practicing. In: S. Tuttman (ed.): Psychoanalyticgroup theory and therapy – Essays in honor of Saul Scheidlinger. Mon. 7. International Universities Press Madison/Connecticut.

Luborsky, L., Crits-Christoph, P., Mintz, J., Auerbach, A. (1988): Who will benefit from psychotherapy? Predicting therapeutic outcomes. Basic Books New York.

MacKenzie, K.R., Tschuschke, V. (1993): Relatedness, group work, and outcome in long-term inpatient psychotherapy groups. Journal of Psychotherapy Practice and Research 2, 147–156.

Mattke, D., Tschuschke, V. (1997): Kurzgruppenpsychotherapie – Einführende Überlegungen unter besonderer Berücksichtigung analytisch orientierter und interpersoneller Therapiekonzepte. Gruppenpsychotherapie und Gruppendynamik 33, 18–35.

Mattke, D., Tschuschke, V., Greve, W., Rudnitzki, G., Wolpert, E. (1995): Gruppenpsychotherapie in der Psychiatrie – Eine Pilotstudie. Spektrum 24, 172–177.

McCallum, M., Piper, W.E. (1996): Psychological mindedness assessment procedure (PMAP). In: B. Strauß, J. Eckert, V. Tschuschke (Hrsg.): Methoden der Gruppenpsychotherapieforschung – Ein Handbuch. Westdeutscher Verlag Wiesbaden.

Piper, W.E. (1994): Client variables. In: A. Fuhriman u. G.M. Burlingame (eds.): Handbook of group psychotherapy – An empirical and clinical synthesis. John Wiley u. Sons New York.

Piper, W.E. (1994): Psychological mindedness, work, and outcome in day treatment. International Journal of Group Psychotherapy 44, 291–312.

Piper, W.E. u. McCallum, M. (1994): Selection of patients for group interventions. In: H. Bernard, MacKenzie, K.R. (eds.): Basics of group psychotherapy. Guilford Press New York.

Piper, W.E., McCallum, M., Azim, H.F.A. (1992): Adaptation through short-term group psychotherapy. Guilford Press New York.

Piper, W.E., Rosie, J.S., Joyce, A.S., Azim H.F.A. (1996): Time-limited day treatment for personality disorders – Integration of research and practice in a group program. American Psychological Association Washington DC.

Schepank, H., Tress, W. (Hrsg.) (1988): Die stationäre Psychotherapie und ihr Rahmen. Springer Berlin.

Stone, W. (1996): Group psychotherapy for people with chronic mental illness. Guilford Press New York.

Strauß, B., Burgmeier-Lohse, M. (1994): Stationäre Langzeitgruppenpsychotherapie. Asanger Heidelberg.

Tillitski, C. (1990): A meta-analysis of estimated effect sizes for group versus individual versus control treatments. International Journal of Group Psychotherapy 40, 215–224.

Toseland, R., Siporin, M. (1986): When to recommend group treatment: A review of the clinical and research literature. International Journal of Group Psychotherapy 36, 171–201.

Tschuschke, V. (1993): Wirkfaktoren stationärer Gruppenpsychotherapie-Prozeß-Ergebnis-Relationen. Vandenhoeck & Ruprecht Göttingen.

Tschuschke, V. (1995): Gruppenentwicklung – unverzichtbar für gruppentherapeutische Effekte? In: W. Langwalter u. G. Schiepek (Hrsg.): Selbstorganisation und Dynamik in Gruppen. LIT-Verlag Münster.

Tschuschke, V. (1996): Der Stuttgarter Bogen (SB). In: B. Strauß, J. Eckert, V. Tschuschke (Hrsg.): Methoden der empirischen Gruppenpsychotherapieforschung – Ein Handbuch. Westdeutscher Verlag Opladen.

Tschuschke, V., Bänninger-Huber, E., Faller, H., Fihentscher, E., Fischer, G., Frohburg, I., Hager, W., Schiffler, A., Lamprecht, F., Leichsenring, F., Leuzinger-Bohleber, M., Rudolph, G., Kächele, H. (1998): Psychotherapieforschung – wie man es (nicht) machen sollte. Psychotherapie, Psychosomatik, Medizinische Psychologie 48, 430–444.

Tschuschke, V. MacKenzie, K.R., Haaser, B., Janke, G. (1996): Self-disclosure, feedback, and outcome in long-term inpatient psychotherapy groups. The Journal of Psychotherapy Practice and Research 5, 35–44.

Tschuschke, V. (1998): Die Bedeutung der empirischen Forschung für die Gruppenpsychotherapie. In: H. Petzold, M. Märtens (Hrsg.): Psychothera-

peutische Praxis und Forschung in der Psychotherapie. Junfermann Paderborn.

Tschuschke, V., Dies, R.R. (1994): Intensive analysis of therapeutic factors and outcome in long-term inpatient groups. International Journal of Group Psychotherapy 44, 185–208.

Tschuschke, V., Dies, R.R. (1997): The contribution of feedback to outcome in long-term group psychotherapy. Group 21, 3–15.

Tschuschke, V., Heckrath, C., Tress, W. (1997): Zwischen Konfusion und Makulatur – Zum Wert der Berner Metaanalyse von Grawe, Donati und Bernauer. Vandenhoeck & Ruprecht Göttingen.

Tschuschke, V., MacKenzie, K.R. (1989): Empirical analysis of group development – a methodological report. Small Group Behavior 20, 419–427.

Tschuschke, V., Mattke, D. (1997): Kurzgruppenpsychotherapie – Entwicklung, Konzepte und aktueller Forschungsstand. Gruppenpsychotherapie und Gruppendynamik 33, 36–54.

Vinogradov, S., Yalom, I.D. (1990): A concise guide to group psychotherapy. American Psychiatric Press Washington DC.

Yalom, I.D. (1995): The theory and practice of group psychotherapy. 4th ed. Basic Books New York.

8 Integrative Therapieansätze bei Borderline-Persönlichkeitsstörungen

H.P. Kapfhammer

8.1 Einleitung

Patienten mit Borderline-Persönlichkeitsstörungen stellen höchste Ansprüche an das diagnostische und therapeutische Können eines Psychiaters oder Psychotherapeuten. Die Herausforderung besteht einerseits in der bunt schillernden Psychopathologie, die wiederholt Anlaß zu breiten differentialdiagnostischen Überlegungen gibt. Sie liegt andererseits in der klinischen Realität begründet, daß trotz raffinierter theoretischer Behandlungsmodelle die empirische Basis für gesicherte Therapiestandards eher schmal ist. Unter einer diagnostischen Warte wird die Besonderheit einer Borderline-Persönlichkeitsstörung veranschaulicht, als es neben typischen situationsübergreifenden Persönlichkeitscharakteristika in erster Linie syndromale Auffälligkeiten sind, die eine solche Diagnose nahelegen. Die Borderline-Persönlichkeitsstörung nimmt also im Verständnis der modernen psychiatrischen Klassifikationssysteme wie z.B. des DSM-III-R/IV eine Zwitterstellung zwischen Achse-I- und Achse-II-Diagnosen ein. Diagnostisch führend sind ein höchst prekäres Selbsterleben mit dem Kennzeichen einer Identitätsstörung sowie affektiv intensiv gestaltete, aber äußerst instabile Beziehungen zum einen, syndromale Cluster mit Symptomen in der perzeptiv-kognitiven, der emotionalen und der impulsiv-behavioralen Sphäre zum anderen. In einer Lebenszeitperspektive überrascht die hohe psychiatrische Komorbidität mit Stimmungsstörungen, Angsterkrankungen, Substanzmißbrauch, Eßstörungen und Störungen der Impulskontrolle nicht.

8.2 Prävalenz

Borderline-Persönlichkeitsstörungen zählen zu den häufigsten psychiatrischen Erkrankungen. Und doch ist eine präzise Schätzung der Prävalenzzahlen schwierig. Dies hat zunächst mit der Variabilität der in den einzelnen Studien eingesetzten diagnostischen Kriterien [„DSM-III-R/IV" (SCID-II), „Diagnostisches Interview für das Borderline-Syndrom" (DIB, Gunderson 1984), „Strukturdiagnose für Borderline-Persönlichkeitsorganisation" (Kernberg 1984)] zu tun. Dies erklärt sich ferner aus der Variabilität des jeweils gewählten Untersuchungssettings. Zimmerman u. Coryell (1989) berichten über eine Prävalenz von 1,6% in der Allgemeinbevölkerung. Mit 1,8% liegt die Schätzung von Swartz et al. (1990) in einer hiermit gut vergleichbaren Größenordnung. Zu einer Prävalenz zwischen 0,2% und 1,8% gelangen Widiger u. Weissman (1991) in ihrer Analyse der vorliegenden epidemiologischen Studien. Unter poliklinisch gesehenen Patienten nehmen Patienten mit einer Borderline-Persönlichkeitsstörung mit ca. 11% einen wesentlich höheren Prozentsatz ein, der unter klinisch-stationären Bedingungen noch deutlich bis ca. 20% ansteigen kann (Widiger u. Frances 1989). Als relativ einheitliche demographische Trends kristallisieren sich ein Überwiegen weiblicher Patienten, ein Beginn in aller Regel in der Spätadoleszenz oder im jungen Erwachsenenalter sowie eine Abnahme des Schweregrads und vermutlich auch der Prävalenz in mittleren Lebensabschnitten heraus.

8.3 Ergebnisse aus Langzeituntersuchungen zum Verlauf von Borderline-Persönlichkeitsstörungen

Es liegen mittlerweile eine Reihe von Langzeitstudien vor, die trotz z.T. erheblicher methodischer Unterschiede und differierender Ausgangsstichproben zu einigen überraschenden einheitlichen Aussagen über die Verlaufsdynamik der Erkrankung von Patienten mit Borderline-Persönlichkeitsstörungen nach einer initialen, meist stationär-psychiatrischen Behandlung gelangen (McGlashan 1986, Plakun et al. 1986, Stone et al. 1987, Paris et al. 1987, Tab. 8.1). Ganz offenkundig nimmt die Störung in den ersten 5 bis 10 Jahren einen zumeist dramatischen Verlauf, beruhigt sich dann aber allmählich, wenn sich die Patienten ihrer Lebensmitte nähern. Wenngleich ihr psychosoziales Leben nicht mehr so sehr durch nach außen getragene und gelebte Krisen gekennzeichnet ist, darf bei ihnen trotzdem nicht eine mittlerweile erreichte innerseelische Harmonisierung angenommen werden. Vielmehr besteht für sie auch weiterhin ein noch beträchtliches Risiko zu einer psychischen Dekompensation, wenn mühsam erworbene Copingstrategien z.B. in einer geregelten beruflichen Tätigkeit durch den Verlust des Arbeitsplatzes erschüttert werden oder wichtige stützende Beziehungen z.B. durch Scheidung verloren gehen. Insgesamt kann aber immerhin bei zwei Drittel der Patienten langfristig eine günstige Wendung im Krankheitsverlauf mit einer ansprechenden psychosozialen Funktionstüchtigkeit in den diversen Rollen des Erwachsenenlebens erwartet werden (Stone 1993). Diese längerfristige Verlaufsperspektive ist im Auge zu behalten, wenn Katamnesen über einen kürzeren Zeitraum eine insgesamt wesentlich ungünstigere Verlaufsdynamik widerspiegeln (Perry 1985, Tucker et al. 1987, Mehlum et al. 1991, Najavits u. Gunderson 1995).

Eine Analyse prognostisch ungünstiger Variablen zeigt, daß v.a. Patienten mit deutlichen schizotypischen oder ausgeprägt antisozialen Zügen einen höchst nachteiligen Krankheitsverlauf nehmen. Zu einer negativen Prognose tragen ferner ein aggressionsgeladenes Familiensetting mit elterlicher Brutalität sowie das anamnestische Vorliegen eines Vater-Tochter-Inzestes bei (Stone et al. 1987). Hohe Intelligenz, außergewöhnliche Talente z.B. auf musischem oder sportlichem Gebiet, eine starke physische Attraktivität, ein regelmäßiger Besuch der Anonymen Alkoholiker bei Vorliegen einer Suchtproblematik oder ein sozial „gefälliges" Wesen sind hingegen Faktoren, die im Langzeitverlauf eine überdurchschnittlich positive Wende ermöglichen (Stone et al. 1987).

In einer klinisch-therapeutischen Sicht stellt sich v.a. das Suizidrisiko dieser Patientenklientel als das zentrale Problem dar. Es erreicht in einigen Follow-up Studien knapp 10% (8,5%: Paris et al. 1987; 9,5%: Stone et al. 1987; 10%: Silver u. Cardish 1991; 8%: Kjelsberg et al. 1991; 10%: Aarkrog 1993). Die Gefährdung der Patienten, an einem Suizid zu versterben, ist offenkundig während der ersten 5 bis 10 Jahre ihrer Erkrankung am höchsten. Stone (1993) weist nach, daß sich dieses Risiko von Patienten mit einer Borderline-Persönlichkeitsstörung signifikant erhöht, wenn zusätzlich eine affektive Störung koexistent ist (18%). Und es steigt dramatisch an, wenn außerdem auch noch eine Alkoholabhängigkeit vorliegt (38%).

Ein wichtiges Ergebnis aus den Langzeituntersuchungen verweist auf die innige Verwobenheit von Therapiefaktoren und außertherapeutischen Einflußvariablen im Krankheitsverlauf. Dies gilt es zu berücksichtigen, will man die Erfolge oder Mißerfolge einer Therapiemodalität gerade bei dieser Patientengruppe bewerten.

8.4 Psychotherapeutische Ansätze in der Behandlung von Borderline-Persönlichkeitsstörungen

Unabhängig von theoretischer Konzeptualisierung und Schulenzugehörigkeit wird einheitlich die besondere Herausforderung betont, die Patienten mit einer Borderline-Persönlichkeitsstörung an eine therapeutische Führung stellen. Rasch auftretende Interaktionsprobleme, ein mit starken negativen Affekten besetzter Umgangsstil, häufige suizidale Krisen, störende Interferenzen infolge von Suchtproblemen stecken einen heiklen Behandlungsrahmen ab. Eine ernüchternd hohe Abbruchquote besonders in den Anfangsstadien einer therapeutischen Arbeit unterstreicht die schwierige Behandlungspraxis bei dieser Patientenklientel. Entscheidende Voraussetzung für das Zustandekommen eines

Tabelle **8.1**: Langzeituntersuchungen zum Verlauf von Borderline-Störungen

Studie	McGlashan 1986	Plakun et al. 1986	Stone et al. 1987	Paris et al. 1987
Ort	Chestnut Lodge	Austen Riggs	New York (P.I.)	Montreal
Follow-up	15 Jahre	14 Jahre	16 Jahre	15 Jahre
Diagnose	DSM-III	DSM-III	DSM-III	DIB
Setting	Psych. Klinik	Psych. Klinik	Psych. Klinik	Allgemeinkranken-haus
n	81	63	224	100
Follow-up	86 %	27%	91%	31%
m:w (%)	44:56	38:62	35:65	16:84
sozioökonomisches Niveau	hoch	hoch	hoch	breit gestreut
Kontaktmethode	Telefon	post. Fragebogen	Telefon	69% Telefon 31% persönlich
Global-outcome-Maße	HSRS	GAS	GAS	HSRS
GO-Score (0–100)	64	67	67	63
Hospitalisierung seit Entlassung	8% (in 15 Jahren)	nicht berichtet	nicht berichtet	23% (in den letzten 5 Jahren)
Arbeitsniveau	2,9 / 5	nicht berichtet	nicht berichtet	3,8 / 5
Soziale Aktivität	2,9 7 5	nicht berichtet	40% verheiratet 29% mit Kind	3,2 / 5
Symptome	1,8 7 5	nicht berichtet	nicht berichtet	DIB=4,5 / 10
Suizidrate	3%	nicht berichtet	9,5%	8,5%
Suizidprädiktoren	nicht berichtet	nicht berichtet	Affektive Störungen Substanzmißbrauch	(+) Suizidanamnese höhere Schulbil-dung

psychotherapeutischen Kontaktes ist, inwieweit es dem Therapeut-Patient-Paar gelingt, ein tragfähiges Arbeitsbündnis zu schließen. Je nach theoretischer Orientierung lassen sich anschließend einige allgemeine therapeutische Zielsetzungen formulieren:

- Weitgehend supportiv gehaltenes Behandlungssetting, in dem der Therapeut vorrangig in der Rolle des wohlwollenden Schützers und Begleiters des von wiederkehrenden Lebenskrisen bedrohten Patienten erscheint.
- Förderung der Selbstbeobachtung hinsichtlich ungünstiger Verhaltensmuster und hieraus resultierender psychosozialer Folgen, der Antizipation selbst- und fremdgefährdender Situationen, des Managements von intensiven negativen Affektzuständen.
- Veränderung der Persönlichkeitsstruktur in einem langfristig angelegten Behandlungsrahmen mit dem Ziel, einerseits ein kohäsives, ausgewogeneres Selbstgefühl, andererseits eine befriedigendere und belastbarere Beziehungsfähigkeit zu erwerben.

Psychodynamische Behandlungsansätze

Allgemeine Prinzipien

Innerhalb der Psychoanalyse existieren mehrere Theoriemodelle zur Entstehung von Borderline-Persönlichkeitsstörungen. Sie haben in ihrer unterschiedlichen theoretischen Gewichtung auch Auswirkungen auf den therapeutischen Umgang mit diesen Patienten (Goldstein 1993). Trotz einer kaum übersehbaren Fülle von beeindruckenden kasuistischen Publikationen über Behandlungsverläufe, gibt es keine kontrollierten Vergleichsuntersuchungen, die es ermöglichten, eines dieser Modelle zu favorisieren. Zudem scheinen die behandlungstechnischen Gemeinsamkeiten jene, v.a. aus theoretischen Vorannahmen abgeleiteten Unterschiede zu überwiegen (Waldinger u. Gunderson 1984).

Einheitlich wird das primäre Ziel, einen stabilen Behandlungsrahmen mit einem verläßlichen Arbeitsbündnis zu finden, als unabdingbare Voraussetzung für jegliches weitere therapeutische Bemühen betont. In der Regel verlangt dies eine wesentlich größere Aktivität vom Therapeuten als beispielsweise in der Behandlung von neurotischen Patienten. So ist er aufgefordert, sich jenen typischen Problemen der Patienten in

der Realitätskontrolle, ihrer Tendenz zur Projektion, ihrem Verlangen nach der unmittelbaren therapeutischen Präsenz zu stellen und dabei von regelhaft heftigen aversiven Affekten bestimmte negative Übertragungsmuster zu tolerieren. Gleichzeitig muß er diese Übertragungsprozesse frühzeitig im „Hier und Jetzt" ansprechen, ohne aber verfrüht genetische Deutungen zu geben. Es ist ein leitendes Prinzip, dem Patienten die durch Abwehr verstellte Verbindung zwischen meist schmerzlichen Affektzuständen und störenden Handlungsweisen aufzuzeigen. Speziell selbstdestruktive Akte müssen durch Klärung und Konfrontation als Modi der interaktiven Auseinandersetzung unattraktiv gemacht werden. Dies setzt eine klare Grenzsetzung bei Agierverhalten voraus, wenn sie den Patienten, den Therapeuten, und damit auch das therapeutische Arbeitsbündnis gefährden. Eine sorgfältige Beachtung eigener Gegenübertragungsgefühle bildet das wirksamste innerseelische Instrument des Therapeuten, den schwierigen Umgang mit Borderline-Patienten zu verstehen und kontrolliert zu gestalten.

Behandlungsresultate

Wallerstein (1986) kommentierte die Ergebnisse der „Menninger-Studie", in der 42 Patienten mit überwiegend neurotischen (n=24) bzw. überwiegend Borderline-Persönlichkeitsstrukturen mehrjährige psychoanalytische bzw. psychoanalytisch orientierte Psychotherapien absolvierten. Die Follow-up Zeit betrug zwischen 5 und 25 Jahren. Die Behandlungsresultate waren bei den neurotischen Patienten mehrheitlich als „günstig" (n=19), bei den Borderline-Patienten hingegen überwiegend als „ungünstig" (n=12) einzustufen. Lediglich bei 6 Patienten konnte ein zufriedenstellendes Therapieergebnis festgehalten werden. Klinisch bedeutsam war, daß 5 Patienten mit Borderline-Persönlichkeitsstörungen entweder während oder nach Abschluß der Psychotherapie im weiteren Verlauf Suizid verübten.

Waldinger u. Gunderson (1984) legten eine Übersicht über die Behandlungsverläufe von 78 Patienten mit Borderline-Persönlichkeitsstörungen vor, die von insgesamt 11 erfahrenen Psychoanalytikern im Durchschnitt 4,5 Jahre lang in einem Drei-Wochenstunden-Setting behandelt worden waren. Klinisch relevant war, daß 44% der Patienten innerhalb des ersten

Behandlungshalbjahres ihre Therapie abbrachen. Ungefähr die Hälfte von ihnen war nach Abschluß der Therapie in mehreren Outcome-Kriterien als „gebessert" einzuschätzen, bei ca. 10% konnte ein „voller Behandlungserfolg" erzielt werden.

Clarkin und Mitarbeiter (1992) berichteten über eine kleine Patientengruppe (n=6), die zwischen 6 Monaten und 5 Jahren in jeweils zwei Wochenstunden psychoanalytisch behandelt worden waren. Bei fünf von sechs Patienten waren die diagnostischen Kriterien nach DSM-III-R für Borderline-Persönlichkeitsstörungen nach Therapieabschluß, der auf der Basis einer gegenseitigen Einigung zwischen Therapeut und Patient zustande kam, nicht mehr erfüllt. Vier Patienten zeigten zufriedenstellende Besserungen in ihren freundschaftlichen Beziehungen, ihren heterosexuellen Kontakten wie ihren Arbeitsleistungen.

In einer Studie von Stevenson und Meares (1992) wurden 59 Patienten mit Borderline-Persönlichkeitsstörungen über ein Jahr in zwei Wochenstunden psychoanalytisch behandelt. 33 Patienten beendeten die Therapie nach der vereinbarten Zeitspanne, bei 11 Patienten waren nach diesem Zeitraum die diagnostischen Kriterien nach DSM-III-R nicht mehr gegeben. Insgesamt konnte eine klinisch signifikante Reduktion von selbstschädigenden und fremdaggressiven Handlungen wie auch von Arbeitsfehlzeiten nachgewiesen werden.

Die vorgelegten psychoanalytisch konzipierten Studien belegen:

- Ein psychodynamisch orientierter Psychotherapieansatz kann bei einer Subgruppe von Patienten mit Borderline-Persönlichkeitsstörungen zu recht zufriedenstellenden Behandlungsresultaten gelangen.
- Von großer klinischer Relevanz ist jedoch die ernüchternd hohe Drop-out-Quote von Patienten, die offenkundig in diesem Therapiesetting nicht über einen für einen möglichen Behandlungserfolg genügend langen Zeitraum gehalten werden können.
- Ferner muß offenbleiben, ob die Ergebnisse aus diesen wenigen Studien, die sich auf eine insgesamt nur sehr geringe Fallzahl stützen können, die Realität in der ambulanten Behandlungspraxis korrekt widerspiegeln.
- Therapiestudien, die sich gerade der Erforschung der Therapieanfangsphase mit der Errichtung eines tragfähigen Arbeitsbündnis-

ses widmen, weisen darauf hin, daß es ganz entscheidend von den technischen Fähigkeiten, der Erfahrenheit und Sorgfalt des Therapeuten abhängt, mit einem Patienten einen initialen Therapiekontrakt auszuhandeln, und weniger von der anfänglichen positiven oder negativen Therapiemotivation, der aktiven Mitarbeit des Patienten (Yeomans et al. 1994).

- Das Ausmaß der ursprünglich vom Patienten gezeigten Feindseligkeit, ausgeprägte antisoziale Persönlichkeitszüge weisen hingegen auf ein hohes Abbruchrisiko hin. Ältere Patienten bleiben insgesamt mit einer höheren Wahrscheinlichkeit in der einmal aufgenommenen Psychotherapie (Clarkin et al. 1994, Yeomans et al. 1994).

Darüber hinaus können folgende prognostische Indikatoren orientierend sein, wie sie Woollcott (1985) auf Grund einer Literaturrecherche und eigener klinischer Erfahrungen zusammenstellte. Die aufgeführten Variablen bedürfen aber noch einer sorgfältigen Überprüfung durch empirische Studien:

- Ungünstige prognostische Indikatoren schließen die Anamnese einer brutalisierten frühen Umwelt, schwerwiegende Verhaltensstörungen bereits in der Kindheit, antisoziale Persönlichkeitsmerkmale, hohe Ich-Syntonizität des Störverhaltens, Suchttendenzen, ausgeprägte narzißtische Züge, ungünstiges soziales Milieu, heftige negative Gegenübertragungen beim Therapeuten und antisoziales Ausagieren des Patienten im Behandlungsverlauf ein.
- Eine günstigere Prognose versprechen unspezifische Persönlichkeitsmerkmale wie Gefälligkeit, Wärme, Verläßlichkeit, Interesse an Mitmenschen und intakte Sublimationsfähigkeiten, Fertigkeiten und Talente.

Verhaltenstherapeutische Behandlungsansätze

Allgemeine Prinzipien

In den zurückliegenden Jahren wurde eine Reihe von verhaltenstherapeutischen Behandlungsmodellen entwickelt, die auf die speziellen Erfordernisse eines therapeutischen Umgangs mit Borderline-Patienten abgestimmt sind.

Anregend, aber noch ohne eine sorgfältige empirische Validierung ist der kognitiv-verhaltenstherapeutische Entwurf von Beck u. Freemann (1990), der auf eine Modifikation leitender kognitiver Schemata und innerer Scripts zielt, v.a. eine Arbeit an den zu übermäßiger Dichotomisierung neigenden Denkstilen vieler Patienten mit Borderline-Persönlichkeitsstörungen beinhaltet.

Wesentlich erfolgsversprechender und v.a. bereits in ersten Studien empirisch überprüft ist der Ansatz von Linehan (1987), den sie als „dialektische Verhaltenstherapie" vorstellt. Grundlegend ist zunächst eine Hierarchisierung von Problemen, die sich in der Therapie mit Borderline-Persönlichkeitsstörungen fast regelhaft ergeben.

- An der Spitze steht das Risiko der Suizidalität, das besondere therapeutische Anstrengungen erfordert.
- Es folgen verzerrende Übertragungs- und Gegenübertragungsmuster, Substanzmißbrauch und Eigenheiten der jeweiligen Persönlichkeit eines Patienten.
- Erst später kann eine Arbeit am Lebensplan oder an individuellen Lebenszielen ins Auge gefaßt werden.

Linehan sieht in einer biologisch verankerten emotionalen Dysregulation die zentrale Grundproblematik eines Borderline-Patienten.

Die hohe emotionale Vulnerabilität, die v.a. mit heftigen, reaktiv angestoßenen aggressiven Affekten einhergeht, besitzt kaum Chancen, in abgestimmten zwischenmenschlichen Beziehungen toleriert und wohlwollend validiert zu werden. Typischerweise unterliegen deshalb die interaktionellen Konsequenzen, die sich aus den aggressiven Gefühlsreaktionen ergeben, meist einer leugnenden Abwehr. Einige charakteristische Verhaltensweisen wie z.B. Selbstverletzungen oder parasuizidale Handlungen zielen letztlich darauf, schmerzvolle Emotionen zu reduzieren, die anderweitig nicht kontrolliert und reguliert werden können. Als unverzichtbare Kompensationsmechanismen für eine prekäre Affekttoleranz müssen sie aufrechterhalten werden.

Diese außergewöhnliche Stimmungslabilität trägt auch dazu bei, daß Borderline-Patienten in bestimmten psychosozialen Kontexten durchaus eine gute Kompetenz beweisen können, während sie in anderen Milieus völlig versagen.

Trotz einer schier schicksalhaften Kette von erbarmungslosen Lebenskrisen gelingt es den Patienten nicht, hierüber echt zu trauern.

Kennzeichnender Schwerpunkt eines Psychotherapieansatzes, der auf dieser pathogenetischen Sichtweise beruht, ist es, einem Patienten zunächst das Modell seiner besonderen emotionalen Verletzlichkeit zu erklären. Kernstrategien zielen darauf, ihn in seinen Wahrnehmungen und Affekten zu validieren, ihn gleichzeitig aber auch für die z.T. verheerenden Auswirkungen seiner dysfunktionalen Reaktionen zu sensibilisieren. Dies erfordert ein spezifisches Training, definierte Problemsituationen konstruktiv zu bewältigen. Der therapeutische Umgang fußt gleichzeitig auf Konfrontation und Unterstützung, setzt in einer dialektischen Spannung auf das große Autonomiebestreben des Patienten einerseits, auf die notwendige Grenzziehung durch eine wohlwollend kontrollierende Haltung des Therapeuten andererseits. Zwischen Therapeut und Patient wird auf eine ausgewogene Egalität der Beziehung geachtet. Neben individualtherapeutischen Sitzungen und einer komplementären Arbeit in der Gruppe werden auch feste Arrangements getroffen, wie der Patient in Krisenmomenten therapeutischen Rat auch zwischen den Therapien einholen kann.

Behandlungsresultate

Linehan und Mitarbeiter (1991) teilten 44 chronisch parasuizdale Frauen mit Borderline-Persönlichkeitsstörungen randomisiert einer Behandlungsgruppe „dialektische Verhaltenstherapie" sowie einer Kontrollgruppe zu, die unterschiedliche Behandlungsverfahren wie psychodynamisch orientierte Ansätze, Milieutherapie, hausärztliche Betreuung usw. erhielt. Die Studiendauer betrug ein Jahr mit viermonatlichen Meßzeitpunkten. Das Ergebnis dieser Therapiestudie bewies für die Behandlungsgruppe „dialektische Verhaltenstherapie" eine signifikant niedrigere Rate an parasuizdalen Handlungen, unter klinisch-medizinischen Aspekten auch weniger schwerwiegende Zwischenfälle und weniger stationäre Behandlungstage. Von großer praktischer Relevanz war die vergleichsweise niedrige Drop-out-Quote mit 16,7% gegenüber 50% in der Kontrollgruppe. Trotz eines insgesamt günstigeren Managements mit Ärgerzuständen und einer überlegeneren sozialen und auch globalen Anpassung der Patienten mit „dialektischer Verhaltenstherapie"

bestanden zwischen beiden Untersuchungs-
gruppen keine signifikanten Unterschiede im
Ausmaß der bei Therapieende noch gezeigten
Depressivität und Hoffnungslosigkeit, in der
Häufigkeit auftretender suizidaler Überlegungen
oder fehlender Lebensziele. Der entscheidende
Effekt des neuen Therapieansatzes schien also in
der vorteilhaften Prävention von parasuizidalen
Handlungen, also in der Kontrolle des schwer-
wiegendsten Therapieproblems bei dieser Patientenklientel zu liegen, aber für sich allein noch
nicht auszureichen, auch weitere typische
Störanteile grundlegend zu verändern.

In einem einjährigen „natürlichen Follow-
up" gelang es Linehan et al. (1994) zu zeigen,
daß die in der Gruppe der „dialektischen Verhaltenstherapie" erzielten Therapieresultate
auch nach einem weiteren Jahr noch Bestand
hatten und zu einer insgesamt besseren psychosozialen Anpassung beitrugen. Shearin und
Linehan (1994) wiesen nach, daß Therapeuten
mit einem „dialektischen" Therapiestandpunkt
von den Patienten als „autonomiefördernd und
kontrollierend" wahrgenommen wurden. Ein
Vergleich dieses Therapieansatzes mit einem
Trainingsprogramm sozialer Fertigkeiten deckte
auf, daß trotz vergleichbarer symptomatischer
Besserungen diese typische Therapeutenwahr-
nehmung nur in der Gruppe mit „dialektischer
Verhaltenstherapie" auftrat.

8.5 Psychopharmakologische Ansätze in der Behandlung von Patienten mit Borderline-Persönlichkeitsstörungen

Die Konzeptualisierung von Borderline-
Persönlichkeitsstörungen, die neben typischen
Persönlichkeitszügen v.a. eine Reihe von syn-
dromalen Ausprägungen diagnostisch hervor-
hebt, macht es verständlich, auch psychopharmakologische Ansätze bei dieser Patientengruppe ernsthaft zu diskutieren. Speziell klinische
Zustände einer psychotischen Dekompensation,
einer schwerwiegenden affektiven Dysregulation sowie einer gefährlich gestörten Impulskontrolle machen differentialtherapeutische Überlegungen notwendig. Eine Reihe von genetischen
Befunden zu bestimmten Temperamentseigen-
schaften wie z.B. Impulsivität, Belohnungsabhängigkeit, Vermeidungshaltung und Schizoty-
pie, die in der breiten Gruppe der Borderline-

Persönlichkeitsstörungen häufig nachgewiesen
und mit bestimmten Neurotransmitterzustän-
den korreliert werden können (Siever u. Davis
1991), legt die Überprüfung der Wirksamkeit
von einzelnen psychopharmakologischen Substanzen unter dieser Indikationsstellung nahe.
Sieht man ferner in den Borderline-Störungen
milde, subsyndromale Varianten von affektiven
und schizophrenen Störungen sowie von Störungen der Aufmerksamkeit und der Impulskontrolle (Akiskal 1983), dann wird ein psycho-
pharmakologischer Behandlungsansatz noch
verständlicher. Die hohe Lebenszeit-Komorbidi-
tät von BorderlinePatienten hinsichtlich zahlreicher psychiatrischer Erkrankungen der Achse I
im diagnostischen Verständnis von DSM-III-R/IV
ist ein zusätzlich bekräftigendes Argument für
diese Sichtweise (Pope et al. 1983).

Es sind aber auch einige prinzipielle Schwierigkeiten eines psychopharmakologischen Behandlungsansatzes bei dieser Patientengruppe
kritisch zu bedenken, die in die Bewertung vorliegender Studienergebnisse miteinfließen müssen.

• Typischerweise unterliegen die psychopathologischen Zustände bei Patienten mit
  Borderline-Persönlichkeitsstörungen starken
  Fluktuationen, so daß es methodisch außerordentlich problematisch sein kann, zwischen therapeutischem „Erfolg" und „Miß-
  erfolg" klar zu unterscheiden.
• Publizierte Behandlungsresultate beziehen
  sich möglicherweise auf Patientenstichpro-
  ben, die durch unterschiedliche diagnostische Kriterien erfaßt wurden, und deshalb
  nicht ohne weiteres generalisiert werden
  dürfen.
• Der Aspekt von diagnostischen Subtypen z.B.
  von Patienten mit besonders ausgeprägten
  schizotypischen Zeichen vs. Patienten mit
  vorrangiger emotionaler Instabilität ist in
  aller Regel in den einzelnen Studien nicht
  klar expliziert.
• Als völlig unentschieden muß das Kriterium
  der sinnvollen Behandlungsdauer in der Dimension „Kurzzeitintervention vs. Langzeit-
  behandlung" gelten.
• Wiederum ist es gut vorstellbar, daß Patienten, die ihren „informed consent" zur Teilnahme an einer wissenschaftlichen Medikamentenprüfung geben, eine untypische Sub-

Tabelle 8.**2**: Placebo-kontrollierte Studien zum Wirkungsnachweis von Neuroleptika

Studie	n	Design	Medikamente	Ergebnisse
Leone (1982)	80	DB 6 Wochen	Loxapin: 14,5 mg	L > C: Depression, Ärger, Angst; beide Medikamente zu Verbesserungen der Baseline-Scores; hohe EPMS
Montgomery & Montgomery (1982)	42	DB, Placebo 6 Monate	Flupenthixol 20mg i.m./ 4 Wochen	signifikante Reduktion von Suizidversuchen nach 6 Monaten
Serban & Siegel (1984)	52	DB 6	Thiothixen: 4mg Haloperidol: 1,6 mg	T > H: Beziehungsideen, Derealisation, Angst, Selbstbild 56%: deutlich gebessert 28% mäßig gebessert 12% keine Veränderung 2%: verschlechtert
Soloff et al. (1986)	64	DB, Placebo	Amitriptylin: 100-175 mg Haloperidol	H > A, Placebo: Depression, Angst Paranoia; unter A einige Patienten deutlich verschlechtert
Goldberg et al. (1986)	50	DB, Placebo	Thiothixen: 5–40 mg	T > Placebo: Illusionen, Beziehungsideen, Zwang, jedoch nicht Depression
Cowdry & Gardner (1988)	16	DB, Placebo longitudinal Crossover 6 Wochen	Trifluoperazin: 7,8 mg	T: schlecht vertragen, jedoch > Placebo: Verhaltens-Dyskontrolle, Angst, Depression
Soloff et al. (1993)	108	DB, Placebo 5 Wochen akut: 16 Wochen bei Therapie-R	Phenelzin: 60 mg Haloperidol: 4,3 mg	P > Placebo, H: Depression, Borderline-Symptomatik, Angst H: keine Replikation der früheren Effizienz
allgemein	**- niedrig dosiert: konsistent dem Placebo überlegen** **- unterschiedliche Neuroleptika: vergleichbare Effekte** **- Therapie-Effekte: mäßig, aber breit gestreut** **- Akzeptanzproblem: hohe Drop-out-Quote**			

gruppe bilden (Koenigsberg 1994).

- Andererseits werden mehr als 80% der Patienten mit Borderline-Persönlichkeitsstörungen zumindest passager oder auch intermittierend im Verlauf ihrer Erkrankung mit Psychopharmaka behandelt (Stein 1992). Zwei empirische Strategien zur Wirksamkeitsüberprüfung einer Psychopharmakotherapie bei Patienten mit Borderline-Störungen bieten sich an, eine Orientierung an Zielsyndromen zum einen, eine Orientierung an Medikamentengruppen zum anderen. In einer idealen Konzeption wäre die Hypothese einer Entsprechung zwischen beiden Perspektiven zu testen.

Behandlungsresultate mit Neuroleptika

Die neuroleptische Beeinflussung von Störungen in der perzeptiv-kognitven Sphäre bei Patienten mit Borderline-Störungen wurde bereits früh systematisch erforscht. Sie erfolgte unter der klinischen Prämisse, daß Patienten mit einem Cluster von paranoiden, schizoiden und schizotypischen Persönlichkeitsmerkmalen, wie sie in einer breiten Fassung des Borderline-Konzeptes registriert werden können, einem schizophrenen Spektrum zugehörten. Die theoretische Annahme einer Wirksamkeit von Neuroleptika bezog sich auf eine unterstellte gemeinsame Störung in der dopaminergen Neurotransmission (Soloff 1989, 1994). Als Zielsymptome für eine neuroleptische Therapie wurden mikropsychotische Episoden, Zustände von Derealisation und Depersonalisation, von Wahrnehmungsillusionen und magischem Denken, von Beziehungsideen und mißtrauischer Grundeinstellung definiert. Tab. 8.2 gibt eine Übersicht über Placebokontrollierte Studien zum Wirksamkeitsnachweis von Neuroleptika. Es lassen sich einige allgemeine Trends ausmachen:

- Neuroleptika erweisen sich in einer niedrigen Dosierung als konsistent der PlacboSubstanz überlegen.
- Unterschiedliche Neuroleptika demonstrieren gut mit einander vergleichbare Effekte.
- Die Therapieeffekte von Neuroleptika sind insgesamt als mäßig einzustufen, sind aber breiter gestreut, als ursprünglich erwartet. Sie beeinflussen nicht nur Symptome in der perzeptiv-kognitiven Dimension, sondern kontrollieren auch affektive Symptome wie Angst und Depression günstig und tragen zu einem positiveren Selbstbild bei.
- Neuroleptika werden aber von den Patienten infolge auftretender Nebenwirkungen nur schlecht toleriert. Eine hohe Drop-out-Quote

in den einzelnen Studien muß festgehalten werden.

Behandlungsresultate mit Antidepressiva

Die große emotionale Vulnerabilität mit wiederkehrenden depressiven Einbrüchen, einer hohen Kränkbarkeit, einer chronischen Leere und Langeweile, einer ärgerlichen Dysphorie sowie häufiger Verlassenheitsängste mit gelegentlicher panischer Zuspitzung machen bei Borderline-Patienten eine Rationale für eine thymoleptische Behandlung plausibel. Auch hierzu liegen eine Reihe von placebo-kontrollierten Studien vor, die in Tab. 8.3 zusammengefaßt sind. Als allgemeine Trends zur Wirksamkeit von Antidepressiva unter dieser Indikationsstellung können formuliert werden:

- Antidepressiva zeigen insgesamt inkonsistentere Effekte, als unter Neuroleptika gezeigt werden konnte.
- Entgegen einer theoretischen Annahme sprechen Borderline-Patienten bei vorliegender Major Depression nicht mit höherer Wahrscheinlichkeit positiv auf Antidepressiva an als Patienten ohne diese Komorbidität.
- Bei Borderline-Patienten mit schizotypischen Zeichen können unter Antidepressiva auch paradoxe Effekte mit einem Anstieg der Feindseligkeit und paranoiden Ideen beobachtet werden.
- Der Einsatz von MAO-Hemmern beeinflußt Ärgeraffekte und die Impulsivität positiv. Bei Vorliegen „atypischer" Depressionssymptome wie Hypersomnie, Hyperphagie und interpersonaler Zurückweisungsempfindlichkeit sind die Behandlungsresultate mit MAO-Hemmern inkonsistent.
- Die unter theoretischen Aspekten gerade hinsichtlich einer Beeinflußbarkeit von Impulshandlungen, aggressiven und parasuizidalen Akten interessanten selektiven Serotonin-Wiederaufnahmehemmer wie z.B. Fluoxetin sind bisher nur in offenen Studien überprüft worden (Norden 1989, Cornelius et al. 1990). Die hier gefundenen erfolgsversprechenden Resultate bedürfen einer kontrollierten Überprüfung.

Tabelle 8.**3**: Placebo-kontrollierte Studien zum Wirkungsnachweis von Antidepressiva

Studie	n	Design	Medikamente	Ergebnisse
Soloff et al. (1986)	64	DB, Placebo	Amitriptylin: 100–175 mg Haloperidol	H > A, Placebo: Depression, Angst, Paranoia; unter A einige Patienten deutlich verschlechtert
Liebowitz & Klein (1981)	16	offen, dann Placebo-kontrolliertes Crossover	Phenelzin: 15–75 mg	11/16 (68%): gute Besserung in offener Phase; die meisten unter Placebo: Rückfall günstig für: atypische Depression
Cowdry & Gardner (1988)	12	longitudinal, Placebo-kontrolliertes Crossover	Tranylcypromin: 40 mg	größte Verbesserung in Stimmungssymptomen > Trifluoperazin, Alprazolam, Carbamazepin, Placebo
Soloff et al. (1993)	108	DB, Placebo 5 Wochen akut: 16 Wochen bei Therapie-R	Phenelzin: 60 mg Haloperidol: 4,3 mg	P > Placebo, H: Depression, Borderline-Symptomatik, Angst P: keine besondere Effizienz bei atypischer Depression
allgemein		- inkonsistenter Effekte - Vorliegen einer Major Depression zu Borderline-PS ohne höhere Wahrscheinlichkeit einer positiven Therapieresponse - Borderline-PS + schizotypische Zeichen: paradoxe Effekte = Anstieg von Feindseligkeit und paranoiden Ideen - Fluoxetin (bisher nur offene Prüfungen): + Effekte auf depressive Labilität, Zurückweisungsempfindlichkeit - MAO-Hemmer: +Effekte auf Impulsivität, Ärger, atypische Depressionszeichen (inkonsistent)		

Behandlungsresultate mit Benzodiazepinen

Ein pharmakotherapeutischer Einsatz von Anxiolytika bei Borderline-Persönlichkeitsstörungen erscheint zunächst durch die hohe Prävalenz von koexistenten Angstsymptomen und -störungen gerechtfertigt. Neben einigen offenen Fallstudien, in denen ein günstiges Wirkprofil von Alprazolam mit einer guten Angstkontrolle und auch Verbesserungen in den Symptomen Feindseligkeit, Mißtrauen, kognitive Auffälligkeit und gestörter Schlaf gefunden wurde (Faltus 1984, Soloff 1994), existiert bisher nur eine kontrollierte Studie, die in Tab. 8.**4** dargestellt ist. Cowdry und Gardner (1988) belegten zwar in Einzelfällen eine gute Kontrolle von Angstsymptomen und Schlafstörungen. Bei mehr als der Hälfte der kleinen Patientengruppe traten aber unter Alprazolam ernsthafte Episoden mit einer Enthemmung von Ärgeraffekten und aggressiven Impulsen auf. Angesichts der häufigen Mißbrauchs- und Abhängigkeitsprobleme bei Borderline-Patienten ist eine zusätzliche Skepsis gegenüber einer mittel- und längerfristigen Anwendung von Benzodiazepinen angezeigt.

Tabelle 8.**4**: Placebo-kontrollierte Studien zum Wirkungsnachweis von Benzodiazepinen				
Studie	**n**	**Design**	**Medikamente**	**Ergebnisse**
Cowdry & Gardner (1988)	12	Longitudinal; Placebo-kontrolliertes Crossover	Alprazolam: 4 mg	2/12: sehr gutes Ansprechen: A > Placebo, Carbamazepin, Trifluoperazin; 7/12: ernste Episoden von Kontrollverlust über aggressive Impulse
allgemein	- in Einzelfällen gute Kontrolle von Angst, Schlafstörungen - jedoch: Enthemmung von Ärgereffekten und aggressiven Impulsen - Abhängigkeitsproblematik			

Behandlungsresultate mit Lithium und Carbamazepin

Wiederum unter theoretischen wie auch klinischen Aspekten muß überraschen, wie selten die Gabe von Lithium unter der Indikationsstellung einer Kontrolle und Prävention von Stimmungsschwankungen und Impulsstörungen bei Borderline-Patienten überprüft wurde. In den wenigen Studien, die bereits in den 70er-Jahren durchgeführt wurden, fanden sich recht ermutigende Resultate (Tab. 8.5). Die mangelhafte Compliance dieser Patientenklientel mag Grund dafür sein, daß in jüngerer Zeit keine größeren kontrollierten Studien konzipiert wurden. Vorläufige Ergebnisse aus einer kleineren klinischen Prüfung zeigten allerdings nur eine marginale Überlegenheit von Lithium gegenüber Placebo (Links et al. 1990). Eine definitive Aussage über die Effizienz, aber auch die realistische und sichere Handhabung einer Lithiumtherapie unter konkreten psychiatrischen Versorgungsbedingungen steht somit noch aus.

In der Untersuchung von Cowdry und Gardner (1988) ist bemerkenswert, daß Carbamazepin zu einer guten Verbesserung der Impulskontrolle und zu einer signifikanten Reduktion von Ärger und Suizidalität beitrug, jedoch bei einem Viertel der Patientengruppe Zeichen einer melancholischen Verstimmung auftraten.

8.6 Rationale für eine Kombination von Pharmakotherapie und Psychotherapie in der Behandlung von Patienten mit Borderline-Persönlichkeitsstörungen

Pharmako- und psychotherapeutische Ansätze können beide für sich ein begründetes Therapierationale in der Behandlung von Borderline-Patienten anbieten. Beide Ansätze jedoch verfehlen jeweils eine Teilgruppe dieser Patienten oder sind von beschränkter therapeutischer Effizienz. In einer Kombination könnten möglicherweise Vorteile erzielt werden, die der je einzelnen Behandlungsmodalität verwehrt sein könnten. Dies ist jedoch Ausdruck einer theoretischen Überlegung und bedarf erst einer sorgfältigen klinischen Validierung. Klinische Beobachtungen können deshalb erst in Hypothesen geformt werden.

Hypothese 1: Pharmakotherapie erleichtert Psychotherapie

Aus den vorliegenden Psychotherapiestudien ist abzuleiten, daß ca. 50% der Patienten mit einer Borderline-Persönlichkeitsstörung ihre aufgenommene Behandlung vorzeitig abbrechen. Dies trifft speziell für psychodynamisch orientierte Verfahren zu, wohingegen eine dialektische Verhaltenstherapie nach Linehan hier Vorteile zeigt. Gunderson et al. (1989) konnten nachweisen, daß diese frühen Behandlungsabbrüche

Tabelle 8.**5**: Placebo-kontrollierte Studien zum Wirksamkeitsnachweis von Lithium und Carbamazepin

Studie	n	Design	Medikamente	Ergebnisse
Rifkin et al. (1972)	21	DB, Placebo Crossover	Lithium (0,6–1,5)	14/21: unter L besser 4/21: unter P besser signifikante Reduktion von Stimmungsschwankungen
Sheard (1975)	12	Placebo Crossover	Lithium (0,6–1,5)	signifikante Reduktion schwerer aggressiver Episoden
Sheard et al. (1976)	66	DB, Placebo	Lithium (0,6–1,0)	beinahe vollständige Reduktion schwerer aggressiver Episoden; heftiger Rebound nach Absetzen
Cowdry & Gardner (1988)	12	longitudinal, Placebo-kontrolliertes Crossover	Carbamazepin: 600 mg	Verbesserung der Impulskontrolle, Reduktion von Ärgeraffekten; Suizidalität; 3/12: melancholische Verstimmung

mehrheitlich aus einem extremen Ärger auf den Therapeuten erfolgten.

Zustände heftiger affektiver und impulshafter Dysregulation können mit einer verbal strukturierten Psychotherapie so negativ interferieren, daß die hierfür nötige Aufmerksamkeit und Überlegtheit kaum oder gar nicht aufgebracht werden können. Es wäre zu demonstrieren, ob eine begleitende Psychopharmakotherapie mit z.B. niedrig dosierten Neuroleptika, MAO-Hemmern, Lithium oder Carbamazepin, wie einige Studien nahelegen, diesen impulsgesteuerten, feindseligen Affektstürmen protektiv entgegenwirken könnten.

In Zuständen einer psychotischen Regression können gleichfalls die für eine geordnete Psychotherapie erforderliche Ich-Stärke und Realitätskontrolle verloren gehen, so daß eine passagere neuroleptische Medikation ernsthaft zu erwägen ist.

Die begrenzte zeitliche Verfügbarkeit des Therapeuten kann für einen Borderline-Patienten zu einem erheblichen Problem werden. Aktivierte Abhängigkeitswünsche müssen durch die Trennungen zwischen den Therapiesitzungen notgedrungen enttäuscht werden. Eine reduzierte Fähigkeit, einen inneren Kontakt zum Therapeuten auch in der Zwischenzeit auf-

rechtzuerhalten, kann zu kaum beherrschbaren Gefühlen des Alleinseins führen, einen sozialen Rückzug bedingen oder aber reaktiv eine unkontrollierte Enttäuschungswut auslösen. Diese Trennungsproblematik läßt sich selbstverständlich in ihren interaktiven Konsequenzen deutend aufzeigen. Es können gerade in einer supportiv strukturierten Psychotherapie auch Möglichkeiten der Kontaktaufnahme oder der telefonischen Rücksprache vereinbart werden. Medikamentöse Unterstützungen könnten zusätzlich diese trennungsbedingten Affekteinbrüche kontrollieren helfen. Tabletten kämen dann psychodynamisch in die Rolle eines „Übergangsobjekts", wie es z.B. Adelman (1985) diskutiert. Gerade in dieser Funktion gilt es aber bei jedem individuellen Borderline-Patienten die unbewußt angestoßenen Übertragungsreaktionen sehr sensibel aufzugreifen und kritisch zu diskutieren.

Hypothese 2: Psychotherapie erleichtert Pharmakotherapie

Auch die psychopharmakologischen Studien unterstreichen das Problem einer hohen Drop-Out-Quote. Dies scheint auf die unterschiedlichsten Medikamente zuzutreffen. Ein noncompliantes Verhalten eines Borderline-Patienten mag sich in unregelmäßigen Dosierungen, in nicht abgesprochenen Therapiepausen, in der Kombination mit unerlaubten anderen Medikamenten, in gefährlichen Überdosierungen als parasuizidale Handlungen ausdrücken. Waldinger u. Frank (1989) zeigten, daß Patienten mit Borderline-Persönlichkeitsstörungen unregelmäßig oder ungesteuert Medikamente einnehmen, wenn sie heftige positive oder negative Gefühle gegenüber ihren Therapeuten verspüren, Abhängigkeitswünsche leugnen müssen, interpersonale Verlust- oder Versagenserlebnisse hatten. Ein psychodynamisches Erfassen der häufig auf einer Spaltung beruhenden, polarisierten Affektzustände, in die Therapeuten wie medikamentöse Regimes unbewußt miteinbezogen werden, kann für das Verständnis, die Thematisierung und Korrektur von non-complianten Verhaltensweisen einen wertvollen Beitrag leisten (Book 1987). Diese Dimension kann auch vorteilhaft beachtet werden, wenn es darum geht, sowohl die therapeutischen Effekte als auch die Nebenwirkungen einer Medikation kritisch zu reflektieren.

Zur Interaktion von Psychotherapie und Pharmakotherapie

Der Einsatz von Psychopharmaka im Rahmen einer Psychotherapie hat bedeutsame Einflüsse auf das Arbeitsbündnis, auf die aktuellen Übertragungs-/Gegenübertragungsmuster und die hiermit korrelierten Abwehr- und Widerstandsprozesse (Rüger 1979). Dies gilt es bei Psychotherapien mit unterschiedlichen neurotischen Patienten zu berücksichtigen und trifft auf Psychotherapien mit Borderline-Patienten im besonderem Maße zu. Zunächst ist ganz entscheidend zu überlegen, welche Funktion den Psychopharmaka in der realen Gestaltung des Therapieprozesses zugesprochen werden soll. Sollen sie dazu dienen, beispielsweise eine psychotherapeutische Behandlung eines Borderline-Patienten mit einer stark irritierenden ärgerlichen Feindseligkeit überhaupt erst zu ermöglichen, sollen sie helfen, im Laufe eines Therapieprozesses auftretende emotionale Krisen mit heftigen Affektstürmen, suizidalen Reaktionen oder psychotischen Dekompensationen zu überwinden, oder ist an eine langfristig konzipierte Begleitmedikation gedacht, die auf eine

angenommene biologische Vulnerabilität in der Affekt- und Stimmungsregulierung abzielt?

Auf der Ebene der realen Interaktion von Therapeut und Patient wird durch die Einführung von Medikamenten ganz zweifelsfrei ein „ärztliches Charakteristikum" eingeführt, das den Behandlungsrahmen auch jenseits einer pharmakologischen bzw. pharmakodynamischen Wirkentfaltung beeinflußt. Sie kann eine Asymmetrie zwischen Therapeut und Patient dokumentieren und typische Abhängigkeits- und Autonomiekonflikte aktivieren. In der verständnisvollen Begründung eines psychopharmakologischen Ansatzes werden aber auch die reiferen Ich-Anteile eines Patienten angesprochen. Entscheidend ist vorab die Klärung, ob der Psychotherapeut zusätzlich auch in der Rolle eines Psychopharmakologen auftritt, sich in dieser Zusatzfunktion auch kompetent und wohl fühlt oder ob er diese Aufgabe an einen außenstehenden Kollegen delegiert. In beiden Fällen wird eine Auftrennung von therapeutischen Funktionen vorgenommen, die je für sich reflektiert werden müssen. Gerade in der psychotherapeutischen Führung von Borderline-Patienten ist zu beachten, daß diese Gestaltung des Arbeitsbündnisses auch unbewußt Spaltungstendenzen Vorschub leisten kann, die in späteren Behandlungskrisen zu einer besonderen Herausforderung werden können. Zeitpunkt und Dauer der medikamentösen Intervention sind klar zu besprechen. In einer Therapiestunde sollte hierfür separat Raum gegeben werden, über Effekte und Nebenwirkungen sprechen zu können. Für eine gedeihliche Zusammenarbeit zwischen Psychotherapeut und Pharmakologen ist ein regelmäßiger Austausch von behandlungsrelevanten Informationen unabdingbare Voraussetzung. Von dieser Kooperation muß auch der Patient wissen, deren Bedeutung für ihn in den bewußten und unbewußten Anteilen thematisiert werden.

In einer psychodynamischen Dimension werden durch die Einführung von Medikamenten eine Fülle von Übertragungs- und Gegenübertragungsmuster angestoßen, die zu merklichen Verschiebungen im Selbst- und Objekterleben führen können:

- Veränderungen im Selbsterleben:
  ➢ Medikament als Bestrafung für „Schlechtigkeit und Aggressivität",
  ➢ Bestätigung einer subjektiv verspürten „Minderwertigkeit und Defizienz",

➤ interpersonales Zeichen von „Machtlosigkeit und Hilflosigkeit",

➤ Behinderung der persönlichen Autonomie,

➤ Gefühle der invasiven Kontrolle und Unterwerfung,

➤ Bestärkung masochistischer Tendenzen,

➤ verstärkte Externalisierungstendenzen,

➤ Aktivierung von Trennungs- und Verlassenheitsängsten,

➤ Gefühle des Aufgegeben- und Abgeschobenwerdens,

➤ konkrete Verkörperung von Hilfe und Hoffnung,

➤ magische Heilerwartungen.

• Veränderungen im Objekterleben:

➤ verstärkte Aktivierung von Elternübertragungen,

➤ „die fürsorgliche, sichernde, tröstende Mutter",

➤ „die unverständige, ungeduldige, abspeisende Mutter",

➤ „die verantwortungsvolle, ausgleichende Mutter",

➤ „Vater und Mutter sind als abgrenzbares Elternpaar wahrnehmbar und können sich über den Patienten konstruktiv verständigen.

Diese Verschiebungen im Selbst- und Objekterleben und die hiermit korrelierten Übertragungsprozesse müssen nun aber auch auf die spezielle psychopathologische und psychodynamische Problematik des individuellen Borderline-Patienten hin reflektiert werden. Waldinger u. Frank (1989) unterstreichen eine typische „orale Ambivalenz", die Verschmelzungs- und Inkorporationstendenzen aktiviert und durch die Gabe von Medikamenten eine konkrete körperliche Symbolgestalt erhält. Tabletten können zur „guten", aber auch zur „schlechten Nahrung" werden. Gerade der Zusammenhang zu einer Selbstdestruktivität, die Borderline-Patienten charakterisiert, muß gesehen werden. Vom Therapeuten verschriebene Psychopharmaka können in (para-) suizidale Handlungen eingebettet werden und haben eine besondere unbewußte Bedeutung in der aktuellen Übertragung auf den Therapeuten. Diese muß systematisch bearbeitet werden. Wenn Medikamente wiederholt zu Suizidversuchen eingesetzt werden und eine Kontrolle durch Konfrontation, Interpretation und klare Grenzsetzung nicht gelingt, dann sollte ihr Einsatz zurückgenommen oder

nur unter den größeren Sicherheitsbedingungen einer stationären Behandlung fortgeführt werden (Koenigsberg 1994).

Eine Psychopharmakotherapie besitzt ganz allgemein Konnotationen einer suggestiven und manipulativen Beeinflussung. Sie interferiert möglicherweise negativ mit dem *prekären Autonomiegefühl* eines Borderline-Patienten. Medikamente werden in ganz enger Verknüpfung zur Person gesehen, die diese verordnet, und können zu einer empfindlichen Irritation des heiklen Distanz-Nähe-Verhältnisses in der therapeutischen Beziehung führen. Da die konkrete Verordnungspraxis zwischen Therapeut und Patient verhandelt werden muß, kann die Diskussion über verspürte Effekte und Nebenwirkungen zu einem Machtkampf instrumentalisiert werden, der unbewußt einer Neukalibrierung dieses Grundkonfliktes dient. Auf einer Verhaltensebene gehen hiermit die vielfältigen Formen einer medikamentösen Non-Compliance einher. Im Hinblick auf eine sorgfältige Kontrolle unerwünschter Arzneimittelnebenwirkungen ist zu beachten, daß der Bericht eines Borderline-Patienten u.U. durch eine Reihe von Abwehrprozessen wie omnipotente Kontrolle, projektive Identifikation, Idealisierung und Entwertung verzerrt wird. Ein Patient, der sich beispielsweise in einer anfänglich idealisierenden Übertragung auf seinen Therapeuten befindet, mag eventuell ernsthafte Nebenwirkungen bagatellisieren und eine reale Gefährdung durch die Medikamente verleugnen. Und wiederum ein persistierendes Beklagen selbst harmlosester Beeinträchtigungen durch die Psychopharmaka mag in Wahrheit eine Enttäuschung über den Therapeuten oder einen Distanzierungsversuch bei einer unerträglichen zu großen emotionalen Nähe signalisieren.

Adelman (1985) wies darauf hin, daß viele Borderline-Patienten verschriebene Medikamente als eine Art „Übergangsobjekt" wahrnehmen und benutzen, um ihre großen Verlassenheitsängste zu kontrollieren. Medikamente helfen ihnen, die Zeiten einer schmerzlichen Trennung von Personen, von denen sie sich für ihr psychisches Überleben abhängig fühlen, zu überbrücken. Mit dieser unbewußten Funktionalisierung von Medikamenten geht aber sehr häufig auch ein völlig idiosynkratisches Einnahmeverhalten einher, das durch Ad-hoc-Änderungen der Dosierungen, Intervalle und Häufigkeiten gekennzeichnet ist, um die angestrebte innerseelische Gefühlsbalance in Abhängigkeit von aktuellen Stimmungsschwankungen herzustellen. Gunderson (1984) machte in diesem Zusammenhang ferner darauf aufmerksam, daß psychopathologische Symptome sehr häufig für Borderline-Patienten die entscheidende Brücke zu ihrem Therapeuten darstellen, eine effiziente Kontrolle der Symptome durch eine adäquate Psychopharmakotherapie aber diese unverzichtbare Verbindung gefährden kann. Nicht selten kommt es aus diesem unbewußten Motiv zu einem Absetzen. Die erheblichen Probleme einer sicheren und gesicherten pharmakologischen Behandlung, die sich aus solchen Verlassenheitsängsten ergeben, müssen ebenfalls in der Analyse einer Non-Compliance bedacht und in der laufenden Psychotherapie bearbeitet werden.

Eine der vermutlich größten therapeutischen Herausforderungen in einer kombinierten psychotherapeutischen und psychopharmakologischen Behandlung von Borderline-Patienten ist das Erfassen und Überwinden von *Spaltungsabwehrprozessen*. Die völlig andersartigen konzeptuellen Kontexte eines pharmakologischen und eines psychotherapeutischen Ansatzes aktivieren dieses habituelle Abwehrverhalten notgedrungen. Es kann zu erheblichen Rollenkonflikten auf Seiten des Arztes führen, der die Psychotherapie ausübt und gleichzeitig Medikamente verordnet. Nur in einer sorgfältigen Aufnahme von Gegenübertragungsgefühlen gelingt es diesem Therapeuten, die z.T. völlig getrennten Bilder von seiner Person, die sich an die beiden therapeutischen Funktionen knüpfen, überhaupt wahrzunehmen und im Therapieprozeß zu vereinen. Eine stärkere Zuneigung zu einem psychopharmakologischen Einsatz mag als wichtiger Schutz vor heftigen, v.a. aggressiven Übertragungsangeboten des Patienten erkannt werden, eigene Ängste hiervor abschwächen, mit einem Wunsch nach sadistischer Kontrolle und Unterwerfung des Patienten einhergehen, narzißtische Kränkungen angesichts eines ermüdenden, scheinbar unfruchtbaren Behandlungsfortgangs kompensieren. Hinter einer institutionalisierten Auftrennung der Kombinationsbehandlung auf einen Psychotherapeuten und einen Pharmakologen können die Spaltungstendenzen noch intensiver verstärkt werden, von wechselseitig fluktuierend zugeschriebener Idealisierung und Entwertung bestimmt sein. Nur eine sehr sorgfältige Bearbeitung der Enttäuschungs- und Wutgefühle eines Patienten, die einmal dem Psychotherapeuten,

ein andermal dem Pharmakologen gelten, und eine sensible Wahrnehmung hierzu korrespondierender Gegenübertragungsreaktionen kann vor einer therapeutischen Sackgasse bewahren.

Die therapeutischen Erfahrungen im Umgang mit Patienten, die an einer Borderline-Persönlichkeitsstörung leiden, unterstreichen, daß elitäre Behandlungsansätze – gleich welcher Provenienz – oft zum Scheitern verurteilt sind. Medikamentöse wie psychotherapeutische Behandlungsansätze können je für sich einen begrenzten Erfolg beanspruchen. Eine Rationale für eine Kombinationsbehandlung existiert gerade bei dieser Patientenklientel. Sie erfordert aber eine sorgfältige Beachtung der je eigentümlichen Interaktionseffekte, die mit beiden Therapieformen gegeben sind und sich bei einer Kombination verschränken können. Empirische Studien zu explizit dieser Indikationsstellung liegen noch nicht vor, besitzen jedoch eine hohe klinische Priorität.

8.7 Der rehabilitative Ansatz bei Borderline-Persönlichkeitsstörungen

Die klinische Erfahrung zahlreicher Autoren besagt, daß offenkundig eine Subgruppe von Patienten mit Borderline-Persönlichkeitsstörungen unter therapeutischen Angeboten – gleich welcher Provenienz – signifikant schlechter werden. Diese Patienten tendieren dazu, sehr schnell die aufgenommene Behandlung abzubrechen, oder aber, befinden sie sich in einer geschlossenen psychiatrischen Einrichtung, ein massives selbstdestruktives und/oder fremdaggressives Verhalten auszuleben und dadurch höchst feindselige iatrogene Gegenreaktionen zu provozieren. Die unmittelbare Schlußfolgerung vor diesem Erfahrungshintergrund wäre nun zunächst, dieser Patientensubgruppe, die durch eine genaue Anamnese bisher absolvierter Therapiemaßnahmen identifiziert werden könnte, zu überhaupt keiner Therapie zu raten (Frances et al. 1984).

Verzichtet man auf einen expliziten therapeutischen Anspruch bei diesen Patienten, so verbleibt trotzdem noch ein bedenkenswertes und erprobenswertes Rehabilitationsmodell (Links 1993). Im Anschluß an Anthony u. Liberman (1986) ist hier folgende begriffliche Differenzierung vorzunehmen:

Tab. **8.6**: Unterschiedliche Theorieansätze im Rehabilitationsmodell bei Borderline-Patienten

	Linehan (1987)	Dawson (1988)	Herman (1993)
„impairment"	*emotionale Dysregulation*	*instabiles Selbstsystem*	*Trauma --> PTSD*
„disability"	– intensive Affektlabilität – heftige instabile Beziehungen – parasuizidale Handlungen	–Überidealisierung/ Entwertung von Beziehungen –parasuizidale Handlungen	– Impulsivität – Dissoziation – Selbstdestruktivität
„handicap"	– Kontexabhängigkeit der sozialen Kompetenz	– Kontextabhängigkeit – iatrogene Schädigung	– Funktionsstörungen --> Rollendefizite

- „impairment": Verlust von psychologischen/physiologischen Funktionen,
- „disability": Unfähigkeit, verschiedene Funktionen auszuführen, die für eine erfolgreiche Anpassung in einzelnen Lebensbereichen wichtig sind,
- „handicap": Hieraus resultierende psychosoziale Nachteile.

Tab. 8.6 vermittelt, wie grundlegende Theorieansätze in diesem Rehabilitationsmodell abgebildet werden können. Links (1993) betont, daß dieser Ansatz mit einer Reihe von Akzentverschiebungen einhergeht. Zunächst imponiert eine Konzentration weg von der Diagnose hin auf die sozialen Rollendefizite eines Patienten. Charakteristisch ist die Sichtweise, daß die Behinderungen (impairment) und Beeinträchtigungen (disability) eines Patienten entscheidend von den jeweiligen sozialen Umwelten und Lebensbedingungen akzentuiert werden. Ein rehabilitativer Ansatz verlangt vom Arzt typische Einstellungen gegenüber seinem Patienten.

- Die Selbstbestimmung eines Patienten gilt als leitendes Prinzip, zusammen mit dem Arzt einen Problembereich aktiv zu wählen, der von subjektiver Bedeutsamkeit ist und zum Ziel therapeutischer und rehabilitativer Bemühungen werden soll. Diese Haltung schließt auch mit ein anzuerkennen, wenn ein Patient sich für die Option „keine Therapie" entscheiden sollte.
- Grundlegend ist die Erkenntnis, daß eine Reduktion von psychopathologischen Sym-

ptomen nicht automatisch mit einer höheren sozialen Kompetenz einhergehen muß.
- Gerade im Hinblick auf die Resultate der Langzeitkatamnesen gilt es, dem Patienten immer wieder die durchaus realistische Hoffnung auf Besserung im Krankheitsverlauf zu vermitteln.

Die Vermittlung von spezifischen Fertigkeiten steht im Mittelpunkt der rehabilitativen Maßnahmen. Hierunter fallen v.a. die Benennung von typischen emotionalen Zuständen und den jeweiligen interpersonalen und sozialen Konsequenzen, die Einübung allgemeiner Problemlösungsstrategien, die Förderung selbstwertsteigernder Fertigkeiten und v.a. ein sozial tolerables Ärgermanagement.

Die Entwicklung von förderlichen Umwelten bildet die dritte Säule dieses Rehabilitationsmodells. So ist beispielsweise die Psychoedukation von Partnern und Familienmitgliedern von grundlegender Wichtigkeit, um die negative Spirale eines „high-EE"-Klimas zu unterbrechen. In einer reflexiven Bewertung der unterschiedlichen Lebensbereiche gilt es, dem Patienten aufzuzeigen, ganz bestimmte Situationen mit eindeutig schädigenden Einflüssen auf ihn zu vermeiden. Statt dessen sollen Umwelten erprobt werden, die einen validierenden und strukturierenden Charakter für ihn besitzen. Tragende Sozialkontakte, die Möglichkeit einer Tagesklinik mit überschaubaren Aktivitäten und dosiertem Beziehungsangebot, aber auch die Suche nach einer Vertrauensperson als „Mentor" in der Beratung und Vermittlung von therapeutischen und rehabilitativen Möglichkeiten spielen hierbei eine herausragende Rolle.

8.8 Literatur

Aarkrog, T. (1993): Borderline adolescents 20 years later. Paper presented to the International Society for the Study of Personality Disorders. Cambridge MA, September 1993.

Adelman, S. (1985): Pills as transitional objects: A dynamic understanding of the use of medication in psychotherapy. Psychiatry 48, 246–253.

Akiskal, H.S. (1983): Subaffective disorders: Dysthymic, cyclothymic, and bipolar II disorder and affective disorder. American Journal of Psychiatry 40, 23–30.

Anthony, W.A., Liberman, R.P. (1986): The practice of psychiatric rehabilitation: Historical, conceptual and research basis. Schizophrenia Bulletin 12, 542–559.

Beck, A.T., Freeman, A. (1990): Cognitive therapy of personality disorders. Guilford Press New York.

Book, H.E. (1987): Some psychodynamics of noncompliance. Canadian Journal of Psychiatry 32, 115–117.

Clarkin, J.F., Koenigsberg, H.W., Yeomans, F. et al. (1992): Psychodynamic psychotherapy of the borderline patient. In: J.F. Clarkin, E. Marziali, H. Bloom (eds.): Borderline personality disorder: Clinical and empirical perspectives. Guilford Press New York, 268–287.

Clarkin, J.F., Hull, J., Yeomans, F.E., Kakuma, T., Cantor, J. (1994): Antisocial traits as measure of treatment response in borderline patients. Journal of Psychotherapy Practice and Research 3, 307–312.

Cornelius, J.R., Soloff, P.H., Perel, J.M., Ulrich, R.F. (1990): Fluoxetine trial in borderline personality disorder. Psychopharmacology Bulletin 26, 149–152.

Cowdry, R., Gardner, D.L. (1988): Pharmacotherapy of borderline personality disorder. Archives of General Psychiatry 45, 111–119.

Dawson, D. (1988): Treatment of the borderline patient relationship management. Canadian Journal of Psychiatry 33, 370–374.

Faltus, F.J. (1984):The use of Alprazolam in the treatment of three patients with borderline personality disorder. American Journal of Psychiatry 141, 802–803.

Frances, A.J., Clarkin, J.F., Perry, S. (1984): Differential therapeutics in psychiatry: The art and science of treatment selection. Brunner & Mazel New York.

Goldberg, S., Shulz, S., Shulz, P. (1986): Boderline and schizotypal personality disorders treated with low-dose thiothixene versus placebo. Archives of General Psychiatry 43, 680–690.

Goldstein, W.N. (1993): Psychotherapy with the borderline patient: An introduction. American Journal of Psychotherapy 47, 172–183.

Gunderson, J.G. (1984): Borderline personality disorder. American Psychiatry Press.

Gunderson, J.G., Frank, A.G., Ronningstam, E.F. et al. (1989): Early discontinuance of borderline patients from psychotherapy. Journal of Nervous and Mental Disease 177, 38–42.

Herman, J.L. (1993): Trauma and recovery. Basic Books New York.

Howard, E.B. (1987): Some psychodynamics of noncompliance. Canadian Journal of Psychiatry 32, 115–117.

Kernberg, O.F. (1984): Severe personality disorders. Yale University Press New Haven.

Kjelsberg, E., Eikeseth, P.H., Dahl, A.A. (1991): Suicide in borderline patients–predictive factors. Acta Psychiatrica Scandinavica 84, 283–287.

Koenigsberg, H.W. (1994): The combination of psychotherapy and pharmacotherapy in the treatment of borderline patients. Journal of Psychotherapy Practice and Research 3, 93–107.

Leone, N.F. (1982): Response of borderline patients to loxapine and chlorpromazine. Journal of Clinical Psychiatry 43, 148–150.

Liebowitz, M.R., Klein, D.G. (1981): Inter-relationship of hysteroid dysphoria and borderline personality disorder. Psychiatric Clinics of North America 4, 67–87.

Linehan, M.M. (1987): Dialectical behavior therapy: A cognitive approach to parasuicide. Journal of Personality Disorders 1, 328–333.

Linehan, M.M., Armstrong, H.E., Suarez, A. et al. (1991): Cognitive-behavioral treatment of chronically parasuicidal borderline patients. Archives of General Psychiatry 48, 1060–1064.

Linehan, M.M., Heard, H.L., Armstrong, H.E. (1994): Naturalistic follow-up of a behavioral treatment for chronically parasuicidal borderline patients. American Journal of Psychiatry 151, 1771–1776.

Links, P.S. (1993): Psychiatric rehabilitation model for borderline personality disorder. Canadian Journal of Pychiatry 38, 35–38.

Links, P.S., Steiner, M., Boiago, I. et al. (1990): Lithium therapy for borderline patients: Preliminary findings. Journal of Personality Disorders 4, 173–181.

McGlashan, T.H. (1986): The Chesnut Lodge follow-up study. III. Long-Term outcome of borderline personalities. Archives of General Psychiatry 43, 20–30.

Mehlum, L., Friis, S., Irion, T. et al. (1991): Personality disorders 2–5 years after treatment: A prospective follow-up study. Acta Psychiatrica Scandinavica 84, 72–77.

Montgomery, S.A., Montgomery, D. (1982): Pharmacological prevention of suicidal behaviour. Journal of Affective Disorders 4, 291–298.

Najavits, L.M., Gunderson, J.G. (1995): Better than expected: Improvements in borderline personality disorder in a 3-year prospective outcome study. Comprehensive Psychiatry 36, 296–302.

Norden, M.J. (1989): Fluoxetine in borderline personality disorder. Progression in Neuropsychopharmacology and Biological Psychiatry 13, 885–893.

Paris, J., Brown, R., Nowlis, D. (1987): Long-term follow-up of borderline patients in a general hospital. Comprehensive Psychiatry 28, 530–535.

Perry, J.C. (1985): Depression in borderline personality disorder: Life time prevalence at interview and longitudinal course of symptoms. American Journal of Psychiatry 142, 15–21.

Plakun, E.M., Burkardt, P.E., Muller, J.P. (1986): Fourteen year follow-up of borderline and schizotypal personality disorder. Comprehensive Psychiatry 27, 448–455.

Pope, H.G., Jonas, J.M., Hudson, J.I. et al. (1983): The validity of DSM-III borderline personality disorder. Archives of General Psychiatry 40, 23–30.

Rifkin, A., Quitkin, F., Carrillo, C. et al. (1972): Lithium carbonate in emotionally unstable character disorders. Archives of General Psychiatry 27, 519–523.

Rüger, U. (1979): Kombination von psychiatrischer Pharmakotherapie und Psychotherapie. Nervenarzt 50, 491–500.

Schneier, F.R., Chin, S.J., Hollander, E., Liebowitz, M.R. (1992): Fluoxetine in social phobia. Journal of Clinical Psychopharmacology 12, 62–64.

Serban, G., Siegel, S. (1984): Response of borderline and schizotypal patients to small doses of Thiothixene and Haloperidol. American Journal of Psychiatry 141, 1455–1458.

Sheard, M.H. (1971): Effect of lithium on human aggression. Nature 230, 113–114.

Sheard, M.H. (1975): Lithium in the treatment of aggression. Journal of Nervous and Mental Disease 160, 108–118.

Sheard, M.H., Marini, J.L., Bridges, C.I., Wagner, E. (1976): The effect of lithium on impulsive aggressive behavior in man. American Journal of Psychiatry 133, 1409–1413.

Shearin, E.N., Linehan, M.M. (1994): Dialectical behavior therapy for borderline personality disorder: Theoretical and empirical foundations. Acta Psychiatrica Scandinavica 89, 61–68.

Siever, L.J., Davis, K.L. (1991): A psychobiological perspective on personality disorders. American Journal of Psychiatry 148, 1647–1568.

Silver, D., Cardish, R.J. (1991): BDP outcome studies: Psychotherapy implications. Paper read at the 144th annual meeting of the American Psychiatric Association. New Orleans, LA, May 1991.

Soloff, P.H. (1989): Psychopharmacologic therapies in borderline personality disorder. In: A. Tasman, R. Hales, A. Frances (eds.): Review of psychiatry. Amrican Psychiatric Press, 65–83.

Soloff, P.H. (1994): Is there a any drug treatment of choice for the borderline patient? Acta Psychiatrica Scandinavica 89, 50–55.

Soloff, P.H., George, A., Nathan, R.S. et al. (1986): Progress in pharmacotherapy of borderline disorders: A double blind study of amitriptyline, haloperidol and placebo. Archives of General Psychiatry 43, 691–697.

Soloff, P.H., Cornelius, J., George, A., Nathan, S., Perel, M., Ulrich, R.F. (1993): Efficacy of phenelzine and haloperidol in borderline personality disorder. Archives of General Psychiatry 50, 377–385.

Stein, G. (1992): Drug treatment of the personality disorders. British Journal of Psychiatry 161, 167–184.

Stevenson, J., Meares, R. (1992): An outcome study of psychotherapy for patients with borderline personality disorder. American Journal of Psychiatry 149, 358–362.

Stone, M.H., Stone, D.K., Hurt, S.W. (1987): The natural history of borderline patients: Global outcome. Psychiatry Clinics North America 10, 185–206.

Stone, M.H. (1993): Long-term outcome in personality disorders. British Journal of Psychiatry 162, 299–313.

Swartz, M., Blazer, D., George, L., George, L., Winfield, I. (1990): Estimating the prevalence of borderline personality. Journal of Personality Disorders 4, 257–272.

Tucker, L., Bauer, S.F., Wagner, S. et al. (1987): Long-term hospital treatment of borderline patients: A descriptive outcome study. American Journal of Psychiatry 144, 1443–1448.

Waldinger, R.J., Gunderson, J.G. (1984): Completed psychotherapies with borderline patients. American Journal of Psychotherapy 38, 190–202.

Waldinger, R.J., Frank, A.F. (1989): Clinician's experiences in combining medication and psychotherapy in the treatment of borderline patients. Hospital Community Psychiatry 40, 712–718.

Wallerstein, R. (1986): Forty-two lives in treatment: A study of psychoanalysis and psychotherapy. Guilford Press New York.

Widiger, T.A., Frances, A.J. (1989): Epidemiology, diagnosis, and comorbidity of borderline personality disorder. In: A. Tasman, R. Hales, A. Frances (eds.): Review of Psychiatry. 8–24. American Psychiatric Press.

Widinger, T.A., Weissman, M.M. (1991): Epidemiology of borderline personality disorder. Hospital Community Psychiatry 42, 1015–1021.

Woollcott, P. (1985): Prognostic indicators in the psychotherapy of borderline patients. American Journal of Psychotherapy 39, 17–29.

Yeomans, F.E., Gutfreund, J., Selzer, M.A., Clarkin, J.F., Hull, J.W., Smith, T.E (1994): Factors related to drop-out by borderline patients: Treatment contract and therapeutic alliance. Journal of Psychotherapy Practice and Research 3, 16–24.

Zimmerman, M., Coryell, W. (1989): DSM-III personality disorder diagnoses in a nonpatient sample: Demographic. Archives of General Psychiatry 46, 682–689.

9 Schulenübergreifende Psychotherapie bei der Borderline-Persönlichkeitsstörung

S. Herpertz

9.1 Einleitung

Die Notwendigkeit der Entwicklung einer wirksamen Therapie der Borderline-Persönlichkeitsstörung (BPS) erscheint besonders dringlich, wenn man sich vor Augen hält, daß sie die am häufigsten diagnostizierte Persönlichkeitsstörung darstellt (Widiger u. Frances 1989). Therapeuten begegnen der BPS aber nicht selten mit Beklommenheit und Hilflosigkeit, da sie sich bei dieser Patientengruppe vor hohe Anforderungen gestellt sehen, die sich insbesondere aus deren hoher Empfindsamkeit, tiefgreifender Instabilität und Krisenanfälligkeit und schließlich durchgehender Planlosigkeit ergeben. Entsprechend machten Vertreter der beiden großen Therapierichtungen, der Psychoanalyse und der Verhaltenstherapie, in der praktischen Arbeit mit BPS-Patienten die Erfahrung, daß sie mit herkömmlichen Therapieformen den Bedürfnissen dieser Patientengruppe oft nicht gerecht werden. Psychoanalytiker sahen sich mit ihrer wenig strukturierten, regressionsfördernden Behandlungsmethode mit einer hohen Anzahl von Therapieabbrüchen konfrontiert (Waldinger u. Gunderson 1984, Stevenson u. Meares 1992). Verhaltenstherapeuten konnten ihren problemlöseorientierten Ansatz bei vielfältigen, ständig wechselnden Problembereichen oft nicht durchhalten und stießen auf Non-Compliance (Beck u. Freeman 1993). In der praktischen Behandlung der BPS hat sich deshalb häufig schon eine Psychotherapieform durchgesetzt, die sich Elemente verschiedener Therapieschulen zunutze macht, sich aber auch nicht selten dem Vorwurf ausgesetzt sieht, theorielos zu sein.

Im folgenden werden zunächst die typischen psychopathologischen Merkmale der BPS dargestellt, sodann unterschiedliche Konzepte zur Entstehungsgeschichte und zum therapeutischen Vorgehen vor dem Hintergrund der beiden großen Therapieschulen diskutiert und schließlich ein schulenübergreifendes Behandlungskonzept vorgestellt.

9.2 Zur psychopathologischen Konzeptionalisierung

Ausgehend von Stern (1938) benutzten Vertreter der Psychoanalyse den Begriff „Borderline" als Bezeichnung für einen Übergangsbereich von Neurose und Psychose, der nach den heutigen operationalisierten Diagnosesystemen eine Vermischung der Konzepte von schizotypischer und Borderline-Persönlichkeitsstörung darstellt (Saß u. Köhler 1983). Während sich die schizotypische Persönlichkeitsstörung besonders durch Störungen im perzeptiv-kognitiven Bereich auszeichnet, wird die BPS gegenwärtig als ein überdauerndes, dysfunktionales Persönlichkeitsmuster betrachtet, das sich um eine mangelhafte Regulation von Affekten und Handlungsimpulsen gruppiert (Saß u. Herpertz 1996). Danach manifestiert sich die BPS in erster Linie in tiefgreifenden, abrupten Stimmungsschwankungen und in einem planlosen, impulsiven, auf Spannungsabfuhr gerichteten Verhaltensstil, der sich u.a. in wechselnden Modi selbstschädigender Handlungen ausdrückt.

Der Borderline-Begriff hat seine ursprüngliche Bedeutung weitgehend eingebüßt, bezeichnet er doch inzwischen weder einen Grenzbereich zur Schizophrenie, noch einen zu den affektiven Erkrankungen. Gegen die über einige Jahre präferierte Einschätzung der BPS als eine affektive Spektrumerkrankung sprechen Familienuntersuchungen, die bei erstgradigen Verwandten von Patienten mit BPS ein erhöhtes Erkrankungsrisiko für eine affektive Störung nur dann fanden, wenn beim Indexpatient neben der BPS eine Major Depression vorlag (Soloff u. Millward 1983a, Baron et al. 1985, Torgersen 1994). Desweiteren lassen sich grundsätzliche phänomenologische Unterschiede in der Weise feststellen, daß sich affektive Erkrankungen durch langwellige, von äußeren Einflüssen unabhängige Stimmungsauslenkungen auf einer Depressions-Manie-Dimension auszeichnen. Im Unterschied zu dieser eindrücklichen Automatie der Befindlichkeit (vgl. Resch 1996) stehen die kurzwelligen, rasch wechselnden Affektlagen der BPS, die im DSM-IV als Ausdruck einer erhöhten Reaktivität auf Umweltreize herausgearbeitet wurden. Bei der BPS handelt es sich also weniger um eine Dysregulation der Stimmung als der Affekte, die bekanntlich als „reaktives seelisches Gefühl von akutem Charakter und starkem Grad" (K. Schneider, 1923, S. 153) definiert sind. Der Affektdysregulation kommt auch im ätiopathogenetischen Modell der BPS von Marsha Linehan (1996) eine zentrale Bedeutung zu. Sie unterscheidet drei typische affektive Merkmale von Patienten mit BPS, nämlich eine abgesenkte Affektschwelle, eine erhöhte Intensität affektiver Reaktionen sowie eine verzögerte Rückbildung von Affekterregungen. Diese aus affekttheoretischen Überlegungen und klinischen Beobachtungen abgeleiteten Charakteristika konnten inzwischen empirisch anhand von Affektinduktionsexperimenten weitgehend bestätigt werden (Herpertz et al. 1997).

Im Zentrum des Erscheinungsbildes der BPS steht eine erhöhte und wahrscheinlich auch beschleunigte Reaktivität auf innere und besonders äußere Stimuli; sie manifestiert sich auf der Verhaltensebene als plötzlich aufschießende, unberechenbare Handlungen, im Bereich der Emotionalität als intensive Affektentladungen von Ärger, Angst, Verzweiflung oder auch Euphorie (Herpertz u. Saß 1997). Die Hyperreaktivität könnte als ein impulsives Phänomen aufgefaßt werden, wenn man Impulsivität mit Buss u. Plonin (1957, S. 8) als „schnelles und heftiges Antworten auf Reize anstatt Antworten zu hemmen" definiert. Danach wäre die BPS als ein überdauernder, persönlichkeitseigener impulsiver Stil des Reagierens auf die Umwelt zu ver-

stehen (Westen et al. 1992, Torgersen 1994, Herpertz u. Saß 1997, Herpertz et al. 1998). Er erklärt nicht nur die Instabilität bzw. Unberechenbarkeit im Bereich von Affektivität und Verhalten, sondern trägt auch zu der Identitätsunsicherheit bei, die als das dritte zentrale Merkmal der BPS angesehen wird (Clarkin et al. 1993). Borderline-Persönlichkeiten zeigen einen Mangel an Zukunftsorientiertheit, an planerischen Aktivitäten und durchgehaltenen Perspektiven, die auch als Ausdruck eines „verkürzten zeitlichen Horizonts" (vgl. Wilson u. Herrnstein 1985) aufgefaßt werden. Unvermittelt aufscheinende Nahziele und kurzfristige Bedürfnisbefriedigung werden nicht zugunsten weiter gespannter Ziel- und Wunschvorstellungen oder zugunsten der Etablierung zukunftsweisender Orientierungen, stabiler Beziehungsformen und der Kongruenz mit persönlichen Wertvorstellungen aufgegeben bzw. zurückgestellt. Die Folge sind sich häufig ändernde Ausbildungsziele und Anstellungen, wechselnde Bezugsgruppen und Intimpartner. Impulsivität interferiert auf diese Weise mit dem Aufbau einer stabilen Selbstidentität und dauerhafter Wertbestände, von denen aus Verhalten verläßlich gesteuert werden könnte.

9.3 Selbstschädigendes Verhalten als spezifischer Problembereich

Am augenscheinlichsten tritt Impulsivität als wechselnde Muster von Verhaltensstörungen in Erscheinung, die selbst- oder fremdschädigend in ihrer Wirkungsrichtung zu nicht selten schweren sozialen Beeinträchtigungen führen und deshalb ein wichtiges Zielsymptom therapeutischer Interventionen darstellen. Typische Verhaltensprobleme sind Selbstverletzungen, wiederholte Tablettenintoxikationen, bulimische Eß-/Brechattacken, episodische Alkoholexzesse oder Drogenmißbrauch; gegenüber diesen gegen sich selbst gerichteten Impulshandlungen treten fremdaggressive Verhaltensweisen wie Wutausbrüche oder Körperverletzungen eher in den Hintergrund (Zanarini et al. 1990). Im Zusammenhang mit all diesen Verhaltensabweichungen wird über die subjektive Erfahrung des Kontrollverlustes berichtet, der am Höhepunkt einer sich sukzessive aufbauenden Spannung auftritt.

Solche impulsiven Verhaltensweisen ereignen sich in einem typischen situativen Kontext und weisen ein recht homogenes Verlaufsmuster auf, das den engen Zusammenhang zwischen unregulierten, heftigen affektiven Auslenkungen und Impulshandlungen abbildet (s. Abb. 9.1). Interpersonelle Stressoren, wie insbesondere vermeintliche oder reale Zurückweisungs- oder Verlassenheitserlebnisse, lösen intensive affektive Grundreaktionen wie Angst, Ärger oder Verzweiflung aus. Eine Tendenz zu kognitiven Verzerrungen, wie dichotomes Denken und Generalisierung, bewirken eine weitere Zuspitzung der Affektauslenkung sowie eine Entdifferenzierung der Affektqualität hin zu einem heftigen dysphorischen Affekt. Dieser mündet in einen Spannungszustand ein, der einen Handlungsimpuls erzeugt, der sich auf dem Hintergrund bereitliegender Verhaltensmuster z.B. als Selbstverletzung oder bulimische Eß-/Brechattacke realisiert. Die Impulshandlungen führen eine prompte Entlastung herbei, die ihrerseits von einer Stimmungshebung gefolgt ist. Später treten dann häufig Gefühle von Schuld, Scham oder Versagen auf.

Dieser typische Ablauf von Spannungsaufbau und Spannungslösung führt bei vielen Patienten zu einer baldigen Habituierung von Selbstbeschädigungen, die sich im Sinne des operanten Lernens aus dem Erlebnis der negativen inneren Verstärkung begründet: quälende Affekte und Spannungszustände können prompt wirkungs-

voll abgebaut werden. So nehmen Lernvorgänge mindestens bei der Aufrechterhaltung selbstschädigenden Verhaltens eine zentrale Rolle ein.

9.4 Zwei Dimensionen von Impulsivität

Impulsivität beinhaltet zwei Dimensionen, eine Antriebs- und eine Kontrolldimension. Der impulsive Antrieb bestimmt die Durchsetzungskraft, mit der Bedürfnisse und Intentionen auf Aktualisierung drängen (Janzarik 1988). Die Impulskontrolle umfaßt alle spezifischen Hemmungs- und Kontrollmechanismen, die dazu führen, daß Handlungsimpulse weder unbedingt noch unmittelbar in reale Handlungen umgesetzt werden. Zwischen Handlungsimpuls und seiner Durchführung werden emotionale und kognitive Steuerungsmechanismen wirksam, die dem Handelnden zu Deaktualisierungsleistungen bei der primären Reizwahrnehmung und -selektion sowie zu der Entwicklung von Handlungsplänen verhelfen (Herpertz u. Saß 1997).

Neben der Behauptung vitaler Bedürfnisse geht es bei der BPS insbesondere um Antriebe, die der sozialen bzw. interpersonellen Ausrichtung des Menschen entstammen, Bindungs- und

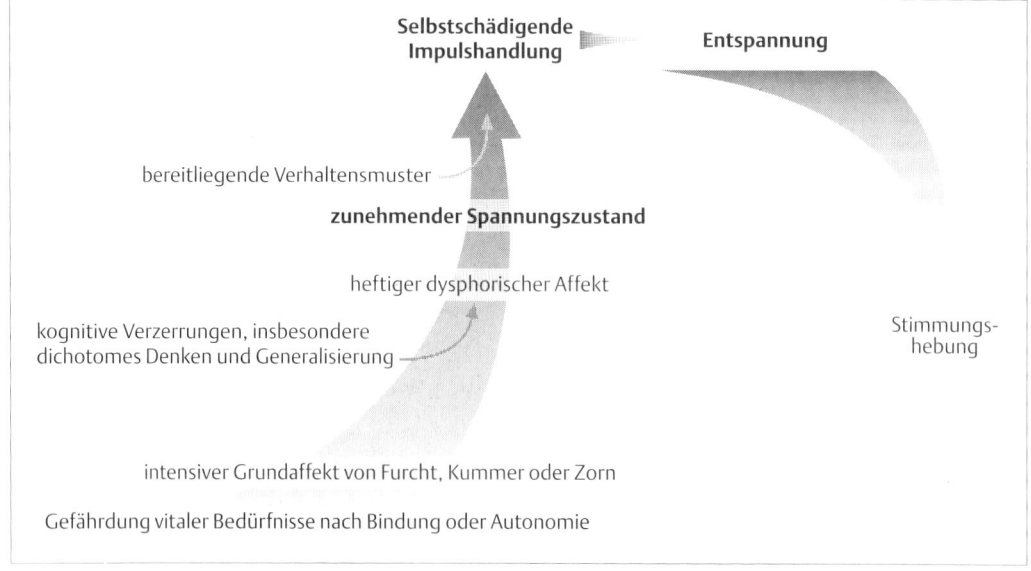

Abb. 9.1: Typischer Ablauf von Spannungsaufbau und Entspannung in der Genese von selbstschädigenden Impulshandlungen

Geborgenheitsstreben auf der einen Seite, Autonomiewünsche auf der anderen Seite. Das für Borderline-Persönlichkeiten typische Muster von intensiven, aber instabilen zwischenmenschlichen Beziehungen steht im Zusammenhang mit einer ungelösten andauernden Ambivalenz zwischen dem Bedürfnis nach Nähe und der Angst vor Autonomieverlust (vgl. Fiedler, Kapitel 5), die sich zum einen als Idealisierung, zum anderen als drastische Entwertung anderer Menschen zeigen kann. Beide Bedürfnisse werden nicht im Sinne einer reifen Ambivalenz gleichzeitig erlebt, sondern die unbedingte Sehnsucht nach einer symbiotischen Beziehung wird unvermittelt aufgegeben und an ihre Stelle treten harsche Zurückweisung oder ein abrupter Beziehungsabbruch. Psychodynamisch wird dieses bei BPS immer wieder zu beobachtende Phänomen als Abwehrmechanismus der Spaltung bezeichnet, der Erlebnisse oder Ich-Zustände mit entgegengesetzter Gefühlsqualität streng voneinander getrennt halten soll.

9.5 Biologische und psychosoziale Aspekte in der Ätiologie

Die Differenzierung der Impulsivität in eine Antriebs- und Kontrolldimension hat Relevanz für Überlegungen zur Ätiologie. Die alte Streitfrage nach Disposition versus Lerngeschichte in der Genese von Persönlichkeitsmerkmalen im allgemeinen und hier impulsiver Wesenszüge im besonderen läßt sich am besten mit einem „sowohl als auch" beantworten. Hinsichtlich der dynamischen Ausstattung von Menschen bzw. der Stärke ihrer Antriebskraft finden sich große interindividuelle Unterschiede, die eng mit dem Temperament verbunden und überwiegend biologisch festgelegt sind. Die Annahme eines eng mit biologischen Abläufen verbundenen Systems des affektiven Reagierens legen Verhaltensbeobachtungen an ein- bis zweijährigen Kleinkindern nahe, die eine interindividuell sehr variable, intraindividuell aber recht konstante Intensität der mimischen Antwort auf verschiedene Stimuli zeigten (Izard u. Kobak 1991, Kagan 1994). Der Antriebsbereich unterliegt auch in erheblichem Maße biologischen Wandlungsprozessen, denkt man an die nachlassende dynamische Schubkraft mit fortschreitendem Alter oder an den Antriebsverlust im Rahmen von eigengesetzlich verlaufenden seelischen Erkrankungen.

Genetisch angelegter Antrieb tritt bereits im zweiten Lebensjahr in Wechselwirkung mit emotional/kognitiven Steuerungsvorgängen (Kopp 1982). Erste emotionale Regulierungsvorgänge werden bereits in der frühen Interaktion mit den elterlichen Bezugspersonen gelernt. Indem die Eltern schon auf die nur anhand des expressiven Verhaltens sich ausdrückende Befindlichkeit des Kleinkindes emotional antworten, geben sie bereits eine Orientierung vor; sie verhelfen im weiteren auf dem Wege von Imitation und Identifikation zu adäquater Affektäußerung und -bewältigung (Izard 1992). So können die Eltern schon durch ihre Antworten auf das kindliche Spiel die Intensität dessen Gefühlsausdrücke und Aktionen stimulieren oder abschwächen und auf diese Weise adaptive Regulationsprozesse bahnen (Resch 1996).

Ungefähr ab dem 3. Lebensjahr wird die kognitive Interpretation emotionaler Stimuli mit darüber entscheiden, wie intensiv die emotionale und die mögliche Verhaltensantwort ausfallen. Typische kognitive Kontrollen sind Selbstinstruktionen, deren Entwicklung eng an den Spracherwerb gebunden sind. Mit drei bis vier Jahren beginnt das Kind, motorische Reaktionen durch eigenes Sprechen zu regulieren, spätestens mit sechs Jahren haben Selbstinstruktionen eine wichtige handlungsregulierende Funktion gewonnen. Darüber hinaus ist die Fähigkeit, Bedürfnisse aufschieben zu können, eine der wichtigsten kognitiven Leistungen, die Kinder im Laufe ihrer Entwicklung lernen müssen. Hierauf begründet sich das „delay of gratification"-Paradigma (Gorenstein u. Newman 1980). Bei einer normalen Entwicklung nimmt mit zunehmendem Alter die Zeit zwischen aufscheinendem Handlungsziel und Ausführung der Handlung zu. Handlungsimpulse können durch kognitive Operationen immer länger blockiert und somit komplexere Handlungspläne zur Erreichung weiter gesteckter Ziele aufgestellt werden. Schließlich entwickeln sich langfristige Zielorientierungen und moralische Normen, die in erster Linie durch Beobachtung, Identifikation und Internalisierung gelernt werden; im Vorschulalter dienen die Eltern als wichtiges Vorbild, danach tritt der Einfluß der Peergruppe hinzu. Handlungsimpulse werden zunehmend mit inneren Einstellungen, moralischen Normen und Wertvorstellungen abgeglichen, bevor sie zur Umsetzung freigegeben werden.

Wirksame, adaptive Mechanismen der Impulskontrolle können also nur in einem verläßlichen sozialen Lernraum erworben werden. Angesichts der schlechten psychosozialen Entwicklungsbedingungen, die viele Patienten mit BPS vorfanden, erscheinen aber solche Lernprozesse gravierend erschwert. Die Familieninteraktion von Borderline-Patienten wird häufig als desorganisiert, chaotisch, konfliktreich und feindselig beschrieben (Links 1992). Die Eltern zeigen selbst Verhaltensmuster oder psychische Störungen, die mit Kontrollverlust einhergehen (Goldman et al. 1993, Herpertz 1995). Hieraus begründen sich unberechenbare und widersprüchliche Mitteilungen und Reaktionen der Eltern, die auf der Seite des Kindes zu Irritationen und wechselnden Affektzuständen führen, die die Entwicklung stabiler kognitiver Bewertungen und das Erlernen von Selbstinstruktionen verhindern. Hier sei eine prospektive Longitudinaluntersuchung von Olson et al. (1990) zum Zusammenhang zwischen der Güte der Eltern-Kind-Beziehung und der Entwicklung von Impulskontrolle erwähnt. Diese Autoren fanden, daß sowohl eine sichere Beziehung zur primären Bezugsperson als auch ein klarer, konsequenter, aber nicht kontrollierend-bestrafender Erziehungsstil Prädiktoren für die Entwicklung einer adäquaten Impulskontrolle waren. Bei einem machtausübenden Erziehungsstil entwickelte sich zwar Bestrafungsangst, aber keine Internalisierung von Normen.

M. Linehan (1987a,b) weist auf dem Hintergrund ihrer therapeutischen Erfahrungen einem entwertenden, sog. „invalidating" Beziehungsstil eine wichtige Bedeutung zu, der das emotionale Erleben der Patienten nicht achtet ebenso wie die Erklärungen, mit denen die Patienten ihr Erleben begründen. Auf diese Weise können sie keine adaptive Affektregulation lernen und versuchen entweder, jegliches Affekterleben zu blockieren oder aber mit extremen Affektäußerungen ihre Umwelt zum Reagieren zu provozieren.

Psychischen Traumata, die als „vitale Diskrepanzerlebnisse zwischen bedrohlichen Situationsfaktoren und individuellen Bewältigungsmöglichkeiten" (Fischer u. Riedesser 1996) definiert sind, kommen nach inzwischen weitgehend übereinstimmender Auffassung in der Genese der BPS eine besondere Bedeutung zu (Herman 1989, van der Kolk et al. 1991, Sansone et al. 1995). So wird die Häufigkeit von körperlichen Mißhandlungen bei Patienten mit BPS in der Höhe von 38 %, die des sexuellen Mißbrauches zwischen 25 % und 70 % angegeben (Soloff

u. Millward 1983b, Herpertz 1995, Silk et al. 1995). Traumatisierende Erfahrungen führen bei Kindern, besonders wenn sie sich über einen längeren Zeitraum erstrecken, in besonderer Weise zu Defiziten in der Entwicklung adäquater Affektsteuerung und Verhaltenskontrolle. Die erst in Reifung begriffenen Regulations- und Bewältigungsmöglichkeiten einschließlich der mehr unbewußten Ebene der Abwehrmechanismen werden überfordert und gerade wachsende Orientierungen und Wertvorstellungen hochgradig erschüttert. An typischen psychopathologischen Symptomen nach Mißhandlungen werden überschießende Reagibilität, expansive Verhaltensauffälligkeiten und eine verminderte Fähigkeit zum verbalen Ausdruck von emotionalem Erleben angegeben (Resch 1996). Sexueller Mißbrauch durch ein Familienmitglied stellt deshalb eine besonders schwere Traumatisierung dar, da neben den verwirrenden Erlebnissen das gesamte Familiensystem bedroht ist.

9.6 Vorschlag einer schulenübergreifenden Psychotherapie

Allgemeine Prinzipien

Die Ausführungen zur Psychopathologie und Ätiologie legen nahe, daß die Verbesserung von Affektregulation und Impulskontrolle einen wichtigen Meilenstein in der psychotherapeutischen Behandlung der BPS darstellt. Erst wenn andere, nicht-selbstschädigende Formen des Umgangs mit heftigen Affekten und abrupten Handlungsimpulsen zur Verfügung stehen, kann eine biographische Rekonstruktion bedeutsamer Kindheitsepisoden und zentraler Beziehungserfahrungen erfolgen, ohne daß Überflutungsreaktionen drohen, die in kaum zu bewältigende Therapiekrisen einmünden. So muß also der therapeutische Ansatz bei der BPS von Anfang an symptomorientiert sein und auf die Verringerung grob dysfunktionalen Verhaltens abzielen und kann doch auch die dem psychodynamischen Denkansatz inhärente „Dimension unbewußter Konflikte hinter offenkundigen Erlebnis- und Verhaltensweisen" (Kapfhammer 1995, S. 159) berücksichtigen.

Hieraus ergibt sich eine Strukturierung des Therapieplanes in unterschiedliche Behandlungsphasen, wobei zunächst das Erlernen spezifischer, problemorienter Fertigkeiten im Vordergrund steht, bevor typische Beziehungskonflikte zunehmend ins Blickfeld geraten, die am Beispiel der therapeutischen Beziehung wiederbelebt und bearbeitet werden können. Das bedeutet eine Betonung psychoedukativer und kognitiv-verhaltenstherapeutischer Interventionen in frühen Behandlungsstadien gegenüber psychodynamischen Techniken der biographischen Rekonstruktion, der Deutung unreifer Abwehrmechanismen und schließlich auch der vorsichtigen Übertragungsanalyse in späteren Therapieabschnitten.

Kognitiv-verhaltenstherapeutisch orientierte Autoren fassen die Borderline-Symptomatik als eine spezifische gelernte Problemlösestrategie auf, mit der die Patienten ihrer emotionalen Dysfunktion und bestimmten familiären Transaktionsmustern begegnen. Das vordringliche Behandlungsziel besteht darin, Fähigkeiten auszubilden und zu fördern, die eine verbesserte Selbstkontrolle (Franks u. Wilson 1978) ermöglichen und auf diese Weise zu einer stabileren Selbstidentität und weniger konfliktträchtigen Beziehungen führen. Das bedeutet zunächst die genaue Identifikation und Analyse von situativen Konstellationen, die intensive affektive Reaktionen und impulsive Reaktionsweisen provozieren. Im weiteren geht es darum, dem Patienten dazu zu verhelfen, die eigenen Affekte frühzeitiger und differenzierter wahrzunehmen (Schmitz 1996). Auf diese Weise können inadäquate Formen des Affektausdruckes, wie Affektunterdrückung bzw. -blockierung und heftiges Ausagieren überwältigender Affekte, reduziert werden. Die kognitive Verhaltenstherapie fördert also bewußte kognitive Regulationsmöglichkeiten, die schon kurzfristig eine Änderung automatisierter Verhaltensweisen implementieren können (Westen 1991). Hier bezieht sie auch das Erlernen konkreter Techniken ein, die eingeübt werden, um in problematischen Situationen verfügbar zu sein. Der Rückgriff auf ein erlerntes Verhaltensrepertoire, das auch in affektiv hoch geladenen Situationen zur Verfügung steht, ist gerade für impulsive Persönlichkeiten von großem Nutzen, weil es ihnen hilft, zwischen Handlungsimpuls und Handlungsdurchführung Kontrollmechanismen wirksam werden zu lassen, die z.B. selbstschädigende Handlungen verhindern helfen. Hier kommt insbesondere auch das Einüben alternativer spannungslösender Techniken nicht-destruktiver Art zur Anwendung. Schließlich liegt ein wichtiger Fokus auf dem Abbau des dichotomen Denkens, das die Selbstkontrolle schwächt und

abrupte Stimmungswechsel bzw. Affektentgleisungen begünstigt (Beck u. Freeman 1993).

Die Entstehung einer manifesten BPS hängt nach psychoanalytischer und hier insbesondere objektbeziehungstheoretischer Auffassung von einem wiederholt traumatisierenden Beziehungsgefüge ab, das die Entwicklung reifer Beziehungsformen verhindert. Besondere Bedeutung kommt dem Abwehrmechanismus der Spaltung zu, der ein Selbstschutzversuch darstellt, traumatisierende oder potentiell verletzende Beziehungserfahrungen sowie eigene, insbesondere aggressive, bedrohlich erlebte Selbstanteile abzuspalten. Die Spaltung wird als eine Regression auf eine frühkindliche Entwicklungsstufe verstanden, auf der zugewandte und versagende Aspekte ein und derselben Bezugsperson nicht einheitlich wahrgenommen, sondern auf ein gutes und ein böses Objekt aufgeteilt werden (Hoffmann u. Hochapfel 1991). Psychodynamisch gesehen ist der häufige Rückgriff auf diesen unreifen Abwehrmechanismus dafür verantwortlich, daß ernsthafte Defizite in der Affektregulation, Impulskontrolle sowie in der Angsttoleranz und Sublimierungsfähigkeit vorliegen, die basale Ich-Funktionen der Realitätsbewältigung darstellen. Die verhinderte Entwicklung einer sicheren eigenen Identität begründet sich auch aus einer Neigung zu dissoziativen Erlebnisweisen, die sich insbesondere bei BPS-Patienten mit wiederholten schweren traumatischen Erfahrungen findet. Zu dissoziativen Zuständen wird wahrscheinlich schon zum Zeitpunkt der kindlichen Traumatisierungen Zuflucht genommen, und sie werden dann im Erwachsenenalter zu einer sich generalisierenden Abwehrform in affektiv hoch besetzten Situationen (Ogata et al. 1990, Pfeifer et al. 1994).

Eine andauernde Tendenz zu Spaltungen charakterisiert das Beziehungsmuster des erwachsenen Borderline-Patienten. Nicht verarbeitete Beziehungserfahrungen haben nämlich die Tendenz, unbewußt in aktuellen Beziehungen immer wieder neu inszeniert zu werden, so auch in der therapeutischen Beziehung. Anhand des Beziehungsgeschehens zwischen den Therapiepartnern wird die subjektive Beziehungsrealität des Patienten deutlich, die sich als Reinszenierung früher Beziehungserfahrungen darstellt und in der therapeutischen Arbeit verstanden werden muß. Neben realen Beziehungserfahrungen bilden sich allerdings auch Grundbedürfnisse bzw. Motivationsmuster (Lichtenberg

1989) ab, die durch die primären Beziehungspersonen nicht beantwortet wurden und deshalb im späteren Leben in besonderer Weise auf Befriedigung drängen. Somit ist ein zentraler Wirkfaktor der psychodynamischen Therapie die Identifizierung bisheriger Interaktionsmuster und Rollenerwartungen sowie das Verstehen der aktiven Induzierung bestimmter Rollenreaktionen beim Gegenüber (Mertens 1996). Dies gelingt anhand der Analyse aktueller Beziehungen des Patienten und schließlich anhand des Verstehens der Übertragungsbeziehung selbst. Ziel ist die Lösung aus den bis dahin unbewußt gebliebenen pathogenen Beziehungsmustern. Insbesondere die erlebnisorientierte Arbeit in der Übertragung erlaubt eine wirkliche, von Gefühlen getragene Einsicht und verhindert ein rein intellektuelles Verständnis, das nicht selten als Widerstand gegen Veränderung mißbraucht werden kann (Gill 1993). Das bedeutet aber nicht, daß die volle Entfaltung einer regressiven Übertragungsbeziehung angestrebt wird, wie es in der psychoanalytischen Behandlung des neurotischen Patienten geschieht (Rohde-Dachser 1989). Der Therapeut tritt vielmehr aus der Spiegelfunktion heraus und klärt die Beziehung im „Hier und Jetzt" der konkreten Behandlungssituation unter Bezugnahme auf die kindlichen Beziehungserfahrungen seines Patienten bzw. seiner Patientin. Darüber hinaus kommt dem Behandler auch die Aufgabe der Bereitstellung einer neuen Beziehungserfahrung zu, die alte Rollenerwartungen in Frage stellt und ermutigt, neue Beziehungsmuster auszuprobieren. Empathische und wohl dosierte Hinweise zur Entstehungsgeschichte einschließlich genetischer Deutungen dienen insgesamt also nicht der Wiederbelebung traumatischer Beziehungserfahrungen des Borderline-Patienten, sondern der Erfahrung der Sinnhaftigkeit eigener Erlebens- und Abwehrmuster und somit der Entlastung.

Das psychoanalytische Konzept der Affektdysregulation stellt die Bedeutung von motivationalen Systemen in den Vordergrund, wenn es die affektive Instabilität als Folge primitiver Abwehrmechanismen der Spaltung und z.B. auch der Verleugnung auffaßt, die unbewußt eingesetzt werden, um unerträgliche Affekte zu vermeiden. Sie berücksichtigt nicht, daß Spaltungen durchaus auch Folge überwältigender, unregulierter Affekte sein können, indem jene extreme Interpretationen nahelegen und die Reflexion von Alternativerklärungen verhindern. Kognitive Therapeuten betrachten Veränderun-gen im Gefühlsbereich stets als Folge bestimmter kognitiver Abläufe (Lazarus 1991) wie des dichotomen Denkens und berücksichtigen nicht primäre affektive Auslenkungen, die auftreten, bevor Kognitionen aktiviert werden (Herpertz u. Saß 1997) und die ihrerseits Prozesse der kognitiven Informationsverarbeitung und der Dekodierung von Gedächtnisinhalten beeinflussen. Es sind also komplexe Interaktionen zwischen Affekten und Stimmungen auf der einen Seite und bewußten kognitiven Abläufen sowie unbewußten Abwehrmechanismen auf der anderen Seite anzunehmen.

Therapeutenverhalten

Bei der Integration psychodynamischer und kognitiv-verhaltenstherapeutischer Methoden ist das Therapeutenverhalten von Anfang an sehr sorgfältig zu reflektieren. Die Grundhaltung des psychoanalytischen Therapeuten, der die Beziehungsgestaltung zum Patienten als die eigentliche Wirkgröße betrachtet, ist durch empathisches Zuhören, sensibles Aufgreifen von Hinweisreizen des Patienten sowie klärende Nachfragen bestimmt, während der Verhaltenstherapeut sich eher als kompetenter Ratgeber oder Coach anbietet, der Probleme aktiv exploriert und das Gespräch zielgerichtet lenkt (vgl. Kapfhammer 1995). So stellt sich die Frage, wie es gelingen kann, daß das anfänglich erforderliche aktive, supportive und auch psychoedukative Züge tragende Therapeutenverhalten nicht den therapeutischen Rahmen zerstört, den eine nachfolgende Übertragungsanalyse erfordert? Wichtig erscheint hier ein schon im Erstkontakt beginnendes Bemühen um einen psychodynamischen Verstehensrahmen, der eine andauernde Reflexion von Übertragungs- und Gegenübertragungsprozessen einbezieht. So wird die Anwendung kognitiv-verhaltenstherapeutischer Techniken hinsichtlich ihrer Auswirkungen auf die Übertragungsbeziehung beleuchtet werden. Strategien der Verhaltens- und Situationsanalyse werden z.B. von vielen Patienten als hilfreich und unterstützend erlebt, können aber auch Gefühle des Kontrolliertwerdens, der Manipulation und der Einengung hervorrufen. Hier ist es Aufgabe des Therapeuten, nicht nur verhaltenstherapeutische Techniken anzubieten, sondern auch das damit einhergehende interaktionelle Geschehen zu verstehen, sensibel aufzugreifen, wenn auch in diesem Behandlungsabschnitt nicht zu vertiefen. Das

Angebot konkreter Fertigkeiten im Umgang mit problematischen Erlebnis- und Verhaltensweisen kann auch durchaus förderlich für einen psychodynamischen Therapieansatz sein, indem es die frühzeitige Etablierung typischer Beziehungmuster des Patienten provoziert und damit den Boden für deren spätere, vertiefte Analyse bereitet (Johnson 1995). Schließlich haben psychoanalytische Theorien der sog. Ich-Funktionen Ähnlichkeit mit kognitiv-verhaltenstherapeutischen Konzepten der Selbstregulation (Westen 1991); die empathische Anleitung zu kompetenterer Affektregulation und verbesserter Impulskontrolle kann durchaus als passagere Übernahme von Hilfs-Ich-Funktionen verstanden und dem Patienten auch so begründet werden. Eine psychodynamische Herangehensweise kann schließlich auch eher negative therapeutische Reaktionen verstehen helfen, indem sie in der Analyse unbewußter motivationaler Verhaltenshintergründe bei Borderline-Patienten masochistische Tendenzen offenlegt, die jeden therapeutischen Fortschritt zunichte machen (vgl. Westen 1991).

Stellenwert der medikamentösen Behandlung im Gesamtbehandlungsplan

In einem solchen Psychotherapieansatz haben auch psychopharmakologische Interventionen ihren Platz. Wie von Kapfhammer in diesem Buch ausführlich dargestellt, bedarf auch ihre Einführung einer kritischen Reflexion möglicher Interaktionen mit der Psychotherapie (vgl. Kapitel 8). Ein Vorgehen, das das hinter der pharmakologischen Behandlung stehende Rationale, d.h. erhofftes Wirkungsprofil, Grenzen der pharmakologischen Beeinflussungsmöglichkeiten, mögliche Nebenwirkungen sowie ihren Stellenwert im Gesamtbehandlungsplan mit dem Patienten ausführlich erörtert, kann allerdings häufig den Einfluß auf das Interaktionsgeschehen schmälern.

Fernerhin sollte die Möglichkeit einer unterstützenden medikamentösen Behandlung mit dem Patienten schon zu Behandlungsbeginn besprochen werden und nicht erst im Laufe des Therapieprozesses beim Auftreten krisenhafter Zuspitzungen. Dann bestünde die Gefahr, daß das Medikament entweder als Zeichen der Bestrafung oder als Ausdruck der Inkompetenz und Hilflosigkeit des Therapeuten vom Patienten aufgenommen wird. Hinsichtlich der Auswahl

der Psychopharmaka schließen wir uns den Empfehlungen an, die im Kapitel 8 gegeben werden.

Ein schulenübergreifender Psychotherapieansatz bedarf eines hohen Maßes an Vorbereitung und Aufklärung des Patienten über die Therapiemethode. Im folgenden sollen die einzelnen Phasen des Behandlungsplanes dargestellt werden, wie er im Rahmen der stationären Behandlung von Patienten mit BPS Anwendung findet (vgl. auch Abb. 9.**2**).

Die Behandlungsphasen werden gewöhnlich im Rahmen eines 3- bis 4-monatigen Aufenthaltes durchlaufen; alternativ entscheiden wir uns bei Patienten mit besonders schweren und/oder chronifizierten Formen selbstschädigenden Verhaltens für eine Intervallbehandlung. Bei solchen Patienten konzentriert sich die Erstbehandlung auf die Verbesserung von Affektregulation und Impulskontrolle, bevor ein zweiter, gut zu planender stationärer Therapieschritt sechs bis zwölf Monate später eingeleitet wird.

Vorbereitungsphase

Die stationäre Aufnahme zur Psychotherapie erfolgt stets geplant im Anschluß an mehrere Vorgespräche. Sie haben die Aufgabe, gemeinsam mit dem Patienten Problembereiche abzustecken und vorläufige Therapieziele festzulegen, die im Laufe der Behandlung differenzierter herausgearbeitet werden können. Die vorauslaufenden Therapiesitzungen haben auch schon psychoedukative Funktion, indem eine erste Aufklärung über das Störungsbild mit seinen spezifischen Merkmalen erfolgt. Da viele Patienten schon über Therapieerfahrungen verfügen, die nicht selten mit frühzeitigen Behandlungsabbrüchen endeten, werden frühere Behandlungsverläufe reflektiert und mögliche Konfliktbereiche identifiziert, die sich zu Gefährdungsmomenten für die geplante Therapie entwickeln können. Indem schon zu diesem frühen Zeitpunkt mögliche zwischenmenschliche Zuspitzungen vorweggenommen werden, können zum einen Frühwarnzeichen erkannt und Copingstrategien herausgearbeitet werden. Zum anderen erweist es sich auch in den späteren Krisensituationen als nützlich und entlastend, an das Vorbesprochene erinnern zu können, weil Reflexionen wiederaufgenommen werden können, die einst in einem affektiv neutralen Kontext möglich waren.

Schließlich wird dem Patienten der Behandlungsansatz dargestellt und erklärt sowie die exakte Behandlungsdauer festgelegt. Es wird ein Behandlungsvertrag abgeschlossen, der zum therapiegefährdenden Verhalten einschließlich der Grenzen der Behandelbarkeit Stellung nimmt. Frühzeitige Therapiebeendigung von seiten der Behandler erfolgt im Falle eines Selbstmordversuches, bei wiederholten schwerst selbstverstümmelnden Verletzungen, bei anhaltender Zunahme selbstschädigenden Verhaltens, bei wiederholtem Drogen- oder Alkoholkonsum sowie bei unregelmäßiger Therapieteilnahme. Gewöhnlich erfolgt eine Entlassung nach Hause, im seltenen Falle einer Verlegungsnotwendigkeit auf eine geschlossene Station ist eine Rückverlegung in der Regel ausgeschlossen. Bei einer vorzeitigen Entlassung werden grundsätzlich ambulante Kontakte angeboten mit der Möglichkeit eines zweiten stationären Behandlungsversuches nach gemeinsamer Vereinbarung. Auf diese Weise kann die Wiederbelebung quälender Zurückweisungserlebnisse eingedämmt werden.

---

1. Therapiephase: Verbesserung von Affektregulation und Impulskontrolle

- Aufbau einer tragfähigen therapeutischen Beziehung
- Exakte Verhaltens- und Situationsanalyse
- Affektdifferenzierung und -benennung
- Fertigkeitentraining
- Erarbeitung alternativer Verhaltensstrategien zum Spannungsabbau
- Reduktion des dichotomen Denkens mittels Kontinuumstechnik
- Integration von Spaltungsvorgängen im interpersonellen Bereich
- Identifizierung dysfunktionaler Annahmen und Auflösung unflexibler affektiv-kognitiver Schemata

2. Therapiephase: Bearbeitung biographischer Traumata

- Identifizierung motivationaler Grundmuster der Beziehungsgestaltung
- Erinnern des Traumas ohne Förderung der emotionalen Wiederbelebung
- Klärung, Stützung und Akzeptanz des Traumas sowie Trauerarbeit
- Fokussierung auf Verleugnung und Bewältigung
- Reifung des Abwehrniveaus
- Verstehen der Auswirkungen auf gegenwärtige Beziehungen
- Einbeziehung kreativer Lösungsversuche und körperorientierter Maßnahmen

Abb. 9.**2**: Therapieziele und Techniken bei der schulenübergreifenden Psychotherapie der Borderline-Persönlichkeitsstörung

Der Therapievertrag bezieht sich auch auf außerklinische Aktivitäten, wie u.a. häusliche Besuche, Pflege von Freundschaften und Bekanntschaften, Wohnungssuche, Maßnahmen der beruflichen Rehabilitation, die der Entwicklung einer regressiven Versorgungshaltung unter stationären Bedingungen entgegenarbeiten. Bei komorbide bestehender Eßstörung oder Substanzabusus werden weitere spezifische Behandlungsrichtlinien abgesprochen.

Eine gut strukturierte Vorbereitungsphase einschließlich der Erarbeitung eines auf den individuellen Patienten zugeschnittenen Behandlungsvertrages vermeidet manchen ungünstigen Behandlungsverlauf, der in einer Krisensituation seinen Ausgang nimmt und immer neue krisenhafte Zuspitzungen produziert, wenn das Therapieende in Sicht gerät. Sie macht auch von Anfang an deutlich, daß der Patient Verantwortung für die Behandlung trägt und schafft den Rahmen, spätere Übertretungen auch im Rahmen der Übertragungsbeziehung deuten zu können (Kernberg u. Clarkin 1994).

Erste Therapiephase: Verbesserung von Affektregulation und Impulskontrolle

Die eigentliche Behandlung beginnt mit einer vertieften Exploration der aktuellen Probleme sowie der biographischen Entwicklung. Ihr Verlauf ist entscheidend für den Aufbau einer tragfähigen therapeutischen Beziehung, die insbesondere unter dem Aspekt eines ausgewogenen Gleichgewichtes zwischen Nähe und Distanz zu gestalten ist. Nur eine andauernde sorgfältige Reflexion des richtigen Maßes an Identifizierung und Distanz im Kontakt kann den identitätsunsicheren Patienten in der notwendigen Grenzziehung zwischen seinem Selbst und der ihn umgebenden Welt fördern. In diese Art der Gestaltung des therapeutischen Settings kann der Patient einbezogen werden, so daß einerseits keine unangenehme Intimität entsteht, sich der Patient andererseits aber auch in einer sicheren und vertrauensvollen Atmosphäre erlebt. Als günstige Merkmale des Therapeutenverhaltens erweisen sich Aktivität, Direktheit im Kontakt und Engagement sowie gefühlsmäßige Echtheit und Flexibilität.

Vordringliches Therapieziel ist die Vermittlung von Fertigkeiten im Umgang mit heftigen, überwältigenden Affekten und selbstschädigenden Handlungsimpulsen. Sie hat eine differenzierte Verhaltens- und Situationsanalyse zur Voraussetzung. Hier werden typische selbstschädigende Verhaltensstörungen in ihrem zeitlichen Ablauf und situativen Bezügen genau erfaßt. Dabei wird die Kette von auslösendem Ereignis, affektiven Reaktionen, begleitenden Kognitionen und resultierenden reziproken Interaktionen zwischen Umwelt und Patient genau und schlüssig nachvollzogen. Die Patienten werden gebeten, bei Auftreten selbstschädigender Impulse die situativen Bezüge sowie die begleitenden Affekte und Kognitionen zu protokollieren. Auf diese Weise können individuell typische Auslösesituationen herausgearbeitet werden. Das Wissen um typische gefährdende situative Konstellationen erleichtert es, den mehr oder weniger gewohnheitsmäßigen Ablauf frühzeitig zu erkennen und seine vermeintlich unaufhaltsame Zuspitzung zu unterbrechen. Hier ist es wichtig herauszuarbeiten, daß zwischen autodestruktivem Handlungsimpuls und -durchführung fast immer ein mindestens mehrere Sekunden langer Zeitraum liegt, in dem Versuche der Verhaltenshemmung wirksam werden oder eben auch vom Patienten unterlassen werden können. Auf diese Weise verändert sich im Laufe der Therapie das subjektive Erleben des Ausgeliefertseins an dranghafte Impulse bzw. des Kontrollverlustes hin zu einem aktiven Entscheidungsprozeß, der den Patienten in seiner Selbstverantwortlichkeit stärkt.

Im Rahmen der Verhaltensanalyse fällt auf, daß Borderline-Patienten zunächst selten in der Lage sind, ihre Affekte differenziert zu benennen. Meist berichten sie über einen diffusen negativen Affekt oder auch über einen mit Körpersymptomen einhergehenden Spannungszustand, der als sehr quälend erlebt wird und auf Entlastung drängt (vgl. Westen et al. 1992, Herpertz et al. 1998). Therapeutische Interventionen richten sich hier auf die frühzeitige Wahrnehmung und prägnante Benennung von erlebten Affekten. Das schließt das aktive Nachfragen nach Gefühlen, das Anleiten zu ihrer Differenzierung sowie das Ansprechen nonverbaler Signale ein. Ziel ist es, daß anstelle undifferenzierter, überwältigender dysphorischer Affekte und psychophysischer Spannungszustände bewußtseinsnähere, differenziertere Empfindungen entstehen können, die dann auch als Gefühle von Enttäuschung, Kränkung, Traurigkeit und Wut sprachlich faßbar werden. Solche abgrenzbaren und benennbaren Gefühle lassen sich besser kontrollieren und können auch eher einem anderen mitgeteilt werden. In dieser Therapiephase können Rollenspiele dazu beitragen, die Selbstwahrnehmung und den adäquaten Ausdruck von Emotionen zu fördern.

Für den Umgang mit heftigen Affekten und scheinbar unkontrollierbaren Handlungsimpulsen werden den Patienten konkrete Fertigkeiten an die Hand gegeben, quälende Spannungszustände abzubauen. Hier gibt die „Dialektische Verhaltenstherapie" ein sorgfältig ausgearbeitetes und in kontrollierten klinischen Studien als wirksam erwiesenes „Skills"-Training vor (Linehan 1993, Bohus u. Berger 1996), das im Gruppensetting abläuft. Das Fertigkeitentraining in der Gruppe bietet sich an, weil problematische interpersonelle Verhaltensweisen direkt beobachtet und alternative Verhaltensstrategien in der wenig bedrohlichen Gemeinschaft mit Mitpatienten, die ähnliche Probleme haben, ausprobiert werden können. Teilnehmer können einander auch gegenseitig als Modell dienen. Das Training bezieht im einzelnen die Vermittlung von Fertigkeiten zum adäquaten Umgang mit Emotionen, zur Steigerung der interpersonellen Kompetenz, zur höheren Spannungs- und Frustrationstoleranz sowie zur zunehmenden Achtsamkeit für sich selbst und für andere ein. Es vermittelt auch Fähigkeiten im konkreten Umgang mit selbstschädigenden Impulsen, wie Maßnahmen der Selbstberuhigung, der Ablenkung oder der alternativen Spannungsabfuhr.

So wie der Patient in jeder Weise unterstützt wird, nicht-selbstschädigende Bewältigungsformen von intrapsychischen Spannungszuständen zu finden, so wird der vollzogenen autodestruktiven Handlung eine neutrale, „matter of fact"-Haltung entgegengebracht. Sie schließt die gegebenenfalls. notwendige Wundversorgung ein, vermeidet aber therapeutische Krisengespräche, um keine sozialen Verstärkungsprozesse zu initiieren.

In diesem ersten Therapieabschnitt kommt den gruppentherapeutischen Interventionen eine besonders wichtige Bedeutung zu. Für den Einzeltherapeuten ist es wichtig, die Patienten in ihrer häufig richtigen, wenn auch sehr empfindsamen Wahrnehmung zwischenmenschlicher Ereignisse zu bestätigen und damit nicht die für die Primärfamilie typischen invalidierenden Erfahrungen zu wiederholen. Dies schließt nicht aus, den oft extremen Interpretationen realistischere kontinuierliche Denkmuster gegenüberzustellen. Da das „Schwarz-Weiß"-Denken den Wechsel zwischen extremen Affektlagen unter-

hält oder auch verstärkt, gilt ein Therapieziel dem Abbau des dichotomen Denkens. In der sog. „Kontinuumstechnik" werden die Patienten angehalten, zunächst die Extrempositionen z.B. zum Begriff „Vertrauenswürdigkeit" zu operationalisieren, also welche Eigenschaften jemand hat, der vertrauenswürdig oder nicht vertrauenswürdig ist, um nachfolgend zu prüfen, wo eine bekannte Person auf diesem Kontinuum zwischen den beiden Polen anzusiedeln ist (vgl. Schmitz 1996). Solche kognitiven Behandlungsmaßnahmen können ergänzt werden durch therapeutische Interventionen, die auf die Integration von Spaltungvorgängen positiver und negativer Beziehungserfahrungen abzielen. Der Therapeut führt den vom Patienten immer wieder vollzogenen abrupten Wechsel zwischen Idealisierung und Entwertung durch Bezugnahme auf frühere Einschätzungen des Patienten und Anregung rationalen Überprüfens von vermeintlichen Beziehungserfahrungen zusammen und fördert auf diese Weise die Reifung des Abwehrniveaus. Im Sinne des Bionschen Konzeptes des „Containings" bewahrt der Therapeut anstelle des Patienten dessen heftige, oft nur kurz aufscheinende Affekterlebnisse oder Gedächtnisspuren, ordnet und versteht sie, um sie ihm dann als Antwort zurückzugeben (Bion 1962). Auf diese Weise werden im Patienten Erfahrungen reifer Ambivalenz gefördert.

Schließlich lassen sich bei vielen Patienten mit BPS typische dysfunktionale Grundannahmen identifizieren, die von Beck u. Freeman (1993) folgendermaßen herausgearbeitet wurden: „Die Welt ist gefährlich und feindselig", „Ich bin machtlos und verletzlich" und „Ich bin von Natur aus inakzeptabel". Sie sind überzeugt, hilflos einer feindseligen Welt ausgeliefert zu sein und schwanken zwischen Autonomie und Abhängigkeit hin und her, ohne sich auf eines von beiden verlassen zu können. Hier können Methoden der kognitiven Umstrukturierung Anwendung finden.

Zweite Therapiephase: Bearbeitung biographischer Traumata

Die Einzeltherapie wird im weiteren an Bedeutung gewinnen. Sie macht zunehmend zwischenmenschliche Probleme in den aktuellen privaten Beziehungen zu ihrem Gegenstand, daneben aber auch die Kontaktgestaltung mit Mitpatienten und dem therapeutischen Team. Hier geht es darum, motivationale Grundmuster der Beziehungsgestaltung zu identifizieren, wie z.B. die ängstliche Vermeidung von zwischenmenschlicher Nähe und Vertrauen, der schuldhafte Verzicht auf Selbstidentität und Selbstbehauptung oder die unlösbare Ambivalenz zwischen Grundbedürfnissen nach sozialer Geborgenheit und sozialer Unabhängigkeit (Fiedler 1995). Sie können die bei BPS-Patienten oft so widersprüchlichen und verwirrenden Verhaltensmanifestationen in einen sinnhaften Verstehenszusammenhang bringen, wodurch die erlebnisbegleitenden kognitiven Prozesse gefördert und Verhaltenskontrolle erhöht werden kann.

In dieser fortgeschrittenen Behandlungsphase werden zunehmend biographische Bezüge deutlich werden, die die verzerrte Wahrnehmung und Interpretation von Beziehungserfahrungen als notwendige Anpassung an spezifische Entwicklungs- bzw. Sozialisationsbedingungen verstehen lassen. Die Bearbeitung biographischer Erfahrungen und traumatischer Erlebnisse, wie sie in der Erinnerung, aber auch erlebnisnäher anhand der Gestaltung der Übertragungsbeziehung zu Tage treten, erfolgt wenig regressionsfördernd. Das gelingt durch aktives Nachfragen, Konfrontation, Klärung und einen zurückhaltenden Umgang mit Deutungen unbewußten Erlebnismaterials. Ziel ist nicht eine intensive affektive Wiederbelebung traumatischer Erfahrungen zum vermeintlichen Zwecke der Katharsis, vielmehr geht es um kognitive Einsicht in Zusammenhänge zwischen aktuellen konflikthaften Beziehungen und biographischen Erfahrungen sowie um das Nachempfinden der kindlichen Notsituation und deren Lösungsversuch durch neurotische Kompromißbildungen. Dies hat häufig eine Entlastung von quälenden Schuldgefühlen und Selbstzweifeln zur Folge. Allerdings bleiben dem Patienten Gefühle tiefer Traurigkeit, bedrohlicher Enttäuschungswut und ängstlicher Verlorenheit nicht erspart, die dann aber den Ausgangspunkt notwendiger Trauerarbeit bilden. Vor dem Hintergrund einer verläßlichen und akzeptierenden therapeutischen Beziehung wagt es der Patient zunehmend, sich mit leidvollen Erfahrungen und Traumata zu konfrontieren und auf Verleugnung einerseits sowie Eintauchen in eine permanente Krise (vgl. auch Linehan 1996) andererseits zu verzichten.

Die adäquate Einschätzung von lebensgeschichtlichen Belastungen und ihren Auswirkungen auf die zwischenmenschliche Beziehungsgestaltung tragen ihrerseits zur Identitäts-

findung wie auch zur Affektdifferenzierung und Affekttoleranz bei (Herman 1989). Gegenwärtige Beziehungserfahrungen können von früheren unterschieden werden und unzulängliche Abwehrmechanismen werden in ihrer stabilisierenden Funktion im biographischen Kontext, aber auch in ihrer gegenwärtigen Unangepaßtheit erkannt. Die therapeutische Wirksamkeit der Einbeziehung traumatischer Lebensereignisse in die Therapie von BPS-Patienten wird auch durch die moderne Traumaforschung bestätigt, die zeigen konnte, daß die Bestätigung der emotionalen Wahrnehmung des Opfers und die Möglichkeit der Kommunikation mit einer anteilnehmenden Umwelt die Bewältigung und letztendlich Akzeptanz eines erlittenen Traumas fördern. Allerdings muß der Patient zu Beginn dieser Therapiephase über ausreichende Fertigkeiten verfügen, mit den bei der Beschäftigung mit der Biographie zu erwartenden heftigen Affekten adäquat, d.h. insbesondere nichtselbstschädigend umgehen zu können.

In diesem belastenden Therapieabschnitt ist eine besonders tragfähige Beziehung zum Einzeltherapeuten notwendig, die jetzt über ein verhaltenstherapeutisches Konzept eines Beziehungsmodells hinaus eine korrektive emotionale Erfahrung (Kohut 1979) ermöglicht. Sie besteht streckenweise in einem empathischen „Holding"; das vorbehaltlose Ansprechen negativer Übertragungsgefühle sollte aber nicht zu lange hinausgezögert werden, um neben dem Wunsch nach Nähe nicht die gegenteilige Seite, die Angst vor Abhängigkeit, aus dem Auge zu verlieren, was eine regressive maligne Entwicklung zur Folge haben kann. Hier ist die therapeutische Beziehung als ein zentraler Wirkfaktor in der Stabilisierung von Veränderungsprozessen anzusehen. Neben Akzeptanz und Verstehen ist ein klares, berechenbares Grenzensetzen, insbesondere in der konkreten Konfrontation mit autodestruktiven Handlungen, erforderlich. Es ist Vorsicht geboten, die interaktionelle Potenz der Symptomhandlung nicht zu fördern, weder durch eine vermehrte emotionale Zuwendung, die den Patienten für hilflos und nichtselbstverantwortlich erklärt, noch durch wütende Bestrafungsimpulse, die die Tendenz vieler Selbstverletzer fördern würde, mit ihrer Umwelt in einen Kampf um Kontrolle und Autonomie einzutreten. Das schließt eine andauernde Reflexion eigener Gegenübertragungsgefühle ein.

Die stationäre Behandlung von Borderline-Patienten ermöglicht in ihrem multimodalen

Therapieangebot zum einen die Entlastung der Einzeltherapie und verringert die Gefahr regressiver Heilserwartungen, zum anderen kann sie neben den verbalen Behandlungen auch kreative Lösungsversuche fördern und körperorientierte Maßnahmen einschließen. Letztere können die Wahrnehmung und Erfahrung des eigenen Körpers einschließlich seiner interozeptiven Signale schulen, im weiteren können Entspannungstechniken und schließlich ein selbstfürsorglicherer Umgang mit dem Körper vermittelt werden.

Therapiebeendigung

Ein zentrales Merkmal der BPS ist das verzweifelte Bemühen, tatsächliche oder angenommene Erfahrungen von Verlassenwerden zu vermeiden (vgl. DSM-IV, Kriterium 1 des Merkmalskatalogs der BPS). Bei der Beendigung der stationären Behandlung muß deshalb der Therapeut Sorge tragen, häufig auf lebensgeschichtlichen Erfahrungen beruhende Verlassenheitsängste nicht wiederzubeleben. Dies gelingt durch die Erstellung eines zeitlichen Therapierahmens schon vor Behandlungsbeginn sowie durch das Erlernen des Umgangs mit Trennungssituationen am Modell von Mitpatienten in der Gruppentherapie. Schließlich werden die mit der Entlassung aus stationärer Behandlung verbundenen Ängste und Enttäuschungen in der Einzeltherapie frühzeitig und aktiv von Seiten des Therapeuten angesprochen. Der thematische Schwerpunkt verändert sich hin zu lebenspraktischen Problemen im privaten und beruflichen Bereich. Verfügt der Patient über familiäre oder partnerschaftliche Beziehungen, die zumindest in Teilaspekten förderlich erscheinen, so werden in den letzten zwei bis vier Wochen gemeinsame Gespräche stattfinden.

Meistens ist eine ambulante Weiterbehandlung zur weiteren Stabilisierung erforderlich. Hier wird der Patient zu einer engagierten Suche eines ambulanten Therapieplatzes angeregt. Alternativ besteht die Möglichkeit, über maximal ein Jahr hinweg an einer Nachsorgegruppe teilzunehmen.

Kasuistik

Zur Veranschaulichung des Behandlungskonzeptes sei der Behandlungsverlauf einer zum Aufnahmezeitpunkt 23jährigen Studentin zusammenfassend geschildert, die eine stationäre Behandlung einschließlich einer geplanten Intervalltherapie bei uns durchlief:

Grund für die Aufnahme von Frau D. war eine seit 2 Jahren bestehende Eßstörung, bei der eine gemischt anorektisch-bulimische Symptomatik im Vordergrund stand. Die Patientin wog 38 kg bei 162 cm Körperlänge und litt unter Eßanfällen mit nachfolgendem „Purging"-Verhalten in Form von Hungern, Erbrechen und exzessivem Leistungssport. Seit ungefähr der gleichen Zeit fügte sich die Patientin mit einer Rasierklinge oberflächliche, aber unzählige Verletzungen am ganzen Körper zu. Zuweilen gab es kein größeres unverletztes Hautareal mehr. Auf der Station geriet sie in heftige Wutaffekte, die in den ersten Wochen mehrfach zur Zerstörung von Mobiliar führten. Während der ersten 4monatigen Behandlung stand zunächst eine genaue Analyse ihres Problemverhaltens und des situativen Kontextes im Vordergrund: Die selbstschädigenden Handlungen traten jeweils im Zusammenhang mit Situationen auf, in denen sich die Patientin kritisiert und beschuldigt fühlte. Sie nahm schon geringste negative interpersonelle Verstimmungen wahr und reagierte hierauf mit heftigem, qualitativ recht diffusem negativem Affekt. Dieser quälend erlebte Zustand konnte insoweit differenziert werden, daß zunächst ein wütender, später ein verzweifelter, einsamer Affekt vorherrschte. Im Sinne der kognitiven Generalisierung führten schon angedeutete kritische Bemerkungen dazu, daß sie sich insgesamt schlecht, schuldig und wertlos fühlte. In jenen Situationen geriet sie in eine unruhige, gespannte Verfassung. Sport, Erbrechen und am wirksamsten Selbstverletzungen dienten dazu, den Spannungszustand kurzzeitig zu lindern. Die Selbstverletzungen hatten darüber hinaus auch das Motiv der Bestrafung der eigenen Person und anderer.

Wichtig war festzuhalten, daß immer mindestens einige Minuten zwischen dem ersten Gedanken an die Selbstverletzung und ihrer Durchführung lagen, was die Möglichkeit von Kontrollmechanismen eröffnete. Es war wichtig, die Patientin in ihrer richtigen, wenn auch sehr empfindsamen Wahrnehmung von interpersonellen Situationen zu bestätigen, gleichzeitig aber resultierende typische kognitive Operationen im Sinne der Dichotomie und Generalisierung zu verändern. Hier wurde sowohl das „Schwarz-Weiß"-Denken unter Anwendung der Kontinuumstechnik Fokus der Behandlung als auch die Identifizierung kognitiver Grundannahmen, die insbesondere so aussahen: „Menschen wollen mich verletzen und ausnutzen. Ich muß mich schützen und angreifen, bevor ich schutzlos werde." „Nie ist jemand da, der mich meint und sich um mich kümmert". „Meine Wut ist fürchterlich und unkontrollierbar."

Es wurden genaue Verhaltensabläufe besprochen, die an die Stelle des selbstschädigenden Verhaltens treten konnten. Der Umgang mit Konfliktsituationen in der therapeutischen Beziehung diente einmal als Modell, zum anderen als emotionale korrektive Erfahrung, daß Kritik an konkreten Verhaltensweisen nicht eine Ablehnung ihrer gesamten Person meinte und nicht zum Beziehungsabbruch führte. Zum Ende des ersten Aufenthaltes traten Selbstverletzungen noch gelegentlich auf und das abnorme Eßverhalten hatte sich zurückgebildet. Es wurde eine 8-wöchige Intervallbehandlung für die nächsten Semesterferien besprochen, in der Zwischenzeit sollte sich die Patientin eine ambulante Einzeltherapie suchen, konnte aber während der Wartezeit eine ambulante Nachsorgegruppe besuchen. Fernerhin zog sie bei ihrer Mutter erstmals aus und gründete einen eigenen Haushalt.

Während des zweiten Aufenthaltes lag der Fokus auf der Besprechung schwieriger biographischer Erfahrungen wie der frühe Tod des Vaters und der sexuelle Mißbrauch durch ihren Schwager als pubertierendes Mädchen, die ihre Gefühle von Schlecht- und Schuldigsein verständlich machten und zu einer deutlichen Entlastung führten. Sie hatte sich die Schuld an dem Tod des Vaters gegeben, der ganz unerwartet infolge eines Herzinfarktes zu Hause zusammenbrach und sie in ängstlicher Erstarrung alleine mit dem sterbenden Vater zurückblieb, als die Mutter panisch hilfesuchend die Wohnung verließ. Während des gesamten zweiten Aufenthaltes kam es trotz emotionalen Aufgewühltseins zu keinen manifesten Verletzungen mehr, obwohl die Patientin bis heute noch in zwischenmenschlichen Konfliktsituationen über Selbstverletzungsimpulse berichtet.

Bei einer Nachuntersuchung nach ein und zwei Jahren war Frau D. normgewichtig, betrieb intensiven aber nicht exzessiven Sport und ging wieder regelmäßig ihrem Studium nach. Fernerhin intensivierte sie in vorsichtigen Schritten die Bekanntschaft zu einem jungen Mann, mit dem sie nach einem Jahr zusammenzog. Geblieben waren häufige, aber weniger exzessive Wutausbrüche mit Entwertung anderer oder sich selbst.

Wenn auch nicht alle Verläufe so günstig sind, so zeigt diese Kasuistik die grundsätzliche Behandelbarkeit einer Patientengruppe, der nicht selten mit einem therapeutischen Nihilismus begegnet wird.

9.7 Literatur

Baron, M., Gruen, R., Asnis, L., Lord, S. (1985): Familial transmission of schizotypal and borderline personality disorders. American Journal of Psychiatry 142, 927-934.

Beck, A.T., Freeman, A. (1993): Kognitive Therapie der Persönlichkeitsstörungen. 2. Aufl. Beltz, PsychologieVerlagsUnion Weinheim.

Bion, W.R. (1962): Erfahrung durch Lernen. Suhrkamp Frankfurt.

Bohus, M., Berger, M. (1996): Die Dialektisch-Behaviorale-Psychotherapie nach M. Linehan. Ein neues Konzept zur Behandlung von Borderline-Persönlichkeitsstörungen. Nervenarzt 67, 911–923.

Buss, A., Plonin, R. (1957): A temperament theory of personality development. Wiley-Interscience London.

Clarkin, J.F., Hull, J.W., Hurt, S.W. (1993): Factor structure of borderline personality disorder criteria. Journal of Personality Disorders 7, 137-143.

Fiedler, P. (1995): Persönlichkeitsstörungen. 2. Aufl. Beltz Weinheim.

Fischer, G., Riedesser, P. (1996): Allgemeine und spezielle Psychotraumatologie. Ullstein München.

Franks, C.M., Wilson, G.T. (1978): Annual review of behavior therapy. Theory and practice. Brunner & Mazel New York.

Gill, M.M. (1993): Die Analyse der Übertragung. Forum der Psychoanalyse 9, 46-61.

Goldman, S.J., D'Angelo, E.J., DeMaso, D.R. (1993): Psychopathology in the families of children and adolescents with borderline personality disorder. American Journal of Psychiatry 150, 1832-1835.

Gorenstein, E.E., Newman, J.P. (1980): Disinhibitory psychopathology: A new perspective and a model for research. Journal of Abnormal Psychology 87, 301-315.

Herman, J.L. (1989): Childhood trauma in borderline personality disorder. American Journal of Psychiatry 146, 490-495.

Herpertz, S. (1995): Phänomenologie, Genese und Psychodynamik selbstverletzenden Verhaltens und psychotherapeutische Schlußfolgerungen. Fundamenta Psychiatrica 9, 115-124.

Herpertz, S., Gretzer, A., Steinmeyer, E.M., Mühlbauer, V., Schürkens, A., Saß, H. (1997): Affective instability and impulsivity in personality disorder: Results of an experimental study. Journal of Affective Disorders 44, 31–37.

Herpertz, S. Mühlbauer, V., Gretzer, A., Steinmeyer, E.M., Saß, H. (1998): Experimenteller Nachweis mangelnder Affektregulation bei Patientinnen mit selbstschädigendem Verhalten. Nervenarzt 68, 410–418.

Herpertz, S., Saß, H. (1997): Impulsivität und Impulskontrolle – Zur psychologischen und psychopathologischen Konzeptionalisierung. Nervenarzt 68, 171-183.

Hoffmann, S.O., Hochapfel, G. (1991): Einführung in die Neurosenlehre und Psychosomatische Medizin. Schattauer Stuttgart, New York.

Izard, C.E. (1992): Basic emotions, relations among emotions, and emotion-cognition relations. Psychological Review 99, 561-566.

Izard, C.E., Kobak, R.R. (1991): Emotions system functioning and emotion regulation. In: J. Garber, K.A. Dodge (eds.): The development of emotion regulation and dysregulation. 303-321. Cambridge University Press Cambridge.

Janzarik, W. (1988): Strukturdynamische Grundlagen der Psychiatrie. Enke Stuttgart.

Johnson, C. (1995): Psychodynamic treatment of bulimia nervosa. In: K.D. Brownell, C.G. Fairburn (eds.): Eating disorders and obesity. A comprehensive handbook. 349-353. Guilford Press New York, London.

Kagan, J. (1994): On the nature of emotion. Monographie of Social Research and Child Development 59, 7-24.

Kapfhammer, H.P. (1995): Psychotherapeutische Verfahren in der Psychiatrie. Der Nervenarzt 66, 157-172.

Kernberg, O.F., Clarkin, J.F. (1994): Training and the integration of research and clinical practice. In: A.F. Talley, H. Strupp, S.F. Butler (eds.): Psychotherapy research and practice 39. Basic Books New York.

Kohut, H. (1979): Die Heilung des Selbst. Suhrkamp Frankfurt.

Kopp, C.B. (1982): The antecedents of self-regulation: A developmental perspective. Developmental Psychology 18, 199-214.

Lazarus, R.S. (1991): Cognition and motivation in emotion. American Psychology 46, 352-67.

Lichtenberg, J.D. (1989): Psychoanalysis and motivation. Analytic Press Hillsdale, New York.

Linehan, M.M. (1987a): Dialectical behavioral therapy: A cognitive behavioral approach to parasuicide. Journal of Personality Disorders 1, 328-333.

Linehan, M.M. (1987b): Dialectical behavior therapy for borderline personality disorder. Bulletin of the Menninger Clinic 51, 261-276.

Linehan, M.M. (1993): Cognitive-behavioral treatment of borderline personality disorder. Guilford Press New York.

Linehan, M.M. (1996): Grundlagen der dialektischen Verhaltenstherapie bei Borderline-Persönlichkeitsstörung. In: B. Schmitz, T. Fydrich, U. Limbacher (Hrsg.): Persönlichkeitsstörungen: Diagnostik und Psychotherapie. PsychologieVerlagsUnion Weinheim.

Links, P.S. (1992): Family environment and family psychopathology in the aitiology of borderline personality disorder. In: Clarkin, J.F., Marziali, E., Monroe-Blum, H. (eds.): Borderline personality disorder. Clinical and empirical perspectives. 45–66. Guilford Press New York.

Mertens, W. (1996): Grundlagen psychoanalytischer Psychotherapie. In: W. Senf, M. Broda (Hrsg.): Praxis der Psychotherapie. 86-123. Thieme Stuttgart, New York.

Ogata, S.N., Silk, K.R. et al. (1990): Childhood sexual and physical abuse in adult patients with borderline personality disorder. American Journal of Psychiatry 147, 1008-1013.

Olson, S.L., Bates, J.E., Bayles, K. (1990): Early antecedents of childhood impulsivity: The role of parent-child interaction, cognitive competence, and temperament. Journal of Abnormal Child Psychology 18, 317-34.

Pfeifer, S., Brenner, L., Spengler, W. (1994): Störung mit multipler Persönlichkeit. Nervenarzt 65, 623-627.

Resch, F. (1996): Entwicklungspsychopathologie des Kindes- und Jugendalters. Beltz, PsychologieVerlagsUnion Weinheim.

Rohde-Dachser, C. (1989): Das Borderline-Syndrom. Hans Huber Bern, Stuttgart, Toronto.

Sansone, R.A., Sansone, L.A., Wiederman, M. (1995): The prevalence of trauma and its relationship to borderline personality. Archives of Family Medicine 4, 439-442.

Saß, H., Köhler, K. (1983): Borderline Syndrome: Grenzgebiet oder Niemandsland? Zur klinisch-psychiatrischen Relevanz von Borderline-Diagnosen. Nervenarzt 54, 221-230.

Saß, H., Herpertz, S. (1996): Persönlichkeits- und Verhaltensstörungen. In: M.T. Gastpar, S. Kasper, M. Linden (Hrsg.): Psychiatrie. 188-206. De Gruyter Berlin, New York,.

Schmitz, B. (1996): Verhaltenstherapie bei Persönlichkeitsstörungen. In: W. Senf, M. Broda (Hrsg.): Praxis der Psychotherapie. 318-333. Thieme Stuttgart, New York.

Schneider, K. (1923): Die psychopathischen Persönlichkeiten. Thieme Leipzig.

Silk, K.R., Lee, S., Hill, E.M., Lohr, N.E. (1995): Borderline personality disorder symptoms and severity of sexual abuse. American Journal of Psychiatry 152, 1059-1064.

Soloff, P.H., Millward, J.W. (1983a): Developmental histories of borderline patients. Comprehensive Psychiatry 24, 574-588.

Soloff, P.H., Millward, J.W. (1983b): Psychiatric disorders in the families of borderline patients. Archives of General Psychiatry 40, 37-44.

Stern (1938): Psychoanalytic investigation of and therapy in the borderline group of neuroses. Psychoanalytic Quarterly 7, 467-489.

Stevenson, J., Meares, R. (1992): An outcome study of psychotherapy for patients with borderline personality disorder. American Journal of Psychiatry 149, 358-362.

Torgersen, S. (1994): Genetics in borderline conditions. Acta Psychiatrica Scandinavica 89 (suppl. 379), 19-25.

van der Kolk, B.A., Perry, J.C., Herman, J.L. (1991): Childhood origins of self-destructive behavior. American Journal of Psychiatry 148, 1665-1671.

Waldinger, R.J., Gunderson, J.G. (1984): Completed psychotherapies with borderline patients. American Journal of Psychotherapy 38, 190-202.

Westen, D. (1991): Cognitive-behavioral interventions in the psychoanalytic psychotherapy of border-

line personality disorders. Clinical Psychology
Review 11, 211-230.

Westen, D., Moses, M.J., Silk, K.R., Lohr, N.E., Cohen, R.,
Segal, H. (1992): Quality of depressive experience in borderline personality disorder and
major depression: When depression is not just
depression. Journal of Personality Disorders 6,
382-393.

Widiger, T.A., Frances, A.J. (1989): Epidemiology,
diagnosis, and comorbidity of borderline personality disorder. In: A. Tasman, A.J. Frances
(eds.): Review of psychiatry. 8-24. American
Psychiatric Press Washington D.C.

Wilson, J.Q., Herrstein, R.J. (1985): Crime and human
nature. Simson u. Schuster New York.

Zanarini, M.C., Gunderson, J.G., Frankenburg, F.R.,
Chauncey, D.L. (1990): Discriminating borderline personality disorder from other axis II disorders. American Journal of Psychiatry 147, 161-
167.

10 Psychotherapeutische Behandlungsansätze bei der narzißtischen Persönlichkeitsstörungen

Ch. Menges

10.1 Einleitung

Die Diagnose einer narzißtischen Persönlichkeitsstörung (NPS) wird im Vergleich zu anderen Persönlichkeitsstörungen selten gestellt (Kass et al. 1985, Dahl 1986). Das mag mit daran liegen, daß die diagnostische Kategorie „Narzißtische Persönlichkeitsstörung" erst 1980 in das Diagnosemanual DSM-III aufgenommen worden ist. Dieses war weniger das Ergebnis hinreichender empirischer Evaluation als vielmehr Ausdruck der weitverbreiteten klinischen Anwendung. Obwohl sich die narzißtische Persönlichkeitsstörung als spezifische Entität nicht in der Internationalen Klassifikation psychischer Störungen (ICD-10) findet, belegen Feldstudien das Bedürfnis klinischer Diagnostiker, die psychopathologische Konvention der narzißtischen Persönlichkeitsstörung als Diagnose zu stellen. Zu dieser Diskrepanz mögen auch die zahlreichen, von psychoanalytischem Verständnis besetzten Hypothesen zur Begrifflichkeit des Narzißmus und zur ätiologischen Entstehung der NPS beitragen. Um so verständlicher wird, daß über die Behandlung von Patienten mit Narzißtischer Persönlichkeitsstörung in der neueren Literatur im Vergleich zu anderen Persönlichkeitsstörungen relativ wenige Beiträge zu finden sind. Bei diesen handelt es sich fast ausschließlich um kasuistische Darstellungen analytisch orientierter und in den letzten fünf Jahren zunehmend auch kognitiv-verhaltenstherapeutischer Einzeltherapien (z.B. Seipel 1992). Prospektive Therapiestudien bei NPS mit größeren Fallzahlen, die Aufschluß über den klinischen Verlauf

nach Beendigung der Psychotherapie geben, liegen noch nicht vor. Autoren der verschiedenen Therapierichtungen sind sich einig, daß die Behandlung narzißtischer Patienten langwierig und schwierig ist, da NPS-Patienten dazu neigen, Therapeuten abzuqualifizieren und die Behandlung abrupt abbrechen.

Vor dem Hintergrund zunehmender Forderungen nach transparenten therapeutischen Zielen und insgesamt nachvollziehbarem therapeutischen Vorgehen mit angemessener Behandlungsdauer kann der Versuch, einen auf klinischen Erfahrungen mit dieser schwierigen Patientengruppe basierenden, schulenübergreifenden Behandlungsvorschlag der NPS zu entwerfen, trotz methodologischer Probleme durchaus fruchtbar sein.

10.2 Klinisches Erscheinungsbild

Die narzißtische Persönlichkeit ist durch Größenideen, Mangel an Empathie, starke Kränkbarkeit und Überempfindlichkeit gegenüber Kritik sowie eine Neigung zur Abwertung und zum Ausnutzen anderer gekennzeichnet. Einige der Charakteristika offenbaren sich oft schon im Erstkontakt: Narzißtische Patienten können sich durch eine kurze Wartezeit schon persönlich zurückgewiesen fühlen, beim Betreten des Behandlungszimmers kritisch die Qualität der Ausstattung begutachten, direkt zu Beginn fragen, ob Therapeut/Therapeutin für dieses besondere Problem auch wirklich kompetent sei – dabei trotz dieses fordernden Auftretens gleichzeitig tief verunsichert und verletzlich wirken. Nicht selten handelt es sich bei Patienten mit narzißtisch akzentuierter Persönlichkeit um Menschen, die aus der drängenden Motivation heraus, das der Störung zugrunde liegende brüchige Selbstwertgefühl vor Verletzungen zu schützen, beeindruckend zielstrebig, erfolgreich und kreativ sind.

10.3 Diagnostische Kriterien für 301.81 Narzißtische Persönlichkeitsstörung nach DSM-IV

Charakteristisch ist ein tiefgreifendes Muster von Großartigkeit (in Phantasie und Verhalten), Bedürfnis nach Bewunderung und Mangel an Empathie. Der Beginn liegt im frühen Erwachsenenalter und zeigt sich in verschiedenen Situationen. Mindestens fünf der folgenden Kriterien müssen erfüllt sein:

- Hat ein grandioses Gefühl der eigenen Wichtigkeit (übertreibt z.B. die eigenen Leistungen und Talente; erwartet, ohne entsprechende Leistungen als überlegen anerkannt zu werden),
- ist stark eingenommen von Phantasien grenzenlosen Erfolgs, Macht, Glanz, Schönheit oder idealer Liebe,
- glaubt von sich, „besonders" und einzigartig zu sein und nur von anderen besonderen oder angesehenen Personen (oder Institutionen) verstanden zu werden oder nur mit diesen verkehren zu können,
- verlangt nach übermäßiger Bewunderung,
- legt ein Anspruchsdenken an den Tag, d.h. übertriebene Erwartungen an eine besonders bevorzugte Behandlung oder automatisches Eingehen auf die eigenen Erwartungen,
- ist in zwischenmenschlichen Beziehungen ausbeuterisch, d.h. zieht Nutzen aus anderen, um die eigenen Ziele zu erreichen,
- zeigt einen Mangel an Empathie: ist nicht willens, die Gefühle und Bedürfnisse anderer zu erkennen oder sich mit ihnen zu identifizieren,
- ist häufig neidisch auf andere oder glaubt, andere seien neidisch auf sie/ihn,
- zeigt arrogante, überhebliche Verhaltensweisen oder Haltungen.

Betont werden sollte, daß diese Verhaltensweisen durchgängig vorhanden seien sollten. Bei jungen Männern und Frauen in der Adoleszenz sollte die Diagnose einer NPS zurückhaltend gestellt werden. Denn nicht selten durchlaufen Heranwachsende während ihrer altersentsprechenden Identitätssuche narzißtisch anmutende

„Durchgangsstadien". Durch die im Jugendalter wachsende Kritikfähigkeit und Selbstreflexion bei gleichzeitiger Zunahme von Interaktionserfahrungen wird ein Perspektivenwechsel hin zum Fremdselbstbild („so sehe ich mich im Spiegel der anderen") (Resch 1996) möglich, und es kommt nicht selten zu einer kritischen Periode der Selbstwertstabilisierung einhergehend mit narzißtischer Selbstüberschätzung. Diese Entwicklung wird noch durch gesellschaftliche Prozesse unterstützt. So spiegelt sich z.B. in der Werbung ein Zeitgeist wider, der neben exzessiver Selbstdarstellung auch Einzelgängertum und Unerreichbarkeit verherrlicht. Unter Berücksichtigung der Tatsache, daß Jugendliche mit positivem, differenzierterem Selbstkonzept weniger psychische Störungen entwickeln (Evans et al. 1994), könnten diese narzißtischen „Durchgangsstadien" durchaus protektiven Charakter haben und sollten nicht pathologisiert werden.

Zur Geschlechterverteilung der NPS ist ein Überwiegen von Männern zu verzeichnen. Laut DSM-IV (1996) sind 50-75% der Betroffenen mit Narzißtischer Persönlichkeitsstörung männlich. Stone et al. (1987) fanden in seiner PI-500-Studie 71% männliche Patienten.

In psychiatrisch-psychotherapeutische Behandlung begeben sich die Patienten meistens erst dann, wenn eine Achse-I-Störung auftritt. Vorrangig handelt es sich hier um depressiv-suizidale Syndrome, Zwangssyndrome, Substanzabusus und -abhängigkeit, aber auch hypochrondrische Krisen, asthenisch anmutende Versagenszustände und – insbesondere bei jungen weiblichen Patientinnen – anorektische Syndrome.

10.4 Suizidalität als spezifischer Problembereich

Neben der Borderline-Persönlichkeitsstörung weist die Narzißtische Persönlichkeitsstörung mit ca. 8% (Stone et al. 1987) die höchste Suizidrate auf. In der Langzeitkatamnese von narzißtischen und Borderline-Patienten (Stone et al. 1987) suizidierten sich in einem Zeitraum von 16,5 Jahren 14% der narzißtischen Patienten. Dementsprechend stehen im stationär-psychiatrischen Bereich akut suizidal-depressive Krisen klinisch im Vordergrund. Diese weisen bei narzißtischen Patienten einige typische Charakteristika auf: In der Depression bricht häufig eine

Fassade aus Größenideen, Kreativität und Erfolg, die sonst das brüchige Selbstwertgefühl stabilisiert, zusammen und die eklatante Selbstwertstörung tritt offen zu Tage. Das depressiv-suizidale Syndrom ist dann in erster Linie von Selbstzweifeln und Insuffizienzgefühlen gekennzeichnet.

Typische Lebenssituationen, die zu suizidalen Krisen führen, sind Verlassen werden, Kränkungen und Überforderungen. Anders als z.B. bei der Borderline-Persönlichkeitsstörung erfolgen Suizidversuche bei NPS in etwas fortgeschrittenerem Alter, zwischen Ende 30 und 50 Jahren und auch im Senium (Battegay u. Mullejans 1992). Neben dem schrittweisen Versagen alternativer Kompensationsmöglichkeiten, das Selbstgefühl bei Kränkungen zu stabilisieren, spielen auch noch andere Aspekte eine Rolle. Da gerade körperliche Attraktivität bei Frauen und Leistungsfähigkeit und sexuelle Potenz bei Männern lange Zeit ein instabiles Selbstwertgefühl überdecken und ausgleichen können, kommt es gerade bei Fortschreiten des biologischen Alterungsprozesses zu schweren Selbstwertkrisen. Nicht selten berichten in ihrem Lebenslauf erfolgreiche Patienten auch, daß das Gefühl, alles erreicht zu haben, also der Wegfall eines Halt und Struktur gebenden Zieles, zu einer quälenden inneren Leere führt, die der Betroffene dann nicht mehr zu füllen vermag. Auch wenn es keine empirischen Daten darüber gibt, ist gut vorstellbar, daß die bekanntermaßen hohe Dunkelziffer von Suiziden in fortgeschrittenem Lebensalter viele alte Menschen mit einer narzißtischen Selbstwertstörung einschließt.

In Gesprächen mit suizidgefährdeten narzißtischen Patienten wird deutlich, daß der Zustand des Todes mit Phantasien von Ruhe, Erlösung, Wärme, Geborgenheit und Triumph in Verbindung gebracht wird (Henseler 1974). Henseler bezeichnet deshalb solche Suizidwünsche als „Phantasien vom Rückzug in einen harmonischen Primärzustand" und damit weniger als Wunsch einer Beendigung des Lebens. Vielmehr handele es sich um die Sehnsucht nach einer Flucht in eine angenehmere Daseinsform ohne Kränkungen und Enttäuschungen.

Inwieweit solche psychodynamischen Überlegungen in ein konkretes Behandlungskonzept einfließen können, wird im weiteren Verlauf ausgeführt werden.

10.5 Ätiologische Hypothesen

In jüngerer Zeit hat sich eine multifaktorielle Betrachtungsweise der Ätiologie von Persönlichkeitsstörungen durchgesetzt (Saß u. Herpertz 1996), die neben psychologischen Verstehensmodellen und sozialen Faktoren auch hereditäre Einflüsse und mögliche psychobiologische und biologische Modelle berücksichtigt. Im Gegensatz zur Borderline-Persönlichkeitsstörung, bei der intensiv biologische Modelle einer verminderten Aktivität des serotonergen Transmittersystems bei Impulsivität und gestörter Aggressionskontrolle erforscht werden (Herpertz et al. im Druck; Coccaro et al. 1989), gibt es für die komplexen Persönlichkeitsvariablen der NPS, wie erhöhte Kränkbarkeit oder mangelnde Empathiefähigkeit, bisher jedoch keine überzeugenden biologischen Erklärungsansätze.

Bei der NPS spielen bis heute ätiologische Überlegungen und Verstehenskonzepte der unterschiedlichen Psychotherapieschulen zum Narzißmusbegriff, der sehr lange eine Domäne der Psychoanalyse war, die größte Rolle.

Freud stellte den Übertragungsneurosen die narzißtischen Neurosen gegenüber, zu denen für Freud u.a. auch schwere psychische Störungen, wie die heute als endogene Psychosen bezeichneten, gehörten. Narzißtisch gestörte Patienten seien, so Freud (1914), wegen der „Befangenheit der Libido im Ich" und der daraus folgenden Über-Ich-Isolierung oder „Gewissenlosigkeit" einer psychoanalytischen Therapie nicht zugänglich. Mangels libidinöser Energie stagniere die Entwicklung des Kindes, so daß keine Weiterentwicklung zur Objektliebe erfolge. Folglich seien in der therapeutischen Beziehung Übertragung und Widerstand, die Voraussetzungen einer klassisch-analytischen Therapie, vermindert oder fehlten ganz.

In den 50er Jahren richtete sich das Forschungsinteresse der psychoanalytischen Theoretiker mehr auf die zwischenmenschlichen Aspekte des Narzißmus. Neben den Lösungsmustern zur Regulation innerpsychischer Konflikte rückte somit immer mehr das nach außen gerichtete Handlungsrepertoire des Ichs, also die Umweltbeziehungen, in den Mittelpunkt des Interesses. Wesentlich für diese Konzepterweiterung war die Einführung des Begriffes des „Selbst" für die Gesamtheit einer Persönlichkeit (Hartmann 1950). Eine grundlegende und überdauernde Störung des Selbstwertgefühls wird seither in der Psychoanalyse als Narzißtische Persönlichkeitsstörung bezeichnet.

Kohut (1966, 1971) beschreibt die NPS als Ergebnis eines Entwicklungsstillstandes durch zumeist traumatisierende Beziehungserfahrungen in den ersten Lebensjahren. Insbesondere durch mangelndes Sich-spiegeln-können in den Augen der Mutter, aber auch wenn ein Kind in erster Linie zur Erhöhung des Selbstwertes der Eltern benutzt werde, mißlinge eine altersentsprechende Auflösung der physiologischen narzißtischen Strebungen der Selbst-Überidealisierung und der Eltern-Überidealisierung. Das führe dazu, daß grandiose Selbst- und Objektrepräsentanzen weiter in unbewußter Form wirksam seien.

Kernberg (1970, 1991) hingegen sagt, daß bei den sog. Narzißmus- und Borderline-Störungen frühe traumatische Beziehungserfahrungen für das spätere Verhalten in zwischenmenschlichen Beziehungen bestimmend bleiben würden. Im Gegensatz zu Kohut faßt er die NPS als eine in einem Reifungsprozeß erworbene, pathologische Bewältigungsstrategie einer zugrundeliegenden Borderline-Persönlichkeitsstörung auf. Durch Überidealisierung des eigenen Selbst werde versucht, in die mangelhaft in die Ich-Struktur integrierten guten und bösen Selbst- und Objektrepräsentanzen eine haltgebende Ordnung zu bringen. Je nach Ausreifung des Ich-Strukturniveaus beschreibt Kernberg verschiedene Ausprägungsgrade narzißtischer Störungen. So unterscheidet er den auf höherem Ich-Strukturniveau liegenden pathologischen Narzißmus vom malignen Narzißmus und der antisozialen Persönlichkeitsstörung. Von malignem Narzißmus geht Kernberg aus, wenn neben der Koexistenz von Minderwertigkeitsgefühlen und Vorstellungen von Grandiosität noch eine Neigung zu paranoiden Einstellungen und ein starker Neid hinzutreten. Als narzißtische Störung auf niedrigstem Strukturniveau versteht Kernberg die antisoziale Persönlichkeitsstörung.

Als erfahrene Vertreter der Psychoanalyse sehen Battegay, Kohut, Kernberg und Rosenfeld bei narzißtisch gestörten Patienten ganz vorrangig eine Indikation zur psychoanalytischen Behandlung.

Nach Kohut, der die NPS als einen Entwicklungsstillstand auffaßt, sollte der Betroffene in einer längerfristigen therapeutischen Beziehung die Möglichkeit bekommen, in kleinen, in der Vergangenheit unbewältigt gebliebenen Schritten von der Nur-Selbstbezogenheit Abstand zu nehmen, die unrealistische Überidealisierung des Gegenübers abzubauen, um dann den Selbstwert und den Wert des anderen in der Mitte einordnen zu können. Er spricht von einem behutsamen „Umschmelzen der Selbststruktur" in der therapeutischen Beziehung.

In Anlehnung daran mahnt Battegay (1981), daß viele Fehler in der psychoanalytischen Therapie der NPS vermieden werden könnten, wenn erkannt werde, wie sehr die in ihrer Selbstidentität gestörten Betroffenen warme, menschliche Zuneigung und nicht nur Frustration benötigen.

Im Gegensatz dazu vertritt Kernberg (1970) die Auffassung, daß durch Konfrontation, Klärung und Deutung, aber auch durch konsequentes Grenzen-Setzen zum Schutz der therapeutischen Beziehung eine Stabilisierung von Beziehungsverhalten beim Patienten ermöglicht werden kann.

Während für die psychoanalytisch-orientierten Therapeuten diese Zusammenhänge unbewußt und für den Patienten schwer zugänglich sind, gehen die kognitiven Verhaltenstherapeuten davon aus, daß Entwicklungsprozesse im Bereich des Bewußten liegen und dem Bewußtsein durch besondere Übungen weitere Bereiche zugänglich gemacht werden können (Beck u. Freeman 1993).

Für Verhaltenstherapeuten und kognitive Therapeuten ist die Narzißmusstörung im Kern ein Feedback-Problem (Fiedler 1994).

Beck u. Freeman (1993) betonen, daß es für die psychoanalytischen Überlegungen zur Ätiologie der NPS, welche die Unzulänglichkeiten in der emotionellen Versorgung durch die Mutter betonen, keine empirischen Beweise gebe.

Gagan et al. (1984) stellten dar, daß vielmehr die elterliche Vernachlässigung eine entscheidende Rolle in der Entstehung der NPS spiele. Im Gegensatz dazu geht Millons soziale Lerntheorie des Narzißmus (1969) von einer elterlichen Überbewertung des Kindes aus.

Die soziale Lerntheorie Millons wurde von Beck und Mitarbeitern (1979) erweitert, die die NPS auf eine Kombination von dysfunktionalen Schemata über die eigene Person, die Welt und die Zukunft zurückführen. Unter Schemata verstehen sie spezifische Regeln, die die Informationsverarbeitung und das Verhalten bestimmen. Diese Schemata würden frühzeitig durch direkte und indirekte Botschaften der Eltern gebildet. So würden z.B. die übertriebene Selbstbezogenheit durch Schmeicheleien und übertriebene Nachsicht und die gleichzeitig vorhandenen Insuffizienzgefühle u.a. durch Einschränkungen, Ausschluß und Ablehnung begünstigt. Dieser inkonsequente und für das Kind unberechenbare Erziehungsstil und die damit verbundenen verzerrten Annahmen würden dann das Verhalten der Betroffenen in der Zukunft durch Mängel in der Zusammenarbeit und sozialen Interaktion beeinträchtigen.

Turkat u. Maisto (1985) betonen als Verhaltenstherapeuten das Feedback-Geben und das Annehmen-Üben mit narzißtischen Patienten.

Fiedler (1994) wünscht sich von Therapeuten, die sich mit der Behandlung von Persönlichkeitsstörungen beschäftigen, eine schulenübergreifende Neugier und gegenseitige Lernbereitschaft.

Er warnt vor zu großem, schädlichem Therapiepessimismus bei Persönlichkeitsstörungen. Vielmehr fordert er zur Maximierung der Transparenz in der Therapie auf, um dadurch die Psychotherapie zu entmythologisieren und das Machtgefälle zwischen Patient und Therapeut abzubauen. Erst dann sieht er eine Perspektive für eine therapeutische Beziehung, in der ehrlich auch die Grenzen einer Therapie thematisiert werden können. Gerade im Umgang mit narzißtischen Patienten hält Fiedler (1994) eine Akzeptanz der Gründe für Widerstände in der Therapie für wichtig.

Lorna Benjamin (1993), als Vertreterin der interpersonellen Psychotherapie, vertritt die Ansicht, daß zu Beginn der Behandlung mit dem Patienten realistische, klare Ziele erarbeitet werden sollten. Nach dem Erkennen der bisherigen Bewältigungsstrukturen stellt sie die Betroffenen vor die persönliche Entscheidung, ob sie die alten Verhaltensmuster beibehalten wollen oder neue erlernen möchten. Damit unterstreicht sie den persönlichen Willen des Einzelnen.

Bei genauer Betrachtung der verschiedenen Konzepte fällt eine große Übereinstimmung auf, wenn es um den Stellenwert der therapeutischen Beziehungsgestaltung und um die einfühlende Akzeptanz des Patienten durch den Therapeuten geht. Darüber hinaus sind Vertreter aller Schulen darüber einig, daß Grenzen-Setzen zum Schutz der therapeutischen Beziehung und als Grundlage für eine korrektive emotionale Erfahrung in der Therapie unabdingbar ist.

Sprechen also nicht oft Vertreter verschiedener Schulen von einem unterschiedlichen Verstehenshintergrund aus mit unterschiedlichen Begriffen über die gleichen wichtigen Zusammenhänge?

10.6 Vorschlag eines schulenübergreifenden Behandlungsansatzes

Beim aktuellen Kenntnisstand zur Ätiologie der NPS und dem Fehlen kontrollierter prospektiver Therapiestudien muß sich die Konzeption eines spezifischen Therapiekonzepts zum jetzigen Zeitpunkt in erster Linie auf klinische Erfahrungen stützen.

Die wenigen deskriptiven Untersuchungen zur NPS (Ronningstam u. Gunderson 1988) und die Langzeitkatamnese von narzißtischen und Borderline-Patienten (Stone et al. 1987) machen deutlich, daß ein Therapiekonzept auf Suizidalität und dem Mangel an Empathiefähigkeit, der die Grundlage für therapeutisch nur schwer beeinflußbare antisoziale Entwicklungen (Kernberg 1989) bildet, fokussieren sollte.

Warum könnte bei der Behandlung der NPS ein schulenübergreifendes therapeutisches Vorgehen sinnvoll sein, obwohl dadurch methodologische, wenn nicht sogar weltanschauliche Probleme und Fragen aufgeworfen werden?

Trotz unterschiedlicher Sichtweisen sind sich Vertreter der unterschiedlichen Therapieströmungen einig, daß psychotherapeutische Arbeit nur bei einheitlichem Verstehenshintergrund der Störung im Kontext einer tragfähigen therapeutischen Beziehung fruchtbar sein kann.

Während der psychodynamische Ansatz eben diesen Beziehungskontext in seinen vielschichtigen bewußten und unbewußten Erlebnisanteilen als seinen zentralen Behandlungsfokus betont, bildet dieser bei den kognitiv-verhaltenstherapeutischen Verfahren den tragenden Hintergrund für ein therapeutisches Lernen, das durch den Einsatz spezifischer Techniken und Strategien geplant induziert wird (Kapfhammer 1995).

Bei kritischer Reflexion erscheint gerade bei der Behandlung von den oft schwierigen, wenig complianten Patienten mit NPS der Versuch einer Integration verschiedener Therapieelemente vor einem einheitlichen Verstehenshintergrund aus mehreren Gründen gerechtfertigt: Gerade der Bewältigungsmechanismus der Abwertung anderer und damit auch der Abqualifizierung des Therapeuten macht das Durchhalten und Aushalten des narzißtischen Patienten im Vergleich zu Patienten mit anderen Persönlichkeitsstörungen besonders schwer. Hier ist ein psychodynamisches Verständnis der Störung als eine schwere Selbstwertregulationsstörung aufgrund traumatischer Lebenserfahrungen, die die so störend erlebten Verhaltensweisen bedingt, hilfreich, um eine kontinuierlich zugewandte, mitfühlende und empathische Haltung des Therapeuten zu gewährleisten. Für einen psychodynamisch-orientierten Zugang spricht außerdem, daß es sich nach den DSM-IV-Kriterien bei der NPS in erster Linie um Interaktionsprobleme handelt, so daß eine kontinuierliche Übertragungs- und Gegenübertragungsanalyse in der therapeutischen Beziehung am ehesten geeignet erscheint, um z.B. den Mangel an Empathie zu bearbeiten und abzubauen.

Auf der anderen Seite kann man sich fragen, ob den unrealistisch übertriebenen Ansprüchen an Dauer, Intensität und Häufigkeit therapeutischer Kontakte und der starken Destruktivität schwer gestörter Narzißten durch ein zeitlich kaum limitiertes, wenig grenzensetzendes, orthodox psychoanalytisches Setting, wie es aktuell auch von Psychoanalytikern bei schweren Persönlichkeitsstörungen nur noch selten vertreten wird, adäquat begegnet werden kann. Die Anwendung eines strukturierten, schrittweise aufgebauten Therapiekonzepts, das kognitive Trainingsbausteine und die Möglichkeit, am Modell der therapeutischen Beziehung zu lernen, integriert, muß nicht zwingend zum Verlassen des psychodynamischen Verstehensrahmens und Aufgeben der einsichtsorientierten therapeutischen Haltung führen, wenn kognitiv-verhaltenstherapeutische Elemente im Sinne von Hilfs-Ich-Funktionen verstanden werden, die über Förderung von Ich-Stärke den Weg zu einer einsichtsorientierten Arbeit ebnen.

Bei der Konzeption eines pragmatischen Behandlungskonzeptes stellt sich gleich zu Beginn die Frage, ob es unmittelbares Ziel der Therapie sein kann, störende Persönlichkeitseigenarten so schnell wie möglich zu verändern. Kapfhammer (1995) spricht sich dafür aus, das Störverhalten nicht forciert zu beseitigen, sondern zunächst dieses als eine unter den typischen Entwicklungs- und Lebensbedingungen des Patienten bestmögliche, wenngleich zwanghaft polarisierte, mit individuellem Leiden befrachtete Antwort anzuerkennen. So stellen die den Sozialkontakt mit anderen Menschen beeinträchtigenden Verhaltensweisen narzißtischer Patienten auch Kompetenzen dar. Eine noch so unrealistisch erscheinende Fassade kann z.B. dazu dienen, sich zu schützen oder andere zu beeindrucken. Die Abwertung oder Überidealisierung anderer oder eine großartige, überzogene Selbstdarstellung können ein brüchiges Selbstwertgefühl stabilisieren und damit nicht selten Überlebensstrategien darstellen.

Konsequenz aus dieser Beobachtung könnte ein schrittweises therapeutisches Vorgehen sein, bei dem erst langsam alternative Einsichten und Verhaltensmuster wachsen können, bevor zur Selbstwertregulation notwendige, aber sozial störende Verhaltensweisen abgebaut werden.

Aufbau einer therapeutischen Grundlage

Vor Beginn der Psychotherapie im engeren Sinne ist als erster Schritt der Aufbau einer tragfähigen therapeutischen Grundlage erforderlich. Hierzu gehört die Motivierung zu einer Behandlung. Nicht selten findet der Erstkontakt eines Patienten mit Narzißtischer Persönlichkeitsstörung mit einem Therapeuten in einer bereits zugespitzten Situation statt. Oft liegt eine schwere depressive Verstimmung vor oder es ist ein Suizidversuch vorausgegangen. Trotz manifester psychischer Störungen wird der Gang zum Arzt oder Therapeuten von Patienten mit so brüchigem Selbstgefühl als beschämende Kränkung erlebt. Hier ist bei der Motivationsarbeit einerseits erforderlich, die Probleme und Beschwerden des Patienten als belastend und schwerwiegend anzuerkennen, aber andererseits auch den positiven Ressourcen Respekt zu zollen.

Zum Aufbau einer therapeutischen Grundlage gehört auch die Entscheidung über das Setting. Um die Beschämung der Betroffenen zu begrenzen und weiter den Zugriff auf das Selbstwertgefühl stabilisierende Ressourcen zu erhalten, sollte bei Fehlen akuter Eigen- oder Fremdgefährdung einer längerfristigen, niederfrequenten (ein- bis zweimal pro Woche) ambulanten Psychotherapie mit klaren Rahmenbedingungen der Vorzug vor einer stationären Therapie gegeben werden.

Bei akuter Suizidalität, bei schwerer Substanzabhängigkeit und medizinisch bedrohlicher anorektischer Symptomatik oder wenn ein intensiver Therapieschritt unter geschützten Bedingungen hilfreich erscheint, sollte man die Indikation zu einer zeitlich von Anfang an fest umrissenen stationären Behandlung (drei bis maximal vier Monate) stellen.

Vor Beginn der ambulanten oder stationären Therapie erfolgt eine Aufklärung des Patienten über Art und Beschaffenheit des Therapiekonzepts sowie Dauer und Häufigkeit der Therapiesitzungen, z.B. 50 Minuten Einzeltherapie pro Woche. Zu diesem Zeitpunkt werden auch mit den Patienten die notwendigen Voraussetzungen zum Gelingen der Therapie erörtert. Im Raum stehende Suizidalität, die der Patient nicht offen anspricht, körperliche Gewalt und zügellos destruktives Verhalten gegenüber dem Therapeuten, starke Alkoholisierung oder anderer Substanzeinfluß zum Zeitpunkt der therapeutischen Sitzung machen eine konstruktive Zusammenarbeit genau so unmöglich wie ausgeprägt kachektische anorektische Zustände. Das Bemühen um diese Grundvoraussetzungen zur Therapie werden mit den Patienten im Sinne eines mündlichen Kontrakts besiegelt.

Von Anfang an sollte dem regelmäßig vorgebrachten Anspruch auf Sonderbehandlung nicht gefolgt werden. So sollten narzißtische Patienten im stationären Setting nicht in einem Einzelzimmer liegen. Im ambulanten Setting sollte von der vereinbarten Gesprächsfrequenz und -dauer nicht abgewichen werden. Wenn Patienten, und das ist fast regelhaft der Fall, diese Grenzen ausdehnen möchten, sollte dieses Verhalten verständnisvoll thematisiert werden, ohne jedoch den abgesprochenen Rahmen zu verlassen.

Auch die Indikation zu einer die Psychotherapie begleitenden medikamentösen Behandlung sollte während dieses ersten Therapieschritts gestellt und mit dem Patienten thematisiert werden. Die Art der medikamentösen Therapie orientiert sich am psychopathologischen Zustandsbild. Bei depressiv-suizidalen Syndromen haben sich sedierende trizyklische Antidepressiva bewährt. Liegt eher ein gehemmt-depressives Syndrom, ein Zwangssyndrom oder ein asthenisch anmutender Versagenszustand vor, ist der Einsatz von selektiven Serotoninwiederaufnahmehemmern zu bevorzugen. Die Wechselwirkungen zwischen Psychotherapie und medikamentöser Behandlung dürfen nicht unterschätzt werden. So sollten Möglichkeiten und Grenzen der pharmakologischen Behandlung vor Beginn ehrlich thematisiert werden, um die Motivation zur psychotherapeutischen Arbeit zu erhalten.

Aufbau und kontinuierliche Gestaltung der therapeutischen Beziehung

Ganz entscheidend für den Behandlungsverlauf und -erfolg sind der weitere Aufbau und die Gestaltung der therapeutischen Beziehung. Hier liegt auch die Chance, durch eine kontinuierliche, klare und für den Patienten transparente Beziehungsgestaltung suizidalen Krisen und wütend motivierten Therapieabbrüchen vorzubeugen.

Die wichtigste Voraussetzung im Umgang mit diesen schwierigen Patienten ist eine empathische, verstehende aber auch respektvolle Grundhaltung beim Therapeuten und die Bereitschaft, die häufig wütende oder auch hilflose Gegenübertragung zu kontrollieren. Hierbei ist es hilfreich, sich immer wieder die quälende Aussichtslosigkeit, die den Patienten zu unerwünschten Einstellungen und Verhaltensweisen treibt, vor Augen zu führen.

Da diese leicht kränkbaren Patienten sich sehr schnell abgelehnt fühlen und dann mit Abwertung des Therapeuten, frühzeitigem Therapieabbruch oder mit suizidalen Krisen reagieren, ist es ratsam, schon zu Behandlungsbeginn, wenn der Therapeut oft noch überidealisiert wird, unvermeidlich im Therapieverlauf auftretende Enttäuschungen, wie z.B. Abwesenheit durch Urlaub oder Krankheit, unvermeidbare Wartezeiten oder auch ungeschickte Interventionen frühzeitig anzukündigen. Auf diese Weise bleibt das Verhalten des Therapeuten für den Patienten transparent und damit berechenbar.

Auf wertende Aussagen und moralische Interpretationen sollte selbstverständlich im Kontakt mit dem Patienten konsequent verzichtet werden.

In den meisten Behandlungen narzißtischer Patienten treten Krisen und Compliance-Probleme auf. In solch zugespitzten oder unbefriedigenden Situationen sollten nach Fiedler (1994) die Gründe hierfür nicht in erster Linie in der Persönlichkeitsstörung des Patienten gesucht werden. Hilfreicher ist es, die festgelegten Behandlungsziele und auch das Behandlungstempo noch einmal kritisch zu überprüfen, um Überforderungen, die wiederum häufig suizidale Krisen nach sich ziehen, zu vermeiden.

Darüber hinaus ist eine therapiebegleitende Supervision zur kontinuierlichen Gegenübertragungsanalyse unverzichtbar.

Falls es zu Beginn der Therapie gelingt, eine vertrauensvolle Atmosphäre der Zusammenarbeit aufzubauen, entwickeln narzißtische Patienten häufig eine überidealisierende Haltung gegenüber dem Therapeuten („Unsere Zusammenarbeit ist etwas ganz besonderes. So wie Sie hat mich noch niemand verstanden"). Hierbei sollte kritisch hinterfragt werden, ob der Therapeut sich nicht allzusehr in der Überidealisierung durch den Patienten sonnt und diesen somit unbewußt zur Erhöhung des eigenen Selbstwertes benutzt. Eine unreflektierte Überidealisierung in der Übertragungsbeziehung schmeichelt zwar den narzißtischen Strebungen des Behandlers, birgt jedoch die Gefahr in sich, bei unvermeidlicher Desillusionierung abrupt in Abwertung mit der Gefahr des Therapieabbruchs umzuschlagen.

Um die Überidealisierung des Behandlers nicht noch weiter zu fördern, ist es hilfreich, eigene Fehler oder auch ungeschickte Interventionen offen mit dem Patienten anzusprechen und diese zuzugeben. Neben dem schrittweisen Abbau einer unrealistischen Überbewertung des Therapeuten kann der Patient so am Modell der therapeutischen Beziehung lernen, wie man im zwischenmenschlichen Kontakt mit Insuffizienzen umgehen kann.

Um destruktivem Verhalten des Patienten zum Schutz der therapeutischen Beziehung vorzubeugen, ist es unumgänglich, frühzeitig Grenzen zu setzen, bevor eine zunehmend wütende Gegenübertragung beim Therapeuten ein empathisches Eingehen auf den Patienten unmöglich macht.

Diese Grundregeln im Umgang mit narzißtisch gestörten Patienten gelten kontinuierlich während der gesamten Behandlungsdauer.

Umgang mit suizidalen Krisen

Suizidalität bei narzißtischen Patienten muß – wie die hohe Rate vollzogener Suizide bei NPS zeigt – sehr ernst genommen werden. Insbesondere wenn in der Vorgeschichte schon mehrere Suizidversuche erfolgt sind, der Patient den Verlust einer sinn- und haltgebenden Beziehung beklagt und eine verzweifelt-wütende, bilanzierende Stimmung vorherrscht, ist von einem maximalen Gefährdungspotential auszugehen.

Entwickelt ein Patient trotz vorbeugender Maßnahmen ein akut suizidales Syndrom oder ist im Erstkontakt schon suizidgefährdet, hat es sich in der klinischen Praxis bewährt, dem Patienten gegenüber von einer akuten Notsituation zu sprechen, die eine intensive stationäre Behandlung auf einer psychiatrischen Intensivsta-

tion, sprich geschützten Station erforderlich macht. Viele der verzweifelten Patienten empfinden dieses Vorgehen als ihrer persönlichen Katastrophe angemessen. Eine zwangsweise Unterbringung ist so selten erforderlich.

Suizidale Krisen während des therapeutischen Prozesses können oft entschärft werden, wenn es gelingt, die Suizidmotivation insbesondere vor dem Hintergrund der therapeutischen Beziehung zu verstehen, dem Patienten jedoch gleichzeitig die Endgültigkeit des Todes vor Augen zu führen. Therapeutische Interventionen sollten hier weder den Größenideen noch den Insuffizienzgefühlen des Patienten folgen, sondern ressourcenorientiert realistische Anforderungen an den Patienten stellen. Suizidalität sollte immer wieder Anlaß sein, die therapeutische Basis und die erforderlichen Mindestvoraussetzungen zu psychotherapeutischer Zusammenarbeit zu klären.

Erarbeitung der narzißtischen - Selbstwertproblematik

Nachdem der formale Rahmen und die Regeln im Umgang miteinander geklärt wurden, steht im zweiten Schritt der Therapie das Erarbeiten der narzißtischen Selbstwertproblematik im Mittelpunkt.

Um die leicht kränkbaren, in ihrem Selbstwert stark verunsicherten Patienten nicht zu früh durch Konfrontation mit pathologischen Beziehungsmustern zu überfordern, was nicht selten zu depressiv-suizidalen Krisen führt, sollte zu Beginn das Erkennen und Herausarbeiten positiver Ressourcen stehen. Hierbei sollte man sich vor einer unrealistischen Überbewertung vorhandener Fähigkeiten hüten, sondern diese vielmehr in angemessener Weise benennen, wertschätzen und aktivieren. Ein weiterer Schritt, mit dem Patienten ein „stabiles Standbein" zu erarbeiten, auf dem er in Zeiten vermehrter Konfrontation, aus narzißtischer Sicht also in Phasen gehäufter Kränkung, stehen kann, besteht darin, gemeinsam typische, oft verzerrte kognitive Annahmen zu erkennen und zur Förderung einer realistischen Ich-Stärke Alternativen zu erarbeiten. Charakteristische Kognitionen bei narzißtischen Patienten sind nach Beck u. Freeman (1993) z.B.: „Ich stehe über den Regeln", oder: „Wenn andere meinen Sonderstatus nicht anerkennen, sollten sie bestraft werden". Alternative Annahmen könnten sein: „Jeder ist auf seine Weise etwas Besonderes"; „Niemand ist mir irgendetwas im Leben schuldig."

Wenn der Patient mit der Zeit ein gewisses Handwerkszeug erworben hat und weiß, daß er sich auf eine verläßliche, berechenbare therapeutische Beziehung stützen kann, ist es möglich, den zentralen Beziehungskonflikt herauszuarbeiten. Dies erfolgt anfangs in erster Linie anhand der therapeutischen Beziehung im Sinne einer Übertragungs- und Gegenübertragungsanalyse. Häufig sind Patienten mit narzißtischer Persönlichkeitsstörung Kinder von ebenfalls narzißtisch gestörten Eltern, die ihr Kind z.B. benutzt haben, um ihren eigenen Selbstwert zu erhöhen oder auch eigene Bedürfnisse, die ihnen in ihrer Kindheit versagt geblieben sind, durch ihre Kinder zu erfüllen und zu erleben. Auch Kinder alleinerziehender Väter oder Mutter sind laut Kernberg (1996) dann gefährdet, eine narzißtische Persönlichkeitsstörung zu entwickeln, wenn sie die Rolle des verlorenen Partners einnehmen müssen oder auch aufgrund der biologischen Herkunft oder anderer, an den Partner erinnernden Eigenschaften stellvertretend abgelehnt werden.

Wenn der individuelle Beziehungskonflikt deutlich geworden ist, sollte der Patient mit aus typischen Beziehungsmustern erwachsenen, störenden Verhaltensweisen in der therapeutischen Beziehung konfrontiert werden. Hierbei ist ein zweizügiges Vorgehen von sehr großer Bedeutung, bei dem kritische Rückmeldungen immer mit der Wertschätzung positiver Ressourcen einhergehen, um diese für das leicht kränkbare Gegenüber annehmbar zu machen.

Nach der Klärung und Konfrontation wird der Patient vor die Entscheidung gestellt, ob er weiter psychotherapeutisch arbeiten und etwas für sich verändern möchte (vgl. Benjamin 1993). Dieses Vorgehen führt dem Patienten noch einmal deutlich vor Augen, daß er selbst trotz einfühlbarer Traumatisierungen eine Verantwortung für sich selbst hat. Außerdem mindert dieses eher partnerschaftliche Vorgehen das oft sehr kränkend erlebte Gefühl der Abhängigkeit vom Therapeuten. Falls der Patient sich gegen eine Fortsetzung der Therapie entscheidet, sollte dieses vom Therapeuten respektvoll akzeptiert werden. Nicht selten haben narzißtische Menschen ein ganz realistisches Gefühl dafür, ob es besser ist, „die Fassade zu restaurieren oder abzureißen, um zu sehen, wie es dahinter aussieht".

Falls sich der Betroffene dazu entschließt, die psychotherapeutische Behandlung fortzusetzen, werden gemeinsam konkrete Therapieziele erarbeitet. Dabei sollte man weder den unrealistischen Größenideen des motivierten Patienten folgen, noch sich an den unangemessenen Insuffizienzgefühlen orientieren, um sowohl Über- als auch Unterforderung zu vermeiden.

Biographisches Verstehen der Selbstwertproblematik

Wenn diese umfangreiche, aber unerläßlich wichtige Vorbereitungsphase abgeschlossen ist, beginnt im 3. Schritt des therapeutischen Vorgehens die biographische Arbeit im engeren Sinne. Ziel ist ein Verstehen der Selbstwertproblematik vor dem Hintergrund der biographischen Entwicklung. Insbesondere wenn emotionale Vernachlässigung oder auch ein Funktionalisiertwerden durch die Eltern eine Rolle spielt, ist es von großer Bedeutung, genügend Raum für Trauerarbeit zu lassen. Im Gegensatz zu ungelösten neurotischen Konflikten geht es hier eher um ein Akzeptieren unveränderlicher, belastender und benachteiligender Lebens- und Erziehungserfahrungen, was häufig mit schweren vorübergehenden depressiven Verstimmungen der Betroffenen einhergeht. Die Indikation zu einer symptomatischen, medikamentösen antidepressiven Behandlung sollte eher zurückhaltend gestellt werden, um einfühlbare Enttäuschung, Wut und Trauer nicht zu blockieren.

In diesem Abschnitt der Behandlung werden Zusammenhänge zwischen lebensgeschichtlichen Erfahrungen und aktuellen Beziehungskonflikten herausgearbeitet und gedeutet. Wenn sich diese Konflikte in der therapeutischen Übertragungsbeziehung abbilden, besteht für den Patienten die Möglichkeit, eine korrektive emotionale Erfahrung zu machen. Mit wachsender Einsicht in Herkunft und Beschaffenheit der zwischenmenschlichen Probleme wird es zusehends möglich und erforderlich, alternative Verhaltensmuster z.B. im Umgang mit Kränkungssituationen zu erarbeiten und am Modell der therapeutischen Beziehung zu üben. In dieser belastenden Phase der Therapie ist es hilfreich, vorher erarbeitete positive Ressourcen immer wieder ins Blickfeld zu rücken, wertzuschätzen und somit trotz gleichzeitiger Bearbeitung belastender und oft beschämender Inhalte die Entwicklung eines stabileren Selbstwertgefühls zu fördern.

Analyse aktueller Beziehungen

In den meisten Fällen führen unbewältigbare Kränkungserlebnisse in bestehenden Beziehungen, z.B. mit dem Partner oder mit dem Vorgesetzen zur Ausbildung einer Achse-I-Störung, die die Patienten dann veranlaßt, sich in Behandlung zu begeben. Nicht selten bestehen auch Angehörige darauf, daß ein Therapeut aufgesucht wird.

Wenn ein gewisses Problembewußtsein für eigenes konfliktträchtiges Agieren in zwischenmenschlichen Beziehungen während der Therapie gewachsen ist, kann jetzt die Analyse dieser aktuell bestehenden Beziehungen beginnen. Zu einem früheren Zeitpunkt des therapeutischen Prozesses stehen den narzißtisch gestörten Patienten außer übermäßiger Wut und Abwertung anderer oft noch keine anderen Bewältigungsmechanismen zur Verfügung, um eine weitere Erschütterung des brüchigen Selbstwertgefühls zu verhindern. Im Schutz der bewährten therapeutischen Beziehung sollten die Patienten deutlich, jedoch ohne eine abwertende Haltung einzunehmen, mit ihrem Verhalten und insbesondere mit ihrem mangelnden Einfühlen in andere und dem Ausnutzen anderer konfrontiert werden.

Ob Paar- oder Familiengespräche hilfreich sein könnten, ist im Einzelfall zu entscheiden. Voraussetzungen für einen konstruktiven Verlauf von Angehörigengesprächen sind eine gewachsene Kritikfähigkeit beim Patienten und die Einsicht, durch Psychotherapie andere Menschen nicht ändern zu können. Nicht selten sind erste gemeinsame Gespräche sehr durch Ärger auf seiten der Angehörigen gezeichnet, die aus Angst vor massiver Wut, Abwertung und auch Suizidrohungen des Patienten teilweise über Jahre negative Gefühle zurückgehalten haben und diese dann erst in Gegenwart eines Therapeuten äußern können. Eine sorgfältige Vorbereitung solcher Gespräche, z.B. mit Rollenspielen zur Förderung antizipatorischer Fähigkeiten, kann die Entwicklung suizidaler Krisen nach Paar- oder Familiengesprächen verhindern helfen.

Beendigung der Therapie

Das Ende der Therapie sollte frühzeitig gemeinsam mit dem Patienten festgelegt werden. Auch dann erleben narzißtische Patienten die Beendigung der Behandlung als eine Kränkung, es kommen Gefühle des Abgelehnt-Werdens auf, die vor dem biographischen Hintergrund bearbeitet und verstanden werden können.

Ein narzißtisch gestörter Mensch kann zwar hochgesteckte Ziele haben, dabei aber die Planung der Schritte, mit denen dieses Ziel erreicht werden kann, völlig vernachlässigen (Horowitz 1984). Statt dessen herrscht eine phantasieähnliche Vorstellung vor, man könne dieses Ziel ganz plötzlich ohne eigenes Zutun erreichen. Vielleicht ist der vorgestellte schulenübergreifende Therapieansatz mit behutsamem, schrittweisem Vorgehen eine Möglichkeit, der narzißtischen Pathologie hilfreich zu begegnen. Auch wenn die klinische Verlaufsbeobachtung einer Reihe von nach obigem Konzept durchgeführten psychotherapeutischen Behandlungen durchaus positiv ist, sind übersichtlich konzipierte Therapiestudien zur Weiterentwicklung spezifischer therapeutischer Strategien in Zukunft unverzichtbar.

Zusammenfassung

Aufbau und kontinuierliche Gestaltung der therapeutischen Beziehung

- Empathische, verstehende Grundhaltung des Therapeuten,
- unvermeidliche Enttäuschungen ankündigen,
- transparentes, berechenbares therapeutisches Verhalten,
- bei Compliance-Problemen Blick weg von Persönlichkeitsstörung,
- frühzeitiges Grenzensetzen bei Destruktivität,
- Fehler eingestehen,
- auf Wertungen prinzipiell verzichten,
- Vorsicht bei Überidealisierung.

1. Schritt:
Aufbau einer therapeutischen Grundlage

- Motivierung zur Therapie,
- Erläuterung von Therapiekonzept und Therapievoraussetzungen,
- Entscheidung über Art des Settings,
- nicht dem Wunsch nach Sonderbehandlung folgen,
- Prüfung der Indikation einer adjuvanten medikamentösen Therapie.

2. Schritt:
Erarbeitung der narzißtischen Selbstwertproblematik

- Positive Ressourcen erkennen, benennen und aktivieren,
- alternative kognitive Annahmen entwickeln,
- den zentralen Beziehungskonflikt herausarbeiten und verstehen,
- Konfrontation mit pathologischen Beziehungsmustern, bei gleichzeitiger Wertschätzung positiver Ressourcen,
- nach „Bestandsaufnahme" Entscheidung fordern, ob Patient sich verändern will,
- realistische Therapieziele, um Überforderung zu vermeiden.

3. Schritt:
Biographisches Verstehen der Selbstwertproblematik

- Einsicht in Zusammenhänge zwischen biographischen Erfahrungen und aktuellen Beziehungskonflikten,
- Ermöglichung einer korrektiven emotionalen Erfahrung,
- Konfrontation mit und Akzeptanz von intrapsychischen Konflikten,
- Entwicklung alternativer Verhaltensmuster am Modell der therapeutischen Beziehung,
- Förderung eines stabilen Selbstwertgefühls,
- Trauerarbeit.

4. Schritt:
Analyse aktueller Beziehungen

- Vorhandene Beziehungsmuster analysieren,
- gegebenenfalls Paar- oder Familiengespräche.

5. Schritt:
Beendigung der Therapie

- Ende der Therapie frühzeitig gemeinsam festlegen,
- aufkommende Gefühle des Weggestoßenwerdens annehmen und vor biographischem Hintergrund bearbeiten.

10.7 Literatur

Battegay, R. (1981): Grenzsituationen. Huber Bern.

Battegay, R., Mullejans, R. (1992): Decreased narcissism in the aged in suicide. Schweizer Archiv Neurologie Psychiatrie 143, 293-306.

Beck, A.T., Freeman, A. (1993): Kognitive Therapie der Persönlichkeitsstörungen. PsychologieVerlags-Union Weinheim.

Beck, A.T., Rush, J., Shaw, B., Emery, G. (1979): Cognitive therapy of depression. Guilford Press New York.

Benjamin, L. (1993): Interpersonell diagnosis and treatment of the DSM personality disorders. Guilford Press New York.

Coccaro, E.F., Siever, L.I., Klar, H.M., Maurer, G., Cochrane, K., Cooper, T.B., Mohs, R.C., Davis, K.L. (1989): Serotonergic studies in patients with affective and personality disorders. Archives of General Psychiatry 46, 587-599.

Dahl, A. (1986): Some aspects of the DSM-III personality disorders illustrated by a consecutive sample of hospitalized patients. Acta Psychiatrica Scandinavica 73: 63-66

Evans, D., Noam, G., Wertlieb, D., Paget, K., Wolf, M. (1994): Self-perception and adolescent psychopathology: A clinical-development perspective. American Journal of Orthopsychiatry 64, 293-300.

Fiedler, P. (1994): Persönlichkeitsstörungen. Beltz PsychologieVerlagsUnion Weinheim.

Freud, S. (1914): Zur Einführung des Narzißmus. Gesammelte Werke X, 138-170.

Gagan, R., Cupoldi, J., Watkins, A. (1984): The families of children who fail to thrive: Preliminary investigations of parental deprivation among organic and nonorganic cases. Child Abuse and Neglect 8, 93-103.

Hartmann, H. (1950): Comments on the psychoanalytic theory of the ego. In: H. Hartmann (1964): Essays on ego psychology. International Universities Press.

Henseler, H. (1974): Narzißtische Krisen. Zur Psychodynamik des Selbstmordes. Rowohlt Reinbek.

Herpertz, S., Saß, H., Favezza, A. (im Druck): Impulsivity and self-mutilative behavior: Psychometric and biological findings. Journal of Psychiatric Research.

Horowitz, M.J., Marmar, C., Krupnick, J. et al. (1984): Personality styles and brief psychotherapy. Basic Books New York.

Kapfhammer, H.P. (1995): Psychotherapeutische Verfahren in der Psychiatrie. Nervenarzt 66, 157-172.

Kass, F., Scodol, A.E., Charles, E., Spitzer, R.L., Williams, J.B.W. (1985): Scaled ratings of DSM-III personality disorders. American Journal of Psychiatry, 142, 627-630.

Kernberg, O.F. (1970): Factors in the treatment of narcisstic personality disorder. Journal of the American Psychoanalytic Association 18, 51-58.

Kernberg, O.F. (1989): The narcisstic personality disorder and the differential diagnosis of antisocial behavior. Neurologic Clinics 7, 553-570.

Kernberg, O.F. (1991): Schwere Persönlichkeitsstörungen. Theorie, Diagnose, Behandlungsstrategien. 3. Aufl. Klett-Cotta Stuttgart.

Kernberg, O.F. (1996): Narzißtische Persönlichkeitsstörungen. Schattauer Stuttgart, New York.

Kernberg, P. (1996): Narzißtische Persönlichkeitsstörungen in der Kindheit. In: O.F. Kernberg (1996): Narzißtische Persönlichkeiten. Schattauer Stuttgart, New York.

Kohut, H. (1966): Formen und Umformungen des Narzißmus. Psyche 20, 561–587.

Kohut, H. (1971): The analysis of the self. A systematic approach to the psychoanalytic treatment of narcisstic personality disorder. International Universities Press New York.

Millon, T. (1969): Modern psychopathology: A biosocial approach to maladaptive learning and functioning. W.B. Saunders Philadelphia.

Resch, F. (1996): Entwicklungspsychopathologie des Kinder- und Jugendalters. Beltz Psychologie-VerlagsUnion Weinheim.

Ronningstam, E., Gunderson, J. (1988): Narcisstic traits in psychiatric patients. Comprehensive Psychiatry 29, 545-549.

Rosenfeld, H.A. (1981): Zur Psychopathologie des Narzißmus – ein klinischer Beitrag. In: H.A. Rosenfeld: Zur Psychoanalyse psychotischer Zustände. Suhrkamp Frankfurt a.M.

Saß, H., Herpertz, S. (1996): Persönlichkeits- und Verhaltensstörungen. In: M.T. Gastpar, S. Kasper, M. Linden: Lehrbuch Psychiatrie. De Gruyter Berlin, New York.

Saß, H., Wittchen, H.-U., Zaudig, M. (1996): Diagnostisches und statistisches Manual Psychischer Störungen DSM-IV. Hogrefe Göttingen.

Seipel, K.H. (1992): Fallkonzeption einer verhaltenstherapeutischen Behandlung bei narzißtischer Persönlichkeitsstörung. Praxis der Klinischen Verhaltensmedizin und Rehabilitation 18, 98-105.

Stone, M.H., Hurt, S.W., Stone, D.K. (1987): The P.I.-500: Long-term follow-up of borderline inpatients meeting DSM-III criteria. I. Global outcome. Journal of Personality Disorders 1, 291-298.

Turkat, I.D., Maisto, S.A. (1985): Personality disorders: Application of the experimental method to the formulation and modification of personality disorders. In: D.H. Barlow (ed.): Clinical handbook of psychological disorders. A step-by-step treatment manual. 502–570. Guilford New York.

11 Kognitive Verhaltenstherapie bei der selbstunsicheren, vermeidenden Persönlichkeitsstörung

D. Wälte

11.1 Einführung

Wegen traditioneller Vorbehalte gegenüber psychiatrischen Klassifikationen haben sich (kognitive) Verhaltenstherapeuten erst in den vergangenen Jahren intensiver um die Entwicklung spezifischer Interventionen bei Persönlichkeitsstörungen, insbesondere auch bei der selbstunsicheren Persönlichkeitsstörung, bemüht (Freeman 1994, Pfingsten 1994, Ecker 1996, Fiedler 1996, 1997). Die Verhaltenstherapie ist aber ein eigenständiger Therapieansatz, der neben den psychoanalytisch, interpersonell und gesprächspsychotherapeutisch orientierten Verfahren zunehmend Eingang in die Behandlung von Persönlichkeitsstörungen gefunden hat (Tab.11.1). Dabei steht jedoch nicht die Persönlichkeitsstörung als solche im Mittelpunkt, die Behandlung richtet sich vielmehr auf die komplexen Probleme im zwischenmenschlichen Interaktionsbereich, die mit spezifischen psychischen Störungen einhergehen können. Die Behandlung setzt eine differenzierte Diagnostik (Verhaltensdiagnose und -analyse) voraus, die in Absprache mit dem Patienten in konkrete Therapieziele mündet. Bezogen auf individuell vereinbarte Therapieziele werden konkrete Interventionen durchgeführt. Für die Zielerreichung, die mit Methoden der Qualitätskontrolle laufend evaluiert wird, erledigt der Patient auch Hausaufgaben, um neue Verhaltensweisen einzuüben. Der Gesamtbehandlungsplan beschränkt sich nicht nur – wie oft noch der Verhaltenstherapie unterstellt wird – auf rein symptomatische Behandlungen, sondern wirkt neben der direk-ten Symptombehandlung, die in tiefenpsychologischen Ansätzen weniger im Mittelpunkt steht, auch auf die intrapsychischen oder interpersonellen Faktoren, welche für die Entstehung und Aufrechterhaltung von Persönlichkeitsstörungen besonders relevant sind. Dementsprechend läßt sich die kognitive Verhaltenstherapie als multimodaler Therapieansatz von einer eher ganzheitlichen Betrachtung des Menschen mit seinem Eingebettetsein in soziale Lebensbezüge und einer individuellen Lerngeschichte leiten.

Es lassen sich unterschiedliche Arten von Prozessen unterscheiden, durch die Verhalten gesteuert wird. Deshalb setzt die kognitive Verhaltenstherapie an prädisponierenden (z.B. Denkmuster), auslösenden (konkrete Situation) und aufrechterhaltenden Bedingungen (Verstärkung) des Problems an. Erlebens- und Reaktionsweisen des Menschen, Motivationsprozesse, kognitive Fehlhaltungen und gestörte Interaktionsmuster werden einbezogen. Charakteristisch für die kognitive Verhaltenstherapie ist mehr ihr prinzipieller methodischer Standpunkt als der Rückgriff auf spezielle theoretische Konzepte oder Techniken. Ihre Basis ist heute die gesamte empirische Psychologie mit ihren Nachbardisziplinen.

Vor dem Hintergrund dieses Verständnisses von Verhaltenstherapie scheint es plausibel, daß dieser Ansatz besonders auch für die Therapie von Persönlichkeitsstörungen zugeschnitten ist, für deren Diagnostik das ICD-10 folgende allgemeine Leitlinien benennt (Dilling et al. 1993; hier die ersten drei Leitlinien):

- Deutliche Unausgeglichenheit in Einstellungen und im Verhalten in mehreren Funktionsbereichen, wie Affektivität, Antrieb, Impulskontrolle, Wahrnehmen und Denken sowie in den Beziehungen zu anderen,

Tabelle 11.1: Checkliste für kognitive Verhaltenstherapie bei der selbstunsicheren Persönlichkeitsstörung

Theoretische Grundlagen	die ganze empirische Psychologie, insbesondere die Lerntheorie und kognitiven Theorien
Ätiologische Konzepte	im wesentlichen klassische Konditionierung, operante Konditionierung, Modelllernen, dysfunktionale Kognitionen, psychologische und kognitiv-interpersonale Regelkreisläufe
Diagnostik	Verhaltens- und Bedingungsanalyse der aktuellen Problemsituation, klassifikatorische Diagnose nach ICD-10 oder DSM-IV
Wirkprinzipien	im wesentlichen Gegenkonditionierung, Verstärkung, Imitation, kognitive Umstrukturierung, Modifikation der psychophysiologischen Reaktivität, Intervention in kognitiv-interpersonale Regelkreisläufe
Indikation	bei allen Patienten mit selbstunsicherer Persönlichkeitsstörung, insbesondere als komorbide Störung
Interventionsformen	Systematische Desensibilisierung, Rollenspiele, Kommunikationstralning; Selbstbehauptungstraining, kognitive Methoden, Expositionsverfahren, Selbstmanagementtechniken
Therapiedauer	5-50 Sitzungen, eher länger als bei Achse-I-Störungen
Setting	Einzel- oder Gruppentherapie
Wirkungsnachweis	mehr als zwei Drittel der Patienten haben positive Erfolge

- das auffällige Verhaltensmuster ist andauernd und gleichförmig und nicht auf Episoden psychischer Krankheiten begrenzt,
- das auffällige Verhaltensmuster ist tiefgreifend und in vielen persönlichen und sozialen Situationen eindeutig unpassend.

Dieser Beitrag beschäftigt sich mit der (kognitiv-) verhaltenstherapeutischen Behandlung der selbstunsicheren Persönlichkeitsstörung, die zu den am häufigsten anzutreffenden Persönlichkeitsstörungen in klinischen Populationen zählt. Davison u. Neale (1996) berichten von 22% der Patienten, die ermittelte Prävalenzrate von Fydrich et al. (1996) geht in eine ähnliche Richtung, bei Angststörungen sind sie deutlich höher, obgleich selbstunsichere Persönlichkeitsstörungen auch bei anderen klinischen Gruppen anzutreffen sind.

11.2 Phänomenologie und Diagnostik

Herr K. ist 35 Jahre alt und arbeitet als Buchhalter in einem mittelständischen Betrieb. Im Erstgespräch wirkt er anfangs gehemmt und achtet peinlich darauf, die Fragen korrekt zu beantworten. Er klagt über starke Blähungen und Druckgefühl in der Magengegend besonders bei Sozialkontakten. Im Verlauf des Gesprächs bringt er auch seine Traurigkeit darüber zum Ausdruck, daß er im Beruf nicht vorwärts kommt, obgleich er immer bemüht ist, freundlich zu sein und anderen zu helfen. Angeordnete Überstunden nimmt er ohne Murren entgegen, ärgert sich jedoch oft darüber, daß seine Kollegen immer wieder Gründe finden, keine Überstunden machen zu müssen. Bisher hat er es nicht gewagt, seinen Chef auf die ungerechte Überstundenregelung anzusprechen. Er befürchtet, daß er sich nicht durchsetzen kann und die anderen Kollegen sich über ihn lustig machen. Bei Fachfragen informiert er sich lieber durch Bücher als durch Nachfragen bei seinen Kollegen. Er hat große Angst davor, etwas Falsches zu sagen, sich lächerlich zu machen oder abgelehnt zu werden. Kürzlich wurde er von einem Kollegen gefragt, warum er immer so kurz angebunden sei. Seine Probleme mit sozialen Kontakten begannen bereits im Jugendalter. Er kam spät in die Pubertät und wurde von den anderen Schulkameraden wegen seiner „Unterentwicklung" gehänselt. Deshalb nahm er auch nur ungern am Sportunterricht teil und schlug auch die wenigen Einladungen der Klassenkameraden aus. Viel lieber beschäftigte er sich mit Science-Fiction-Romanen und Schularbeiten. Für seinen Fleiß wurde er von den Eltern und den Lehrern zwar viel gelobt, jedoch von den Mitschülern als Streber abgestempelt. Seinen Kontakt zu den Eltern beschreibt er als gut, jedoch hegt er seit seiner Kindheit Zweifel darüber, ob sie ihn auch wirklich lieben. Mit 18 Jahren hatte er für ein halbes Jahr eine Freundin, die ihn jedoch wegen seiner Kühlheit und Überheblichkeit bald verließ. Seit diesem „Reinfall" gab es nur oberflächliche Kontakte zu Frauen. Eigentlich wollte Herr K. nicht zum Erstgespräch kommen, wirkt jedoch etwas erleichtert darüber, sich mal ausgesprochen zu haben. Seine Blähungen und den Druck in der Magengegend möchte er am liebsten „los werden". Ob er je seine Schüchternheit ablegen kann, darüber hat er Zweifel, weil er sich anderen Menschen gegenüber als unterlegen empfindet.

Patienten mit selbstunsicherer Persönlichkeitsstörung wirken beim ersten klinischen Eindruck angespannt, schüchtern und unsicher, als wollten sie sagen: „Entschuldigung, daß ich da bin". Bei näherer Exploration auf der Verhaltensebene läßt sich ein ausgeprägtes Vermeidungsverhalten in sozialen Situationen erkennen. Emotional sind sie ständig besorgt, angespannt und haben massive Ängste vor Ablehnung, Kritik, Mißbilligung oder Zurückweisung durch andere. Auf der kognitiven Ebene weisen die Patienten ein negatives Selbstbild auf, welches sich durch die hartnäckige Überzeugung beschreiben läßt, sozial unbeholfen, unattraktiv und minderwertig im Vergleich mit anderen zu sein. Das hat zur Folge, daß sie nur mit Schwierigkeiten ihre eigenen Interessen in sozialen Situationen durchsetzen können. Diese klinischen Beobachtungen werden in den neueren Klassifikationssystemen weiter differenziert.

Operationalisierung nach DSM-IV und ICD-10

Die Definition der selbstunsicheren Persönlichkeitsstörung nach dem Klassifikationssystem der amerikanischen Gesellschaft für Psychiatrie (DSM-IV, 301.82) (DSM-IV; Saß et al. 1996) findet sich in Kapitel 1 dieses Buches.

Die WHO operationalisiert die ängstliche (vermeidende) Persönlichkeitsstörung (ICD-10, F60.6) mit folgenden Merkmalen, von denen drei erfüllt sein müssen (Dilling et al. 1993):

- Andauernde und umfassende Gefühle von Anspannung und Besorgtheit,
- Überzeugung, selbst sozial unbeholfen, unattraktiv und minderwertig im Vergleich mit anderen zu sein,
- ausgeprägte Sorge, in sozialen Situationen kritisiert oder abgelehnt zu werden,
- Abneigung, sich auf persönliche Kontakte einzulassen, außer man ist sicher, gemocht zu werden,
- eingeschränkter Lebensstil wegen des Bedürfnisses nach körperlicher Sicherheit,
- Vermeidung sozialer und beruflicher Aktivitäten, die zwischenmenschliche Kontakte voraussetzen, aus Furcht vor Kritik, Mißbilligung oder Ablehnung. Überempfindlichkeit gegenüber Ablehnung und Kritik können zusätzliche Merkmale sein.
Dazugehöriger Begriff: selbstunsichere Persönlichkeit(-sstörung).

Welche Definition sich in der Zukunft auch immer durchsetzen mag, bei der selbstunsicheren Persönlichkeitsstörung lassen sich drei Kernprobleme besonders herausstellen:

- Negatives Selbstbild,
- Angst vor Kritik,
- Angst vor Ablehnung.

Differentialdiagnose

Das DSM-IV unterteilt die Persönlichkeitsstörungen in drei Gruppen. In die Gruppe A („eigenartig und exzentrisch") fallen die paranoide, die schizoide und die schizotypische Persönlichkeitsstörung. Gruppe B („dramatisch und launenhaft") umfaßt insgesamt vier Persönlichkeitsstörungen: antisoziale, borderline, histrionische und narzißtische. Schließlich gehören zur Gruppe C („ängstlich und unsicher") die selbstunsichere, abhängige und die zwanghafte

Persönlichkeitsstörung. Offensichtlich lassen sich diese Cluster auch in empirischen Studien reproduzieren, wie aus einer Untersuchung von Saß et al. (1996) hervorgeht. Stärkere Überschneidungen als zwischen den Differentialdiagnosen der Gruppe C gibt es zwischen der selbstunsicheren Persönlichkeitsstörung und der sozialen Phobie, die nach bisherigen Befunden sich an unterschiedlichen Stellen eines Kontinuums der sozialen Ängstlichkeit befinden (Renneberg 1996). Während bei Patienten mit einer selbstunsicheren Persönlichkeitsstörung eher eine allgemeine Unsicherheit in sozialen Situationen zu beobachten ist, beschreiben Patienten mit sozialer Phobie panische Ängste in eng umschriebenen sozialen Situationen. Biographisch läßt sich die selbstunsichere Persönlichkeitsstörung oft bis in die Kindheit zurückverfolgen, während die soziale Phobie eher auf traumatische Erlebnisse in der Jugend oder im Erwachsenenalter zu beziehen ist. Schließlich empfinden Patienten mit selbstunsicherer Persönlichkeitsstörung ihre Störung als ich-synton, während ein Sozialphobiker seine Ängste als deutlich ich-fremd erlebt.

Verhaltenstherapeutische Diagnostik

Am Anfang jeder Verhaltenstherapie steht eine umfassende Verhaltensdiagnostik. Sie hat die Funktion, entsprechende Informationen über den einzelnen Patienten zu erheben (Verhaltensmessung), um die aktuellen Verhaltensprobleme des Patienten zu beschreiben bzw. zu strukturieren (Problemstrukturierung) und um festzustellen, welche aufrechterhaltenden Bedingungen für jedes der unterschiedenen Verhaltensprobleme (Verhaltens- und Bedingungsanalyse) relevant sind. Damit stellt die Verhaltensdiagnostik, insbesondere mit dem Kernstück der Verhaltens- und Bedingungsanalyse, eine wichtige Ergänzung zur klassifikatorischen bzw. nosologischen Diagnostik dar (Schulte 1993), bei der es hauptsächlich um eine Einordnung des Patienten in vorgegebene Kategorien (nach DSM-IV oder ICD-10) geht. Diese Kategorien sind aber oft für den individuellen Patienten zu „grob" und setzen bereits (Verhaltens-) Beschreibungen über die Störungen und Symptome des Patienten voraus. In der Verhaltensdiagnostik sind eine Reihe von Modellen für eine funktionale Analyse entwickelt worden (Schulte 1976, 1993, Kanfer u. Philipps 1975, Kanfer et al. 1991, Bartling et al. 1992, Heyden et al. 1995).

Für die Verhaltens- und Bedingungsanalyse bei der selbstunsicheren Persönlichkeit bietet sich besonders das Strukturschema von Lazarus (1973, 1978) an, da es sowohl kognitive als auch interaktionelle Merkmale der Störung ausdrücklich einbezieht. Es unterscheidet sieben Grundmodalitäten: behavior, affect, sensation, imagery, cognition, interpersonal, drugs – abgekürzt mit dem Akronym „BASIC-ID". Auch wenn der Anspruch von Lazarus, mit dem BASIC-ID-Schema ließen sich Indikationsempfehlungen fundieren, nur in Grenzen eingelöst werden konnte, bietet es doch den besonderen Vorteil einer multidimensionalen Diagnostik, die mit einem Beispiel verdeutlicht werden soll (vgl. Tab.11.2).

11.3 Ätiologie

Im Laufe der letzten 50 Jahre sind in der Verhaltenstherapie eine Reihe von Ansätzen entwickelt worden, die für die Erklärung von klinischen Störungsbildern hilfreich sind und mit denen sich therapeutische Wirkprinzipien begründen lassen (Tab. 11.3). Am Anfang dominierten Konzepte, die sich stark an der Lerntheorie orientierten (klassische Konditionierung, operante Konditionierung, Lernen am Modell). Aus ihnen lassen sich die ersten drei therapeutischen Wirkprinzipien ableiten. Ein viertes Prinzip ergibt sich aus den kognitiven Ansätzen der Verhaltenstherapie und ein fünftes Prinzip läßt sich aus psychophysiologischen Modellvorstellungen entwickeln (Wälte 1999). Bei der Erklärung von sozialen Ängsten rücken jedoch kognitive und interaktionelle Modelle immer stärker in den Vordergrund.

Mit der Weiterentwicklung von Theorie und Methode der klassischen Verhaltenstherapie wurde es möglich, kognitive Variablen (Wahrnehmen, Denken, inneres und verdecktes Sprechen, Informationsaufnahme und -verarbeitung, Erwartungen) in die Erklärung des Verhaltensprozesses einzuführen. Es zeigte sich, daß es hierbei nicht notwendig wurde, die klassische Lerntheorie zu verwerfen, sondern es genügte, den zu eng gefaßten Lernbegriff (Reiz-Reaktions-Schema) zu erweitern. Nun wurden kognitive Prozesse als Bindeglied zwischen Reizen und Reaktionen dargestellt.

Tabelle 11.2: BASIC-ID nach Lazarus bei einem Patienten mit selbstunsicherer Persönlichkeitsstörung

BASIC-ID		Beispiel: Patient, 35, selbstunsichere PS (siehe oben)
Behaviors	(Verhaltensweisen)	vermeidet soziale Kontakte
Affects	(Affekte, Gefühle)	Angst, Entmutigung
Sensations	(Empfindungen)	Magendrücken in sozialen Situationen
Images	(Vorstellungen)	negatives Selbstbild
Cognitions	(Kognitionen)	andere Menschen sehen meine Schüchternheit
Interpersonal Relationships	(Sozialbeziehungen)	sozialer Rückzug
Drugs	(Medikamente und biologische Faktoren)	bei unvermeidbaren sozialen Kontakten Einnahme eines Beruhigungsmittels

In der Übergangsphase der „kognitiven Wende der Verhaltenstherapie" akzeptierte man Kognitionen zunächst nur als Vermittler (Mediatoren) zwischen den äußeren Reizbedingungen und dem offenen beobachtbaren Verhalten. Die heutige Verhaltenstherapie läßt sich jedoch von der bereits im Altertum philosophisch formulierten Annahme leiten, daß den kognitiven Prozessen eine echte Steuerungs- oder Kausalfunktion für das Verhalten zukommt: „Menschen werden nicht durch Dinge gestört, sondern durch ihre Anschauungen von ihnen" (Epiktet). In den Untersuchungen der kognitiven Verhaltenstherapie steht die Suche nach zentralen Kognitionen im Mittelpunkt, die zum einen Auswirkungen auf offenes Verhalten und

Emotionen haben und zum anderen durch Emotionen beeinflußbar sind (Hautzinger 1994).

Beck (1979) unterscheidet drei verschiedene kognitive Ebenen, die bei der Entstehung und Aufrechterhaltung von psychischen Stö-

rungen eine Rolle spielen: Automatische Gedanken, kognitive Verzerrungen und Schemata. Während automatische Gedanken als situationsspezifisch verstanden werden, gelten letztere als situationsübergreifend.

Die unmittelbaren spontanen Situationseinschätzungen eines Menschen werden von Beck (1979) „idiosynkratische Kognitionen" genannt. In der neueren Literatur hat sich aber der Begriff „automatische Gedanken" durchgesetzt. Hautzinger et al. (1994) beschreiben sie ähnlich wie Beck:

„Damit sind schnell ablaufende, reflexhaft auftretende und in der Situation subjektiv plausibel erscheinende Kognitionen gemeint, die zwischen einem Ereignis (externaler oder internaler Art) und einem emotionalen Erleben (Konsequenz) ablaufen. Bei psychischen Störungen sind diese „blitzartig" stattfindenden, situationsgebundenen Bewertungen fehlerhaft, verzerrt und unangepaßt. .... Solche automatischen Gedanken drücken sich in Selbstgesprächen, Selbstinstruktionen, persönlichen Interpretationen und idiosynkratischen Bewertun-

Tabelle 11.**3**: Erklärungskonzepte und therapeutische Wirkprinzipien bei psychischen Störungen aus der Perspektive der kognitiven Verhaltenstherapie	
Erklärungskonzepte	**Wirkprinzipien**
Klassische Konditionierung	Gegenkonditionierung
Operante Konditionierung	Verstärkung/Bestrafung
Lernen am Modell	Imitation
Kognitionen	Kognitive Umstrukturierung
Psychophysiologische Regelkreise	Modifikation der psychophysiologischen Regelkreise

gen von *Situationen, Ereignissen, Phantasien, Gedanken, der Vergangenheit, der Zukunft, der eigenen Person usw. aus." (Hautzinger et al. 1994, S. 88).*

Patienten mit selbstunsicherer Persönlichkeitsstörung berichten, daß ihnen in sozialen Situationen z.B. folgende automatische Gedanken einschießen: „Die anderen denken jetzt, daß ich ungeschickt bin"; „man findet mich nicht attraktiv"; „was ich sage, wirkt sicher lächerlich"; „die anderen lehnen mich ab".

Kognitive Verzerrungen, d.h. systematische Denkfehler, bilden nach Beck einen weiteren Aspekt bei der Entstehung und Aufrechterhaltung von psychischen Störungen. Bei Patienten mit einer selbstunsicheren Persönlichkeitsstörung lassen sich in der Regel folgende kognitive Verzerrungen finden:

- Übergeneralisierung,
- Schwarz-Weiß-Denken,
- Katastrophisieren,
- Gedanken lesen,
- Personalisieren,
- Positives in Abrede stellen.

Schließlich haben nach Beck et al. (1990) bestimmte Personen situationsübergreifend inadäquate kognitive Schemata bzw. Stile, die Depressionen und Angststörungen begünstigen. Dabei werden unterschiedliche Situationen konsistent negativ bzw. als bedrohlich wahrgenommen und interpretiert, während gleichzeitig die Person nicht in der Lage ist, die Fehlerhaftigkeit ihrer Gedanken in der Realität zu überprüfen.

Ellis (1979), der Begründer der Rational-Emotiven Therapie (RET) geht ähnlich wie Beck davon aus, daß psychische Störungen oft mit irrationalen Gedanken (z.B. „Ich muß perfekt sein.") einhergehen bzw. durch diese verursacht sind. D.h. daß bestimmte Personen eine Neigung zum irrationalen Denken haben, die verschiedene Formen emotionaler Beunruhigung bewirkt. Aufgrund der derzeitigen Forschungslage ist der Zusammenhang zwischen Angst und irrationalen Gedanken aber nicht eindeutig (Emmelkamp et al. 1992). Es ist noch offen, ob bestehende irrationale Gedanken Angst hervorrufen oder ob eine angstbedingte Anspannung zu irrationalen Gedanken führt.

Diese Gedanken erleben Patienten mit selbstunsicherer Persönlichkeitsstörung als ich-synton, Patienten mit Angststörungen und Depressionen aber unfreiwillig. Das Denken von Patienten mit selbstunsicherer Persönlichkeitsstörung basiert im wesentlichen auf fünf Schemata:

- Die Welt ist gefährlich,
- jede Kritik ist gleichbedeutend mit Niederlage,
- nur wenn ich absolut akzeptiert werde, kann ich in Beziehung treten,
- man muß mich mögen,
- ich darf nicht dumm oder ungeschickt erscheinen.

Neben der Annahme, daß es eine wechselwirkende Beziehung zwischen Kognitionen und Emotionen gibt, beziehen heutige kognitive Ansätze auch zwischenmenschliche Interaktionen mit ein und betonen neben den kognitiv-emotionalen Regelkreisen auch die Wechselwirkung zwischen kognitiven und interpersonalen Prozessen. Da Persönlichkeitsstörungen sich hauptsächlich in Interaktionen zeigen, erscheint die Analyse von kognitv-interpersonalen Kreisläufen besonders fruchtbar (Pretzer 1996).

Für die Erklärung der selbstunsicheren Persönlichkeitsstörung ergibt sich demnach insgesamt ein Modell (vgl. Abb. 11.1), welches zwei miteinander verzahnte pathologische Regelkreisläufe umfaßt. Die im Uhrzeigersinn gedrehten Pfeile beschreiben die intrapsychischen Prozesse. Vor dem Hintergrund problematischer Schemata und kognitiver Verzerrungen aktivieren Patienten mit selbstunsicherer Persönlichkeitsstörung automatische Gedanken, bei denen die jeweilige konkrete soziale Situation als bedrohlich eingeschätzt und die eigene Person gleichzeitig abgewertet wird. Dadurch erhöht sich die physiologische Erregung, die im Lichte der Gedanken als unangenehm empfunden wird. Negative Gedanken und unangenehmes Arousal führen zum Vermeidungsverhalten in den sozialen Situationen, welches kurzfristig die unangenehme physiologische Erregung der Person reduziert und damit eine negative Verstärkung darstellt. In der Interaktion mit anderen Personen (Pfeile gegen den Uhrzeigersinn), denen die Kognitionen der selbstunsicheren Person nicht verfügbar sind, hat das Vermeidungsverhalten aber fatale Konsequenzen. Die Interaktionspartner reagieren auf das unangemessene Vermeidungsverhalten der selbstunsicheren Person in einer Weise, die wiederum kurz- und langfristig das negative Selbstbild der selbstunsicheren Person verfestigt und die Interaktionsspirale und den intrapsychischen Zirkel weiter prolongiert.

Das negative Selbstbild ist diametral entgegengesetzt zur Selbst-Kompetenz-Erwartung (self-efficacy expectation, Bandura 1977, 1979), d.h. zur Überzeugung, angemessen in der Umwelt zu interagieren. Je stärker der wahrgenommene Selbstwert einer Person ist, um so weniger Streß, Leistungsbeeinträchtigungen und autonome Erregung tritt bei der direkten Konfrontation mit schwierigen sozialen Situationen auf.

Mit dem Automatismus dieser pathologischen Regelkreise empfindet der selbstunsichere Patient einen erheblichen Kontrollverlust, der zu Hilflosigkeit und einer damit einhergehenden erhöhten physiologischen Erregung und psychi-

schen Belastung führt. Damit in Einklang steht die Theorie der gelernten Hilflosigkeit (Seligman), nach der eine Person beim Kontrollverlust erlebt, eigenes Denken und Verhalten könnten keinen Einfluß auf die Situation haben. Neben dieser Erfahrung berichten Patienten mit selbstunsicherer Persönlichkeitsstörung auch über ihre Erwartungshaltung, in der Zukunft wieder einen Kontrollverlust in sozialen Situationen zu erfahren (Angst vor der Angst). Die Angst vor der Angst aktiviert unangemessen hoch die Selbstaufmerksamkeit der Person für interne Prozesse wie negative Gedanken oder das autonom gesteuerte Erregungsniveau.

Welche kognitiven Konzepte auch immer von den einzelnen Vertretern der kognitiven Verhaltenstherapie in den Mittelpunkt gerückt werden, gemeinsam ist ihnen, daß sie in der Therapie als viertes Wirkprinzip auf die Veränderung von Kognitionen (kognitive Umstrukturierung) setzen. Kognitive Umstrukturierungen beziehen sich auf die Einschätzung der Situation, der eigenen Person und der Verhaltenskonsequenzen. Diese Neueinschätzungen führen in der Regel dazu, daß bestimmte Situationen weniger beängstigend erscheinen, die eigene Person im Selbstwert steigt und die Auswirkungen der Ereignisse weniger katastrophal interpretiert werden.

Neuere Entwicklungen in der Verhaltenstherapie gehen jedoch davon aus, daß psychische Störungen nicht nur mit psychischen Faktoren allein erklärt werden können. Besonders in der Angstforschung sind eine Reihe von Modellen entwickelt worden, die sich um eine Integration von psychischen und physischen Determinanten bemühen. Nach dem psychophysiologischen Modell über die Ätiologie der Panikstörung und Agoraphobie können bestimmte Körperreaktionen (Herzrasen, Atemlosigkeit, Schwindel) auch bei Angstreaktionen auftreten. Diese werden katastrophisierend interpretiert (z.B. wird ein beschleunigter Herzschlag als Indiz für einen Herzinfarkt bewertet, Clark 1986) und deshalb mit Bedrohung oder Gefahr assoziiert. Die Person reagiert darauf mit Angst, die zu weiteren physischen Veränderungen, Körpersensationen und/oder kognitiven Symptomen führt. Wenn diese Symptome wieder als gefährlich mißinterpretiert werden, verstärkt sich die Angst. Durch positives Feedback wird dieser Prozeß bis zur Panikattacke verstärkt (Ehlers et al. 1986).

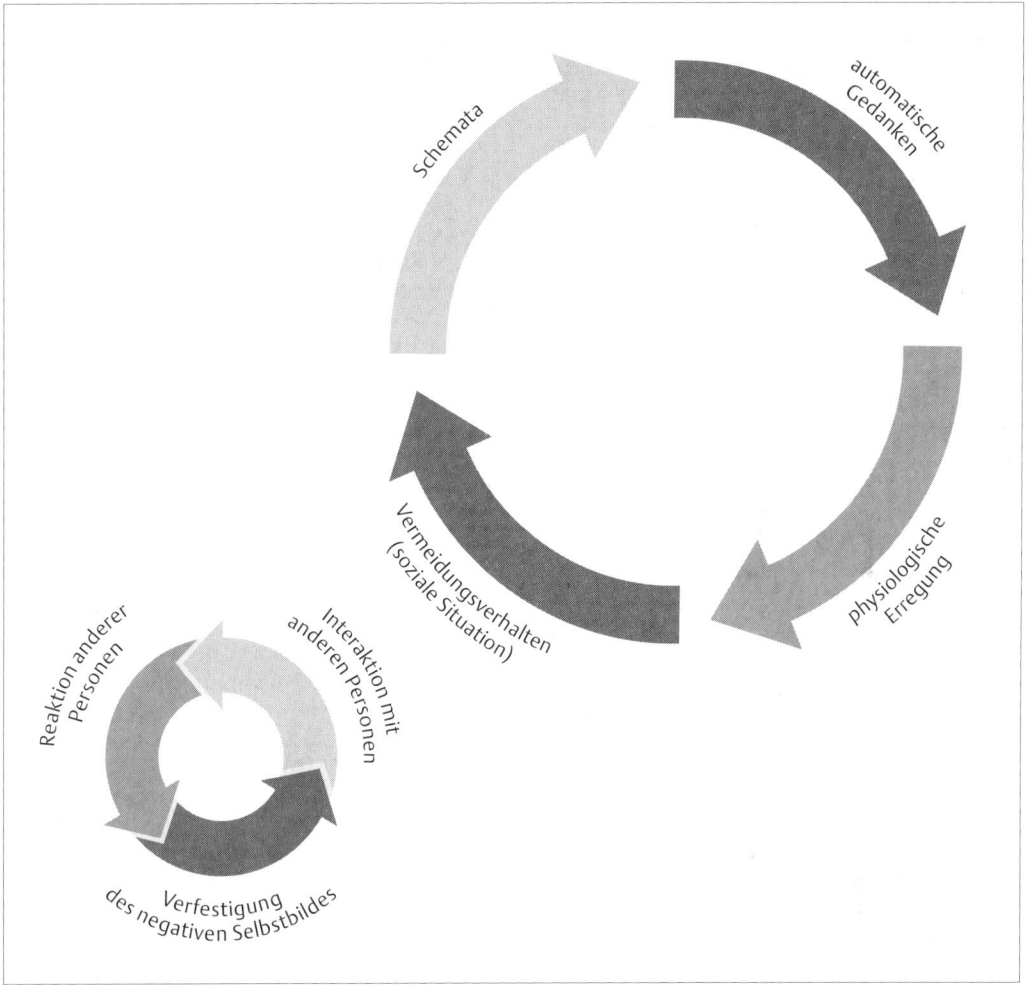

Abb. 11.1: Kognitiv-interaktionelles Erklärungsmodell bei der selbstunsicheren Persönlichkeitsstörung

Bei Patienten mit selbstunsicherer Persönlichkeitsstörung, die sich durch ein besonderes dispositionelles Persönlichkeitsprofil (Schemata, kognitive Verzerrungen, automatische Gedanken) kennzeichnen lassen, kommt es in sozialen Situationen zwar nicht zu Panikattacken, jedoch zu einer psychovegetativen Streßreaktion, die dem Selbstkontrollanspruch und dem Sicherheitsbedürfnis des Patienten zuwiderläuft. Kommt es zum Versagen der bisherigen Copingstrategien, sich über aktiv-willentliche Kontrolle zu stabilisieren (Hilflosigkeit), schaukelt sich die Angst sehr schnell auf.

Die Erkenntnisse, die aus der Forschung zur Angststörung gewonnen werden konnten, legen es nahe, solche psychotherapeutischen Strategien bei der selbstunsicheren Persönlichkeitsstörung einzusetzen, die auf die Modifikation der psychophysiologischen Reaktibilität (fünftes Wirkprinzip) abzielen.

Im nächsten Abschnitt soll am Beispiel wichtiger (Standard-) methoden der Verhaltenstherapie (Kanfer u. Goldstein 1977, Fliegel et al. 1994, Linden u. Hautzinger 1996) verdeutlicht werden, wie diese Wirkprinzipien bei der selbstunsicheren Persönlichkeitsstörung in konkrete therapeutische Interventionen umgesetzt werden und zur Entfaltung gelangen können.

11.4 Therapie

Aus Praxis- und Klinikerfahrungen ist bekannt, daß Patienten mit selbstunsicherer Persönlichkeitsstörung sich in der Regel wegen einer Achse-I-Störung (z.B. Angststörung, Depression, somatoforme Störung) vorstellen. Der Hilfeappell des Patienten an den Therapeuten konzentriert sich deshalb auf die Behandlung der ichdyston erlebten Hauptsymptomatik, dabei bleibt die ich-syntone Persönlichkeitsstörung für den Patienten zunächst verborgen. Nach der situationsübergreifenden Verhaltens- und Bedingungsanalyse ist es jedoch in der Eingangsphase wichtig, daß der Therapeut den Patienten nicht nur über Ätiologie und Therapie des klinischen Syndroms aufklärt, sondern auch die persönlichkeitsgestörten Anteile (zeitlich überdauernde Verhaltensmuster, Einstellungen, Interaktionen, Kognitionen) anspricht und in Abstimmung mit dem Patienten einen Therapieplan entwirft, der die Behandlung der selbstunsicheren Persönlichkeitsstörung mit einbezieht. Da fast jede Achse-I-Störung auch mit einer selbstunsicheren Persönlichkeitsstörung einhergehen kann, ist der Gesamtbehandlungsplan auf den jeweiligen Patienten zugeschnitten. Bestandteil eines an den Patienten adaptierten Behandlungsplanes können jedoch auch Interventionseinheiten im Gruppensetting sein, das sich bei der Behandlung der selbstunsicheren Persönlichkeitsstörung z.B. im stationären Setting besonders bewährt hat (Renneberg 1996). Im folgenden sollen jedoch solche verhaltenstherapeutischen Methoden vorgestellt werden, die sowohl im Einzel- als auch im Gruppensetting eingesetzt werden können. Dabei wird sich auch zeigen, daß wohl keines der verhaltenstherapeutischen Standardverfahren in seiner Wirkung nur mit einem der fünf Wirkprinzipien erklärbar ist, eine Trennung zwischen verhaltenstherapeutischen Techniken im engeren Sinne und kognitiven Techniken kann deshalb nur analytisch bleiben. Allerdings wurde die Entwicklung der verhaltenstherapeutischen Techniken oft durch einzelne hypothetische Wirkungsannahmen inspiriert. Erst bei nachfolgenden empirischen Untersuchungen stellte sich dann oftmals heraus, daß ein Wirkprinzip allein nur eine unvollständige Erklärung für die Effektivität der Methode oder Technik bot.

Für die Behandlung der selbstunsicheren Persönlichkeitsstörung eignen sich im wesentlichen folgende Standardmethoden der (kognitiven) Verhaltenstherapie, die im Verlauf der Therapie (Anfang, Mitte, Ende) zum Einsatz kommen können:

- Methoden zur Verbesserung von Beziehungen,
- progressive Relaxation,
- systematische Desensibilisierung,
- Methoden zum Training der Selbstbehauptung,
- Streßimpfung und Selbstinstruktionstherapie,
- Methoden der kognitiven Therapie,
- Expositionsverfahren,
- Selbstmanagement.

In der Explorationsphase bzw. am Therapieanfang ist zu bedenken, daß die meisten Patienten mit selbstunsicherer Persönlichkeitsstörung ihre Achse-I-Symptome häufig als Bestätigung für ihr negatives Selbstbild auslegen im Sinne: „das ist mal wieder typisch für mich, ich bin ein Versager". In dieser Situation ist es hilfreich, den Patienten darüber aufzuklären, daß sein klinisches Syndrom (Achse-I) nicht notwendig mit seiner Person verknüpft ist. Die Schilderung von Patienten mit ähnlichen klinisches Syndromen, jedoch ohne zusätzliche Diagnose einer selbstunsicheren Persönlichkeitsstörung, kann bereits eine erste Intervention sein, um den pathologischen kognitiven Zirkel (vgl. Abb. 11.1) zumindest zu relativieren. Daran anknüpfend informiert der Therapeut den Patienten darüber, daß es in der kognitiven Verhaltenstherapie auch Methoden gibt, mit denen belastende Einstellungen und Persönlichkeitsanteile modifizierbar sind. Auf dieses Angebot wird der Patient jedoch vielleicht erst später zurückkommen, da er seine Persönlichkeitsstruktur als nicht pathologisch erlebt. Erst in einer vertrauensvollen Therapiebeziehung vermag der selbstunsichere Patient sich zu öffnen. In der Anfangsphase der Therapie kommen deshalb hauptsächlich Methoden zur Verbesserung von Beziehungen (Goldstein 1979) zum Einsatz, von denen Vorstrukturierung der Therapie, einfühlendes Verstehen (Empathie) und Wärme bei selbstunsicheren Personen die wichtigsten sind. Darüber hinaus sollte es selbstverständlich sein, daß der Therapeut folgende Interventionen vermeidet, um die Selbstschutzmechanismen des Patienten nicht zu verletzen:

- Den Patienten zu kritisieren,
- den Patienten ironisch zu behandeln,
- den Patienten herabzusetzen,
- dem Patienten Vorwürfe zu machen.

Tabelle 11.4: Steigerung der Selbstwirksamkeit	
Vorgehen:	1. Analyse, ob Anforderungen der Situation überschätzt werden
	2. Analyse, ob eigene Fähigkeiten unterschätzt werden
	3. Analyse der Ressourcen, um mit der Situation zurechtzukommen
	4. Analyse von Gedanken und Gefühlen, die den Einsatz der Fähigkeiten behindern

Der *Aufbau einer tragfähigen Therapeut-Patient-Beziehung* ist bei der Behandlung von Persönlichkeitsstörungen wohl die wichtigste Voraussetzung für eine erfolgreiche Therapie. Bei Patienten mit selbstunsicherer Persönlichkeitsstörung ist es darüber hinaus notwendig, möglichst früh dem Inkompetenzgefühl des Patienten entgegenzuwirken, da die mangelnde Selbstwirksamkeit ein Schlüsselproblem darstellt. Für die Steigerung der Selbstwirksamkeit kann es in der Anfangsphase der Therapie bereits hilfreich sein, konkrete soziale Situationen mit dem Patienten daraufhin zu analysieren, ob die Anforderungen der Situation vor dem Hintergrund der eigenen Fähigkeiten nicht überschätzt werden (vgl. Tab.11.**4**).

Patienten mit selbstunsicherer Persönlichkeit stehen in sozialen Situationen – und manchmal auch beim bloßen Nachdenken über soziale Situationen – unter einem erhöhten Streßniveau. Daher empfiehlt sich ein Entspannungstraining. Patienten mit grüblerischen Gedanken können aber beim autogenen Training schlecht abschalten und reaktivieren gerade in Ruhephasen ihre Schemata zum negativen Selbstbild. Für solche Patienten ist dann die progressive Relaxation nach Jacobson die Methode der Wahl. Die konkrete Vorgehensweise bei der progressiven Relaxation besteht in der maximalen Anspannung und Entspannung der Gliedmaßen und Rumpfmuskulatur jeweils einige Sekunden lang in folgenden Schritten: Arme, Beine, Atem- und Bauchmuskulatur, Gesichtsmuskulatur. Anschließend wird die Entspannung analog wie beim autogenen Training aktiv zurückgenommen. Nach Anleitung durch den Therapeuten können die Patienten mit Audiokassetten auch zu Hause weiterüben.

Die progressive Relaxation ist Bestandteil der *systematischen Desensibilisierung*, die einen wichtigen Therapiebaustein darstellt, weil Patienten mit selbstunsicherer Persönlichkeitsstörung sich am Anfang der Therapie nur schwer für eine Reizkonfrontation in vivo gewinnen lassen, die aber z.B. bei der Agoraphobie die Methode der Wahl darstellen. Die systematische Desensibilisierung, die lange Zeit als das Vorzeigeverfahren der Verhaltenstherapie galt, wurde Anfang der 50er Jahre von dem Psychiater Wolpe (1972) entwickelt. Er ließ sich von der Annahme leiten, daß Angstreaktionen (z.B. Furcht vor geschlossenen Räumen) gehemmt werden können, indem man sie durch eine Aktivität ersetzt, die sich der Angstreaktion gegenüber antagonistisch verhält. Da Ruhe und Entspannung mit Angstreaktionen unvereinbar sind, könnte man einer Person helfen, ihre Angst in der gefürchteten Situation zu hemmen, indem man sie anleitet, sich zu entspannen oder sich ruhig zu fühlen. Damit würde man die Person desensibilisieren oder ihre Angst gegenkonditionieren. Wolpe fand in einer Reihe von Experimenten heraus, daß die Desensibilisierung am besten erreicht wird, wenn der Patient sich allmählich in kleinen Schritten der gefürchteten Situation aussetzt, während er sich entspannt. Zusammengefaßt erfolgt der Gebrauch der systematischen Desensibilisierung bei der selbstunsicheren Persönlichkeitsstörung im wesentlichen in drei Stufen (vgl. Tab. 11.5).

Für die Behandlung von Patienten mit selbstunsicherer Persönlichkeitsstörung haben *Selbstbehauptungstrainings* ein besonderes Gewicht. Die differenzierte Einbeziehung der potentiellen Wirkprinzipien ließ eine Reihe von unterschiedlichen Interventionsformen entstehen. Der amerikanische Psychotherapeut Salter (1949) stützte sich noch auf die Lehre von den bedingten Reflexen von Pawlow und favorisierte die Hypothese, daß der neurophysiologische Hemmungsprozeß für die Selbstunsicherheit verantwortlich ist, wohingegen Selbstsicherheit durch ein Gleichgewicht zwischen zerebralen Hemmungs- und Erregungsprozessen zustande kommt. Auch Wolpes Konzept ist mit der Annahme der reziproken Hemmung der Angst noch stark an der klassischen Konditionierung

Tabelle 11.**5**: Systematische Desensibilisierung nach Wolpe

1. Aufstellen einer oder mehrerer Hierarchien angstauslösender Reize bzw. Situationen, die sich auf die Themen Angst vor Kritik, Angst vor Ablehnung und negatives Selbstbild beziehen

2. Training in progressiver Muskelentspannung nach Jacobson

3. Darbietung der Angstreize in der Vorstellung im entspannten Zustand

orientiert. Wendlandt und Hoefert (1976) gründen die systematicche Verhaltensmodifikation bei Selbstunsicherheit hingegen auf operante Lernkonzepte, indem eine Verstärkung erwünschten selbstsicheren und die Nichtverstärkung unerwünschten unsicheren Verhaltens angestrebt wird. Im Rahmen der kognitiven Verhaltenstherapie bezieht Meichenbaum (1979b) die Methode der Selbstbekräftigung mit dem Ziel der kognitiven Restrukturierung des Selbstwertgefühles ein. Heute haben sich Programme durchgesetzt, in denen mehrere Prinzipien für die Erklärung und Modifikation des selbstunsicheren Verhaltens zum Tragen kommen. Z.B. spricht das Assertiveness-Training-Programm (ATP) von Ullrich u. de Muynck (1978, 1996) im einzelnen drei Bereiche an: die Einstellung zu sich selbst bzw. die Selbstbewertung, die soziale Angst bzw. Hemmung und soziale Fertigkeiten. Die Durchführung des Programmes geschieht im Gruppensetting in der Durcharbeitung verschiedener Standardsituationen zur Selbstbehauptung, die von den Therapeuten bzw. Modellen, die auf Video aufgezeichnet sind, vorgemacht werden (Lernen am Modell).

Streßimpfung und Selbstinstruktionstherapie

Meichenbaum (1979a,b,c) entwickelte die Methode der Streßimpfung, bei der Gefühls- oder Streßreaktionen mit dem Patienten diskutiert, Fähigkeiten zur Auseinandersetzung geübt und diese neuen Fähigkeiten unter Streßbedingungen erprobt werden. In diesem Training kommen mehrere der oben genannten Wirkfaktoren zu Geltung, da eine Vielfalt von Techniken, wie Verstärkung, Modellernen, Einübung von neuem Verhalten, Selbstattribuierungen und Selbstinstruktionen, einfließt. Auf ein großes fachliches Interesse ist v.a. die Selbstinstruktionstherapie gestoßen, die auf die Beeinflussung spezieller kognitiver Prozesse abzielt: Kontrollempfinden, Selbstattribuierung und emotionale Bewertung von Stimuli. Dabei wird der innere Dialog des Patienten, d.h. sein Selbstgespräch, als entscheidende kognitive Variable zur Aufrechterhaltung und Veränderung von Angstreaktionen angesehen. Beabsichtigt ist die Ausbildung von differenzierten Bewältigungsreaktionen in vier Stufen mit entsprechenden Selbstinstruktionen (vgl. Tab. 11.**6**).

Tabelle 11.**6**: Selbstinstruktionstherapie nach Meichenbaum

Ziel	Beeinflussung kognitiver Prozesse, besonders - Kontrollempfinden - Selbstattribuierung - emotionale Bewertung von Stimuli
Mittel	Selbstgespräch des Patienten
Umgang mit der Angst	1. Annäherung an bzw. Vorbereitung auf angstauslösende soziale Situation Konfrontation und Umgang mit der Bedrohung 2. Instruktion für ein mögliches Überwältigtwerden von der Angst 3. Anschließende Selbstverstärkung für Aufsuchen und Umgang mit der Situation

Beck et al. (1990) haben in ihrer Arbeit eine Reihe von Methoden der kognitiven Therapie entwickelt bzw. reformuliert, die sich auch bei der selbstunsicheren Persönlichkeitsstörung anwenden lassen (Tab. 11.7).

Expositionsverfahren

Exposition bedeutet ein Sich-Aussetzen bzw. eine Konfrontation mit angstbesetzten und vermiedenen externen (z.B. Tiere) oder internen (z.B. Gedanken, physiologische Reaktionen) Reizen sowie Verhaltensweisen, mit denen die Person unangenehme Konsequenzen verbindet. Expositionen zielen bei der selbstunsicheren Persönlichkeit darauf ab, das Vermeidungs- und Fluchtverhalten in sozialen Situationen abzubauen, welches durch negative Verstärkung die Angst aufrecht erhält. Nach gründlicher Aufklärung über die Entstehung der sozialen Angst, Vorbereitung der Übungen und mit ihrem expliziten Einverständnis werden die Patienten mit den angstauslösenden sozialen Situationen kon-frontiert. Obgleich der genaue Wirkmechanismus der Exposition noch unbekannt ist, beruht ihre Wirkung vermutlich auf einer physiologischen Habituation und auf einer Veränderung kognitiver Prozesse. Deshalb fließen in die Angstbehandlung auch Elemente der kognitiven Therapie ein. Dabei werden mit dem Patienten realistische Bewertungen der körperlichen Mißempfindungen erarbeitet. Ziel der Exposition ist dabei ausdrücklich nicht das angstfreie Erleben der Situationen, sondern das Erlernen eines veränderten Umgangs mit den Ängsten, die in den Situationen ausgelöst werden. Der Patient soll lernen, in der Situation trotz seiner Ängste und den damit verbundenen unangenehmen Körperempfindungen und Gefühlen so lange zu bleiben, bis ein Abklingen der Angst erreicht wird. Durch diese Übungen kann der Patient erfahren, daß die befürchteten Katastrophen nicht eintreten und die körperlichen Reaktionen spontan zum Abklingen tendieren.

Tabelle 11.7: Methoden der kognitiven Intervention nach Beck

Ziel in der kognitiven Therapie	1. Beobachtung der negativen, automatischen Gedanken 2. Erkennen des Zusammenhangs von Situationen, Kognitionen, Affekten und Verhalten 3. Prüfung der Evidenz der verzerrten automatischen Gedanken und die gegen sie sprechende Evidenz 4. Ersetzen der fehlerhaften Kognitionen durch mehr realitätsorientierte Interpretationen 5. Lernen, dysfunktionale Annahmen selbständig zu identifizieren und zu ändern
Techniken der Veränderung des Verhaltens	1. Graduierte Aufgabenstellung im Hinblick auf Erfolge 2. Planung von (erfreulichen) Aktivitäten 3. Bewertung von Aktivitäten danach: Erfolg und Vergnügen
Techniken zur Veränderung der Kognitionen und des Verhaltens	1. Sammeln automatischer Gedanken 2. Auseinandersetzung mit den Gedanken (Zweispaltentechnik) 3. Identifizierung verzerrter Kognitionsmuster 4. Austesten von Kognitionen 5. Entwicklung von Alternativen 6. Umattribution 7. Technik der Entkatastrophisierung 8. Aufbau von Erwartungen

Selbstmanagement

Die bisher aufgeführten Therapiemethoden finden alle unter der Regie des Therapeuten statt. Langfristig steuert die Verhaltenstherapie jedoch das Ziel an, den Patienten zur Selbsthilfe zu befähigen. Dafür wurden in der Verhaltenstherapie besonders von Kanfer (Kanfer 1979, Kanfer et al. 1991) Konzepte und Techniken der Selbstmodifikation bzw. des Selbstmanagements entwickelt. Das Gemeinsame dieser Techniken (wie Selbstbeobachtung; Festlegung von Verträgen mit sich selbst oder anderen; Belohnung nach Erreichung von selbstgesteckten Zielen; Planung, Durchführung und Auswertung von Aufgaben) besteht darin, daß nach einer Unterstützungsphase durch den Therapeuten alle therapeutischen Funktionen nach und nach vom Patienten selbst übernommen werden. Dabei regt der Therapeut an und motiviert den Patienten dazu, sein Veränderungsprogramm auch wirklich durchzuführen (von der Erfahrung lernen). Die eigentliche Veränderung des problematischen Verhaltens findet nicht während der Therapiesitzungen statt, sondern zwischen den einzelnen Treffen. Die Bedeutung des Verfahrens liegt bei selbstunsicheren Persönlichkeitsstörungen besonders darin, daß der Patient in seiner Verantwortung angesprochen wird. Dadurch wird der Patient unabhängiger von der Beeinflussung durch seine Umgebung. Selbstmanagement-Techniken sind schließlich deshalb bei Patienten mit selbstunsicherer Persönlichkeitsstörung indiziert, da das problematische Verhalten die Selbstbewertung des Patienten betrifft und der Patient neu erworbene Verhaltensweisen auch ohne permanente Umweltkontrolle aufrecht erhalten soll.

11.5 Effektivität

Viele der hier angesprochenen (kognitiv) verhaltenstherapeutischen Methoden haben sich bei der Behandlung von Ängsten im sozialen Bereich und Unsicherheiten empirisch bewährt, allerdings gibt es nur wenige aussagekräftige Studien mit Patienten, welche die Diagnose „Selbstunsichere Persönlichkeit" eindeutig erfüllen. Die Ergebnisse dieser Studien (Renneberg 1996, Pfingsten 1996, Shea 1996) weisen aber in die Richtung, daß mehr als zwei Drittel der Patienten mit selbstunsicherer Persönlichkeitsstörung von einer Methodenkombination, beste-

hend etwa aus progressiver Muskelrelaxation, systematischer Desensibilisierung, Training sozialer Fertigkeiten, Rollenspielen, graduierter Exposition in vivo und kognitiver Umstrukturierung, am besten profitieren. Für welche spezifische Technik man sich auch bei der Behandlung eines Patienten mit selbstunsicherer Persönlichkeitsstörung entscheidet, es sollten möglichst Interventionen gewählt werden, die folgende Ebenen abdecken:

- kognitive Ebene,
- behaviorale Ebene,
- affektive Ebene,
- interpersonale Ebene.

Neuere Studien (Alden u. Capreol 1993, Feske et al. 1995) weisen jedoch darauf hin, daß der Erfolg der Behandlung von einer Reihe spezifischer Moderatorvariablen abhängt. Das spricht dafür, bei der Behandlung der selbstunsicheren Persönlichkeitsstörung eine Balance zwischen Standardisierung der Verfahren und adaptiver Indikation zu finden. Dabei muß für jeden Patienten neu entschieden werden, ob die Behandlung in der Gruppe bzw. im Einzelsetting durchgeführt wird und ob eine ambulante oder eher eine stationäre Therapie indiziert ist. Unabhängig von der spezifischen Auswahl des jeweiligen Settings ist für die Behandlung von Persönlichkeitsstörungen in der Regel eine längere Behandlungszeit einzuplanen als bei der Behandlung der Achse-I-Störung allein.

11.6 Literatur

Alden, L.E., Capreol, M.J. (1993): Avoidant personality disorder: Interpersonal problems as predictors of treatment response. Behavior Therapy 24, 337-376.

Bandura, A. (1977): Self-efficacy: Toward a unifying theory of behavioral change. Psychological Review 84, 2, 191–215.

Bandura, A. (1979): Sozial-kognitive Lerntheorie. Klett-Cotta Stuttgart.

Bartling, G., Echelmeyer, L., Engberding, M., Krause, R. (1992): Problemanalyse im therapeutischen Prozeß. Kohlhammer Stuttgart.

Beck, A.T. (1979): Kognitive Therapie: Beschreibung und Beziehung zur Verhaltenstherapie. In: R. Quekelberghe (Hrsg.): Modelle kognitiver Therapie. 103–117. Urban u. Schwarzenberg München.

Beck, A.T., Freeman, A. et al. (1990): Cognitive therapy of personality disorders. Guilford Press New York.

Clark, D.M. (1986): A cognitive approach to panic. Behaviour Research and Therapy 24, 461–470.

Davison, G.C., Neale, J.M. (1996): Klinische Psychologie. Beltz Weinheim.

Dilling, H., Mombour, W., Schmidt, M.H. (Hrsg.) (1993): Internationale Klassifikation psychischer Störungen ICD-10. Huber Bern.

Ecker, W. (1996): Persönlichkeitsstörungen. In: M. Linden, M. Hautzinger (Hrsg.): Verhaltenstherapie. 381–386. Springer Berlin, Heidelberg.

Ehlers, A., Margraf, J., Roth, W.T. (1986): Panik und Angst: Theorie und Forschung zu einer neuen Klassifikation der Angststörung. Zeitschrift für Klinische Psychologie 15, 281–302.

Ellis, A., Grieger, R. (Hrsg.) (1979): Praxis der rational-emotiven Therapie. Urban u. Schwarzenberg München.

Ellis, A. (1979): Das ABC der Rational-Emotiven Therapie. In: R. Quekelberghe (Hrsg.): Modelle kognitiver Therapie. 38–48. Urban u. Schwarzenberg. München.

Emmelkamp, P.M.G., Baumann, T.K., Scholing, A. (1992): Angst, Phobie und Zwang. Diagnostik und Behandlung. Hogrefe Göttingen.

Feske, U., Perry, K.J., Chambless, D.L., Renneberg, B., Goldstein, A.J. (1995): Avoidant personality disorder as a predictor for treatment outcome among generalized social phobics. Journal of Personality Disorders.

Fiedler, P. (1994): Persönlichkeitsstörungen. PsychologieVerlagsUnion Weinheim.

Fiedler, P. (1996): Psychotherapeutische Ansätze bei Persönlichkeitsstörungen. In: B. Schmitz, T. Fydrich, K. Limbacher: Persönlichkeitsstörungen: Diagnostik und Psychotherapie. 200–218. PsychologieVerlagsUnion Weinheim.

Fiedler, P. (1997): Persönlichkeitsstörungen. In: K. Hahlweg, A. Ehlers: Psychische Störungen und ihre Behandlung. Klinische Psychologie 2 (Enzyklopädie der Psychologie). 799–900. Hogrefe Göttingen.

Fliegel, S., Groeger, W.M., Künzel, R., Schulte, D., Sorgatz, H. (1994): Verhaltenstherapeutische Standardmethoden – Ein Übungsbuch. Beltz PsychologieVerlagsUnion Weinheim.

Freeman, A. (1994): Kognitive Verhaltenstherapie bei Persönlichkeitsstörungen. In: M. Hautzinger (Hrsg.): Kognitive Verhaltenstherapie bei psychischen Erkrankungen. 219–242. Quintessenz München.

Fydrich, T., Schmitz, B., Dietrich, G., Heinicke, S., König, J. (1996): Prävalenz und Komorbidität von Persönlichkeitsstörungen. In: B. Schmitz, T. Fydrich, K. Limbacher: Persönlichkeitsstörungen: Diagnostik und Psychotherapie. 91–113. PsychologieVerlagsUnion Weinheim.

Goldstein, A.P. (1979): Methoden zur Verbesserung von Beziehungen. In: F.H. Kanfer, A.P. Goldstein: Möglichkeiten der Verhaltensänderung. 17–55. Urban u. Schwarzenberg München.

Hautzinger, M., Stark, W., Treiber, R. (1994): Kognitive Verhaltenstherapie bei Depressionen – Behandlungsanleitungen und Materialien. Beltz PsychologieVerlagsUnion Weinheim.

Heyden, T., Reinecker, H., Schulte, D., Sorgatz, H. (1995): Verhaltenstherapie – Theorien und Methoden. Deutsche Gesellschaft für Verhaltenstherapie (DGVT) Verlagsabteilung Tübingen.

Kanfer, F.H., Phillips, J.S. (1975): Lerntheoretische Grundlagen der Verhaltenstherapie. Kindler München.

Kanfer, F.H. (1979): Selbstmanagement-Methoden. In: F.H. Kanfer, A.P. Goldstein: Möglichkeiten der Verhaltensänderung. 350–406. Urban u. Schwarzenberg München.

Kanfer, F.H., Goldstein, A.P. (1977): Möglichkeiten der Verhaltensänderung. Urban u. Schwarzenberg München.

Kanfer, F.H., Reinecker, H., Schmelzer, D. (1991): Selbstmanagement-Therapie. Springer Berlin.

Lazarus, A.A. (1973): Multimodal behavior therapy: Treating the „Basic-Id": Journal of Nervous and Mental Disease 156, 404–411.

Lazarus, A.A. (1978): Multimodale Verhaltenstherapie. Fachbuchhandlung für Psychologie Frankfurt.

Linden, M., Hautzinger, M. (1996): Verhaltenstherapie. Springer Berlin.

Meichenbaum, D.W. (1979a): Kognitive Verhaltensmodifikation. In: R. Quekelberghe (Hrsg.): Modelle kognitiver Therapie. 138–168. Urban u. Schwarzenberg München.

Meichenbaum, D.W. (1979b): Kognitive Verhaltensmodifikation. Urban u. Schwarzenberg München.

Meichenbaum, D.W. (1979c): Methoden der Selbstinstruktion. In: F.H. Kanfer, A.P. Goldstein: Möglichkeiten der Verhaltensänderung. 407–450. Urban u. Schwarzenberg München.

Pfingsten, U. (1994): Kognitive Verhaltenstherapie bei sozialen Ängsten, Unsicherheiten und Defiziten. In: M. Hautzinger (Hrsg.): Kognitive Verhaltenstherapie bei psychischen Erkrankungen. 117–136. Quintessenz München.

Pfingsten, U. (1996): Soziale Ängste. In: M. Linden, M. Hautzinger (Hrsg.): Verhaltenstherapie. 353–359. Springer Berlin, Heidelberg.

Pretzer, J. (1996): Kognitive Therapie der Persönlichkeitsstörungen. In: B. Schmitz, T. Fydrich u. K. Limbacher: Persönlichkeitsstörungen: Diagnostik und Psychotherapie. 149–178. PsychologieVerlagsUnion Weinheim.

Renneberg, B. (1996): Verhaltenstherapeutische Gruppentherapie bei Patienten mit selbstunsicherer Persönlichkeitsstörung. In: B. Schmitz, T. Fydrich, K. Limbacher: Persönlichkeitsstörungen: Diagnostik und Psychotherapie. 344–358. PsychologieVerlagsUnion Weinheim.

Salter, A. (1949): Conditioned relax therapy. New York.

Saß, H., Houben, I., Herpertz, S., Steinmeyer, E.M. (1996): Kategorialer versus dimensionaler Ansatz in der Diagnostik von Persönlichkeitsstörungen. In: B. Schmitz, T. Fydrich, K. Limbacher: Persönlichkeitsstörungen: Diagnostik und Psychotherapie. 42–55. PsychologieVerlagsUnion Weinheim.

Saß, H., Wittchen, H.-U., Zaudig, M. (1996): Diagnostisches und statistisches Manual psychischer Störungen DSM-IV. 200–218. Hogrefe Göttingen.

Schulte, D. (1993): Lohnt sich eine Verhaltensanalyse? Verhaltenstherapie 3, 5–13.

Schulte, D. (Hrsg.) (1976): Diagnostik in der Verhaltenstherapie. Urban u. Schwarzenberg München.

Shea, M.T. (1996): Wirksamkeit von Psychotherapie bei Persönlichkeitsstörungen. In: B. Schmitz, T. Fydrich, K. Limbacher: Persönlichkeitsstörungen: Diagnostik und Psychotherapie. 359–375. PsychologieVerlagsUnion Weinheim.

Ullrich, R., de Muynck, R.U. (1978): Das Assertivitäts-Training-Programm (ATP). Pfeiffer München.

Ullrich, R., de Muynck, R.U. (1996): Aufbau sozialer Kompetenz: Selbstsicherheitstraining, Assertiveness-Training. In: M. Linden, M. Hautzinger (Hrsg.): Verhaltenstherapie. 85–92. Springer Berlin, Heidelberg.

Wälte, D. (1999): Verhaltenstherapie. In: H.-H. Studt, E. Petzold (Hrsg.): Handbuch der Psychotherapeutischen Medizin. De Gruyter. i. Druck.

Wendlandt, W., Hoefert, H.-W. (1976): Selbstsicherheitstraining. Salzburg.

Wolpe, J. (1972): Praxis der Verhaltenstherapie. Huber Bern.

12 Verhaltenstherapeutische Therapiekonzepte in der Gruppenbehandlung der selbstunsicheren Persönlichkeitsstörung

B. Renneberg, Th. Fydrich

12.1 Einleitung

Bei einer Vielzahl von Personen mit psychischen Störungen kann in unterschiedlich starker Ausprägung ein Mangel an Selbstsicherheit festgestellt werden. Dabei ist die Selbstunsicherheit, die sich besonders in sozialen Situationen zeigt, häufig eng mit Scham und Angst verbunden, daß andere die vorliegenden psychischen Probleme entdecken könnten. So ist es sehr verständlich, daß betroffene Patienten häufig mit allen Mitteln versuchen, die als „Schwäche" empfundenen Schwierigkeiten zu verstecken. Unsicherheiten im Sozialkontakt, Rückzug von sozialen Aktivitäten und die Vermeidung sozialer Ereignisse und Situationen sind daher bei Personen mit psychischen Störungen häufig auftretende Begleiterscheinungen.

Demgegenüber sind jedoch – nach der grundlegenden Definition für Persönlichkeitsstörungen – die Merkmale für die selbstunsichere Persönlichkeitsstörung Hinweise auf eine lang andauernde, schon seit der späten Kindheit, der Adoleszenz oder dem frühen Erwachsenenalter bestehende umfassende Unsicherheit im Sozialkontakt, der Angst vor negativer Bewertung und Ablehnung oder Zurückweisung durch andere. Personen mit solchen Unsicherheiten haben dabei meist ein starkes Bedürfnis nach sozialer Nähe, Sicherheit und Geborgenheit. Diese erfahren sie jedoch – mit wenigen Ausnahmen – nur in engen familiären Zusammenhängen. Die soziale Unsicherheit und desweiteren auch die Angst in sozialen Situationen ist daher bei Personen, die die Kriterien für die selbstunsichere Persönlichkeitsstörung erfüllen, sowohl in der Intensität als auch dem Ausmaß der Beeinträchtigungen im privaten und beruflichen Kontext sehr stark ausgeprägt.

Patienten mit selbstunsicherer Persönlichkeitsstörung haben massive Ängste vor Ablehnung oder Zurückweisung durch andere, sehnen sich jedoch gleichzeitig nach Nähe und Sicherheit. Die Ängste führen häufig zur Vermeidung von sozialen Kontakten und auch von engen Beziehungen, da die Betroffenen befürchten, zurückgewiesen oder kritisiert zu werden. Zudem haben diese Patienten ein deutlich negatives Selbstbild, was sich häufig nicht nur auf ihre sozialen Fähigkeiten bezieht, sondern auch eine negative Einstellung dem eigenen Körper gegenüber einschließt.

Zur Illustration soll zunächst das Beschwerdebild einer Patientin mit selbstunsicherer Persönlichkeitsstörung dargestellt werden:

Eine 26jährige verheiratete junge Frau kommt mit starken sozialen Ängsten zur psychotherapeutischen Behandlung. Sie berichtet, ständig angespannt und nervös zu sein. Besonders schwierig ist es für sie an ihrem Arbeitsplatz, einem Friseursalon. Bei der Betreuung der Kundinnen und Kunden treten häufig starke Angstgefühle und massive Unsicherheiten auf. Beim Haarschneiden ist sie innerlich sehr angespannt und unruhig, da sie große Zweifel an ihren Fähigkeiten hat. Sie geht nahezu immer davon aus, daß die Kunden mit ihrer Arbeit nicht zufrieden sind. Am unerträglichsten schildert sie die Momente, in denen die Kundin ihre neue Frisur im Spiegel betrachtet. Ähnlich fällt ihr auch der Kontakt mit Kolleginnen und Kollegen sowie dem Chef sehr schwer. Sie traut sich in der Regel nicht zu, diese von sich aus anzusprechen oder sie um ihre Meinung zu fragen. Nach ihren Angaben hat sich zwar noch nie ein Kunde oder eine Kundin bei ihr oder ihrem Vorgesetzten beschwert, dennoch zweifelt sie so stark an sich selbst und ihren Leistungen, daß sie überlegt, den Beruf aufzugeben.

Die Angstzustände treten auch in anderen Situationen auf, z.B. beim Einkaufen im Supermarkt in ihrer Nachbarschaft. Dort befürchtet sie, daß irgendein Bekannter oder eine Bekannte sie ansprechen könnte. Sie hat in solchen Situationen das Gefühl, nicht zu wissen, was sie sagen soll oder wie sie ein Gespräch beginnen könnte. Zusätzlich befürchtet sie, sofort rot zu werden und zu stammeln. Wenn es möglich ist, vermeidet sie daher das Einkaufen. In einer Therapiegruppe begann sie zu weinen, als sie sich vorstellen sollte. Sie dachte, sie bekomme kein Wort heraus. Sie berichtet weiterhin davon, vor sozialen Ereignissen gezielt Alkohol zu trinken, so z.B. wenn sie abends mit ihrem Ehemann ausgehen soll. Damit verringert sich ihre dann bereits vorhandene Nervosität und ihre Angst. Sie sagt von sich selbst, daß sie ein sehr geringes Selbstwertgefühl hat. Sie ist die Jüngste aus einer Familie mit sechs Kindern und berichtet davon, früher häufig gehänselt worden zu sein. Sie erinnert sich an Situationen, in denen sie beispielsweise einen Scherz nicht verstanden hat und deshalb andere über sie lachten. Insgesamt wünscht sie sich mehr Kontakte, v.a. sehnt sie sich nach einer Freundin, bei der sie sich aussprechen kann.

Im Vergleich zu den im diagnostischen und statistischen Manual psychischer Störungen (DSM-IV; Saß et al. 1996) angegebenen Kriterien für die Diagnose einer selbstunsicheren Persönlichkeitsstörung (siehe Kap. 1) betonen die Kriterien der ICD-10 (Dilling et al. 1993) stärker einen allgemeinen Aspekt der Ängstlichkeit und der Vermeidung (siehe Kap. 11). Das erste Kriterium für die diagnostische Kategorie der hier als „ängstlich-vermeidenden Persönlichkeitsstörung" (F60.6) bezeichneten Diagnose lautet „andauernde und umfassende Gefühle von Anspannung und Besorgtheit". Zusätzlich zu den Kriterien des DSM oder der ICD betonen einzelne Autoren, daß Personen mit selbstunsicherer Persönlichkeitsstörung gelegentlich auch Zorn- oder Wutausbrüche zeigen, die häufig auch gegen die eigene Person gerichtet sind (z.B. Benjamin 1993). Auf der Basis einer interpersonellen Perspektive der Persönlichkeitsstörungen charakterisiert Benjamin, daß Personen mit selbstunsicherer Persönlichkeitsstörung nur mit solchen Personen Kontakt aufnehmen und aufrechterhalten, die sehr strenge „Sicherheitstests"

bestanden haben. Von diesen Personen darf keinerlei Gefahr hinsichtlich möglicher Ablehnung oder Verletzung ausgehen.

Neben den dargestellten diagnostischen Kriterien lassen sich auf klinischer Ebene drei grundlegende Problembereiche bei Personen mit starken sozialen Ängsten und Selbstunsicherheit feststellen. Dies sind:

- Starke Angst vor Ablehnung,
- Angst vor Kritik,
- ein negatives Selbstbild.

Diese drei Aspekte sind störungsspezifische Faktoren, auf die im weiter unten dargestellten Behandlungsprogramm in besonderer Weise eingegangen wird.

Merkmale der selbstunsicheren Persönlichkeitsstörung haben große Ähnlichkeit mit den diagnostischen Kriterien, die auch für soziale Phobien, besonders der generalisierten Form, angegeben werden. Hauptsächliche Unterschiede zwischen den beiden Diagnosen bestehen darin, daß soziale Phobien eher auf konkrete und umschriebene soziale Situationen bezogen sind, während bei Personen mit einer selbstunsicheren Persönlichkeitsstörung im Kontakt mit anderen in sehr allgemeiner und umfassender Weise starke soziale Ängste und Unsicherheiten auftreten. Eine Reihe von Forschungsergebnissen zur differentialdiagnostischen Abgrenzung von sozialen Phobien, besonders der generalisierten Form und der selbstunsicheren Persönlichkeitsstörung weisen darauf hin, daß hinsichtlich des Schweregrads der Unsicherheiten im sozialen Kontakt, der Schüchternheit, der sozialphobischen Symptomatik und der Selbstsicherheit eher von einem Kontinuum ausgegangen werden muß. Die beiden Diagnosen können danach nicht als distinkte Störungskategorien betrachtet werden (Herbert et al. 1992, Holt et al. 1992, Turner et al. 1992, Fydrich et al. 1997). Ein sehr hoher Anteil der Personen mit selbstunsicherer Persönlichkeitsstörung erfüllt gleichzeitig auch die Kriterien für eine soziale Phobie der generalisierten Form. In sieben verschiedenen Studien zur sozialen Phobie wurden im Mittel bei 50% der Patientinnen und Patienten mit einer sozialen Phobie zusätzlich die Kriterien einer selbstunsicheren Persönlichkeitsstörung diagnostiziert; umgekehrt gibt es jedoch kaum Personen mit einer selbstunsicheren Persönlichkeitsstörung, die nicht gleichzeitig auch die

Kriterien für die Diagnose einer sozialen Phobie erfüllen (vgl. Fydrich 1996).

Ein wichtiger Unterschied zwischen Personen mit sozialer Phobie und solchen mit zusätzlicher selbstunsicherer Persönlichkeitsstörung scheint nach neueren Untersuchungen jedoch zu sein, daß bei Vorliegen einer selbstunsicheren Persönlichkeitsstörung von einem geringeren Ausmaß an Kompetenzen im Verhalten in sozialen Situationen ausgegangen werden kann (Fydrich et al. 1997).

Hinsichtlich der Prävalenz der selbstunsicheren Persönlichkeitsstörung wird in epidemiologischen und klinischen Studien deutlich, daß sie zu den am häufigsten anzutreffenden Persönlichkeitsstörungen in klinischen Populationen gehört. Die Prävalenzrate in behandelten Stichproben liegt bei etwa 15–20% (Loranger et al. 1994, Fydrich et al. 1996). Bei Personen mit Angststörungen kommt die selbstunsichere Persönlichkeitsstörung deutlich häufiger vor. Etwa ein Drittel dieser Patientengruppe erfüllt hier die entsprechenden diagnostischen Kriterien. (Brooks et al. 1989, Renneberg et al. 1992).

12.2 Die verhaltenstherapeutische Behandlung der selbstunsicheren Persönlichkeitsstörung

Wegen der genannten starken Überlappung der Bestimmungskriterien und der Ähnlichkeit der Erscheinungsbilder von Personen mit sozialer Phobie und selbstunsicherer Persönlichkeitsstörung können bei den bekannten kognitivverhaltenstherapeutischen Behandlungsansätzen ähnliche Schwerpunkte ausgemacht werden (z.B. Anneken et al. 1977, Ullrich u. Ullrich de Muynck 1980, Pfingsten u. Hinsch 1991, Heimberg et al. 1995). So gehört es gewissermaßen zum Standard der symptomorientierten Psychotherapie, Personen mit diesen Störungsbildern in Gruppen zu behandeln.

Das gruppenspezifische Behandlungssetting erscheint aus naheliegenden Gründen besonders bei Personen mit Ängsten in sozialen Situationen indiziert. Im Unterschied zur Einzeltherapie können für die Gruppenbehandlung besondere Wirkfaktoren angenommen werden. In diesem Zusammenhang können u.a. folgende Aspekte genannt werden, die auch als instrumentelle Gruppenbedingungen bezeichnet werden (vgl. Grawe 1980, Fiedler 1996):

- Gruppenkohäsion,
- Förderung der Selbstöffnungsbereitschaft,
- Entwicklung kooperativer Arbeitsbeziehungen,
- Erleben und Erlernen von Altruismus und Identifikation,
- Anregungs- und Feedbackfunktionen,
- Möglichkeiten zum Modellernen,
- Ressourcen hinsichtlich der Problemlösekompetenzen,
- Stützfunktionen der Gruppenmitglieder,
- soziale Validierung von Erlebens- und Verhaltensweisen.

Für den Aspekt der Angst in sozialen Situationen, wie er für die hier dargestellte Therapie von großer Bedeutung ist, kann von weiteren gruppenspezifischen Wirkfaktoren ausgegangen werden. Hierzu gehören:

- Die Konfrontation mit einer neuen sozialen Situation,
- die Möglichkeit, soziale Fertigkeiten im Umgang mit anderen auszubilden,
- die Chance, im Rahmen von Rollenspielen Verhaltensweisen auszuprobieren und zu trainieren (therapeutisches Probehandeln),
- die vorhandenen Rückmeldekompetenzen der Gruppenmitglieder besonders hinsichtlich interpersonellen Verhaltens,
- die Nutzung von Problemlösekompetenzen der Gruppenmitglieder besonders hinsichtlich sozialer Konfliktsituationen.

Die dargestellten Aspekte der Gruppenpsychotherapie sind zunächst als allgemeine Wirkfaktoren zu verstehen, die grundsätzlich für alle Module des im folgenden dargestellten Programms zur Behandlung der selbstunsicheren Persönlichkeitsstörung gelten. Das Rational des dargestellten Programms basiert auf den grundlegenden störungsspezifischen Merkmalen der selbstunsicheren Persönlichkeitsstörung. Als zentrale Punkte werden dabei die oben erwähnten drei Charakteristika betrachtet:

- Angst vor Ablehnung,
- Angst vor Kritik,
- negatives Selbstbild.

Unterschiedliche Studien haben gezeigt, daß Personen mit stark ausgeprägten sozialen Ängsten ihre eigenen interpersonellen Fähigkeiten unterschätzen, sich eher an negative soziale

Interaktionen erinnern und in Streßsituationen häufig ungünstige, negative selbstbezogene Gedanken haben (Stopa u. Clark 1993, Clark u. Wells 1995). Diese Ergebnisse sowie auch klinische Beobachtungen legen es nahe, die beschriebenen Aspekte in einem breiten Behandlungsansatz zu berücksichtigen. Neben verhaltenstherapeutischen Verfahren im engeren Sinn ist – besonders auf dem Hintergrund der starken antizipatorischen Ängste – die kognitive Umstrukturierung der dominanten negativen Grundannahmen von besonderer Bedeutung bei der Behandlung dieser Patienten. Das allgemeine physiologische Erregungsniveau der Personen mit selbstunsicherer Persönlichkeitsstörung ist v.a. in sozialen Situationen stark erhöht. Daher wird in dem vorgestellten Behandlungsprogramm als erster Schritt die Reduzierung dieses körperlichen Anspannungsniveaus als wichtig erachtet.

Das hier beschriebene Angstbehandlungsprogramm umfaßt insgesamt 32 Therapiestunden. In dem ursprünglich von Renneberg et al. (1990) evaluierten Therapieansatz wurde im ambulanten Setting ein intensives zeitliches Format gewählt, um die Gruppenkohäsion zu fördern und möglichst rasch eine Adaptation an diese, für alle Teilnehmer hoch angstbesetzte Situation, herbeizuführen. Daher wurde die Behandlung an vier Tagen, verteilt auf zwei Wochenenden durchgeführt. In Abhängigkeit von institutionellen und personellen Rahmenbedingungen sind jedoch auch andere Durchführungsmodi möglich. So wurde das Programm in geringfügiger inhaltlicher Abänderung auch im stationären Zusammenhang bei einer insgesamt etwas verringerten Stundenzahl (zweimal zwei Stunden wöchentlich in einem Zeitraum von sechs Wochen) in einer psychosomatischen Klinik ebenfalls mit Erfolg durchgeführt (Clement et al. 1997).

Bisher liegen umfangreiche Erfahrungen mit einem Gruppensetting mit jeweils 5 bis 7 Patienten vor. Die Gruppen werden in der Regel von einem männlichen und einer weiblichen Therapeutin geleitet.

Hauptbestandteile des Programms sind einerseits die Reduzierung des stark erhöhten Angst- und Erregungsniveaus der Patienten, andererseits verhaltenstherapeutische Verfahren, in denen sie mit den für sie schwierigen sozialen Situationen konfrontiert werden und die Gelegenheit zum Aufbau von selbstsicheren und sozial kompetenteren Verhaltensweisen bieten.

Da eine Reduzierung des Angst- und Erregungsniveaus erreicht werden soll, ist der erste Bestandteil des Therapieprogramms das Erlernen eines Entspannungsverfahrens. Wegen der relativen Kürze der Zeit hat sich hier eine Einführung in die progressive Muskelentspannung nach Jacobson als sinnvoll und praktikabel erwiesen. Das Erlernen eines Entspannungsverfahrens ist Grundlage eines weiteren Therapieelements, der systematischen Desensibilisierung, einem klassischen Verfahren zur in-sensu Expositionsbehandlung bei Ängsten und Phobien (Wolpe 1958; vgl. Fliegel et al. 1993). Um soziale Fertigkeiten zu üben und neue Verhaltensweisen zu erproben sowie um Rückmeldung über das eigene Verhalten zu erhalten, werden Rollenspiele durchgeführt. Im Sinne einer Reizkonfrontation und der Feedbackmöglichkeiten werden die Rollenspiele z.T. auf Video aufgezeichnet und später in der Gruppe wieder angesehen. Die Betrachtung dient gleichzeitig dem Aufbau eines positiveren Selbstbildes. Ebenso sollen positive Selbstverbalisationen und Komplimente in der Gruppe die Aufmerksamkeit der Teilnehmer auf günstige Eigenschaften und Verhaltensweisen lenken. Weiterhin sieht das Programm vor, daß mit den Patientinnen und Patienten gezielte Aufgaben besprochen werden, die den Transfer der in den Therapiesitzungen besprochenen und geübten Verhaltensweisen und die Erprobung in alltäglichen Situationen sicherstellen sollen.

Die neun Therapieelemente werden im folgenden näher beschrieben.

Begrüßung und Darstellung eines Störungsmodells

Das erste Zusammentreffen der Gruppe ist von besonderer Bedeutung, da dies eine der Situationen ist, die von Personen mit selbstunsicherer Persönlichkeitsstörung am meisten gefürchtet wird: Sie kommen in eine Gruppe von Fremden und erwarten, über sich selbst sprechen zu müssen. Diese Thematik wird von den Therapeuten schon in der Begrüßung direkt angesprochen. Die Therapeuten weisen auf die „aufregende" neue Situation und die zu erwartende Nervosität hin. Dies kann etwa wie folgt geschehen:

„Sie kommen heute alle zum ersten Mal zusammen und der Grund Ihres Hierseins ist, daß Sie besonders in sozialen Situationen immer wieder in verschiedener Art Anspannung oder Angst erleben. Dadurch, daß Sie jetzt hier in dieser Situation und in diesem Raum sind, haben Sie schon eine große Portion Mut bewiesen, denn für die meisten von Ihnen stellt es eine große Schwierigkeit dar, mit neuen, unbekannten Personen zusammenzukommen. Die Gedanken, die dabei auftreten sind häufig etwa: „Ich weiß nicht, worüber ich reden soll", „die anderen werden mich genau mustern und mich komisch finden und mich abwerten", „ich fühle mich überhaupt nicht wohl in meiner Haut". Diese Gedanken sind für diese Situation sehr verständlich. Mit solchen Gedanken einher geht häufig eine innere Nervosität, die sich oft durch stärkeres Herzklopfen, Schwitzen, Schwindel- und Hitzegefühle ausdrückt. Weiterhin erleben Personen in solchen Situationen oft, daß sie sich verstecken möchten, sich am liebsten „wegzaubern", nicht da sein oder aus der Situation herausgehen. Wenn Sie also jetzt einen oder viele dieser Gedanken oder Empfindungen haben, so sollen Sie wissen, daß dieses sehr verständliche Reaktionen sind".

In einer dann anschließenden Vorstellungsrunde werden die Patienten gebeten, sich kurz vorzustellen und dabei zu versuchen, auch ihre Angstsymptome deutlich zu zeigen, oder falls diese nicht sichtbar sind, davon zu berichten. Weiterhin wird an dieser Stelle ein Ratingsystem für die subjektiv erlebte Angst (das sog. Angstthermometer oder Angstbarometer) eingeführt, mit dem die Betroffenen ihr persönliches Angst- und Anspannungsniveau auf einer Skala von 0–100 angeben können. Das Angstbarometer wird während der verschiedenen Module der Therapie immer wieder als Feedback der Anspannung bzw. Angst eingesetzt.

Weiterhin ist es von Vorteil, wenn die Therapeuten zunächst ein kognitiv-behaviorales Störungsmodell der sozialen Angst und der Selbstunsicherheit präsentieren. Hierbei sollte v.a. auf die drei Aspekte körperliche Reaktionen, kognitive Inhalte der Ängste sowie häufig auftretendes Verhalten inklusive Vermeidungsverhalten eingegangen werden. Diesen drei Komponenten der Angst werden die entsprechenden Interventionsmodule der Gruppentherapie gegenübergestellt: Entspannung bezieht sich auf die Reduktion der körperlichen Anspannung; systematische Desensibilisierung auf die Verringerung der Angst, die Rollenspiele betreffen die Ausbildung alternativen, selbstsicheren Verhaltens in problematischen Situationen. Weiterhin

hat das Video-Feedback und die positive Selbstverbalisation zum Schwerpunkt, das negative Selbstbild in eine günstige und hilfreiche Richtung zu verändern. Mit diesen Erläuterungen sollen die Teilnehmerinnen und Teilnehmer ein Rational für die Entstehung und Aufrechterhaltung der Probleme erhalten sowie den therapeutischen Ansatz in seinen Grundzügen verstehen.

Wir haben gute Erfahrungen damit gemacht, ein solches Modell der Auslösung und der Aufrechterhaltung sowie der Behandlung der Störung an einer Tafel oder auf einem Flip-chart darzustellen. Im Anschluß daran ist eine gute Möglichkeit gegeben, daß die Teilnehmerinnen und Teilnehmer der Gruppe versuchen, das Modell auf sich selbst zu beziehen und davon in der Gruppe zu berichten.

In einem weiteren Schritt wird in der ersten Sitzung auf wichtige Aspekte der individuellen Entstehungsgeschichte der Problematik eingegangen. Es werden gezielt Fragen zu den drei Bereichen Angst vor Kritik, Angst vor Ablehnung und zum Selbstbild gestellt. Dabei wird sowohl auf frühere, bereits erlebte Situationen eingegangen; wichtig sind aber auch gegenwärtige oder für die Zukunft erwartete angstauslösende Situationen.

Entspannungstraining

Schon in der ersten Sitzung wird der erste Therapiebaustein, das Entspannungstraining nach dem Vorgehen der progressiven Muskelrelaxation nach Jacobson eingeführt (vgl. Hamm 1993). Zunächst wird den Teilnehmern der theoretische Hintergrund für den sinnvollen Einsatz der Entspannungsübungen erläutert. Besonders betont wird hierbei die Unvereinbarkeit von Anspannung (Angst) und körperlicher Entspannung. Die Angst kann dadurch reduziert werden, daß in Gegenwart der vorgestellten angstauslösenden Reize Entspannung induziert wird (Wolpe 1958). Einer der Therapeuten übernimmt die Einführung in die Entspannung für alle Gruppenteilnehmer. Den Teilnehmern wird am Ende des ersten Tages eine Kassette mit den Entspannungsinstruktionen mitgegeben, damit sie auch zu Hause bzw. auf Station üben können. Im Lauf der Therapie beginnen die Patienten zunehmend, sich unabhängig vom Therapeuten und zunehmend auch unabhängig von der Entspannungskassette, die Entspannungsinstruktionen selbst zu geben (Bernstein u. Borkovec 1975, Fliegel et al. 1993).

Systematische Desensibilisierung

In Zusammenarbeit mit den Therapeuten stellt jeder Gruppenteilnehmer unterschiedliche (soziale) Situationen zusammen und ordnet diese nach ihrem Schwierigkeitsgrad und nach dem Inhalt der individuellen Problemsituationen den drei Bereichen Angst vor Kritik, Angst vor Ablehnung und negatives Selbstbild zu. Die Items sind entweder Situationen aus der Vergangenheit oder gegenwärtige Problemsituationen, können aber auch antizipierte Angstsituationen sein. Dabei ist es wichtig, zur Vorbereitung der systematischen Desensibilisierung die jeweiligen Situationen mit allen Merkmalen so konkret wie möglich zu beschreiben, damit sie später gut vorgestellt werden können. Die Beispiele werden von den Teilnehmern notiert, und mit Hilfe des Angstbarometers nach Schwierigkeitsgrad („wieviel Angst löst diese Situation bei mir aus?") eingeschätzt und geordnet (vgl. Florin 1978, Fliegel et al. 1993). In der Regel reichen vier bis fünf Situationen pro Hierarchie aus, um damit in dem hier dargestellten Kontext nach der Methode der systematischen Desensibilisierung arbeiten zu können. Wichtig ist dabei, daß die Teilnehmer sehr schwierige Situationen (auf dem Angstbarometer nahe 100) finden und auch leichtere Situationen, so daß damit eine differenzierte Betrachtung der persönlich problematischen Situationen eingeübt wird. Hilfreiche Fragestellungen bei der Erstellung der Hierarchien sind beispielsweise: „Was wäre denn noch schwieriger?", „Ist dies einfacher einem Mann oder einer Frau gegenüber?" oder „Hört oder schaut Ihnen dabei jemand zu?".

Kurz zusammengefaßte Beispiele für Situationen aus einer Hierarchie „Angst vor Kritik" sind:

- Ich gebe meinem Chef einen von ihm diktierten Brief zur Unterschrift (Angstbarometer: 30),
- vor einer Gruppe von vier Kollegen (dabei ist auch der Abteilungsleiter) berichte ich über die Einnahmen der Woche (Angstbarometer: 65),
- ich richte ein Essen für 10 Gäste am Geburtstag meines Mannes aus (Angstbarometer: 90).

Klassischerweise ist die Methode der systematischen Desensibilisierung ein Interventionsverfahren für die Einzeltherapie. Bei der Durchführung in der Gruppe wurden einige Modifikationen eingeführt. Vor jedem Durchgang werden die Teilnehmer gebeten, sich die nächsten Items aus den schriftlich fixierten Hierarchien zu vergegenwärtigen. Nach einer gemeinsamen Entspannungsübung gibt der Therapeut jeweils individuell stichwortartige Hinweise für die Vorstellung der angstauslösenden Situation. Die Therapeuten betreuen dabei jeweils drei bis vier Patienten, denen sie die Instruktionen für die Entspannung und für die angstbesetzten Situationen geben.

Diese Form des Vorgehens stellt in gewisser Weise eine einzeltherapeutische Arbeit in der Gruppe dar. Bei diesem Verfahren der in-sensu Konfrontation werden die Patienten instruiert, sich selbst dieselbe oder neue Situationen mit höherem Schwierigkeitsgrad vorzustellen und dann wieder zu verlassen und eine Entspannungsübung durchzuführen. Hierbei werden sie angeleitet, möglichst so lange in der vorgestellten Situation zu bleiben, bis sie ein deutliches Nachlassen der empfundenen Anspannung oder Angst feststellen. Dazu wird dieselbe Situation in der Regel drei bis vier Mal vorgestellt.

Eine entsprechende Übung mit einer Patientin verlief folgendermaßen:

Eine besonders schwierige Situation für Frau S., die als gebürtige Ungarin die deutsche Sprache nicht akzent- und fehlerfrei beherrschte, waren Begegnungen mit der Tochter ihres wesentlich älteren Ehemannes, also ihrer eigenen Stieftochter, die jedoch nur zwei Jahre jünger als sie war. Sie fühlte sich dieser, schon wegen ihrer ungarischen Staatsbürgerschaft stark unterlegen und von ihr dauernd kritisch beobachtet. Frau S. versuchte, jegliche Begegnungen mit der Stieftochter zu vermeiden. Da sie jedoch im selben Haus wohnte, führte ihr Vermeidungsverhalten so weit, daß sie nur dann aus der Wohnung ging, wenn sie sicher sein konnte, daß die Stieftochter nicht anwesend war. Im Rahmen der systematischen Desensibilisierung stellte sie sich eine Begegnung im Treppenhaus vor. Während der Vorstellung mußte Sie vor Angst und Erregung weinen und war auch nach der ersten Entspannung nicht in der Lage, die Stieftochter zu schildern oder nur ihren Namen zu nennen. Anschließend wiederholte sie diese Konfrontation allein für einige Male. Bei der nachfolgenden Rückmelderunde war es ihr plötzlich möglich, laut

und sicher den Namen der Stieftochter zu nennen und sichtlich erleichtert davon zu berichten, daß sie in der Vorstellung während der vierten Übung die Situation plötzlich meistern konnte. Sie grüßte dabei die Stieftochter und ging sicher an ihr vorbei.

Rollenspiele

Die Rollenspiele stellen einen zentralen Bestandteil der Therapie dar. Von den für die systematische Desensibilisierung erstellten Angsthierarchien werden Situationen ausgewählt und zusammen mit den anderen Gruppenmitgliedern gespielt. Dabei werden in der Gruppe gemeinsam Lösungsmöglichkeiten der dargestellten Probleme diskutiert, im Rollenspiel ausprobiert und mehrfach geübt. Es werden besonders in diesem Zusammenhang auch kognitive Therapietechniken eingesetzt. Hierzu gehört, dysfunktionale Kognitionen zu explorieren und deren hinderlichen Charakter mit den Patientinnen und Patienten herauszuarbeiten. Dabei wird u.a. auf wiederkehrende „kognitive Fehler" (Beck et al. 1994, Pretzer 1996) hingewiesen und alternative, förderliche Gedanken und Selbstinstruktionen werden erarbeitet.

Je nach Art der Problematik geht es bei der Durchführung von therapeutischen Rollenspielen um das Training sozialer Fertigkeiten. Dabei werden u.a. günstige und ungünstige Formen der sozialen Interaktion diskutiert und „optimale" Gesprächs- und Verhaltenssequenzen geprobt und eingeübt.

Bei der Durchführung der Rollenspiele ist es ratsam, zunächst nur kurze Sequenzen einzuüben und dazu sowohl die Rückmeldung der Betroffenen („Ist dies für sie so richtig?"; „entspricht dies dem Ziel, das Sie erreichen wollen?") als auch das Feedback anderer Gruppenteilnehmer und -teilnehmerinnen einzuholen. Gruppenmitglieder werden dazu angeleitet, in konstruktiver Weise Hilfestellungen und Rückmeldungen zu geben („Was könnte noch verbessert werden?" „Was könnte ein anderes Ziel der Interaktion sein?" „Wie könnte man diesem Ziel in einer anderen Weise näher kommen?"). Es werden oft verschiedene Varianten des Verhaltens im Hinblick auf die Verwirklichung eines expliziten oder ggf. noch gar nicht klaren Ziels probiert. Dabei wird auch auf die notwendige Abgrenzung von selbstsicherem versus aggressivem Verhalten geachtet. Ein wichtiges Ziel der Rollenspiele ist, mit den Betroffenen Lösungsmöglichkeiten für interpersonelle Konfliktsitua-

tionen zu erarbeiten und dabei die soziale Angst zu reduzieren und selbstsicherer aufzutreten. Daher wird auch in diesem Kontext vor und nach jeder gespielten Sequenz das subjektive Angstniveau mittels des eingeführten Angstbarometers erfragt.

Das graduierte Vorgehen bei der Durchführung einer Rollenspielsequenz zum Erreichen eines von einer Patientin genannten Ziels soll an folgendem Beispiel erläutert werden.

Frau B., eine 23jährige Patientin, die sich wegen einer akuten depressiven Episode in stationärer Behandlung einer psychosomatischen Klinik befand, hatte den klaren Wunsch, zusammen mit ihrem Freund den Heiligen Abend zu verbringen. Es war für sie kaum vorstellbar, dies ihrer sehr dominanten Mutter gegenüber zu vertreten, die die Erwartung hatte, daß die Tochter mit den Eltern den Abend verbringt. Zunächst wurde in Zusammenarbeit mit den anderen Gruppenteilnehmerinnen und -teilnehmern eine Formulierung herausgearbeitet, wie sie ihrer Mutter gegenüber dieses Anliegen erklären könnte. Im ersten Teil des Rollenspiels war es Frau B. nicht möglich, diese ausgearbeitete Formulierung einer anderen Person, die die Mutter spielte, direkt zu sagen. Die Übung wurde daher so verändert, daß Frau B. das Anliegen zunächst nur in wörtlicher Rede aussprach. In einem zweiten Schritt wurde ihr gegenüber ein Stuhl aufgestellt, auf dem sich Frau B. ihre Mutter sitzend vorstellen sollte. Auch in dieser Situation war es noch nicht möglich, daß die Patientin dabei in die Richtung des Gesichts der imaginierten Mutter schaute. Dies gelang erst bei der dritten Übungssequenz. Ein Rollenspiel, bei dem eine andere Teilnehmerin auf dem Stuhl die Rolle der Mutter einnahm und eine freiere Gestaltung der Interaktion die Aufgabe war, gelang erst eine Sitzung später. Die Patientin wurde, deutlich beobachtbar, in jedem der nur vier Durchgänge zunehmend selbstsicher, benutzte mehr und mehr eigene Formulierungen und sprach eine Vielzahl von assoziierten anderen Problemen mit der Mutter an. Schon während des Aufenthalts in der Klinik gelang es ihr, den Wunsch ihrer Mutter gegenüber zu vertreten und ihn auch zu realisieren.

Video-Feedback

Die Betrachtung von Videoaufnahmen eigenen Verhaltens ist besonders für Patientinnen und Patienten mit sozialen Phobien und selbstunsicheren Persönlichkeitsstörungen mit starken

Ängsten verbunden. Die Vermeidung von Video-aufnahmen, oft auch vom Fotografiert-Werden, hat meist zum Hintergrund, daß die erwartete Konfrontation mit „objektiver" Unzulänglichkeit (hierzu gehören in diesem Kontext meist auch negative Einstellungen dem eigenen Körper und Aussehen gegenüber) eine „objektive" Bestätigung der empfundenen Minderwertigkeiten darstellen könnte. Die Nutzung von Videoaufnahmen als Therapiemodul hat daher einerseits zum Ziel, diese Ängste direkt anzugehen und zu bewältigen, andererseits Rückmeldungen aus der Gruppe genau auf das selbst beobachtbare Verhalten beziehen zu können. Die Video-Rückmeldung ermöglicht eine objektive und untrügliche Art des Feedbacks, das weit über die Möglichkeiten persönlich gegebener Rückmeldungen hinausreicht. So gab beispielsweise ein Patient nach der Therapie an, daß für ihn die Videobetrachtung die wichtigste Übung gewesen sei, weil er beobachten konnte, daß er weniger schlimm aussah und wirkte, als er vorher immer befürchtet hatte. Die Rückmeldung der anderen Gruppenteilnehmer hätte er zunächst schlecht glauben können, aber der Videoaufzeichnung habe er getraut.

Ferner ist es möglich, daß die Betroffenen – im Sinne einer Verhaltensausformung bzw. eines Verhaltensaufbaus – ihr eigenes, im Video beobachtetes Verhalten hinsichtlich ihrer Wünsche bewerten und ggf. nochmals verändern.

Zur Veränderung negativer und hinderlicher Gedanken wird den Patienten beim Ansehen der Aufnahmen die Instruktion gegeben, auf Dinge zu achten, die sie positiv an der eigenen Person finden und dies in der Gruppe zu verbalisieren. Auch die Gruppenmitglieder geben ihr Feedback und können Vorschläge zur weiteren Veränderung des Verhaltens vorbringen. Wenn die Patienten – wie sehr häufig – starke Schwierigkeiten haben, positive Selbststatements zu geben, werden die anderen Teilnehmer aufgefordert, sie zu unterstützen.

Paradoxe Intentionen

Paradoxe Intentionen werden v.a. für den Umgang mit den physiologischen Symptomen der Angst eingesetzt. Im Kontext sozialer Phobien gehören hierzu das Erröten, Herzklopfen, oder Schwitzen. Die Teilnehmer erhalten die Instruktion, eine kurze Aufgabe vor der Gruppe durchzuführen (z.B. in der Mitte der Gruppe zu stehen und einen Text vorzulesen). Dabei sollen sie versuchen, die für sie bedeutsamen physiologischen Symptome genau zu beobachten und sie in ihrer Stärke einzuschätzen. Die für sie im Vordergrund stehenden „peinlichen" körperlichen Reaktion sollen benannt werden und die Teilnehmer sollen versuchen, diese in ihrer Intensität zu steigern. Dabei sollen sie sich sich selbst und den anderen Gruppenmitgliedern gegenüber bewußt „ängstlich" zeigen und ihr stärkstes und am meisten befürchtetes Körpersymptom (z.B. Erröten) besonders klar zeigen. Diese Konfrontation und die bewußte Absicht, das Symptom zu verschlimmern führen zur Abnahme der Angst vor dem Symptom und damit zu einer Unterbrechung des Teufelskreises aus physiologischer Anspannung, negativer Bewertung des Symptoms und daraus resultierender Angstreaktion. Die Unterbrechung dieser Angstspirale führt zur Abnahme der Anspannung und letztendlich zur Abnahme der Angst (zur näheren Beschreibung vgl. Ascher 1989).

Positive Selbstverbalisation

Nach Meichenbaum und Mitarbeitern sind Selbstverbalisationen und dysfunktionale negative Gedanken für viele psychische Störungen von zentraler Bedeutung (Meichenbaum 1995). Im Kontext sozialer Phobien haben negative „katastrophisierende" Gedanken, die sich auf die eigene Person und die gedachte und erwartete Ablehnung durch andere beziehen, einen wichtigen Stellenwert bei der Aufrechterhaltung der Selbstunsicherheit. Eine besondere Rolle scheint dabei zu spielen, daß Personen mit starker Selbstunsicherheit sehr selbstzentriert denken und dabei stark selbstabwertende Gedanken haben (Stopa u. Clark 1993). Nach diesen Befunden ist es besonders bei diesen Störungsformen indiziert, negative selbstbezogene Kognitionen zu reduzieren und zum Aufbau eines verbesserten Selbstbildes positive Selbstverbalisationen in der Therapie aufzubauen.

Ausgangspunkt für diesen Therapiebaustein ist, der Gruppe die Zusammenhänge zwischen negativen, selbstabwertenden Gedanken und den Angstreaktionen sowie der Selbstunsicherheit zu erklären. Dabei wird betont, daß bei starker Selbstunsicherheit bei allen Betroffenen eine Vielzahl von negativen und abwertenden Gedanken über die eigene Person gewissermaßen automatisch auftreten. Das Rational der Übung zur Selbstverbalisation besteht darin, daß der Fokus der Aufmerksamkeit – trotz der negativen Gedanken – auch auf mögliche positive Eigenschaften gerichtet werden kann.

Bei der Durchführung dieser Übungen werden die Teilnehmer aufgefordert, den anderen positive Dinge über sich selbst zu berichten (den eigenen Körper, die eigene Person, eigene Handlungen oder Denkweisen betreffend). Diese Übung fällt den Patienten häufig schwer. Stützende und anregende Hilfestellungen seitens der Therapeuten sind daher häufig indiziert.

In einer Übung zur positiven Selbstverbalisation fiel es Herrn V., einem Geschäftsmann im mittleren Management, besonders schwer, irgendetwas Positives an sich selbst zu finden und dies in der Gruppensituation zu äußern. Mit Hilfe des Therapeuten war es möglich herauszuarbeiten, daß er mit seiner Körpergröße einverstanden und zufrieden war. Die daraus resultierende positive Äußerung war: „Es gefällt mir, daß ich 1,82 m groß bin". Diese trivial erscheinende Äußerung wirkte für Herrn V. wie ein Durchbruch. Nach der mehrfachen Wiederholung dieser Aussage und der Nachbesprechung der Übung wurde deutlich, daß er erkannte, in welcher Weise es möglich sein konnte, sich selbst gegenüber – zunächst nur an einem äußeren Merkmal – eine positive Einstellung zu äußern.

Beim Aufbau positiver Selbstverbalisationen ist es besonders wichtig, daß die selbstbezogenen Äußerungen der Patienten authentisch sind. Ein therapeutisches Vorgehen nach dem Motto „think positive and you'll be happy" wird nicht den erwünschten Effekt haben. Weiterhin ist es auch bei diesem Teil des Behandlungsprogramms von großer Bedeutung, die Übungen in den Alltag zu übertragen. Hierfür ist es wichtig, daß die Patienten auch zu Hause positive Selbstverbalisationen üben und besonders in Situationen, in denen häufig hinderliche, negative Gedanken auftreten, auf mögliche alternative und hilfreiche Gedanken zur eigenen Person achten und diese notieren.

Komplimente annehmen und geben

In ähnlicher Weise wird ein neuer Umgang mit Komplimenten eingeübt. Es geht darum, solche ohne Einschränkungen geben und v.a. annehmen zu können. Auch hier wird explizit darauf hingewiesen, daß die Komplimente ehrlich gemeint und entsprechend authentisch formuliert sein sollen. Ähnlich wie bei den Selbstverbalisa-

tionen geht es darum, auch kleine Dinge oder Verhaltensweisen zu beachten, die einem am anderen gefallen und diese dann auszusprechen. Auch hierbei ist es möglich, sich auf Handlungen, Eigenschaften oder das Aussehen zu beziehen.

Beim Annehmen von Komplimenten wird betont, diese nicht sogleich wieder abzuwerten oder zu relativieren. Es ist dabei hilfreich, zunächst nur zuzuhören und zu versuchen, die Komplimente so anzunehmen, wie sie vom anderen ausgesprochen wurden. Wir haben gute Erfahrungen damit gemacht, demjenigen, dem Komplimente gemacht werden, vorzuschlagen, sich lediglich bei dem anderen, der das Kompliment gegeben hat, zu bedanken.

Übungsaufgaben

Am Ende der Therapiesitzungen werden individuelle Übungsaufgaben mit den Patientinnen und Patienten abgesprochen. Eine erste dieser „Hausaufgaben" ist z.B. die regelmäßige Durchführung der Entspannungsübungen außerhalb der Sitzungen. Andere Übungen umfassen das Notieren positiver Selbstverbalisationen. Weiterhin werden zunächst kleinere, später auch als schwierig antizipierte Interaktionen, die Gegenstand der Rollenspiele waren, in realen Alltagssituationen ausprobiert. Auch werden zu gegebener Zeit die Patienten aufgefordert, bisher angstbesetzte Situationen aufzusuchen und damit Vermeidungsverhalten abzubauen bzw. neu gelernte Verhaltensmuster einzuüben und auszuprobieren.

12.3 Empirische Evaluation des Therapieprogramms

Die Effektivität des dargestellten Therapieprogramms wurde in einer Studie von Renneberg et al. (1990) zunächst für n=17 Patienten mit der Diagnose einer selbstunsicheren Persönlichkeitsstörung überprüft. Der Erfolg der Behandlung zeigte sich in signifikant niedrigeren Maßen der Angst vor negativer Bewertung, geringerem Vermeidungsverhalten in sozialen Situationen, geringerem allgemeinem Angstniveau und niedrigeren Depressivitätswerten am Ende der Therapie und zu einem Katamnesezeitpunkt ein Jahr nach Therapieende. 55% der untersuchten Patienten verbesserten sich nicht nur auf der Skala „Angst vor negativer Bewertung" (Watson u.

Friend 1969) sondern ihre Werte waren sogar vergleichbar mit denen einer nicht-klinischen Kontrollgruppe. An einer deutlich größeren Stichprobe (n=60) konnten diese positiven Ergebnisse inzwischen repliziert werden, und es zeigte sich, daß auch bei einer zeitlich längeren Ausdehnung des Therapieprogramms (14 wöchentliche Sitzungen à 3 Stunden) vergleichbare Ergebnisse erreicht wurden (Feske et al. 1996).

Das hier dargestellte Therapieprogramm kann auch bei Personen mit generalisierten sozialen Phobien eingesetzt werden. Ein Vergleich der Patientengruppen zeigt, daß das gemeinsame Vorliegen einer generalisierten sozialen Phobie und einer selbstunsicheren Persönlichkeitsstörung einen Prädiktor für eher ungünstigeren Therapieerfolg darstellt (Feske et al. 1996). Sozialphobiker ohne zusätzliche Persönlichkeitsstörung profitieren stärker von diesem Behandlungsprogramm als Sozialphobiker mit zusätzlicher selbstunsicherer Persönlichkeitsstörung. Auch das Ausmaß der Depressivität korreliert mit eher ungünstigem Therapieerfolg, wobei Patienten mit selbstunsicherer Persönlichkeitsstörung in der zitierten Studie höhere Depressionsausprägungen als Patienten ohne zusätzliche selbstunsichere Persönlichkeitsstörung aufwiesen.

In einer neueren Studie wurde das Behandlungsprogramm mit kleinen Veränderungen als Zusatzprogramm in einer psychodynamisch orientierten stationären Therapie eingesetzt (Clement et al. 1997). Untersucht wurden Patientinnen und Patienten, die in erster Linie wegen Angststörungen, affektiven Störungen oder Eßstörungen an einer dreimonatigen stationären Therapie teilnahmen und dabei auch die Kriterien einer sozialen Phobie und/oder einer selbstunsicheren Persönlichkeitsstörung erfüllten. Die Ergebnisse dieser kontrollierten Evaluationsstudie zeigen, daß durch das Zusatzprogramm – im Vergleich zur regulären stationären Therapie – nicht nur spezifische Verbesserungen der sozialphobischen Symptomatik erreicht werden konnten, sondern sich auch die Depressivität sowie die allgemeine psychopathologische Symptomatik bedeutsam verbesserte.

12.4 Weitere verhaltenstherapeutische Ansätze

In einer kontrollierten Evaluationsstudie konnte Alden (1989) für die Gruppenbehandlung von Personen mit selbstunsicherer Persönlichkeitsstörung zeigen, daß eine weitgehend auf graduierter Exposition mit angstauslösenden sozialen Situationen beruhende Verhaltenstherapie sehr wirkungsvoll ist. Es zeigte sich, daß eine diagnostische Differenzierung der Patienten sinnvoll sein kann. Personen, die zusätzlich zur Selbstunsicherheit und Vermeidung sozialer Situationen interpersonelle Probleme in bezug auf Mißtrauen und Ärger hatten, profitierten von dieser graduierten Expositionsbehandlung, nicht aber von einem alternativ eingesetzten Training sozialer Kompetenzen (Alden u. Capreol 1993). Übungen und Gespräche zum Aufbau enger persönlicher Beziehungen waren von besonderem Wert für Patienten, die zusätzlich zu ihrer selbstunsicheren Problematik interpersonelle Probleme derart angaben, von anderen gezwungen oder kontrolliert zu werden.

Auch Stravynski et al. (1989) berichten von deutlichen Therapieeffekten einer zeitlich begrenzten (10 wöchentliche Gruppensitzungen von je 90 Minuten Dauer) verhaltenstherapeutischen Behandlung bei Personen mit selbstunsicherer Persönlichkeitsstörung. In dieser Studie wurde in erster Linie ein Training sozialer Kompetenzen eingesetzt. Zusätzlich wurden individualisierte Hausaufgaben gestellt. Die Patienten wurden angeleitet, für sie relevante problematische soziale Situationen aufzusuchen und die in der Therapie besprochenen Strategien einzusetzen.

12.5 Zusammenfassung und Ausblick

Nach einer kurzen Falldarstellung wurden die Therapiebausteine eines verhaltenstherapeutischen Therapieprogramms dargestellt. Grundlegende Problembereiche dieser Patientengruppe sind Angst vor Ablehnung, Angst vor Kritik und ein negatives Selbstbild. Darauf bezogen sind die Interventionsbausteine der systematischen Desensibilisierung und der Exposition in Form von Rollenspielen zu angstauslösenden Situationen und Übungen zum Aufbau eines positiveren Selbstbildes. Die Evaluation der Wirksamkeit des Programms zeigt, daß mit diesem Behandlungsansatz deutliche Verbesserungen der Angst in sozialen Situationen, des Selbstbildes, der allgemeinen Ängstlichkeit, der Selbstunsicherheit und der Depressivität erreicht werden können. Die bisherigen Forschungsergebnisse zeigen zudem, daß diese Erfolge auch über den Zeitraum eines Jahres hinweg stabil sind. Es wird davon ausgegangen, daß das Gruppenformat wesentlich zum Erfolg des Programms beiträgt.

Zusammenfassend wird deutlich, daß es für Personen mit selbstunsicherer Persönlichkeitsstörung mit einem zeitlich befristeten verhaltenstherapeutischen Behandlungsprogramm eine erfolgversprechende Behandlungsmöglichkeit zur Verfügung steht. Zudem weisen neuere Untersuchungen darauf hin, daß durch dieses Programm auch im stationären Setting beachtliche zusätzliche Verbesserungen, sowohl der sozialphobischen als auch der depressiven Symptomatik sowie hinsichtlich eines allgemeinen Symptomindexes, erreicht werden können.

12.6 Literatur

Alden, L. (1989): Short-term structured treatment for avoidant personality disorder. Journal of Consulting and Clinical Psychology 57, 756–764.

Alden, L.E., Capreol, M. J. (1993): Avoidant personality disorder: Interpersonal problems as predictors of treatment response. Behavior Therapy 24, 337–376.

Anneken, G., Echelmeyer, L., Kessler, E. (1977). SUK: Selbstsicherheits- und Kontakttraining in Gruppen, Manual für Therapeuten. Materialien Nr. 7 der Deutschen Gesellschaft für Verhaltenstherapie. DGVT Tübingen.

Ascher, L.M. (1989): Paradoxical intention and recursive anxiety. In: L.M. Ascher: Therapeutic paradox. 93–136. Guilford Press New York.

Beck, A.T., Rush, A.J., Shaw, B.F., Emery, G. (1994): Kognitive Therapie der Depression. 4. Aufl. PsychologieVerlagsUnion Weinheim.

Benjamin, L. (1993): Interpersonal diagnosis and treatment of personality disorders. Guilford Press New York.

Bernstein, D.A., Borkovec, T.D. (1975): Entspannungstraining. Handbuch der progressiven Muskelentspannung. Pfeiffer München.

Brooks, R.B., Baltazar, P.L., Munjack, D.J. (1989): Co-occurrence of personality disorders with panic disorder, social phobia, and generalized anxiety disorder: A review of the literature. Journal of Anxiety Disorders 3, 259–285.

Clark, D.M., Wells, A. (1995): A cognitive model of social phobia. In: R.G. Heimberg, M.R. Liebowitz, D.A. Hope u. F.R. Schneier (eds.): Social phobia: Diagnosis, assessment, treatment. 69–93. Guilford Press New York.

Clement, U., Fydrich, T., Bürgener, F. (1997): Die Behandlung sozialer Phobien und Selbstunsicherheit als komorbide Störung bei psychischen und psychosomatischen Erkrankungen. Projektbericht an die Kommission für Forschungsförderung der Medizinischen Fakultät Heidelberg.

Dilling, H., Mombour, W., Schmidt, M. H. (1993): Internationale Klassifikation psychischer Störungen, ICD-10 Kapitel V. 2. Aufl. Hans Huber Bern.

Feske, U., Perry, K.J., Chambless, D.L., Renneberg, B., Goldstein, A.J. (1996): Avoidant personality disorder as a predictor for treatment outcome among generalized social phobics. Journal of Personality Disorders 10, 174–184.

Fiedler, P. (1996): Verhaltenstherapie in und mit Gruppen. PsychologieVerlagsUnion Weinheim.

Fliegel, S., Groeger, W.M., Künzel, R., Schulte, D., Sorgatz, H. (1993): Verhaltenstherapeutische Standardmethoden. 3. Aufl. PsychologieVerlagsUnion Weinheim.

Florin, I. (1978): Entspannung – Desensibilisierung. Kohlhammer Stuttgart.

Fydrich, T. (1996): Komorbidität psychischer Störungen. Empirische Untersuchungen zu einem umstrittenen Konzept. Habilitationsschrift. Heidelberg: Fakultät für Sozial- und Verhaltenswissenschaften.

Fydrich, T., Chambless, D.L., Perry, K.J., Belecanech, M., Renneberg, B. (1997): Generalized social phobia and avoidant personality disorder: Aspects of discriminant validity. Manuskript submitted for publication.

Fydrich, T., Schmitz, B., Dietrich, G., Heinicke, S., König, J. (1996): Prävalenz und Komorbidität von Persönlichkeitsstörungen. In: B. Schmitz, T. Fydrich, K. Limbacher (Hrsg.): Persönlichkeitsstörungen: Diagnostik und Psychotherapie. 56–91. PsychologieVerlagsUnion Weinheim.

Grawe, K. (Hrsg.) (1980): Verhaltenstherapie in der Gruppe. Urban u. Schwarzenberg München.

Hamm, A. (1993): Progressive Muskelentspannung. In: D. Vaitl, F. Petermann: Handbuch der Entspannungsverfahren. 245–271. PsychologieVerlagsUnion Weinheim.

Heimberg, R.G., Juster, H.R., Hope, D.A., Mattia, J.I. (1995): Cognitive behavioral group treatment for social phobia: Description, case presentation and empirical support. In: M.B. Stein (ed.): Social phobia: Clinical and research perspectives. 293–321. American Psychiatric Press Washington.

Herbert, J.D., Hope, D.A., Bellack, A.S. (1992): Validity of the distinction between generalized social phobia and avoidant personality disorder. Journal of Abnormal Psychology 101, 332–339.

Holt, C.S., Heimberg, R.G., Hope, D.A. (1992): Avoidant personality disorder and the generalized subtype of social phobia. Journal of Abnormal Psychology 101, 318–325.

Loranger, A., Sartorius, N., Andreoli, A., Berner, W., Buchheim, P., Channabasavanna, S.M., Coid, B., Dahl, A., Diekstra, R.F.W., Jacobsberg, L.B., Mombour, W., Ono, Y., Regier, D.A., Tyrer, P., von Cranach, M. (1994): IPDE: The international personality disorder examination: The WHO /ADAMHA international pilot study of personality disorders. Archives of General Psychiatry 51, 215–224.

Meichenbaum, D. (1995): Kognitive Verhaltensmodifikation. 1. Aufl. 1979. PsychologieVerlagsUnion Weinheim.

Pfingsten, U., Hinsch, R. (1991): Gruppentraining sozialer Kompetenzen. 2. Aufl. PsychologieVerlagsUnion Weinheim.

Pretzer, J. (1996): Kognitive Therapie der Persönlichkeitsstörungen. In: B. Schmitz, T. Fydrich, K. Limbacher (Hrsg.): Persönlichkeitsstörungen: Diagnostik und Psychotherapie. 149–178. PsychologieVerlagsUnion Weinheim.

Renneberg, B., Chambless. D.L., Gracely, E.J. (1992): Prevalence of SCID-diagnosed personality disorders in agoraphobic outpatients. Journal of Anxiety Disorders 6, 111–118.

Renneberg, B., Goldstein, A.J., Phillips, D., Chambless, D.L. (1990): Intensive behavioral group treatment of avoidant personality disorder. Behavior Therapy 21, 363–377.

Saß, H., Wittchen, H.-U., Zaudig, M. (1996): Diagnostisches und statistisches Manual psychischer Störungen (DSM-IV). Hogrefe Göttingen.

Stopa, L., Clark, D.M. (1993): Cognitive processes in social phobia. Behaviour Research and Therapy 31, 255–267.

Stravynski, A., Lesage, A., Marcouiller, M., Elie, R. (1989): A test of the therapeutic mechanism in social skills training with avoidant personality disorder. The Journal of Nervous and Mental Disease 177, 739–744.

Turner, S.M., Beidel, D.C., Townsley, R.M. (1992): Social phobia: A comparison of specific and generalized subtypes and avoidant personality disorder. Journal of Abnormal Psychology 101, 326–331.

Ullrich, R., Ullrich de Muynck, R. (1980): Diagnose und Therapie sozialer Störungen. Das Assertiveness Training Programm ATP. Einübung von Selbstvertrauen und sozialer Kompetenz. Anleitung für den Therapeuten. Pfeiffer München.

Watson, D., Friend, R. (1969): A measurement of social-evaluative anxiety. Journal of Consulting and Clinical Psychology 33, 448–457.

Wolpe, J. (1958): Psychotherapy by reciprocal inhibition. Stanford University Press Stanford.

13 Zur Psychopharmakotherapie von Persönlichkeitsstörungen des Clusters C

H.P. Kapfhammer, H.B. Rothenhäusler

13.1 Einleitung

Psychopharmakologische Interventionen bei Persönlichkeitsstörungen galten lange Zeit als marginal, allenfalls auf Krisensituationen beschränkt, in einer längerfristigen Anwendung kaum je reflektiert. In den deskriptiven Operationalisierungen der modernen diagnostischen Klassifikationssysteme von DSM-IV und ICD-10 werden überdauernde, stabile und rigide Muster inneren Erlebens und psychosozialen Verhaltens als die wesentlichen Merkmale von Persönlichkeitsstörungen herausgearbeitet. Der klinische Fokus richtet sich auf ein hiermit im Verlauf assoziiertes subjektives Leiden sowie auf mögliche resultierende soziale Fehlanpassungen. Neuere epidemiologische und psychobiologische Studien eröffneten in einer mehrfachen Weise den Weg auch für pharmakotherapeutische Ansätze bei Persönlichkeitsstörungen. Drei Modelle skizzieren hierfür einen prinzipiellen Zugang (Gitlin 1993):

Psychopharmaka behandeln eine Persönlichkeitsstörung direkt

Hierbei wird Persönlichkeit als eine vorrangig biologisch vermittelte Konstitution oder ein Grundtemperament konzipiert mit jeweils typischen intrapsychischen und interpersonalen Manifestationen. Die Vorstellung eines Spektrums von Störungen, die eine gemeinsame biologische Basis teilen, ist charakteristisch für dieses Modell. Psychopharmakologische Effekte können demnach sowohl bei Achse-I-Störungen (z.B. Schizophrenie) als auch bei Achse-II-Störungen (z.B. schizoptypische Störung) erwartet werden.

Psychopharmaka beeinflussen bestimmte Kernmerkmale bzw. Symptomcluster bei einer Persönlichkeitsstörung

Diese Symptomcluster (z.B. kognitiv-perzeptive Organisation, Impulsivität/Aggressivität, affektive Instabilität, Ängstlichkeit/ Hemmung) reflektieren eine biologische Disposition, die sowohl bei Achse-I- als auch bei Achse-II-Störungen aufscheinen. Der Gedanke einer dimensionalen Ausprägung dieser Cluster ist typisch für dieses Modell.

Psychopharmaka behandeln die mit einer Persönlichkeitsstörung assoziierten komorbiden Achse-I-Störungen

Eine z.B. im Verlauf einer Persönlichkeitsstörung auftretende depressive Störung kann durch eine antidepressive Medikation therapiert werden. In diesem Modell herrscht die Überzeugung vor, daß nach Abklingen der psychopathologischen Symptome dieser komorbiden Achse-I-Störung die Grundzüge der Persönlichkeitsstörung wieder hervortreten, die wiederum andere, z.B. psycho- oder soziotherapeutische Maßnahmen erfordern. Indirekt stellt sich hiermit auch die klinisch relevante Frage, inwieweit eine zugrundeliegende Persönlichkeitsstörung eine bestimmte Achse-I-Störung kompliziert, inwieweit sich hierdurch ferner die Ansprechbarkeit auf unterschiedliche psychopharmakologische Strategien verändern kann.

13.2 Cluster-C-Persönlichkeits-
störungen

Die vermeidend-selbstunsichere, dependente und zwanghafte Persönlichkeitsstörung gruppieren sich zum C-Cluster der Persönlichkeitsstörungen gemäß DSM-IV. Angst, Ängstlichkeit, Gefahrenvermeidung und Verhaltenshemmung definieren die für das Cluster C typischen Kernmerkmale (Siever u. Davis 1991). Eine implizite entwicklungspsychopathologische Dimension dieser Symptomcluster hebt bei heranwachsenden Kindern eine angeborene niedrige Angstschwelle hervor. Es fällt bei ihnen eine Tendenz zum scheuen Rückzug auf, die mit Schwierigkeiten, neue soziale Beziehungen zu knüpfen und herausfordernde Situationen zu meistern, verknüpft ist. Hieraus resultieren eine verstärkte Abhängigkeit von engen Bezugspersonen, eine furchtsamere Risikoabschätzung von möglichen negativen Konsequenzen individueller Verhaltensweisen sowie eine verringerte Handlungsorientierung bei der Lösung von interpersonalen Konflikten (Kagan et al. 1988). Die einzelnen Persönlichkeitsstörungen des Clusters C zeigen jeweils besondere Ausformungen dieser Grundängstlichkeit. So imponieren bei der vermeidend-selbstunsicheren Persönlichkeitsstörung typischerweise Ängste vor Kritik, vor Zurückweisung und beschämender Bloßstellung, bei der dependenten Persönlichkeitsstörung v.a. Trennungsängste, eine Scheu vor Autonomie, eigener Leistung, Selbstvertrauen und Selbstverantwortung. Bei der zwanghaften Persönlichkeitsstörung stehen wiederum Ängste vor Nachlässigkeit, fehlender oder verfehlter Normerfüllung, Kontrollverlust und unkalkulierbarem Risiko im Vordergrund (Vollmoeller 1997). In einer epidemiologischen Perspektive ist festzuhalten, daß die Prävalenzziffern für diese drei Persönlichkeitsstörungen bei 0,4–1,3% bzw. bei 1,7–6,7% bzw. bei 3–10% liegen (Zimmerman u. Coryell 1990, Allnut u. Links 1996).

Subjektives Leiden in Form persönlichkeitsinhärenter typischer Ängste, sich sekundär entwickelnde komorbide psychiatrische Störungen oder aber akut auftretende Krisen können im individuellen Verlauf ein psychopathologisches Ausmaß annehmen, daß neben psycho- und soziotherapeutischen Ansätzen auch psychopharmakologische Interventionen diskutiert werden müssen. Eine Skizze der zum Cluster C komorbiden psychiatrischen Erkrankungen verdeutlicht, daß zwischen Persönlichkeitsstörung und ko-

morbider psychiatrischer Störung keine bloße Zufallsrelation vorherrscht. So besteht eine „starke Beziehung" (definiert als: mehr als 50% der Patienten, Tyrer et al. 1997) zwischen der ängstlich-vermeidenden Persönlichkeitsstörung und der sozialen Phobie speziell in der generalisierten Form (Herbert et al. 1992, Jansen et al. 1994, Sanderson et al. 1994). Manche Autoren bezweifeln sogar überhaupt die diagnostische Unterscheidbarkeit der einmal als Achse-II-Störung, ein andermal als Achse-I-Störung konzipierten Symptommuster (Allnut u. Links 1996). Eine sehr enge Relation der ängstlich-vermeidenden Persönlichkeitsstörung existiert auch zur generalisierten Angststörung (Noyes et al. 1995), ferner auch eine starke Assoziation von Cluster-C-Persönlichkeitsstörungen, v.a. von dependenter Persönlichkeitsstörung und Panikstörung (Sanderson et al. 1994) sowie von dependenter Persönlichkeitsstörung und Agoraphobie (Hoffart et al. 1995). Eine theoretisch begründbare Rationale für den Einsatz von Psychopharmaka bei Persönlichkeitsstörungen des Clusters C folgt also vorrangig dem oben an dritter Stelle genannten Modell. Im speziellen Fall der ängstlich-vermeidenden Persönlichkeitsstörung kann aber auch das erstgenannte Modell berücksichtigt werden (Gitlin 1993, s.o.).

13.3 Psychopharmakotherapeutische Ansätze bei der vermeidend-selbstunsicheren Persönlichkeitsstörung

Der psychopharmakologische Beitrag zur Behandlung der ängstlich-vermeidenden Persönlichkeitsstörung stützt sich fast vollständig auf pharmakotherapeutische Erkenntnisse bei der sozialen Phobie. Richtungsweisend hierfür waren zunächst die positiven Erfahrungen mit dem MAO-Hemmer Phenelzin in der Behandlung der sog. „atypischen Depression". So zeigten Liebowitz et al. (1984), daß sich die Kernmerkmale einer interpersonalen Kränkbarkeit und Kritikempfindlichkeit oft durch Phenelzin erstaunlich bessern ließen. Das innere Erleben eines mit Kritik und Kränkung verknüpften besonderen seelischen Schmerzes, eine hiermit assoziierte Schüchternheit und soziale Ängstlichkeit definieren aber in einer Generalisierung auch die ängstlich-vermeidende Persönlichkeitsstörung. Die Autoren zeigten in einer weiteren placebo-kontrollierten, doppelblind durchgeführten Studie, daß soziale Ängste sowohl in einer Beschränkung auf umschriebene soziale Situationen als auch in einer generalisierten Form positiv durch Phenelzin, aber auch durch Atenolol beeinflußt werden konnten (Liebowitz et al. 1992). Der Betablocker Atenolol schien aber seine Wirksamkeit eher bei den situationsbezogenen sozialen Ängsten zu entfalten.

Bei der Interpretation der Ergebnisse der bislang vorliegenden Studien zur Pharmakotherapie der sozialen Phobie empfiehlt es sich, die Unterscheidung in einen „limitierten Subtypus" vs. einen „generalisierten Subtypus" der sozialen Phobie mitzudenken, da letzterer der Konzeptualisierung der ängstlich-vermeidenden Persönlichkeitsstörung fast unterschiedslos an die Seite zu stellen ist (Liebowitz et al. 1988). In den tabellarisch aufgeführten Untersuchungen wird diese Unterscheidung nicht immer explizit vollzogen (Tab. 13.1). Ferner intendierten nur einige Studien in ihrem Design einen direkten Wirknachweis hinsichtlich situationsübergreifender, persönlichkeitsgebundener Aspekte sozialer Ängstlichkeit.

Unter den erprobten Präparaten erzielten v.a. MAO-Hemmer, wie die klassischen Phenelzin und Tranylcypromin, aber auch die selektiven und reversiblen Moclobemid und Brofaromin, sowie selektive Serotoninwiederaufnahmehemmer recht ermutigende Ergebnisse. Positive Effekte können auch den potenten Benzodiazepinen Alprazolam und Clonazepam zugesprochen werden. Während die aufgeführten Antidepressiva v.a. in einer mittelfristigen Anwendung ihren Stellenwert behaupten, erweisen sich die Benzodiazepine infolge ihres zuverlässigen und raschen Wirkeintritts besonders zu Beginn einer medikamentösen Therapie oft als unverzichtbar. Das Risiko einer Gewöhnung und Abhängigkeitsentwicklung ist selbstverständlich bei einer langfristigen Applikation kritisch zu bedenken. Andererseits zeigen einige Befunde auch, daß Patienten mit einer generalisierten sozialen Phobie oft schon mit relativ niedrigen Dosierungen auskommen und im weiteren Therapieverlauf auch wieder ganz auf Benzodiazepine verzichten können (Davidson et al. 1991, Rickels et al. 1993).

Weitgehend offen für eine klinische Handlungsweisung muß aber bleiben, wie lange eine antidepressive oder anxiolytische Medikation durchgeführt werden muß, um beobachtbare Therapieeffekte auch längerfristig aufrecht zu erhalten, und wie hoch die Rezidivquote nach Absetzen ist.

Einige Studien sollen kurz skizziert werden, da in ihnen die Modifizierbarkeit einer vor Studienbeginn diagnostizierten ängstlich-vermeidenden Persönlichkeitsstörung als wesentliches Zielkriterium formuliert worden war:

Reich und Mitarbeiter (1989)

Reich et al. (1989) zeigten, daß eine achtwöchige Behandlung mit Alprazolam (Tagesdosis: 1–10 mg, mittlere Dosierung: 2,9 mg/die) bei 14 Patienten mit einer sozialen Phobie nach DSM-III-R-Kriterien auch gleichzeitig bestehende selbstunsichere Persönlichkeitszüge bessern konnte. Sechs von neun Items, die in Anlehnung an die Operationalisierung der ängstlich-vermeidenden Persönlichkeitsstörung im SCID-II formuliert waren, erreichten innerhalb von zwei bis sechs Wochen signifikant niedrigere Scores gegenüber den Ausgangswerten. Nach Absetzen von Alprazolam schwanden diese positiven Therapieeffekte allmählich wieder. Trotz beachtenswerter differentieller Effekte auf zentrale Aspekte der ängstlich-vermeidenden Persönlichkeitsorganisation blieben einige Items von Alprazolam aber weitgehend unbeeinflußt: Item 1 („keine engen Freunde oder Vertraute außerhalb der Familie"), Item 2 („leicht gekränkt durch Kritik oder Mißachtung durch andere"), Item 8 („übertreibt die möglichen Gefahren einer alltäglichen Situation").

Deltito und Stam (1989)

Deltito u. Stam (1989) demonstrierten in detaillierten pharmakotherapeutischen Fallstudien positive Auswirkungen von Tranylcypromin (30 mg/die), Phenelzin (60 mg/die) und Fluoxetin (20 mg/die) auf Patienten mit einer ängstlich-vermeidenden Persönlichkeitsstörung (n=4). Die Autoren beobachteten eine Abschwächung selbstunsicherer Persönlichkeitszüge innerhalb von zwei bis sechs Wochen. Eine kontinuierliche weitere Besserung war auch noch in den Folgemonaten festzustellen. Diese positiven Effekte waren offenkundig unabhängig von fehlenden oder aber zusätzlich existenten Achse-I-Störungen wie z.B. sozialer Phobie oder generalisierter Angststörung zu erzielen. Schneier et al. (1992) und Sternbach (1990) veröffentlichten ganz analoge kasuistische Beobachtungen unter Fluoxetin.

Tabelle 13.1: Kontrollierte Studien zur Pharmakotherapie der sozialen Phobie

Medikation	Wirksamkeit	Tagesdosis	Autoren
Brofaromin (n=15) Placebo (n=15)	Brofaromin > Placebo	Brofaromin 50 – 150 mg	Van Vliet et al. (1992)
Brofaromin (n=37) Placebo (n=40)	Brofaromin > Placebo	Brofaromin 150 mg	Fahlen et al. (1995)
Moclobemid (n=26) Phenelzin (n=26) Placebo (n=26)	Phenelzin > Mocolobemid > Placebo [Verträglichkeit: Mocolobemid > Phenelzin]	Phenelzin 30 – 90 mg Mocolobemid 200 – 600 mg	Versiani et al. (1992)
Phenelzin (n=25) Atenolol (n=23) Placebo (n=26)	Phenelzin > Atenolol = Placebo	Phenelzin 15 – 90 mg Atenolol 50-100 mg	Liebowitz et al. (1992)
Fluvoxamin (n=15)	Fluvoxamin > Placebo	Fluvoxamin 150 mg	Van Vliet et al. (1994)
Sertralin, Placebo Crossover (n=12)	Sertralin > Placebo	Sertralin 50-200 mg	Katzelnick et al. (1995)
Clonazepam (n=39) Warteliste (n=11)	Clonazepam > Warteliste	Clonazepam 1-6 mg	Munjack et al. (1990)
Clonazepam (n=39) Placebo (n=36)	Clonazepam > Placebo	Clonazepam 0,5-3 mg	Davidson et al. (1993)

Versiani und Mitarbeiter (1992)

In der doppelblind durchgeführten, placebo-kontrollierten Studie von Versiani und Mitarbeitern (1992) erwiesen sich sowohl Moclobemid als auch Phenelzin gegenüber Placebo als signifikant überlegen in der Modifikation einer ängstlich-vermeidenden Persönlichkeitsstörung (n=43). Über eine Behandlungsphase von 8 Wochen wurde Phenelzin in der täglichen Dosierung von 90 mg, Moclobemid in der täglichen Dosierung von 600 mg verabreicht. Nach acht Wochen waren in den „Verumgruppen" nur mehr bei drei von initial 27 Patienten die Kriterien einer ängstlich-vermeidenden Persönlichkeitsstörung erfüllt, in der „Placebogruppe" aber weiterhin noch bei 14 von 16 Patienten.

Fahlen (1995)

Fahlen (1995) fand während einer dreimonatigen Behandlungsphase mit Brofaromin (150 mg/ die) versus Placebo, daß in der „Verumgruppe" 5 von 15 Patienten, in der Placebogruppe aber 14 von 19 Patienten bei Abschluß der Medikamentenprüfung noch eine ängstlich-vermeidende Persönlichkeitsstörung aufwiesen. Alle Patienten hatten als Achse-I-Diagnose eine soziale Phobie. In einer weiteren, ebenfalls doppelblinden und placebo-kontrollierten Studie konnte die Arbeitsgruppe um Fahlen eine ähnlich positive Wirkung von Brofaromin auf selbstunsichere Persönlichkeitszüge bestätigen, auch wenn unterschiedliche Achse-I-Diagnosen wie einfache Phobie, generalisierte Angststörung, Dysthymie oder Major Depression vorlagen. Die pharmakotherapeutischen Effekte von Brofaromin konnten in einer nachgeschalteten neunmonatigen Follow-up-Behandlungsperiode noch gesteigert werden, während ca. zwei Drittel der Placebo-Responder in dieser Zeit auf ihre Ausgangswerte zurückfielen (Fahlen et al. 1995)

13.4 Psychopharmakotherapeutische Ansätze bei der dependenten Persönlichkeitsstörung

Bei der dependenten Persönlichkeitsstörung liegen im Vergleich zur ängstlich-vermeidenden Persönlichkeitsstörung noch deutlich weniger Erfahrungen für ein pharmakotherapeutisches Handeln vor. Es existiert bisher keine Studie, in der gezielt an einer nach DSM-III-R- oder -IV-Kriterien diagnostizierten Gruppe von Patienten mit einer dependenten Persönlichkeitsstörung die Wirksamkeit eines Psychopharmakons überprüft worden wäre. Aus wenigen Untersuchungen können nur sehr indirekte Erkenntnisse abgeleitet werden. Reich et al. (1987) fanden, daß ca. 40% der Patienten mit einer Panikstörung und Agoraphobie zusätzlich eine dependente Persönlichkeitsstörung aufwiesen. Eine zu einer Panikstörung koexistente dependente Persönlichkeitsstörung verringert aber ganz offenkundig die Rate der Response auf Benzodiazepine (Reich 1988) oder MAO-Hemmer (Shawcross u. Tyrer 1985).

In einer älteren Studie erzielten bei stationär behandelten Patienten mit passiv-aggressiven und passiv-dependenten Persönlichkeitszügen nach DSM-II unter Imipramin, Chlorpromazin oder Placebo kaum Effekte (Klein et al. 1973). Lauer (1976) berichtete über diskrete Therapieerfolge von trizyklischen Antidepressiva bei Patienten mit koexistenten passiv-abhängigen Persönlichkeitszügen. Unter Trizyklika zeigten diese Patienten weniger Angst, mehr Tatkraft und Selbstbehauptung. Shea und Mitarbeiter (1990) wiesen nach, daß Patienten mit einer Major Depression und einer koexistenten dependenten Persönlichkeitsstörung unter Imipramin signifikant seltener eine Vollremission erreichten als solche ohne Achse-II-Diagnose. Tyrer et al. (1992) kamen bei ihrer Patientengruppe mit einem „allgemeinen neurotischen Syndrom", das einerseits Symptome einer gemischten Angst-Depression, andererseits koexistente dependente oder zwanghafte Persönlichkeitszüge einschloß, zu einer ähnlichen Einschätzung. Es zeichneten sich in ihrer Studie möglicherweise auch differentielle Therapieeffekte ab, wenn Patienten mit einer koexistenten dependenten Persönlichkeitsstörung von kognitiv-verhaltenstherapeutischen Interventionen weniger profitierten als solche ohne zusätzliche Persönlichkeitsstörung. Unter antidepressiver Medikation

(Dothiepin) konnte hingegen kein derartiger Unterschied aufgedeckt werden (Tyrer et al. 1993). Nur als kasuistische Beobachtung zu werten ist ein Patient in der Studie von Fahlen et al. (1995), der neben einer sozialen Phobie auch eine dependente Persönlichkeitsstörung hatte und sich unter Brofaromin auch in zentralen Persönlichkeitseigenschaften erstaunlich besserte.

Insgesamt darf wohl die allgemeine Schlußfolgerung von Shea et al. (1990, 1992), wonach Patienten mit einer Achse-I- und einer Achse-II-Diagnose für eine klinische Besserung sehr viel längerfristig angelegte Behandlungsperioden erfordern, speziell auch für einen psychopharmakologischen Ansatz bei Patienten mit koexistenter dependenter Persönlichkeitsstörung, Gültigkeit beanspruchen.

13.5 Psychopharmakotherapeutische Ansätze bei der zwanghaften Persönlichkeitsstörung

Es liegen ebenfalls keine Studien zur Wirksamkeitsüberprüfung von Psychopharmaka bei einer eng nach modernen Diagnosekriterien definierten Patientengruppe mit zwanghafter Persönlichkeitsstörung vor. Anekdotische Berichte verweisen auf positive Effekte von selektiven Serotoninwiederaufnahmehemmern (Stein u. Hollander 1993). Aber nach wie vor ist das Urteil von Insel u. Zohar (1987) empirisch nicht widerlegt, daß das bei der Therapie von Zwangsstörungen so erfolgreiche Clomipramin keine vergleichbare Effizienz in der Behandlung der zwanghaften Persönlichkeitsstörung entfaltet. Epidemiologisch von Bedeutung ist, daß eine zwanghafte Persönlichkeitsstörung relativ seltener mit einer Zwangsstörung vergesellschaftet (Baer et al. 1990), hingegen relativ häufiger mit einer depressiven Störung assoziiert ist (Shea et al. 1987). Hinweise, wonach sich eine antidepressive Medikation bei Patienten mit einer zusätzlichen zwanghaften Persönlichkeitsstörung als nicht so aussichtsreich erweise wie bei solchen ohne diese zusätzliche Achse-II-Diagnose (Shawcross u. Tyrer 1985), dürfen nicht unbedingt verallgemeinert werden. So zeigten Ansseau et al. (1991), daß eine koexistente zwanghafte Persönlichkeitsstörung unter Umständen sogar als positiver Prädiktor für ein positives Ansprechen einer depressiven Symptomatik auf

Fluvoxamin zu werten sei. Pollitt u. Tyrer (1992) kamen zu einer ähnlichen Einschätzung.

13.6 Klinisch-praktische Dimension einer Pharmakotherapie bei Cluster-C-Persönlichkeitsstörungen und Arzt-Patient-Beziehung

Selbst die noch spärlichen Studienergebnisse und Fallberichte lassen klinisch Zweifel an dem über viele Jahrzehnte vermittelten therapeutischen Pessimismus hinsichtlich einer psychopharmakologischen Beeinflußbarkeit von Persönlichkeitsstörungen aufkommen. Anxiolytisch und antidepressiv wirksame Präparate können sehr wohl einen definierbaren Stellenwert in der Behandlung von Cluster-C-Persönlichkeitsstörungen behaupten. Klinisch in jedem Falle lohnenswert erscheint der Einsatz in speziellen Krisen und v.a. bei einer sich sekundär entwickelnden psychiatrischen Komorbidität. Anregend und einer weiteren empirischen Überprüfung wert sind aber auch einige Beobachtungen, wonach ein psychopharmakotherapeutischer Ansatz, wie z.B. im Falle der ängstlich-vermeidenden Persönlichkeitsstörung, ganz offenkundig auch zentralere Aspekte einer Persönlichkeitsorganisation positiv verändern kann. Andererseits verweisen Persönlichkeitsstörungen neben grundlegenden psychobiologischen Eigenschaften immer auch auf eine eigenständige intrapsychische Entwicklung und psychosoziale Lerngeschichte. Nur eine reduktionistische Sichtweise auf die Komplexität seelischen Erlebens und sozialen Handelns würde über einen pharmakologischen Ansatz allein die entscheidenden Fortschritte in der Behandlung von Persönlichkeitsstörungen erwarten. Psychopharmaka werden selbst bei bescheiden gewählten Therapiezielen immer auch im Kontext einer Arzt-Patient-Beziehung verabreicht, die einerseits supportiv gestaltet ist und zu konstruktiven Lernschritten motivieren soll, andererseits aber gewollt oder ungewollt, bewußt reflektiert oder unbewußt verzerrend das Medium für fortlaufende Übertragungs- und Gegenübertragungsprozesse ist. Die impliziten Bedeutungen einer Medikation für den Patienten und für den Behandler in einer aktuellen therapeutischen Beziehung sind deshalb von grundlegender Relevanz. Sie können am besten durch ein psycho-dynamisches Verständnis erhellt und für eine Therapie konstruktiv genutzt werden.

Es sollen hier nur allgemeine Aspekte der klinisch-praktischen Durchführung einer Psychopharmakotherapie bei Persönlichkeitsstörungen des Clusters C angesprochen werden. Bereits zu Beginn einer Behandlung, d.h. auch bei Einleitung einer spezifischen Psychotherapie, sollte mit dem Patienten die Möglichkeit eines psychopharmakologischen Ansatzes erörtert werden. Bei einer späteren Entscheidung für Medikamente darf dem Patienten nicht vermittelt werden, daß hiermit ein Rückzug aus einem gesprächs- und/oder handlungsorientierten Ansatz intendiert oder die gewählte Therapieform gescheitert sei. Vielmehr ist es notwendig, gerade mit persönlichkeitsgestörten Patienten ein Grundverständnis zu erarbeiten, daß psychotherapeutische Maßnahmen häufig nur greifen können, wenn sowohl in psychologisch-interpersonaler als auch in biologisch-pharmakologischer Hinsicht ein „haltendes Milieu" (holding environment) geschaffen worden ist und aufrechterhalten werden kann (Modell 1976, Smith 1989). Es muß mit dem Patienten klar besprochen werden, welche Beschwerden als Zielsymptome für eine pharmakologische Intervention identifiziert worden sind, welches Medikament mit welchem Therapieziel gegeben werden soll, welche Nebenwirkungen auftreten können, und innerhalb welcher realistischen Zeitspanne das Erreichen oder aber Verfehlen eines definierten Therapieziels überprüft werden sollte (vgl. Tab. 13.2).

Trotz dieser wohlmeinenden, psychoedukativen Haltung ist es oft nicht zu umgehen, sich die besonderen psychodynamischen Voraussetzungen zu verdeutlichen, unter denen ein individueller Patient mit einer Cluster-C-Persönlichkeitsstörung den Modus der Medikamentenverschreibung erlebt, die pharmakologischen Haupt- und Nebenwirkungen verarbeitet und mit Compliance oder Noncompliance reagiert (Stone 1993, Gabbard 1994).

Bei Patienten mit einer *ängstlich-vermeidenden Persönlichkeitsstörung* muß einerseits die besondere Vulnerabilität für eine beschämende Bloßstellung, die oft der sozialen Ängstlichkeit zugrundeliegt, andererseits eine generalisierte katastrophisierende Einstellung gegenüber unvorhergesehenen Veränderungen oder neuen Herausforderungen der Umwelt beachtet wer-

Tabelle 13. 2: Schritte in einer psychopharmakologischen Behandlung von Patienten mit Persönlichkeitsstörungen (nach: Silk 1996)

Vorentscheidung	Psychotherapie ohne gleichzeitige Verordnung von Medikamenten erfordert eine kollegiale Beziehung mit einem Psychopharmakologen: - offene Diskussion dieser Beziehung - Grenzen und Gemeinsamkeit in der Verantwortlichkeit für Patienten - gegenseitiger Respekt Nichtärztlicher Psychotherapeut sollte sich mit den gängigen Psychopharmaka, den prinzipiellen Indikationen und den häufigsten Nebenwirkungen vertraut machen
Frühe Behandlungsstadien	Vor Beginn einer Psychotherapie, bei Erörterung des Behandlungsplans und der Therapieziele auch auf die Möglichkeit einer Pharmakotherapie hinweisen und späteren eventuellen Einsatz begründen
Wenn Medikation indiziert, sollte betont werden	- Pharmakotherapie bedeutet nicht, daß Psychotherapie fehlgeschlagen ist - Medikamente können spezielle Symptome behandeln, aber keine interpersonalen Probleme lösen
Wenn Medikamente begonnen, sollte bedacht werden	- Identifikation jener Symptome/Syndrome von Achse-I-Störungen, für die eine medikamentöse Therapie-Response erwartbar - Bedeutung der Medikation für Therapeuten und Psychopharmakologen - Bedeutung der Medikation für Patienten - Stellenwert der Pharmakotherapie im Gesamtbehandlungsplan unter spezieller Beachtung von Übertragungs- und Gegenübertragungsprozessen - potentielle Letalität von Medikamenten z.B. bei Suizidalität - Auftrennung in Psychotherapeut und Psychopharmakologen als interpersonale Grundlage für Spaltungs- und Projektionsvorgänge
Besondere Vorsichten bei einer Pharmakotherapie	- alle psychotropen Substanzen besitzen einen gewissen Grad an Letalität, - einige Präparate wie z.B. die trizyklischen Antidepressiva sind diesbezüglich besonders gefährlich - Medikamente können keine interpersonalen Konflikte lösen oder psychosoziale Defizite beheben - Medikamente sollten, wenn möglich, nicht in Zeiten therapeutischer Krisen eingeführt oder verändert werden - Polypharmazie ist in aller Regel wenig nützlich und führt eher zu therapeutischer Konfusion als zu therapeutischer Klarheit

den. Die Anfälligkeit für Beschämung und Kritik mag es beispielsweise einem Patienten unmöglich machen, sich in seiner Hilfsbedürftigkeit und Schwäche mitzuteilen. Statt dessen aber mißversteht er den wohlmeinenden Rat des Arztes zu einer medikamentösen Stützung als Kränkung und Zurückweisung und wertet die mit einem Pharmakon verknüpften Nebenwirkungen als Beleg für diese interpersonale Demütigung. Und in eben diesen inneren Erlebnissen kann er sich dem Therapeuten gegenüber nur schwer öffnen, so daß die Gefahr eines abrupten Behandlungsabbruchs droht.

Das ausgeprägte Bedürfnis nach Sicherheit, die z.T. extreme Sensibilität gegenüber Abweichungen von eingeengten Erwartungen kann v.a. zu einer heiklen Verarbeitung von möglichen Nebenwirkungen einer psychopharmakologischen Medikation führen. Die prinzipielle Tendenz des Patienten zu einer katastrophisierenden Bewertung macht es dem Arzt wiederum oft unmöglich, in dessen Beschwerden zwischen harmlosen und gefährlichen Effekten zu unterscheiden. Nicht selten wehrt er die in den Klagen des Patienten implizite Infragestellung seiner psychopharmakologischen Kompetenz dadurch ab, daß er eine Übertreibung und Schwächlichkeit des Patienten thematisiert, ihn dadurch kränkt und wiederum einem „Circulus vitiosus" von Beschämung und Rückzug aussetzt. Gelingt es hingegen Patienten und Therapeuten, in einem gefestigten Arbeitsbündnis diese psychodynamischen Aspekte zu integrieren, dann können psychopharmakologische Interventionen oft zu erstaunlichen Therapiefortschritten beitragen. Patienten tolerieren nun erstmals ein Expositionsverfahren, das ihnen ein vielschichtiges soziales Lernen eröffnet und lange Zeit brach gelegene Talente endlich positiv erproben läßt.

Für Patienten mit einer *dependenten Persönlichkeitsstörung* ist anklammerndes und unterwürfiges Verhalten einem Therapeuten gegenüber typisch. Um tiefe Ängste vor Trennung und Alleinsein zu kontrollieren, signalisieren sie eine verstärkte Hilfsbedürftigkeit. Das prinzipielle therapeutische Dilemma bei ihnen besteht darin, daß sie zur Überwindung ihrer Unselbständigkeit und Asthenie sich zuvor in eine therapeutische Abhängigkeit begeben müssen, gerade darin aber oft ein Therapieziel an sich erblicken. Zyklen von Übertragungs- und Gegenübertragungsmustern im Laufe einer Behandlung müssen erkannt und speziell auch bei einem psychopharmakologischen Ansatz reflektiert werden. Die drängende Suche des dependenten Patienten nach Hilfe und Führung, besonders zu Behandlungsbeginn, kann den Therapeuten leicht vor einer emotional intensiveren Beziehung zurückschrecken lassen. Um sich zu entlasten, entschließt er sich vielleicht zu einer vorschnellen medikamentösen Intervention, die kontraproduktiv sein kann. Eine abwehrbestimmte Idealisierung des Therapeuten durch den Patienten impliziert auch eine Zuschreibung jeglicher Verantwortung in Fragen wichtiger Entscheidungen wie z.B. dem Absetzen von Medikamenten. Diese Idealisierung mag der Therapeut bereitwillig aufgreifen. Eine direktive Grundhaltung bewahrt ihn davor, sich mit einer möglichen Enttäuschungswut des Patienten zu konfrontieren. Vordergründig verschaffen Medikamente einem Patienten eine rasche Abhilfe für seine Bedürftigkeit, bestärken aber gerade darin seine Abhängigkeit von ambivalent erlebten Objekten. Medikamente nehmen Bedeutungen der unbewußten therapeutischen Beziehung an. Sie können die Funktion eines „Übergangs-Objekts" zur Abwehr eines schwer erträglichen Alleinseins ausüben und mit einem idiosynkratischen, zuweilen selbstgefährdenden Einnahme-

verhalten einhergehen. Da die Beziehung zum Therapeuten nur schwer aufgegeben werden kann, darf der Patient auch keine entscheidenden Behandlungsfortschritte erzielen. Diese „negative therapeutische Reaktion" drückt sich oft in einer unfruchtbaren Diskussion um zu erwartende, aber dann doch nie eintretende Medikamenteneffekte, um stets wiederkehrende Unverträglichkeitsreaktionen unter den verschiedensten Pharmaka aus. Umgekehrt kann ein Patient eventuell schwerwiegende Nebenwirkungen vor sich verleugnen oder dem Arzt gegenüber verschweigen, da er mit ihrer Mitteilung eine Gefährdung der Beziehung verbindet. Es ist also bei einem Patienten mit einer dependenten Persönlichkeitsstörung entscheidend, die Indikation für Medikamente sehr sorgfältig zu begründen, sich hierbei das angesprochene therapeutische Dilemma immer wieder bewußt zu machen und mit einer Pharmakotherapie assoziierte Übertragungswiderstände zu reflektieren. Als therapeutische Grundregel muß wohl gelten, daß die vordergründig geäußerten Wünsche eines Patienten nach rascher Abhilfe für psychopathologische Symptome selten seine eigentlichen Bedürfnisse ausdrücken. Die Gabe von Medikamenten kann deshalb immer auch zu einer unbewußten Aktivierung früherer schädlicher Beziehungsmuster beitragen.

Psychodynamische Prozesse eines Patienten mit einer *zwanghaften Persönlichkeitsstörung* beziehen sich auf eine zentrale Besorgnis um seine unsichere Autonomie und prekäre Selbstkontrolle. Grundlegende Gefühle von Hilflosigkeit, Beschämung, Schuld, Schwäche und persönlicher Insuffizienz sind typisch. Zwanghafte Abwehrmechanismen wie Reaktionsbildung, Ungeschehenmachen, Affektisolierung, Intellektualisierung und Verschiebung richten sich hierauf. Sie folgen einem starken Selbstschutzbedürfnis und bedingen ein übermäßiges Kontrollbedürfnis über eigene Gedanken, Gefühle, Impulse und Handlungen in einer als bedrohlich, unvorhersagbar, bestrafend und eindringend erlebten Welt. Kontrolle ist hierbei nur im Sinne eines „Alles-oder-Nichts" vorstellbar. Sie ist oft von aggressiver Feindseligkeit geprägt, die hinter einer Fassade von Normrigidität und Perfektionismus aufscheint. Sehnsucht nach und gleichzeitig Vermeidung von intensiven emotionalen Erfahrungen in zwischenmenschlichen Kontakten sind hiermit korreliert. Diese psychodynamischen Aspekte können auch die Durchführung einer Psychopharmakotherapie entscheidend beeinflussen. Medikamentöse Effekte greifen durch ihre prinzipiell angestrebten positiven Wirkungen, aber auch durch ausgelöste unerwünschte Nebenwirkungen in das heikle Geflecht von Nähe und Distanz, von Macht und Unterwerfung innerhalb der aktuellen therapeutischen Beziehung ein. Medikamente können für den anankastischen Patienten die unbewußten Konnotationen von eindringenden, beschämenden, disziplinierenden und quälenden Objekten annehmen. Sie können sein labiles Gefühl von Selbstbestimmtheit weiter unterminieren, so daß er entweder durch Non-Compliance oder durch enervierende Beschwerden über vermeintliche oder tatsächliche Nebenwirkungen gegenagieren muß. Negative Verhaltenskonsequenzen können aber auch durch zunächst positiv erlebte Veränderungen angestoßen werden, wenn beispielsweise serotonerg wirksame Substanzen zu einer Aufhellung der pessimistischen Stimmung und zu einer Verringerung skrupulöser Selbstzweifel führen und so den Patienten wieder verstärkt mit lange abgewehrten, aber gefährlich irritierenden Bedürfnissen konfrontieren. Andererseits können Hartnäckigkeit und Aufgabenorientiertheit eines therapiemotivierten anankastischen Patienten auch ein therapeutisches Bündnis bestärken. Rational definierte Therapieziele einer pharmakologischen Intervention lassen sich ihm gut vermitteln. Seine Selbstverantwortlichkeit ist gewinnbringend in die Behandlung einzubeziehen.

13.7 Literatur

Allnut, S., Links, P.S. (1996): Diagnosing specific personality disorders and the optimal criteria. In: P.S. Links (ed.): Clinical assessment and management of severe personality disorders. 21–47. American Psychiatric Press Washington DC, London.

Ansseau, M., Troisfontaines, B., Papart, P., Von-Frenckell, R. (1991): Compulsive personality as predictor of response to serotonergic antidepressants. BMJ 303, 760–761.

Baer, L., Jenike, M.A., Ricciardi, J.N. et al. (1990): Standardized assessment of personality disorders in obsessive-compulsive disorder. Archives of General Psychiatry 47, 826–830.

Davidson, J.R.T., Ford, S.M., Smith, R.D., Potts, N.L.S. (1991): Long-term treatment of social phobia with clonazepam. Journal of Clinical Psychiatry 52 (suppl 11), 16–20.

Davidson, J.R.T., Potts, N., Richichi, E. et al. (1993): Treatment of social phobia with clonazepam and placebo. Journal of Clinical Psychopharmacology 13, 423–428.

Deltito, J.A., Stam, M. (1989): Psychopharmacological treatment of avoidant personality disorder. Comprehensive Psychiatry 30, 498–504.

Fahlen, T. (1995): Personality traits in social phobia, II: Changes during drug treatment. Journal of Clinical Psychiatry 56, 569–573

Fahlen, T., Nilsson, H.L., Borg, K. et al. (1995): Social phobia: The clinical efficacy and tolerability of the monoamine oxydase-A and serotonin uptake inhibitor brofaromine. A double-blind placebo-controlled study. Acta Psychiatrica Scandinavica 92, 351–358.

Gabbard, G.O (1994): Dynamic approaches to axis II disorders. Cluster C personality disorders: Obsessive-compulsive, avoidant, and dependent. In: G.O. Gabbard: Psychodynamic psychiatry in clinical practice. The DSM-IV ed. 589–617. American Psychiatric Press Washington DC, London.

Gitlin, M.J. (1993): Pharmacotherapy of personality disorders: Conceptual framework and clinical strategies. Journal of Clinical Psychopharmacology 13, 343–353.

Herbert, J.D., Hope, D.A., Bellack, A.S. (1992): Validity of the distinction between generalized social phobia and avoidant personality disorder. Journal of Abnormal Psychology 101, 332–339.

Hoffart, A., Thornes, K., Hedley, L.M. (1995): DSM-III-R axis I and II disorders in agoraphobic inpatients with and without panic disorder before and after psychosocial treatment. Psychiatry Research 56, 1–9.

Insel, T.R., Zohar, J. (1987): Psychopharmacologic approaches to obsessive-compulsive disorder. In: H.Y. Meltzer (ed.): Psychopharmacology: The third generation in progress. 1205–1210. Raven Press New York.

Jansen, M.A., Arntz, A., Merckelbach, H., Mersch, P.P. (1994): Personality disorders and features in social phobia and panic disorder. Journal of Abnormal Psychology 103, 391–395.

Kagan, J., Reznick, S., Snidman, N. et al. (1988): Childhood derivatives of inhibition and lack of inhibition to the unfamiliar. Child Development 59, 1580–1589.

Katzelnick, D.J., Kobak, K.A., Greist, J.H. et al. (1995): Sertraline for social phobia: Placebo-controlled crossover study. American Journal of Psychiatry 152, 1368–1371.

Klein, D.F., Honigfeld, G., Feldman, S. (1973): Predictions of drug effects in personality disorders. Journal of Nervous and Mental Disease 156, 183–197.

Lauer, J. (1976): The effect of tricyclic antidepressant compounds on patients with passive-dependent personality traits. Current Therapeutic Research 19, 495–505.

Liebowitz, M.R., Quitkin, F.M., Stewart, J.W. et al. (1984): Phenelzine vs. imipramine in atypical depression: A preliminary report. Archives of General Psychiatry 41, 669–677.

Liebowitz, M.R., Gorman, J.M., Fyer, A.J. et al. (1988): Pharmacotherapy of social phobia: An interim report of a placebo-controlled comparison of phenelzine and atenolol. Journal of Clinical Psychiatry 49, 252–257.

Liebowitz, M.R., Schneier, F., Campeas, R. et al. (1992): Phenelzine vs atenolol in social phobia. Archives of General Psychiatry 49, 290–300.

Modell, A. (1976): „The holding environment" and the therapeutic action of psychoanalysis. Journal of the American Psychoanalytic Association 24, 285–307.

Munjack, D.J., Baltazar, P.L., Bohn, P.B. et al. (1990): Clonazepam in the treatment of social phobia: A pilot study. Journal of Clinical Psychiatry 51 (suppl 5), 35–40.

Noyes, R.J., Woodman, C.L., Holt, C.S. et al. (1995): Avoidant personality traits distinguish social phobic and panic disorder subjects. Journal of Nervous and Mental Disease 183, 145–153.

Pollitt, J., Tyrer, P. (1992): Compulsive personality as predictor of response to serotonergic antidepressants. British Journal of Psychiatry 161, 836–838.

Reich, J. (1988): DSM-III personality disorders and the outcome of treated panic disorder. American Journal of Psychiatry 145, 1149–1152.

Reich, J., Noyes, R., Troughton, E.D. (1987): Dependent personality disorder associated with phobic avoidance in patients with panic disorder. American Journal of Psychiatry 144, 323–326.

Reich, J., Noyes, R., Yates, W. (1989): Alprazolam treatment of avoidant personality traits in social phobic patients. Journal of Clinical Psychiatry 50, 91–95.

Rickels, K., Schweizer, E., Weiss, S., Zavodnick, S. (1993): Maintenance drug treatment for panic disorder: Short and long-term outcome after drug taper. Archives General Psychiatry 50, 61–68.

Sanderson, C., Wetzler, S., Beck, A.T., Betz, F. (1994): Prevalence of personality disorders among patients with anxiety disorders. Psychiatry Research 51, 167–174.

Schneier, F.R., Chin, S.J., Hollander, E., Liebowitz, M.R. (1992): Fluoxetine in social phobia. Journal of Clinical Psychopharmacology 12, 62–64.

Shawcross, C.R., Tyrer, P. (1985): The influence of personality on response to monoamine oxidase inhibitors and tricyclic antidepressants. Journal of Psychiatry Research 19, 557–562.

Shea, M.T., Glass, D.R., Pilkonis, P.A. et al. (1987): Frequency and implications of personality disorders in a sample of depressed outpatients. Journal of Personality Disorders 1, 27–42.

Shea, M.T., Pilkonis, P.A., Beckham, E. et al. (1990): Personality disorders and treatment outcome in the NIMH treatment of depression collaborative research program. American Journal of Psychiatry 711–718.

Shea, M.T., Klein, M.H., Widiger, T.A. (1992): Comorbidity of personality disorders and depression: Implication for treatment. Journal of Consulting and Clinical Psychology 60, 857–868.

Siever, L.J., Davis, K.L. (1991): A psychobiological perspective on the personality disorders. American Journal of Psychiatry 148, 1647–1658.

Silk, K.R. (1996): Rational pharmacotherapy for patients with personality disorders. In: P.S. Links (ed.): Clinical assessment and management of severe personality disorders. 109–142. American Psychiatric Press Washington DC, London.

Smith, J.M. (1989): Some dimensions of transference in combined treatment. In: J.M. Ellison (ed.): The psychotherapist's guide to pharmacotherapy. 79–94. Year Book Medical Chicago.

Stein, D.J., Hollander, E. (1993): The spectrum of obsessive-compulsive-related disorders. In: E. Hollander (ed.): Obsessive-compulsive-related disorders. 241–270. American Psychiatric Press Washington DC, London.

Sternbach, H. (1990): Fluoxetine treatment of social phobia. Journal of Clinical Pharmacology 10, 230–231.

Stone, M. (1993): Cluster C personality disorders. In: D.L. Dunner (ed.): Current psychiatric therapy. 411–417. Saunders Philadelphia, London, Toronto, Montreal, Sydney, Tokyo.

Tyrer, P., Gunderson, J., Lyons, M., Tohen, M. (1997): Special feature: Extent of comorbidity between mental state and personality disorders. Journal of Personality Disorders 11, 242–259.

Tyrer, P., Seivewright, N., Ferguson, B., Tyrer, J. (1992): The general neurotic syndrome: A coaxial diagnosis of anxiety, depression and personality disorder. Acta Psychiatrica Scandinavica 85, 201–206.

Tyrer, P., Seivewright, N., Ferguson, B. et al. (1993): The Nottingham study of neurotic disorder: Effect of personality status on response to drug treatment, cognitive therapy and self-help over two years. British Journal of Psychiatry 162, 219–226.

Van Vliet, I., den Boer, J.A., Westenberg, H.G.M. (1992): Psychopharmacological treatment of social phobia: Clinical and biochemical effects of brofaromine, a selective MAO-A-inhibitor. European Neuropsychopharmacology 2, 21–29.

Van Vliet, I., den Boer, J.A., Westenberg, H.G.M. (1994): Psychopharmacological treatment of social phobia – A double-blind placebo-controlled study with fluvoxamine. Psychopharmacology 115, 128–134.

Versiani, M., Nardi, A.E., Mundim, F.D. et al. (1992): Pharmacotherapy of social phobia – A controlled study with moclobemide and phenelzine. British Journal of Psychiatry 161, 353–360.

Vollmoeller, W. (1997): Angst bei Persönlichkeitsstörungen. Persönlichkeitsstörungen. Theorie und Therapie 2, 93–100.

Zimmerman, M., Coryell, W.H. (1990): Diagnosing personality disorders in the community. A comparison of self-report and interview measures. Archives of General Psychiatry 47, 527–531.

Sachregister

A

Aachener Merkmalsliste zur Erfassung von Persönlichkeitsstörungen (AMPS) 2, 4
Abhängigkeit 9, 11, 22, 34f, 84, 112, 126f, 140, 162, 172, 178
Abhängigkeitsentwicklung 173
Abwehr 18
Abwehrmechanismus 19f, 49, 51, 76, 83, 119ff, 178
Abwehrprozeß 111
Abwehrverhalten 71
Abwertung 137
Achse-II-Störung 11, 171f
Achse-I-Störung 4, 11, 26, 28, 98, 133, 141, 145, 152, 156, 171ff, 175, 177
Adaptation 162
adaptiver Regulationsprozeß 119
Adoleszenz 2, 133, 159
Affekt 1, 7, 9, 18f, 22, 33, 48, 99, 101, 103, 110, 116ff, 120ff, 125ff, 148, 155
Affektauslenkung 118
Affektäußerung 119
Affektbewältigung 119
Affektblockierung 121
Affektdifferenzierung 18, 21, 127
Affektdurchbruch 5, 60
Affektdysregulation 117, 122
Affektentladung 117, 121
Affekterleben 120, 126
Affektinduktionsexperiment 117
Affektisolierung 178
affektive Dysregulation 104
affektive Erkrankung 117
affektive Instabilität 4, 8f, 68, 103, 108f, 112, 116, 171
affektive Störung 6ff, 13f, 117, 168
Affektivität 2, 6, 20, 117, 144
Affektregulation 33, 120f, 123, 125, 129
Affektschwelle 117
Affektstörung 20, 28
Affekttoleranz 103, 127
Affektunterdrückung 121
Affiliation 53, 56
Aggression 21
Aggressionskontrolle 134

Aggressivität 8, 110, 171
Agoraphobie 150, 153, 172
Aktivitätenplanung 28
Alkohol 8, 41, 80, 160
Alkoholabhängigkeit 99
Alkoholkonsum 124
Alkoholmißbrauch 8, 35, 58, 117
Allgemeinmedizin 17
Alprazolam 107f, 114, 173, 180
Altruismus 161
Ambiguität 94
Amitriptylin 105, 107
Analytiker 16
analytisch-psychosomatische Therapie 89
Anamnese 2, 17, 22, 23, 58, 102, 112
Angst 6f, 9, 11ff, 20f, 26ff, 32, 35, 49, 77ff, 105ff, 112, 117f, 127f, 141, 146ff, 157, 159ff, 172f, 175, 178, 180
Angstbarometer 163
Angstbewältigung 32, 33
Angsterkrankung 98
Angstforschung 150
Angsthierarchie 165
Ängstlichkeit 160, 172
Angstniveau 163
Angstreaktion 150, 153, 166
Angstspirale 166
Angststörung 30, 41, 88, 145, 149, 151f, 157, 161, 168, 172ff
Angstsymptom 107, 163
Angstthermometer 163
Angsttoleranz 121
Angstzustand 160
Anonyme Alkoholiker 99
anorektische Symptomatik 137
Anpassungsanspruch 8, 67
Anpassungsstörung 88
Anspannung 163, 166
Anspannungsniveau 162f
Anspruchsdenken 10, 18, 133
Antidepressivum 106f, 138, 171, 173, 175, 177
Antrieb 118f, 144
anxiolytische Medikation 173
appraisal 17
Arbeitsbündnis 29, 101f, 110, 178

Arbeitsfähigkeit 14
Ärger 106, 117f, 168
Arzneimittelnebenwirkung 111
Asperger-Störung 6
Assertiveness-Trainings-Programm 154
Atenolol 173f
Ätiologie
– Borderline-Persönlichkeitsstörung 119, 120
– narzißtische Persönlichkeitsstörung 134ff
– selbstunsichere Persönlichkeitsstörung 147, 150f
Ätiologieanalyse 45
Ätiopathogenese 32, 117
Aufklärung 29, 39, 123, 138, 155
Aufmerksamkeitsverschiebung 18
autoaggressiver Impuls 8
autodestruktive Handlung 126
automatische Gedanken 26, 148ff, 155
Autonomie 18, 30, 53, 57f, 69, 111, 126f, 172, 178
Autonomieanspruch 67
Autonomieentwicklung 69
Autonomiegefühl 111
Autonomiekonflikt 110
Autonomiestreben 49, 65, 103
Autopoiese 76

B

BASIC-ID 147f
Bedingungsanalyse 32, 147
Bedürfnisbefriedigung 117
Bedürfnismodell 68f
Bedürfnismuster 71
Bedürfnistheoretiker 67
Behandlung siehe Therapie
Belohnungsabhängigkeit 104
Benzodiazepin 173, 175
Beobachtungsinventar 66
Betablocker 173
Bewältigungskompetenz 18
Bewältigungsstruktur 136
Bewußtsein 16
Beziehung 76, 168
– interpersonelle 1, 14, 21, 52

– komplementäre 50, 76
– sexuelle 17, 85
– soziale 6, 11, 70, 76, 148, 172
– symbiotische 119
– symmetrische 76
– zwischenmenschliche 2, 8ff, 17ff, 48, 50, 66, 103, 119, 127, 133, 135, 141
Beziehungsabbruch 119, 129
Beziehungserfahrung 31, 36f, 40f, 45, 48, 52, 58, 60, 120ff, 126f, 135
Beziehungsfähigkeit 88, 90, 91, 95, 101
Beziehungsidee 7, 105f
Beziehungskonflikt 121, 140, 142
Beziehungslernen 68
Beziehungsmodell 84, 85, 86
Beziehungsmuster 1, 28, 32, 36f, 41, 45, 50f, 52, 58, 71, 95, 121ff, 127, 136, 138, 140, 142, 178
Beziehungspsychopathologie 50
Beziehungsstil 120
Beziehungsstörung 40, 45, 60
Beziehungssystem 76
– intrapersonelles 86
Beziehungswahn 7
Beziehungszirkel 57
Bindungsschwäche 8
Bindungsstreben 50, 65, 118
Bindungstheorie 25
Biographie 20f, 28, 36, 75, 82, 127
biographische Rekonstruktion 120f
Borderline-Neurose 19f
Borderline-Pathologie 19
Borderline-Patient 19ff, 33ff, 101ff, 106ff, 120ff, 125, 127, 133, 136
Borderline-Persönlichkeit 117, 119
Borderline-Persönlichkeitsstruktur 101
Borderline-Persönlichkeitsstörung siehe Persönlichkeitsstörung
Borderline-Schizophrenie 20